하나님의 선교사
A to Z

하나님의 선교사
A to Z

지은이 · 김종성
초판 발행 · 2014. 7. 7
2쇄 발행 · 2020. 1. 22
등록번호 · 제3-203호
등록된 곳 · 서울특별시 용산구 서빙고로 65길 38
발행처 · 사단법인 두란노서원
영업부 · 2078-3333 FAX 080-749-3705
출판부 · 2078-3477

책 값은 뒤표지에 있습니다.
ISBN 978-89-531-2062-4 03230

독자의 의견을 기다립니다.
tpress@duranno.com   http://www.Duranno.com

두란노서원은 바울 사도가 3차 전도여행 때 에베소에서 성령 받은 제자들을 따로 세워 하나님의 말씀으로 양육하던 장소입니다. 사도행전 19장 8-20절의 정신에 따라 첫째 목회자를 돕는 사역과 평신도를 훈련시키는 사역, 둘째 세계선교(TIM)와 문서선교(단행본·잡지) 사역, 셋째 예수문화 및 경배와 찬양 사역, 그리고 가정 · 상담 사역 등을 감당하고 있습니다. 1980년 12월 22일에 창립된 두란노서원은 주님 오실 때까지 이 사역들을 계속할 것입니다.

선교사의 생활과 사역
하나님의 선교사
A to Z

김종성 지음

두란노

추천의 글

선교사가 이 땅에 들어온 지 130년 만에 우리 한국 교회는 세계에서 두 번째로 많은 선교사를 파송하는 국가가 되었다. 감사한 일이 아닐 수 없다. 그러나 선교지에서 오랫동안 선교를 하다 보면 영적 고갈을 경험하게 되는 경우가 참 많다. 그때 선교사와 선교 사역은 위기를 맞게 된다.
선교사로, 선교학 교수로, 목사로 살아온 김종성 선교사가 선교사의 실제적인 생활과 사역에 대한 좋은 책을 출판하게 되었다. 선교 현장에서 지친 많은 선교사들과 선교사 지망생들에게 큰 힘이 될 책이라 생각되어 감사한 마음으로 추천한다.
김동호 목사 _높은뜻연합선교회 대표

하나님의 선교를 온몸으로 실천하는 김종성 교수가 집필한《하나님의 선교사 A to Z》는 선교사들을 위한 종합 지침서라 할 수 있다. 선교의 이론과 실제가 균형 있게 다루어져 있어 읽기에도 좋고 많은 자료를 제공해 주고 있다. 또한 선교의 기본적 이론들뿐만 아니라 선교사로서 가져야 할 기본적인 소명, 영성, 기도와 함께 효과적인 삶과 건강, 사역, 자녀 교육, 심지어 선교사가 지참해야 할 각종 증명서, 남겨 두어야 할 기록들까지 소상하게 제시해 주고 있어 매우 유용하다.
아직까지 한국 선교계에 이와 같은 책은 없었던 것 같다. 서양 선교사 출신학자가 오래전에 쓴 비슷한 책이 있기는 하지만 한국 선교사들의 상황에 맞지 않고 벌써 한 세대가 훨씬 지나간 경험들과 이론들에 불과하다. 따라서 21세기인 오늘날 이 책이 새롭게 등장한 것은 시기상 대단히 적절하다. 더욱이 김종성 교수는 잘 준비된 저자다. 그는 선교의 모든 분야에서 실제적 경험을 쌓아 왔다. 개 교회의 선교부에서 시작, 신학교에서 선교학을 공부했고, 현장에서 선교사로 섬겨 왔다. 그리고 선교신학으로 박사 학위를 취득했고, 교단 선교부 책임자로서 많은 선교 단체들과의 협력적 사역을 해 왔으며, 현재 선교학 교수로서 다음 세대의 지도자들을 가르치는 자리에 있다.

이 책은 첫 장을 넘기는 순간부터 독자를 그대로 끌어들인다. 그러면서도 하나님의 사랑이 진하게 묻어 있어 더더욱 읽기에 대단히 유익한 책이다. 이에 많은 독자들이 기다릴 것으로 생각된다.

김상복_할렐루야교회 원로목사

김종성 교수의 《하나님의 선교사 A to Z》는 처음으로 한국인에 의해서, 한국인 선교사를 대상으로 정리한 선교사의 생활과 사역이라고 할 수 있다. 이 책에서 저자는 선교의 오랜 전통을 가진 교회의 선교부와 교단 총회 세계선교부를 섬기면서, 그리고 선교사와 교수의 신분과 경험을 토대로 교회와 선교지, 현장과 이론, 사역과 후원을 탁월하게 설명하고 정리했다. '선교는 그리스도의 사랑을 전하는 것이며, 성령 안에서 새로운 소명을 가지고 단순한 생활과 사역을 추구하며 아름다운 열매를 맺어야 한다'는 선교의 정의와 방향은 선교물량주의나 성과주의에 급급해 냄비처럼 뜨거웠다가 금방 식어 버리는 한국 선교의 부끄러운 자화상을 돌아보게 한다.

이 책은 너무 쉽고 급하게 진행되었던 개 교회의 선교와 선교 헌신자에게 선교의 본질과 기본이 무엇인지를 생각하게 하면서 구체적으로 어떤 준비와 생활을 해야 되고, 선교사로서 사역의 방향과 가족의 문제, 선교사와 선교 본부와의 관계, 위기관리와 이양, 은퇴에 이르기까지 필요하고도 중요한 내용을 구체적으로 다루었다. 예전 선교사 신분으로 선교지를 떠나기 위해서 준비할 때 한국 교회와 한국 문화, 한국인의 특수성을 고려한 선교 지침서가 없어서 외국 선교사의 책을 가지고 공부하고 준비했던 것을 생각하면《하나님의 선교사 A to Z》는 한국 교회와 한국 선교사들에게 가장 필요하고 중요한 부분을 채워 주는 필독서라고 생각한다.

김종성 선교사와 알고 지냈던 지난 32년간 그는 변함없는 성실함과 성숙함을 동기들에게 보여 주었고, 학문적인 탁월함과 창의적인 사역과 도전 정신, 열정으로 많은 사람들에게 깊은 감동을 주었다. 현장과 강단에서의 사역의 열매로 출간하게 된 이 책이 선교를 준비하는 선교 훈련생들과 현장 선교사와 후원 교회와 선교 단체들에게 꼭 필요하다고 확신하기에 진심을 담아서 적극 추천한다.

박종길_온누리교회 서빙고 캠퍼스 담당목사

2013년 말 현재 한국의 선교사는 전 세계 169개국에 파송되어 총 2만 5,745명이라고 한다. 흔히 말하는 독립군 선교사를 포함할 경우에는 그 수가 1만 명이 늘어 한국은 미국에 이어 세계 2위의 선교사 파송국인 셈이다. 한국이 피선교국이며 피원조국에서 선교국이자 원조국으로 발전한 것은 놀라운 하나님의 은혜다.

한인 디아스포라는 세계에서 가장 넓게 퍼져 사는 민족이다. 현재 한인 디아스포라는 175개국에 동포 726만 명이 세계 곳곳에 뿌리를 내리고 살고 있다. 흔히 디아스포라의 원형이라 불리는 유대인이 100여 개국에 730만 명이, 화교가 130여 개국에 4,543만 명이 흩어져 살고 있는 것을 생각하면 한국인은 참으로 끈질긴 생존력을 가진 민족이다.

세계화 시대를 국경이 없는 시대, 걸어 잠글 빗장이 없는 시대라고 표현한다. 세계화 시대에 가장 유리한 것은 역시 선교다. 대한민국의 여권으로 들어가지 못할 곳이 없는 것이 유리한 점이며, 세계 많은 나라에 흩어져 사는 동포와 현지인들에게 복음을 전할 수 있는 것이 가장 큰 장점이다. 더구나 우리 민족이 한 번도 다른 나라를 지배하거나 침략한 적이 없는 약소국이기에 가장 강한 선교국이 될 수 있는 것이다.

많은 선교사들이 여러 나라에서 복음을 위해 헌신하고 있지만 김종성 교수는 내가 만난 선교사 가운데 가장 뛰어난 지성과 영성을 겸비한 분이다. 그는 머리로 선교를 이해하고, 몸으로 선교를 실천한 선교학자요 선교사다. 이런 그의 이론과 경험을 바탕으로 《하나님의 선교사 A to Z》를 출판하게 되어 하나님께 감사하며 축하드린다. 여러 해 동안 김종성 선교사를 후원하며, 보내는 선교사로 함께 일한 시간을 감사드리며 기쁘게 이 책을 추천하는 바다.

이성희 _연동교회 원로목사

contents

추천의 글 4
여는 글 13

제1부 소명 왜 나는 선교사인가?

1장 선교사의 소명 24
2장 선교 사역 준비 43

제2부 생활 낯선 땅, 현지인처럼 사는 예배자

1장 선교사와 영성 80
2장 선교적 말씀 묵상 93
3장 자기 이해와 자기 계발 101
4장 자료의 정보화 124
5장 생활 습관 131
6장 선교와 가정 147
7장 선교사의 건강 167

제3부 자녀 교육 선교사 중도 탈락 위기, MK 교육의 해법

1장 선교사 자녀 교육의 성경적 근거   180
2장 선교사 자녀의 특징과 이해   183
3장 선교사 자녀를 위한 부모의 역할   192
4장 선교사 자녀 교육 지침   201
5장 전인적 교육으로서의 홈스쿨링   209
6장 선교사 자녀 교육과 한국 교회   227

제4부 사역 나의 선교? 하나님의 선교?

1장 선교 사역의 원칙과 계획   260
2장 언어 훈련   306
3장 현지 이해와 협력   319
4장 팀 선교   358
5장 사역 · 재정 보고와 이양 · 은퇴   367
6장 사역지에서의 위기관리   396
7장 단기 선교   407

제5부 연합 선교 본부, 후원회와 함께 걷는 선교사

1장 선교사와 교단 선교부, 선교 단체　431
2장 선교사와 후원 교회, 후원회　435

닫는 글　449

부록 1　케이프타운 선언문 요약본　455
　　　　The Cape Town Commitment　461
부록 2　위기관리 예방법과 자기 진단 체크리스트　469
도표 및 표　479

여는 글

"하나님이 세상을 이처럼 사랑하사 독생자를 주셨으니 이는 그를 믿는 자마다 멸망하지 않고 영생을 얻게 하려 하심이라"(요 3:16).

선교사라면 누구나 이 구절만큼은 현지어로 암송할 것이다. 이 말씀은 복음의 핵심이 되는 동시에 선교의 정의를 담고 있다. 선교에 대한 정의는 다양하게 표현되지만, 성경적인 관점으로 보면 선교란 '하나님의 사랑을 전하는 것'이라고 할 수 있다.

마르틴 루터(Martin Luther)는 요한복음 3장 16절을 '작은 복음'이라고 했다. 새찬송가 314장 〈내 구주 예수를 더욱 사랑〉의 가사는 "내게 가장 부족한 것은 그리스도를 더욱더 사랑하는 일이다"라는 프렌티스(E. P. Prentiss)의 고백으로 만들어졌다고 한다. 이 곡을 작곡한 윌리엄 하워드 돈(William H. Doane) 역시 마음속에 하나님의 사랑을 풍성히 담고 있었기 때문에 이처럼 아름다운 하나님의 사랑을 표현할 수 있었으리라 생각된다. 선교사는 늘 하나님의 사랑에 플러그 인(Plug-In) 되어 있어야 한다. 그래야만 그를 만나는 현지인들이 하나님의 사랑을 느낄 수 있다.

신학과 선교학을 공부하며 목회자로, 교수로, 선교사로 사역하는 동안 일관되게 느낀 것은 '선교학의 기초는 하나님의 사랑이다'라는 것이다. 어떻게 보면 신학의 근본은 하나님의 사랑이라고 해도 과언이 아닐 것이다. 다시 말하면 하나님의 사랑은 복음 중의 복음이다. 아무리 풍부한 선교 현장 경험과 다양한 정보를 가지고 있다고 할지라도, 그리고 유창한 현지어를 구사한다고 할지라도 하나님의 사랑을 가슴에 품고 있지 않다면 선교사의 사역은 고린도전서 13장에서 말하듯 울리는 꽹과리에 지나지 않다는 것이다.

선교사로 헌신하는 이들을 향해 "대단합니다", "존경합니다"라고 말하는 이들이 많다. 물론 열악한 환경에서 수많은 위험을 안은 채 복음을 전하는 선교사들의 노고와 삶은 귀하다. 그러나 오늘 이 시간 살아 있다는 것 자체가, 선교지에 있다는 것 자체가 자신이 대단하거나 다른 사람들보다 더 높은 소명감이 있어서가 아니라 전적인 하나님의 은혜라고 모두 고백할 수 있어야 한다.

또한 선교 헌신자들은 자신이 가지고 있던 스펙, 지위, 경제적인 여건 등을 내려놓고 선교지라는 낮은 자리로 간다고 생각하기보다는 무익한 자를 고귀한 자리로 불러 주신 하나님을 찬양하는 겸손한 자세가 필요하다. 아름다운 천국을 향해 줄달음치는 선교사들에게 요즘 성도들 사이에서 많이 사용되고 있는 '내려놓다'라는 단어를 적절하게 사용하는 지혜가 있었으면 좋겠다.

선교지에서 오래 사역하다 보면 하나님과 아름다운 관계를 맺기보다는 타성에 젖어 들 가능성이 많아진다. 하나님이 지키시지 않아도 자신이 애써 쌓아 놓은 선교 센터, 경험, 언어 구사 능력 등이 스스로를 지켜 주리라고 착각하기도 한다. 하지만 그런 위험한 생각이 들면 즉시 회개하고 주님과의 바른 관계를 회복해야 한다. 다시 말해, 선교사로 부름 받았던 초심으로 돌아가야 한다. 바울은 고린도전서 9장 27절에서 "내가 내 몸을 쳐 복종하게 함은 내가 남에게 전파한 후에 자신이 도리어 버림을 당할까 두려워함이로다"라고 말했다.

개신교 선교의 선구자, 또는 아버지로 불리는 윌리엄 캐리(William Carey)가 한 말이 기억난다.

> "하나님으로부터 위대한 일을 기대하십시오. 하나님을 위해 위대한 일을 시도하십시오(Expect great things from God. Attempt great things for God)."[01]

주님이 명령하신 대위임령을 가슴에 품고 하나님의 영광을 위해 세계를 향해 나아가고자 헌신하는 순간, 우리의 심장은 가슴 벅차게 뛴다. 단거리 육상경기를 관람하다 보면 선수들에게서 공통점을 발견

---

01   1792년 5월 30일, 영국 노팅엄의 침례교 교역자 회의에서 이사야 54장 2-3절 말씀을 가지고 윌리엄 캐리가 설교한 내용 중 일부다.

하게 된다. 그것은 선수들의 눈빛이 오로지 결승점을 향해 있으며, 뛰어가는 동안 절대로 한눈을 팔지 않는다는 점이다. 선교사의 삶도 이와 같다. 이 땅에 오셨던 주님, 우리와 함께 계시는 주님, 그리고 다시 오실 주님만을 바라보면서 세계 복음화의 목표를 향해 줄달음치는 것이야말로 선교사의 삶이다.

선교 사역에 임하면서 지켜 온 몇 가지 기준이 있다. '오직 믿음', '오직 말씀', '오직 은혜', '오직 예수', '오직 성령 충만', 그리고 '오직 하나님의 영광'이라는 여섯 가지 슬로건이다. 푯대를 향해 달려가는 여정 속에서 수많은 능선과 계곡을 넘은 것 같다. 세상의 시각으로 보면 고난의 시간이라고 말할 수도 있겠지만, 하나님의 은혜를 그 어느 때보다 실제적으로 체험하며 신앙적으로 한 걸음씩 내디딘 시간이었다고 말하고 싶다.

아직도 그곳을 향해 달려가고 있는 스스로의 모습을 되돌아보면서 선교지에 도착하면서부터 기록해 온 글들을 모아《하나님의 선교사 A to Z》로 묶어 보았다. 이 글이 선교사의 삶을, 효과적인 사역을, 건강한 선교를, 사람의 선교가 아닌 '하나님의 선교'를 온전히 이루어 가는 일에 조금이나마 밑거름이 되었으면 한다. 가능한 선교의 학문적 이론과 현장의 실천적인 면의 균형을 유지하려고 노력했다. 그래서 이론적인 부분은 각주로 처리해 정리했다.

나는 신학교에서 선교학을 전공했다. 졸업 후에는 영락교회 선교부에 속해 선교사를 후원하는 교회의 입장에서 선교사와 선교사를 파송, 관리, 후원하는 교단 선교부와 선교 단체들을 접하게 되었다. 그 후 예장통합총회(The Presbyterian Church of Korea, PCK)에서 선교사와 선교사를 후원하는 교회, 그리고 후원회에 대해 제삼자의 입장에서 객관적으로 바라볼 수 있는 기회를 가졌다. 이제는 선교사의 입장에서 교단 선교부, 선교 단체, 후원 교회, 후원회, 선교사, 그리고 무엇보다 선교사로 일하고 있는 자신을 보게 된다. 더 나아가 선교학을 가르치는 교수로서 하나님의 선교의 본질을 깊이 있게 연구하고 선교 현장에서 실천하고자 한다. 내게 허락되었던 다양한 선교의 경험을 종합해 〈도표 1〉로 표현해 보았다.

〈도표 1〉 하나님의 선교

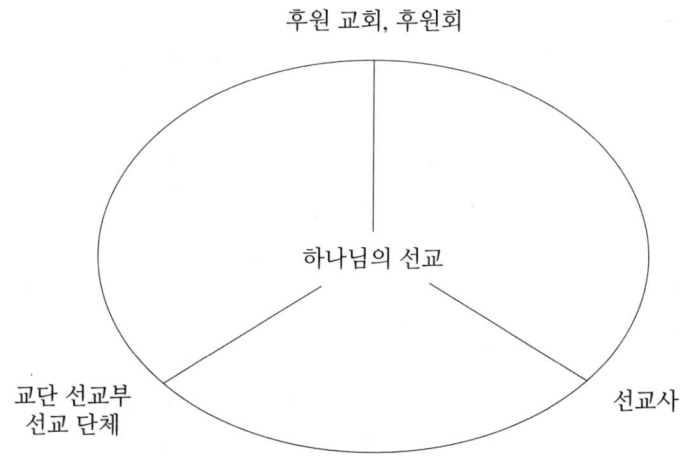

이 책은 복음의 열정을 가진 주의 일꾼들이 현장에 가서 경험하게 될 여러 가지 상황들을 미리 헤아려 볼 수 있도록 정리한 것이다. 물론 여기에 기술된 경험이 선교지의 국가적 상황이나 사회적 현상, 문화적 배경과 다소 맞지 않을 수도 있다. 다만 이 책이 세계 선교를 꿈꾸는 선교 헌신자와 현장에서 사역하고 있는 선교사, 제1기 사역을 마치고 다음 사역을 준비하는 선교사, 선한 싸움을 마치고 은퇴를 준비하는 선교사, 세계 곳곳에 선교사를 파송하고 후원하는 교회, 선교 단체, 교단 선교부 관계자, 단기 선교 또는 비전 트립을 준비하는 이들에게 조금이나마 도움이 되어 모두가 불필요한 시행착오를 겪지 않고 '하나님의 선교'를 건강하고 효율적으로 감당하게 되기를 소망한다. 또한 중보 기도로 세계 선교에 동참하는 믿음의 동역자들과도 함께 나눌 수 있기를 바란다.

아울러 '선교사의 선교'와 '하나님의 선교', '값싼 은혜'와 '값비싼 은혜', '제도화된 교회'와 '교회다운 교회', '가설로 설정된 하나님'과 '하나님' 등 비본질과 본질 속에서 방황하는 수많은 이들에게 도전이 되기를 원한다. 우리의 심장이 우리를 위해 쉬지 않듯이 하나님의 선교사는 주님을 향해 쉼 없이 달려가야 할 것이다.

《하나님의 선교사 A to Z》가 출판되기까지 조언을 아끼지 않고 교정과 정리를 도와주고, 또 이 책의 내용으로 살아 준 믿음의 동역자인 아내 장은경 선교사에게 감사드린다. 그리고 열악하고 척박한 선교지의 환경 속에서도 건강하게 성장해 사역자로, 동역자로 큰 위로가 되어 준 사랑하는 딸 주연에게 감사를 표한다. 이 책의 출판을 위해 수고해 주신 두란노서원 가족들에게도 감사드린다.

2014년 주님 부활하신 달
김종성

제1부

소명
왜 나는 선교사인가?

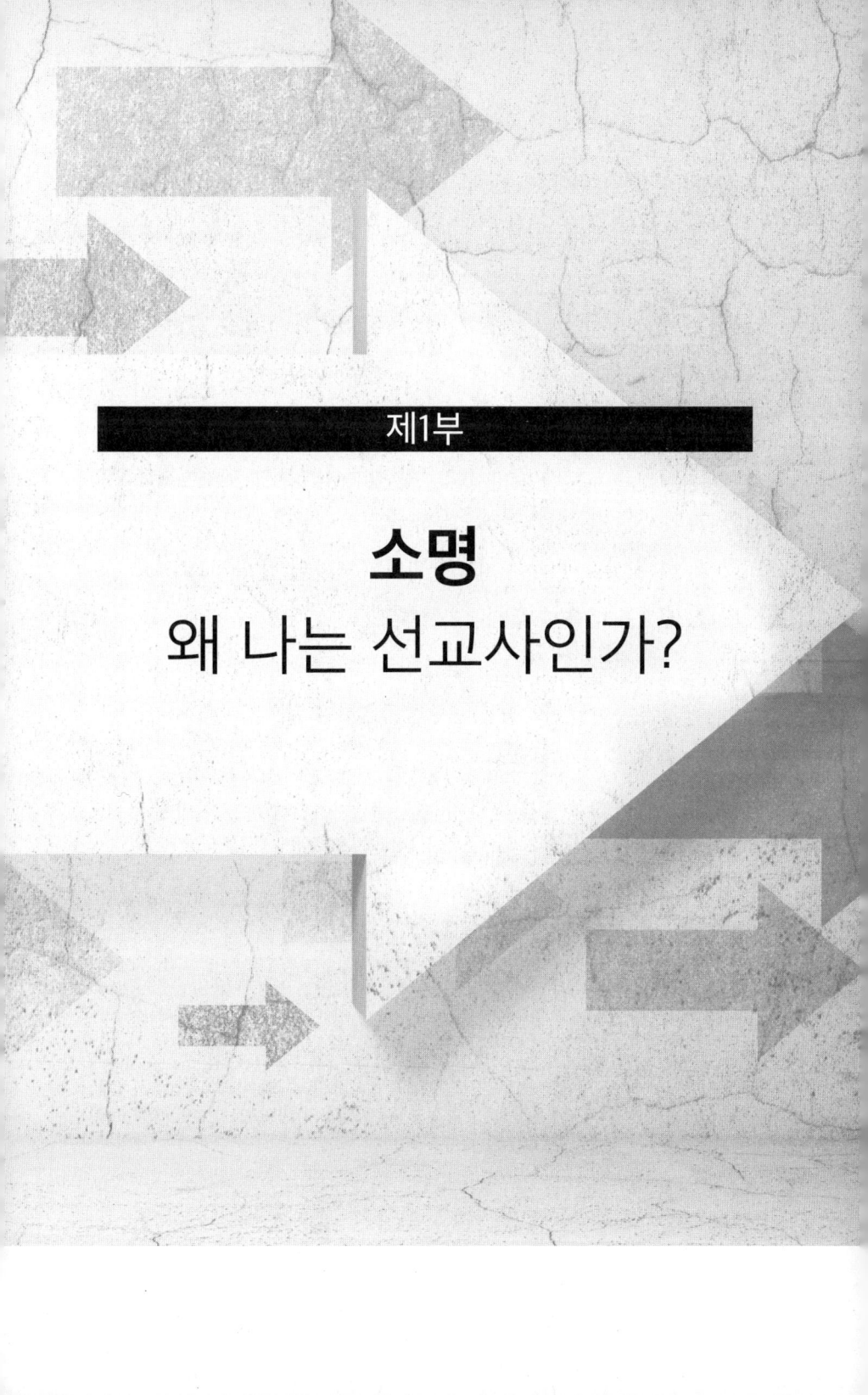

21세기의 삶은 '선교의 위대한 세기'라 불리던 19-20세기 초기와는 여러 면에서 다르다. 선교사를 보내는 파송지 국가나 선교사를 받아들이는 선교지 국가의 사람들 모두 '유비쿼터스(Ubiquitous)'[01]라 불리는 정보기술(IT), 제4차 산업혁명 환경 속에서 살아가고 있다. 그러므로 우리는 이제 선교사가 가진 문명이나 재원, 혹은 인적자원이 선교지에서 최상의 것이 아니라는 사실을 기억해야 한다. 다시 말해 과거 서구 교회가 자신들의 문화를 소개해 호감을 얻었던 선교 접근 방식과 달리 오늘날에 있어서 선교는 선교사에게 내재되어 있는 '하나님과의 만남'을 전달해 그들로 하여금 하나님의 자녀가 되도록 이끌어야 한다. 선교의 제3시기를 이끌었던 맥가브란(Donald McGavran) 박사는 선교를 다음과 같이 정의했다.

성경에 계시된 하나님은 예수 그리스도와 사람들이 살아 있는 관계를 맺는 데 우선순위를 두고 계신다. 그러므로 선교는 예수 그리스도의 복음을 전파하며, 사람들을 그분의 제자가 되게 하고, 교회의 책임 있는 구성원이 되게 하는 것이다.[02]

---

01   유비쿼터스는 사용자가 네트워크나 컴퓨터를 의식하지 않고 장소에 상관없이 자유롭게 네트워크에 접속할 수 있는 정보 통신 환경을 뜻한다. 이는 3D, 즉 디지털(Digital), 디엔에이(DNA), 디자인(Design)으로 구현된다. 유비쿼터스는 라틴어로, '언제 어디에나 존재한다', 즉 '하나님은 언제 어디서나 우리와 함께하신다'라는 뜻으로 이해할 수 있다. 하나님은 태초에 빛과 어둠, 즉 숫자 0과 1로 표현되는 디지털의 개념으로 세상을 창조하셨다. 그리고 모든 생명에 DNA를 불어넣어 주셨고, 세상을 아름답게 디자인하셨다. 하나님의 사랑을 가지고 빛으로 오신 주님은 우리에게 생명을 주셨고, 하나님과 인간, 인간과 인간, 인간과 자연의 관계를 새롭게 디자인하시고 회복해 주셨다. 이런 시대를 살아가는 그리스도인의 마음속에는 하나님의 사랑이 함께하는 믿음의 행위가 늘 현재형으로 나타나야 한다. 이것이 바로 선교적인 삶이다.
02   Donald McGavran, *Understanding Church Growth* (G.R.: Eerdmans, 1990), 35.

이것은 그가 살았던 시대만 아니라 소셜 미디어(Social Media)[03]를 통해 의사소통하는 SNS(Social Network Service) 시대에도 절실히 필요하다. 나는 그의 마음이 하나님의 마음에 근접해 있다고 믿는다. 하나님의 마음은 모든 족속이 아버지와 아들과 성령의 이름으로 세례를 받고, 하나님의 교회의 책임 있는 구성원이 되어 주님의 제자가 되게 하시려는 데 있다. 주님의 제자로 하나님의 부르심을 받은 우리는 어떻게 해야 할 것인가?

---

[03] 소셜 미디어란 자신의 생각과 의견, 경험, 관점, 정보 등을 다른 사람들과 공유하는 것을 목적으로 사용하는 양방향성 온라인 툴과 미디어 플랫폼을 말한다. 이전에는 정보가 한쪽 방향으로만 전달되었지만 지금은 소셜 미디어를 통해 양방향 소통을 한다. 특히 TGIF(Twitter, Google, IPhone, Facebook), 왓츠앱(Whatsapp), 스마트폰(SmartPhone), 페이스타임(Face Time), 카카오톡(Cacao Talk), 인스타그램(Instagram), 블로그(Blog), 조인(Joyn), 참여형 백과사전(Wikipedia) 등을 통해서 소통한다.

1장
선교사의 소명

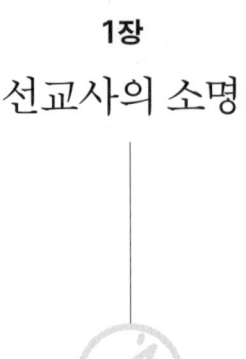

선교 사역 만 8년이 다 되어 가던 어느 날이었다. 예레미야 1장 6-9절 말씀을 묵상하던 중에 예레미야가 받은 소명이 이전과 달리 소중하게 느껴졌다. 7절을 보면 "여호와께서 내게 이르시되"라는 소명에 이어 "내가 너를 누구에게 보내든지 너는 가며 내가 네게 무엇을 명령하든지 너는 말할지니라"라고 기록되어 있다. 이 소명 가운데는 하나님의 절대적인 명령이 들어 있다. 따라서 우리는 이 말씀에 순종해야 마땅하다. 물론 하나님은 우리와 함께하겠다는 언약의 말씀도 같이 주셨다. "너는 그들 때문에 두려워하지 말라 내가 너와 함께하여 너를 구원하리라"(렘 1:8). 하나님은 여호수아에게도 동일하게 말씀하셨다. "강하고 담대하라 두려워하지 말며 놀라지 말라 네가 어디로 가

든지 네 하나님 여호와가 너와 함께하느니라"(수 1:9).[04]

모든 선지자들은 소명에 의해 사역을 시작했다. 사도 베드로는 우리가 부르심을 받은 것은 예수님의 아름다운 덕, 즉 복음을 선포하게 하려 하심이라고 말했다.

"너희는 택하신 족속이요 왕 같은 제사장들이요 거룩한 나라요 그의 소유가 된 백성이니 이는 너희를 어두운 데서 불러내어 그의 기이한 빛에 들어가게 하신 이의 아름다운 덕을 선포하게 하려 하심이라"(벧전 2:9).

사도 바울은 자신이 사도로 부르심을 받은 것, 곧 소명을 받은 것은 사람들에게서 난 것도 아니요 사람으로 말미암은 것도 아니며 오직 예수 그리스도와 그분을 죽은 자 가운데서 살리신 하나님 아버지로 말미암은 것이라고 고백했다(갈 1:1). 선교사도 마찬가지다. 선교사가 복음을 온전히 전하기 위해서는 부르심, 곧 소명을 분명히 받아야 한다. 그렇기에 선교사의 생활과 사역에 있어서 중요한 것은 소명과 성령 충만이다.

소명이란 무엇인가?

사전적 정의에 의하면 소명이란 '임금이 신하를 부르는 명령'이고,

---

[04] 영어식 표현은 매우 흥미롭다. 하나님은 우리가 어디로 가든지 분명히 함께하겠다고 약속하신다. 단 조건이 있다. '주를 위하여'(For the Lord). "Your God will be with you wherever you go"(Josh 1:9, NIV).

기독교에서는 '사람이 하나님의 일을 하도록 하나님의 부르심을 받는 일'을 뜻한다. 이것은 부름, 외침, 천직, 하나님의 부르심으로 구분할 수 있으며, 영어로는 'Calling'이라고 표현한다. 소명을 받은 사람으로는 아브라함, 모세, 여호수아, 기드온, 사무엘, 다윗, 이사야, 예레미야, 에스겔, 요나, 바울 등을 대표적으로 들 수 있으며, 이외에도 성경에서 무수히 찾을 수 있다.

소명은 부르심을 인식하는 지적, 감성적 확신이다. 부르심을 인식하는 시점은 몇 가지 단계로 나누어 생각할 수 있다. 허버트 케인(Hubert Kane)은 이를 세 과정으로 표현했는데, 그 내용은 다음과 같다.

첫 번째 과정[지적인 생각]
1단계 - 호기심(curiosity)

2단계 - 관심(interest)

3단계 - 이해(understanding)

두 번째 과정[정적인 마음]
4단계 - 확신(assurance)

5단계 - 신념(conviction)

6단계 - 서약(commitment)

세 번째 과정[의지]
7단계 - 행동(action)

* '서약'의 단계에서 학생자원운동(Student Volunteer Movement, SVM)[05]의 프린스턴 서약[06]을 하게 된다.

이러한 세 과정의 7단계 가운데 어느 부분에서건 부르심을 인식할 때 비로소 소명을 받았다고 말할 수 있다.

선교사로 나갈 것인가, 혹은 선교지에서 선교 사역을 계속할 것인

---

05 1885년 성경 교사이자《선교평론지》의 편집자인 피어슨(A. T. Pierson)은 "세계 복음화를 위한 계획"이라는 제목의 글을 발표했다. 그는 거기서 1900년까지 세계 복음화를 실현시키기 위해 국제회의를 열 것을 촉구한 바 있다. 그 이듬해인 1886년 7월에는 87개 대학으로부터 251명의 학생들이 무디(D. L. Moody)의 초청에 응답해 매사추세츠 마운트 헐몬으로 집결했는데, 거기서 그들은 "세계를 복음화하고 그리스도의 재림을 도래시키기 위해 우리 모두가 나서야 하고, 그리고 모든 민족에게로 가야 한다"는 피어슨의 도전에 직면하게 되었다. 그 집회가 끝나기 전 1백 명의 학생들이 그와 같은 도전에 응답했고, 그 결과 해외 선교를 위한 학생자원운동이 태동하게 되었다[D. J. Hesselgrave, Today's Choices for Tomorrows Missions,《현대 선교의 도전과 전망》(서울: 장신대세계선교원, 1991), 60-61].
무디의 지도 아래 진행된 대학생 집회는 끝날 때 대표를 선출해 1년 동안 대학을 순회하면서 간증을 하고 모임을 계속하기로 결의했다. 4명의 대표가 176개의 대학을 순방하면서 간증을 했고, 3천여 명이 이 모임에 참여하게 되었다. 1888년에 학생자원운동(SVM for Foreign Mission)이 정식으로 결성되었고, 이것은 후에 선교 확장과 교회 일치 운동에 큰 도움을 주었다. 학생자원운동은 처음에 대학생 1백여 명 이상이 해외 선교사로 나가겠다고 자원하며 결심했는데, 곧 수천 명으로 증가해 1914년에는 다른 어느 나라에서보다 미국의 선교사가 해외에서 가장 많이 활동하게 되는 초석이 되었다. 학생자원운동을 통해 학생들은 단순히 복음을 듣고 전파한다는 사실보다 오히려 복음 전도 운동이야말로 주님의 원초적 지상 명령이요 과제라고 받아들이고 선교에 대한 순종과 복종을 결단했다. 그들은 주님께 복종하려고 미국의 백인들을 대상으로 전도하거나 흑인이나 인디언들을 개종시키고자 해외로 흩어져 나갔다.
학생자원운동은 무디의 간접적인 지도를 받았으며, 당시 미국 감리교 평신도 지도자였던 코넬대학 출신 존 모트(John Mott)가 의장으로 총책임을 맡아 시작했다. 이후 모트는 1890년에 250개에 달하는 YMCA 지부들이 각 대학 캠퍼스에 생기도록 도왔고, 더 나아가 "이 세대 안에 전 세계를 복음화하자"라는 표어를 내세우며 교회 일치와 세계 선교를 위한 선교적 기구를 확대하며 선교의 영역을 넓혀 나갔다. 그 뒤 창설된 기구가 세계기독학생연맹(WSCF)이다. 모트가 총무가 되어 선교 구역을 미국 내로 한정하지 않고 범세계적 기구로 발전시켜 나갔는데, 2년 동안 22개국의 단체가 가입했다. 이것은 모트의 헌신적이고 꾸준한 노력으로 인해 세계 교회의 일치와 선교를 위해 1948년에 형성된 세계교회협의회(WCC)로 발전한 기초가 되었다.
06 "나는 주님의 뜻이면 해외 선교사가 되고자 한다."

가, 철수하고 본국으로 돌아갈 것인가를 결정해야 할 중대한 기로에 서 있을 때 우리는 선교적 소명을 확인해 봐야 한다. 선교란 결코 쉬운 것이 아니다. 단순히 경험을 쌓기 위해 떠나는 해외여행이나 타국 경험과 비교될 수 있는 것이 아니다. 자신의 시간, 생명, 건강뿐 아니라 기혼자인 경우에는 가족 역시 자의든 타의든 가진 것을 모두 주께 바쳐야 하는 중대한 결단을 필요로 한다. 그리고 이 결단은 소명 위에 세워져야 한다.

앤드류 머레이(Andrew Murray)는 다음과 같이 말했다.

> 하나님이 지명하셔서 내가 여기 있다(I am here by God's appointment).
> 하나님의 보호하심 속에 내가 여기 있다(I am here in His keeping).
> 하나님의 훈련 아래 내가 여기 있다(I am here under His training).
> 하나님의 선하신 때를 위해 내가 여기 있다(I am here for His time).

'하나님이 지명하셔서 내가 여기 있다'라는 말은 그리스도의 주권에 대한 인정이라고 할 수 있다. 우리는 그리스도의 주권을 인정할 때 그분의 부르심과 우리의 소명을 확인할 수 있다. 그리고 성령의 인도하심에 대해 민감할 때 우리가 하나님의 보호하심 가운데 살아가고 있으며, 그분의 훈련 과정 가운데 있음을 고백하게 된다. 또한 훈련 과정을 통해 모난 부분이 다듬어지고, 하나님을 신뢰하는 법을 배우게 된다. 하나님이 선하게 여기시는 바로 그때, 하나님의 선교를 위해 우리가 여기 존재할 이유가 있는 것이다. 우리의 소명은 곧 하나님의 때를 위함임을 기억해야 할 것이다.

어떤 동기로 헌신했는가?

필자는 교회 선교부, 선교 본부, 선교지에서 사역하면서, 그리고 선교전문대학원에서 교수로 섬기며 많은 선교 헌신자들을 만났다. 그들을 모두 평가하고 분류하거나 비평할 수는 없지만, 그중 일부는 대다수 헌신자들의 수고와 땀의 가치를 무참히 떨어뜨리기도 한다. 그들은 소명도 없이 단순히 현실을 도피하기 위해, 자신의 이기적인 삶의 목적을 위해 선교라는 명분을 앞세워 해외에서 살아가고 있었다.

선교신학자 베르카일(J. Verkuyl)은 《현대선교신학개론》제6장 "선교 임무 수행을 위한 동기들"에서 이를 가리켜 "선교의 불순한 동기"[07]라고 칭했고, 네 가지로 구분했다. 첫째는 제국주의적 동기(The Imperialist Motive)이고, 둘째는 문화적 동기(The Cultural Motive)다. 문화적 동기는 종종 참된 성경적 동기의 자리를 대신했고, 선교사의 문화 이식과 보조를 같이했다. 셋째는 상업적 동기(The Commercial Motive)로, 선교 확산의 부수적인 동기와 입장이다. 넷째는 교회 식민

---

07 베르카일은 '선교의 불순한 동기'에 앞서 '선교의 순수한 동기'를 여섯 가지로 나누어 언급했는데, 첫째는 순종의 동기다. 하나님의 명령에 순종하는 이 동기는 자신의 전 생애를 선교 사역에 헌신한 수많은 사람들을 고쳐시켰다. 헨드릭 크래머(Hendrik Kraemer)는 "선교학은 더욱 더 순종의 신학이 되어야 한다"고 말했다. 둘째는 사랑, 자비, 그리고 동정의 동기다. 성경은 선교 사역에 있어서 사랑과 자비와 동정(The Motives of Love, Mercy and Pity)이라는 동기를 강조한다. 셋째는 영광의 동기다. 하나님의 이름에 영광(The Motive of Doxology) 돌리는 것은 신약에서 발견되는 또 하나의 동기다(살후 2:1, 빌 2:11). 모든 입으로 예수 그리스도를 주로 시인해 하나님 아버지께 영광 돌리게 하는 것이다. 넷째는 종말론적 동기다. "나라가 임하시오며"(눅 11:2). 다섯째는 긴급함의 동기(The Motive of Haste)다. 하나님 나라의 기대라는 동기와 밀접하게 연결되어 있다. 여섯째는 개인적 동기다. "내가 복음을 위하여 모든 것을 행함은 복음에 참여하고자 함이라"(고전 9:23). 닐스(D. T. Niles)는 이 동기를 언급하는 데 있어서 결코 지루해하지 않았다. 정체된 물은 썩게 되지만 계속 교류한다면 그 흐름은 신선하게 흘러넘치게 될 것이다. 다른 사람과 함께 복음을 나누는 사람은 영생하도록 솟아나는 샘물이 될 것이다(요 4:14). [J. Verkuyl, *Contemporary Missiology an Introduction*, 최정만, 《현대선교신학개론》(서울: 기독교문서선교회,1996), 261-271.]

주의적 동기(The Motive of Ecclesiastical Colonialism)다. 교회 식민주의란 원주민들에게 복음에 응한 그들의 교회를 형성할 자유를 부여하기보다는 오히려 모교회라는 모델을 심어 버리는 선교사들의 강요를 말한다.

여기에 한국 교회의 상황을 고려해 네 가지를 추가해 보면 첫째는 교육적 동기다. 자녀들을 한국의 치열하고도 경쟁적인 학교 교육에서 벗어나 한국인들이 선호하는 영어와 제2외국어를 어린 시절부터 교육시키기 위한 목적과, 더 나아가 선교사 후보생의 학위 취득이나 공부를 위해서 선교와 선교지를 선택하는 경우다. 둘째는 스펙 쌓기를 위한 동기다. 신학교를 졸업한 후 한국 교회나 목회 현장에서 요구하는 조건을 충족시키기 위해 잠시 사역지에 다녀오는 경우다.

셋째는 비즈니스적 동기다. 이는 생계형에 해당하는데, 한국 교회에 마땅한 임지가 없어서 임지를 정할 때까지 취업 차원에서 해외에 머무르고자 하는 경우다. 때로 자비량 선교나 비즈니스 선교(Business as Mission, BAM)의 영역에서, 그리고 비자 발급이 어려운 지역에서 체류 목적으로 비즈니스를 선택하지만 그 이면을 살펴보면 종종 비즈니스적 동기가 발견된다. 넷째는 유배적 동기다. 이것은 선교사 지망생과는 관계없이 한국의 중대형 교회에서 부교역자가 교회 안에서 문제를 일으켜 부득이하게 교회를 떠나야 하는 상황에서 다른 임지가 없을 때 대안으로 선교를 선택하게 해 일정 기간 동안 지원하고 그 후에는 지원을 중단하는 경우를 말한다.

어떤 이유로든 도피적 동기로 선교를 선택한 선교사의 경우에는 온전한 선교를 감당할 수 없다. 불안정한 상황을 탈피하고자 외국으로 나가면서 선교를 명분으로 내세우는 사람, 사람들로부터 받은 깊은 상처를 치유할 목적(이혼, 사업 실패, 실연 등)으로 선교지로 나가는 사람, 한국에서 교회 개척에 실패했거나 기존 교회에서의 목회 실패를 은폐하고자 선교지를 선택한 목회자 등을 예로 들 수 있다. 특히 삶이 상처로 얼룩진 사람은 복음 전파보다는 선교지의 가난한 사람들이나 어려운 사람들을 통해서 자신의 삶에 대한 위로를 받고자 노력하며 대리만족을 추구하기도 한다.

이런 불순한 동기로 말미암아 한국 교회는 해외 선교를 통해 부정적인 요소를 낳고 있다. 2011년도 ○○○신학대학교 신학대학원 신입생 설문조사[08]를 보면, 신입생 중 18%가 선교에 헌신하기 위해 입학한 것으로 나타났다. 적어도 여기에 해당되는 후보생은 나름대로 소명을 받고 준비하는 과정에 있다고 볼 수 있다. 바른 선교사의 정체성을 가진 준비된 선교사 후보생을 선교지로 파송하는 것이야말로 한국 교회 해외 선교의 미래를 밝게 하는 기초가 된다. 선교의 동기가 건강해야 선교의 집을 바로 지어 갈 수 있는 것이다.

55세쯤 된 한 미국인 자매가 도미니카공화국에서 사역하는 미국인 평신도 선교사 가정을 도우려고 사역지에 방문했다. 미국에서 이혼한 후 마음의 상처를 치유하고자 인종차별을 받는 흑인을 위해 평생을 살아야겠다고 다짐하면서 선교지에 온 것이었다. 그녀의 이전 삶은 참으로 특별했다. 평소 사람들을 잘 사귀지 못했고, 남의 조언

---

08 ○○○신학대학교가 신학대학원 신입생을 대상으로 앞으로의 목회 방향에 대한 설문조사를 실시한 결과, 응답자의 3분의 1이 담임 목회(34%)라고 답했고, 그 뒤를 이어 선교사(19%), 기관 목회(6.8%), 교수(6.8%), 농어촌 목회(4.8%), 교회 개척(2.7%)으로 응답했다.

을 잘 듣지 않는 내적 질환을 갖고 있었다. 그런 그녀는 미국인 선교사 가정에 머물면서 부인 선교사와 자주 다투어 선교사 가정에 아픔을 주는 일이 잦았다. 또한 선교적 비전과 지식 없이 사역 현장의 사람들과 만나곤 했는데, 만남의 횟수가 많을수록 평신도 선교사 가정뿐 아니라 현지인들에게도 많은 상처를 주어 선교에 장애를 가져왔다.

소명에 대한 확신이 있는 사람, 다시 말해서 '주께서 나를 구원하셨고, 사랑하시고, 일꾼으로 부르셨다'라는 확신과 함께 '어디든지 가오리다'라는 헌신 속에서 잘 양육된 자만이 온전한 선교사로 쓰임 받을 수 있는 것이다.

오래전 내가 사역하고 있는 도미니카공화국에서 한 여선교사의 장례식이 있었다. 한인선교사회 주관으로 이국 선교지에서 육신의 삶을 마감한 선교사를 위해 드려진 고별 예배를 마치고, 유족인 남편 선교사가 찬송을 불렀다.

"부름 받아 나선 이 몸 어디든지 가오리다 괴로우나 즐거우나 주만 따라가오리니 어느 누가 막으리까 죽음인들 막으리까 어느 누가 막으리까 죽음인들 막으리까"(새 찬송가 323장).

사랑하는 부인 선교사를 먼저 보낸 아픔의 시간이었지만 "주만 따라가오리다"라고 고백하는 찬양을 통해 함께 모인 모든 선교사들이 조용히 자신의 소명을 다시 한 번 되새기는 시간을 가졌다.

소명과 확신

소명은 세 가지로 분류할 수 있다. 첫 번째는 성도로서의 소명이다. 성도로 부르심을 받았다는 확신, 하나님의 사랑(롬 1:7)[09]으로 부르심을 받았다는 확신, 그리고 하나님의 은혜(갈 1:6)[10]로 부르심을 받았다는 확신이다. 두 번째 소명은 하나님이 성도들 가운데서 특별히 사도로, 교회의 직분자로 부르신 것을 말한다. 에베소서 4장 11절에는 "그가 어떤 사람은 사도로, 어떤 사람은 선지자로, 어떤 사람은 복음 전하는 자로, 어떤 사람은 목사와 교사로 삼으셨으니"라고 기록되어 있고, 고린도전서 12장 28절에는 "하나님이 교회 중에 몇을 세우셨으니 첫째는 사도요 둘째는 선지자요 셋째는 교사요 그다음은 … "이라고 기록되어 있다. 즉 목사[11]로, 교회의 장로로, 권사로, 집사로, 청년회 임원으로, 교회학교 교사로, 성가대원 등으로 부르신 것이다. 이제 주님은 이들 가운데서 선교사로 헌신할 자를 부르신다. 이 부르심이 세 번째 소명, 즉 '제3의 소명'이라고 할 수 있다.

베드로는 세 번의 소명을 받았다. 그 소명은 회심을 통해서 일어났다. 그가 첫 번째 회심을 하게 된 때는 마태복음 16장 16절 말씀을 고백하던 순간이다. "시몬 베드로가 대답하여 이르되 주는 그리스도시

---

[09] "로마에서 하나님의 사랑하심을 받고 성도로 부르심을 받은 모든 자에게 하나님 우리 아버지와 주 예수 그리스도로부터 은혜와 평강이 있기를 원하노라"(롬 1:7).
[10] "그리스도의 은혜로 너희를 부르신 이를 … "(갈 1:6).
[11] 경건한 설교자 스펄전(C. H. Spurgeon) 목사는 그가 책임졌던 신학교에서 두 종류의 학생에게는 입학을 허가하지 않았다고 한다. 매우 유능해 모든 일에 성공하기 때문에 목회에도 성공할 것이라는 자신감을 가진 학생과 하나님이 자기를 목사로 만들려고 모든 일에 실패하게 하셨다고 믿는 지원자는 거부했다. 후자는 목회를 해도 실패할 것이고, 전자는 너무 교만하기 때문에 적합하지 않다고 판단했다. 그러나 스펄전 목사는 "전자는 좀 아깝더라"고 말했다. 목회자는 무능할 권리가 없고 자기 발전을 게을리해서도 안 된다.

요 살아 계신 하나님의 아들이시니이다"(마 16:16). 여기서 말하는 회심은 '그리스도께로의 회심'이며 첫 번째 소명에 해당된다. 두 번째 회심은 주님이 부활하신 후 디베랴 바닷가에서 베드로를 만나신 장면이 나오는 요한복음 21장 15-17절에 나타나 있다. "요한의 아들 시몬아 네가 이 사람들보다 나를 더 사랑하느냐"라는 주님의 물음에 베드로는 "주님 그러하나이다 내가 주님을 사랑하는 줄 주님께서 아시나이다"라고 대답했다. 두 번, 세 번 계속되는 질문을 통해 베드로는 결국 회심하게 된다. 그때 주님이 베드로에게 "내 양을 치라", "내 양을 먹이라"고 말씀하셨다.[12] 이것이 '교회에로의 회심'이며, 두 번째 소명에 해당된다. 베드로의 세 번째 회심은 사도행전 10장에서 환상을 본 후 고넬료와의 만남을 통해서 이루어졌다. 이것은 '세상에로의 회심'이며, 세 번째 소명에 해당된다.

사도 바울도 마찬가지였다. 그는 에베소서 3장 1-8절에서 자신이 이방인에게 복음을 전하는 자, 곧 일꾼이 되었다고 말했다.

> "이러므로 그리스도 예수의 일로 너희 이방인을 위하여 갇힌 자 된 나 바울이 … 이는 이방인들이 복음으로 말미암아 그리스도 예수 안에서 함께 상속자가 되고 … 내게 주신 하나님의 은혜의 선물을 따라 내가 일꾼이 되었노라 모든 성도 중에 지극히 작은 자보다 더 작은 나에게 이 은혜를 주신 것은 측량할 수 없는 그리스도의 풍성함을 이방인에게 전하게 하시고"(엡 3:1-8).

---

12 자세한 내용은 이 책의 닫는 글 각주 1을 참조하라.

오스왈드 챔버스(Oswald Chambers)는 주님의 부르심에 대해서 이렇게 말했다.

"누가 우리를 위하여 갈꼬?" 하나님의 부르심은 어떤 특정한 몇 사람을 위한 것이 아니다. 주님의 부르심은 모든 사람을 위한 것이다. 내가 하나님의 부르심을 듣거나 못 듣는 것은 나의 귀의 상태에 달린 것이다. 내가 무엇을 듣게 되는가 하는 것은 나의 성향에 좌우된다. "청함을 받은 자는 많되 택함을 입은 자는 적으니라"(마 22:14). 이 말씀은 오직 적은 수의 사람만이 자신들이 택함 받은 자임을 입증한다는 말씀이다. 택함을 받은 자는 다름 아닌 예수 그리스도를 통해 하나님과의 관계 속에 들어가 그들의 성향이 바뀌고 귀가 열리더니 언제나 들려오는 아주 조용하고 작은 소리인 "누가 우리를 위하여 갈꼬"라는 주의 음성을 들은 자들이다. 하나님은 한 사람을 따로 떼어 내서 "너, 지금 가라"고 말씀하지 않으신다. 하나님은 이사야에게 어떤 강한 강요를 하지 않으셨다. 이사야는 하나님 앞에 있었으며 그는 주의 부르심을 들었고 자신의 자유로운 의식 속에서 "내가 여기 있나이다 나를 보내소서"라고 말했던 것이다.[13]

또한 그는 부르심을 '외적 부르심'과 '내적 순교' 두 가지로 구분했다. 외적 부르심은 마태복음 4장 19절에서 주님이 베드로를 부르실

---

13 오스왈드 챔버스,《주님은 나의 최고봉》(토기장이, 2010), 1월 14일.

때 "나를 따라오라"고 하신 부르심에 해당된다. 이때 베드로는 주님을 쉽게 따라갈 수 있었지만 곧 그분을 부인했고, 시험에 빠졌다. 그러나 주님은 요한복음 20장 22절에서 베드로에게 "성령을 받으라"고 명하신 이후에 21장 19절에서 다시 "나를 따르라"고 말씀하셨다. 우리는 흔히 외적 부르심에 의존해서 외적 순교를 외치며 선교에 헌신한다. 그러나 선교사가 내적 부르심에 대한 확신을 가질 때 비로소 내적 순교를 외치면서 선교 사역을 감당할 수 있게 되는 것이다.

선교사로의 소명은 소중한 것이다. 그러나 여기서 주의할 것은 소명에 대한 혼돈이다. 소명은 대부분 주관적이기 때문에 객관적인 자료에 의해서 검증하기가 그리 쉬운 일이 아니다. 따라서 다른 사람에 의해서 평가된 선교사의 자질, 헌신도, 사역의 방향, 사고, 심리적 상태, 그리고 영성 등을 통해서 '소명에 대한 혼돈'의 척도를 가늠해 볼 수 있다. 그렇기에 선교에 헌신하고자 하는 이들은 무릎을 꿇고 기도하면서 하나님의 소명을 확인하고 그분의 인도하심을 찾아야 할 것이다. 이러한 측면에서 바울을 보면 그는 소명이 확실했고, 그러했기에 때로는 복음을 전하면서 직면하게 된 죽음의 위험을 두려워하지 않고 담대히 이방인에게 복음 전하기를 기뻐했다.

허드슨 테일러(Hudson Taylor)가 중국 선교에 대한 소명을 굳혔을 때 그는 18세였다.[14] "선교지에 어떻게 가려고 하는가?"라고 묻는 반슬리조합교회 목사님께 테일러는 "주님이 열두 제자와 칠십 문도의

---

14 1850년 3월부터 허드슨 테일러 집안은 선교 잡지 《글리너》(*the gleaner in the mission field*)를 창간호부터 구독했다.

필요를 채워 주신 것처럼 채워 주실 것입니다"라고 대답했다. 이 대답을 들은 목사님이 "네가 크면 지금보다 더 현명해질 거란다"라고 조언해 주었는데, 후에 허드슨 테일러는 "나는 그 후로 커서 어른이 되었지만 더 현명해지지 않았다"고 회고했다.

선교사로 출발하는 시기와 성령의 사역

소명과 함께 생각해 볼 것은 선교사로 출발하는 시기일 것이다. 어느 때가 가장 적당할까? 이것은 선교의 극대화라는 부분과 관계가 있는데, 선교지마다 특성과 상황이 다르기 때문에 시기의 적절성도 차이가 있을 수 있다. 그러나 대체로 20대의 경우 선교적 열정은 넘치는 데 반해 경험 부족으로 실패를 경험하곤 한다. 30-40대는 자녀의 문제로 인해 고민을 많이 하게 되는데, 자녀 교육의 어려움이 사역을 포기하게 하는 원인이 될 수도 있다. 50-60대에 출발할 경우에는 사역지의 언어를 배우는 데 많은 어려움이 있고, 문화 충격이나 건강의 문제 등도 겪게 된다. 그래서 예장통합총회 세계선교부는 기본적으로 40대 이상은 선교사로 선발하지 않는다. 물론 특수한 사역에서는 예외로 한다는 조항이 있다.

이처럼 소명과 선교사의 적령기 등 모든 부분이 적합할 때 비로소 선교의 효과를 극대화할 수 있다. 실제로 50-60대에 처음으로 사역지에 간 이들이 고국으로 돌아오는 날까지 한국 문화와 음식, 습관 등을 버리지 못하고, 현지어를 배우기보다는 한국어를 그대로 사용하면서 간단한 생활 용어 정도만 습득하는 등 사역자로서의 본분을 감당하기 어려워하는 현실을 목격하게 된다.

그럼에도 불구하고 2010년 이후 한국 교회 시니어 성도들의 선교에 대한 관심이 높아지고 있다. 특별히 한국 사회가 고령화되고 있는 현 시점에서 자신의 전문 직업에서 명예퇴직, 조기 은퇴를 하고 남은 생애를 해외 선교를 위해 헌신하고자 하는 성도들이 많다. 이런 추세에 맞춰 그들을 위한 선교 전문 훈련 기관이 필요하다. 그러나 현실적으로 선교 현장은 그들과 함께하기에 그리 녹록치 않다.

왜 선교 현장의 선교사들이 시니어 성도들이 선교사로서 선교지에 오는 것을 꺼리는 것일까? 첫째, 그들이 젊은 선교사들에게 짐이 된다고 여기기 때문이다. 둘째, 한국의 유교 사상에 기초한 장유 문화 때문이다. 셋째, 그들이 선교지에서 온전히 사역하는 경우가 없다고 생각하기 때문이다. 넷째, 그들이 선교사의 존재감을 떨어뜨린다고 생각하기 때문이다. 다섯째, 그들로 인해 한정된 한국 교회를 통한 후원이 줄어든다고 생각하기 때문이다. 물론 은퇴 후 연금을 받으면서 자비량으로 사역한다고 말하지만, 일정 시기가 지나면 후원 교회를 통해 지원 받는 입장이 된다. 그러므로 직장이나 목회지에서 은퇴한 후 노년기를 해외에서 보내기 위해 선교지를 선택하는 것은 바람직하지 않다.

소명에 대한 분명한 확신과 함께 반드시 필요한 것은 성령의 사역을 추구하는 것이다. 교회가 성령의 사역을 추구할 때 성장하듯이 선교 사역도 마찬가지다. 초지일관 성령의 능력[15]으로 사역에 임해야 한다

---

15 내가 성령에 대한 이해를 선교적 관점에서 정리한 《마리아 중보 사상》 제2장 "성경적 성령 개념과 역할"을 참조하면 도움이 될 것이다.

는 것은 아무리 강조해도 지나치지 않다. 선교지에 가기 전에 해야 할 일, 다시 말하면 자신이 지금까지 살아왔던 삶의 터전을 정리하고 새로운 삶을 시작하기 위해 준비하는 과정은 선교 헌신자로 하여금 설렘과 두려움을 동시에 갖게 한다. 정들었던 가족, 친구, 교회 성도들과 작별하는 모임이 이어지고 떠날 준비로 마음부터 분주해진다. 그러다 보면 기도 시간이 줄어들고, 성령께 의존하고 맡기기보다는 모든 일을 스스로 결정하는 잘못을 범하게 된다.

파송 받기 전 선교사는 기도로 준비하는 시간보다 사람들을 만나고 일을 처리하는 데 자연히 더 많은 시간을 소요하게 된다. 이런 모습으로 선교지에 도착한 선교사는 사역의 비중이 늘어날수록 기도 시간을 잊어버리고 프로젝트에 매달리는 악습을 반복하게 된다. 이내 선교사는 기도 없는 사역이 일상화가 되고, 그것이 문제라는 것조차 전혀 생각하지 않게 된다. 왜냐하면 기도 없이도, 성령의 인도하심 없이도 사역이 잘되기 때문이다.

그러나 기도 없는 사역, 기도하지 않는 선교사는 결국 커다란 문제만 남긴다는 것을 우리는 명심해야 한다. 기도 시간이 줄어든 만큼 성령의 역사하심도 줄어든다는 사실을 기억해야 한다. 기도의 사람 하이드(John Hyde)는 기도 시간이 늘어 가면서 성령의 역사하심이 더욱 크게 임한 것을 경험한 대표적인 인물이다. 따라서 선교 사역에 있어서 가장 중요한 것은 확실한 소명감과 성령의 능력을 의존하는 것임을 잊어서는 안 된다. 조지 뮬러(George Muller)는 사역이 늘어나면 그 시간에 비례해서 기도의 시간을 늘렸다고 한다.

선교사는 성령 하나님을 신뢰하면서 소명감을 가지고 사역해야 한다. 소명은 하나님이 주신 것이요, 그 소명대로 행하는 것이 가장 현명한 길이다. 이 책을 읽는 소명을 가진 독자 모두가 성령의 능력을 사모하기 바란다. 또한 성령의 기름 부으심을 간절히 소망하기 바란다. 다음의 글 속에서 아름다운 신임 선교사의 다짐을 보게 된다.

선교사로서의 다짐[16]

재작년 중국 청도에서 가정 교회 지도자와 대화할 시간이 있었습니다. 그때 그분이 하신 말씀이 잊히지 않습니다. "인웨이워더신 신헌찌엔꾸 수어이부쮜파(因为我的信心很坚固,所以不惧怕)." 우리말로 해석하자면 "나의 믿음이 너무 깊었기에 두렵지 않았습니다"입니다. 공산치하에서 복음을 지키고 살았던 자신의 삶을 그는 이렇게 짧은 문장으로 요약하고 있었습니다.

신임 선교사 후보생 훈련이 시작되고 저희 가정에게 찾아온 것은 두려움이었습니다. 자신이 없었습니다. 선배 선교사들의 예상치 못한 사고와 아픔을 듣고, 선교사 자녀들의 상처를 헤아리고 보니 선교사의 삶이 그리 매력적이지 않았습니다. 우리 가정이 생각한 선교는 낭만이었고, 선교의 실제는 훨씬 냉혹하고 치열하다는 느낌을 받았습니다. 무엇보다 가장 두려움으로 다가온 것은 평생 후원 교회의 눈치를 봐야 하는 선교사의 존재 방식이었습니다. 마음속 한편에는 이런 질문이 들었습니다. '왜 우리가 이렇게 살아야 해! 그 이유가 뭐야?' 그러면서 우리는 두려워하고 있었습니다.

---

16 이 다짐의 글은 안병호, 오정민 선교사 부부의 글이다.

하루는 아침에 말씀을 묵상할 때 주님의 말씀이 다가왔습니다. "주는 나를 돕는 이시니 내가 무서워하지 아니하겠노라 사람이 내게 어찌하리요"(히 13:6). 우리는 여전히 사람을 두려워하고 있었습니다. 그들의 말이 두렵고, 그들의 평가가 두렵고, 그들의 판단이 두려웠습니다. 우리가 부족하기에 두려웠고, 또한 평생 빌어먹고 살아야 하는 삶이기에 더 두려웠습니다. 그럼에도 우리의 주인은 오직 하나님이시라는 믿음의 고백이 우리를 든든하게 지켜 주었습니다. 주님이 나를 도우시는데 내가 무엇을 두려워하겠습니까? 그 순간, 나의 믿음이 깊어 나는 두려움이 없다고 고백한 그 중국인이 머릿속에 떠올랐습니다.

선교사로서 우리 가정의 삶은 늘 '두려움으로부터 벗어나는 연습'을 반복할 것입니다. 그래서 우리의 다짐 역시 이를 바탕으로 구성해 봅니다.

첫째, 우리는 사람에 대한 두려움으로부터 벗어나겠습니다. 하나님의 선교를 벗어난 사람의 선교, 혹은 교회의 선교를 하지 않겠습니다. 그들의 평가나 판단으로 좌우되는 선교사는 되지 않겠습니다.

둘째, 재정에 대한 두려움으로부터 벗어나겠습니다. 무엇을 먹을까, 입을까 근심하는 것이 아니라 복음을 위해 오늘도 어떻게 살아갈지를 고민하는 선교사가 되겠습니다.

셋째, 자신의 왕국이 축소되는 것에 대한 두려움으로부터 벗어나겠습니다. 우리의 명예와 이익만을 생각하는 어리석은 사람이 아니라 하나님 나라를 세우는 지혜로운 사람이 되겠습니다. 이를 위해 함께 협력하며 화해와 일치를 이루는 선교사가 되겠습니다.

우리 가정이 두려워해야 할 분은 오직 하나님뿐이십니다. 심판 날 주님 앞에 두려움 없이 설 수 있기를 소망하며 선교사로의 첫 걸음을 내딛습니다. 바로 그날 주님이 우리더러 "잘했다! 충성된 종아!"라고 칭찬하신다면, 그것만으로 충분한 인생을 살고 싶습니다.

2장
선교 사역 준비

출발 전, 나와 주변 돌아보기

선교지로 출발한다는 것은 '떠남'을 의미한다. 평생 살아온 삶을 접어 두고 복음 전파를 위해 떠나는 데는 중대한 결단과 희생이 요구된다.

"여호와께서 아브람에게 이르시되 너는 너의 고향과 친척과 아버지의 집을 떠나 내가 네게 보여 줄 땅으로 가라 내가 너로 큰 민족을 이루고 네게 복을 주어 네 이름을 창대하게 하리니 너는 복이 될지라[17] 너를 축복하는 자에게는 내가 복을 내리고 너를 저

---

[17] 개역한글판에는 "복의 근원이 될지라"로 되어 있다. 히브리어로 '복의 근원'은 베라카(בְּרָכָה)인데, 이것은 명사로는 '축복', '우물'이고 동사로는 '무릎을 꿇다'라는 뜻이 있다. 여기서 나는 무릎을 꿇는 자만이 축복의 우물, 근원이 될 수 있음을 깨닫게 되었다.

주하는 자에게는 내가 저주하리니 땅의 모든 족속이 너로 말미암아 복을 얻을 것이라 하신지라"(창 12:1-3).

아브라함의 떠남은 성경 말씀 그대로 고향과 친척, 아버지의 집을 떠나는 것이었다. 이것은 바로 순례자의 삶을 사는 것이요, 유랑 선교사[18]의 삶을 사는 것을 의미한다. 세상적인 관점에서의 떠남에는 외로움과 두려움과 미지에 대한 공포가 있다. 그러나 여호와의 부르심에 따라 떠나는 삶은 스가랴 2장 5절 말씀처럼 여호와께서 불 성곽이 되어 주시는 축복이 전제가 된다. 그리고 그 삶을 통해 여호와의 영광이 드러난다.

"여호와의 말씀에 내가 불로 둘러싼 성곽이 되며 그 가운데에서 영광이 되리라"(슥 2:5).

그러므로 우리는 여호와의 영광이 함께하는 떠남이 될 수 있도록 믿음 안에서 잘 준비해야 한다.

그러면 선교사가 출발하기 전에 빠뜨리지 않고 점검해야 할 사항에는 어떤 것들이 있을까? 몇 가지를 적어 보면 다음과 같다.

---

18 유랑 선교사는 평신도 전도자들이었다. 그들은 주님의 말씀을 전하며, 주의 사랑을 전하기 위해 자원해서 자신의 가족과 고향, 친척, 아버지의 집을 떠나 유랑하면서 과부와 고아와 병자를 돌보면서 살았다. 그들은 주님이 머리 둘 곳도 없다고 하셨던 말씀을 기억하면서 집에서 자지 않았다. 그들은 종말론적 4무(無)의 삶을 살았다(무가족, 무주택, 무소유, 무보호). 그래서 한 지역에서 어느 정도 공동체가 형성되면 떠나곤 했다. 그들은 도덕적으로 순결했으며, 영적인 능력이 있었다. 그들이 기도할 때 능력이 나타나 병든 자가 나음을 입었고, 귀신을 쫓아내는 능력도 있었다. 그래서 그들을 일컬어 '유랑하는 은사자들'이라고 불렀다.

훈련과 파송

　아무리 선교의 열정이 있다 할지라도 가능하면 공식적인 단체인 교단 선교부, 국내외 선교 단체에 소속되어 선교지로 가는 것이 바람직하다. 이것은 교역자뿐 아니라 평신도에게도 권하고 싶다. 교단 선교부나 국내외 선교 단체에 소속되지 않고 개인이 결정해서 선교지에 나가거나 개 교회 파송(교회 규모가 크다 할지라도)을 받아 가는 것은 바람직하지 않다.

　이 말은 현지에 가면 더 잘 이해될 수 있다. 현지에는 무분별하게 선교의 열정만 가지고 온 사람들이 의외로 많이 있다. 그들 대부분은 소속 단체가 없다. 있다고 해도 개 교회나 문제를 안고 있는 군소 선교 단체다. 그들은 교단 선교부나 선교 단체에 소속되어 단체와 긴밀한 협조 가운데 사역하는 선교사들과 달리 선교지에서 발생하는 모든 일(선교사의 외적, 내적 사역 환경 속에서 나타나는 문제 외에 교리적, 신학적 해석, 사역의 방향, 사역의 이관, 재정의 운영 등 선교사의 일거수일투족 모든 것)에 대해서 스스로 결정하고 그 결정을 집행함으로써 시행착오를 겪을 뿐 아니라 자기 고집에 따라 일을 처리하곤 한다. 이러한 문제는 한국 선교사뿐 아니라 서구 여러 선교사들에게서도 쉽게 발견된다.

　따라서 이 책을 읽는 선교의 열정을 가진 헌신자 중에 아직까지 교단 선교부나 국내외 선교 단체, 혹은 선교회에 가입하지 않은 분이 있다면 이곳들을 방문해서 조언을 구하기를 권한다. 세계 곳곳에서 효율적으로 사역하지 못하고 문제를 일으키는 선교사 대부분은 스스로만 인정하는 자칭 선교사들이다.

기도 후원자 찾기

중보 기도[19]는 참으로 소중하다. 중보 기도는 첫째, 하나님께 영광이 된다. 둘째, 선교 사역의 원동력이 된다. 셋째, 중보 기도자에게 복이 된다.

우리는 윌리엄 캐리가 개신교 선교의 선구자로서 인도의 잃어버린 영혼을 위해 기도한 선교사라는 것을 너무나 잘 알고 있다. 그런데 캐리가 그리스도인이 되기 이전에 구두수선공으로 있을 당시, 그의 회심을 위해 중보 기도 한 사람이 있었다는 것을 아는 사람은 그리 많지 않다. 그는 바로 윌리엄 캐리의 친구인 존 워(John Warr)다. 그는 윌리엄 캐리가 회심하기를 간절히 기도했고,[20] 하나님이 그의 기도를 들어주셨다. 존 워는 친구를 위한 기도가 응답된 후에도 중보 기도를 멈추지 않았는데, 인도 선교사가 된 캐리를 위한 그의 기도는 그대로 응답되어 선교의 커다란 결실을 맺었다.

이처럼 중보 기도는 힘이 있다. 중보 기도를 통해서 수많은 영혼이 주께로 돌아오는 역사가 일어난다.[21] 따라서 기도 후원자는 많으면 많을수록 좋다. 무엇보다 생명을 걸고 기도해 줄 후원자가 필요하다. 기

---

19 우리는 중보 기도 그룹을 세 부류로 나누어 볼 수 있다. 첫 번째 중보 기도 그룹은 기도해 주겠다고 막연히 약속하고는 쉽게 잊어버리는 그룹이다. 이들은 약속 시간을 정해서 기도하기보다는 어느 순간 성령의 감동하심으로 생각이 날 때 기도할 수 있다. 두 번째 중보 기도 그룹은 처음에는 자신의 시간을 떼어 시간을 정하고 틈이 날 때마다 기도하다가 차츰 시간이 지나면서 중보 기도의 횟수가 줄어드는 그룹이다. 세 번째 중보 기도 그룹은 참된 선교의 동역자로서 선교 사역의 진행을 피부로 느끼면서 기도하는 그룹이다. 이들은 기도할 때 사명감을 가지고 기도한다. 이들은 성령의 능력 안에서 늘 깨어서 기도하는 자들이다. 그러기에 선교 사역의 필요와 사역의 방향을 함께 공감하면서 기도로 돕는 자들이다.
20 *School of Tomorrow Social Study Text Book 5th Grade*(TX: Accelerated Christian Education, 2000), PACE, 1050-1059.
21 앞의 책.

드온과 함께 생명을 걸고 오직 하나님의 권능을 믿으며 여호와를 위해 싸웠던(삿 7:18) 3백 명의 용사가 있다면 든든하다.

선교는 영적 전투다. 전쟁에 나가는 선교사를 위해 후방에는 생명을 바쳐 기도할 기도의 동역자가 있어야 하는 것이다. 구체적으로 표현하자면, 지금 이 순간 선교사가 무엇을 하는지, 사역에 무엇이 필요한지, 또 선교사 가족이 힘들어하는 부분이 무엇인지 민감하게 알고 하나님께 아뢸 수 있는, 선교사 가정과 함께하는 군사들을 말한다.

언젠가 한국을 방문했을 때 한 장로님이 성경책 속에 끼워져 있는 아주 낡은 기도 카드를 꺼내 보여 주셨다. 우리 가정이 선교지로 파송받아 가기 전에 드렸던 기도 카드였다. 제법 세월이 흘러 이제는 낡은 종이가 되어 있었다. 장로님은 하루도 빠짐없이 기도 카드를 보면서 도미니카공화국 선교를 위해 기도해 오고 계셨던 것이다.

하나님이 주시는 능력을 덧입어 힘 있게 복음을 전하다가도 때로는 영적으로, 육적으로 지치고 슬럼프에 빠져서 복음 전하는 것이 두렵게 느껴지기도 한다. 그때 선교사 자신이 성령의 능력을 구하면서 영적 회복을 위해 기도해야 하겠지만, 기도할 힘조차 없을 때도 있다. 마지막 남은 힘으로 "오, 주님! 오, 주님!" 하고 되뇌는 상황에 빠져 있을 때 기드온의 3백 용사와 같은 중보 기도 팀과 선교 동역자가 있으면 얼마나 큰 힘이 되는지 모른다. 특별히 한국의 명절이나 긴 연휴 기간이 되면 선교지에서는 평소보다 더 많은 기도로 사역을 준비해야 한다. 우리 부부는 이 사실을 깨닫게 된 이후로 지금까지 각별히 주의하며 기도하고 있다. 물론 명절이나 휴가와 상관없이 기도의 끈을 늦추지 않고 한결같이 기도로 섬기는 성도들이 있지만 말이다.

선교사들은 위기가 닥치거나 영적 고갈 상태에 이르면 고국에 있을 때보다 심리적, 정신적으로 더 나약해지게 된다. 고민을 함께 나눌 가족이나 동료와 떨어져 있다는 외로움, 나약함, 두려움 등에 빠져 사역을 감당하지 못할 뿐 아니라 자기 자신을 추스르기조차 힘들어진다. 나도 복음을 전하는 것이 두렵게 느껴질 때 중보 기도 해 주는 이들의 도움으로 영적인 충전을 받아 본 경험을 통해 중보 기도가 얼마나 위대한지 더욱 확신하게 되었다. 그래서 교회를 방문할 때마다 해이해지기 쉬운 명절 때일수록 세계 각지에 흩어져 사역하는 선교사들과 그 가정을 위해 계속적으로 기도해 달라고 특별히 부탁드린다. 선교사 본인의 기도와 기도로 후원하는 선교 동역자들의 기도는 사역의 영적 전쟁에서 승리를 보장해 준다.

선교사로 헌신하게 되면 기도 후원자와 신앙적, 인격적 관계를 형성할 수 있도록 교회를 방문하고, 구체적으로 보고하는 시간을 가지면서 선교의 비전을 통해 은혜를 나누는 것이 중요하다. 기도와 물질로 선교사를 후원해 온 교회가 선교사와 만남을 갖고 기도 제목을 나눌 때 구체적으로 기도할 수 있음은 두말할 필요가 없다.

기도의 중요성은 양파로 냉장고를 뚫는 원리에 비유할 수 있다. 양파로 냉장고를 뚫을 수 있다니 우스운 말처럼 들릴지 모르겠다. 특강 시간에 이 문제를 냈더니 물리학을 전공하는 학생이 뚫을 수 있다고 자신 있게 대답했다. 속도에 의해서 가능하다는 것이다. 양파를 대포 속에 넣어서 엄청난 속도로 냉장고를 향해 발사하면 뚫을 수 있다는 논리였다. 선교사도 마찬가지다. 비록 연약한 선교사라 하더라도 중보 기도를 덧입고 예수 그리스도 안에 붙잡혀 있으면 놀라운 능력으로 선교 현장에서 사역할 수 있다.

기도는 선교 사역의 최선이며 필수불가결한 요소다. 주님도 밤을 새우며 한적한 곳에서 기도하셨다. 하루의 사역을 시작하시기 전, 새벽에 한적한 곳으로 가서 기도하셨던 주님의 모습이 마가복음 1장 35절에 잘 묘사되어 있다.

"새벽 아직도 밝기 전에 예수께서 일어나 나가 한적한 곳으로 가사 거기서 기도하시더니"(막 1:35).

선교 사역을 하면 할수록 하나님은 내게 더 많은 기도의 시간을 요구하셨다. 이러한 기도를 통해 하나님의 뜻이 이 땅에 실현되는 것을 잠잠히 바라보게 하셨고, 하나님보다 앞선 발걸음을 멈추고 마땅히 있어야 할 자리에 있도록 지혜를 주셨다. 기도하지 않고는 선교의 장벽을 결코 넘어갈 수 없다.

건강관리

선교사로 헌신하는 자들이 영적으로 강건할지라도 육체적으로 질병을 갖고 있다면 장기적인 사역을 감당하지 못하고 건강 문제로 중도에 하차할 수밖에 없다. 그러므로 하나님의 선교를 위해 영적인 건강뿐 아니라 육체적인 건강도 돌보면서 정기적으로 점검해야 한다. 질병이 발견되면 사역지로 떠나기 전에 미리 치료하고, 전문의의 조언을 받는 등 꼼꼼히 몸의 기관들을 돌봐야 한다. 또한 안식년이 되면 충분한 휴식과 함께 정기검진을 받고 다음 사역을 위해 몸을 관리하는 지혜가 필요하다.

선교 현장 사전 방문

선교 훈련을 받기 2-3주 전이나 훈련을 받은 후, 혹은 가족과 함께 출발하기 전에 미리 선교 현장을 답사해 보기를 권한다. 나는 선교사로 파송 받기 전에 선교지에 답사를 다녀왔다. 그런데 아내와 자녀의 입장에서 사역지를 보지는 못했다. 선교지 답사 후 아내는 나에게 선교지는 어떤지, 떠나기 전에 무엇을 준비해야 하는지에 대해 물었다. 그때 나는 "모든 것이 다 있어요. 그냥 몸만 가면 돼요"라고 대답했다. 하지만 막상 선교지에 도착하자 아내는 "있는 것보다 없는 게 더 많네요"라고 반응했다. 아내와 나의 사역지를 바라보는 시각이 너무나 달랐던 것이다. 이는 내가 목회자로서, 선교사로서 사역 중심으로 현장을 보고 느꼈기 때문이다. 그 결과 가족들이 선교지에 정착하는 데 많은 고통이 따랐다. 특히 우리가 정착한 시골에는 학교 시설이 여의치 않아서 아내가 고등학교 과정까지 홈스쿨링 교재로 자녀를 교육해야만 했다.

파송을 받은 후 상황이 허락된다면 남편 선교사가 먼저 사역지에 가서 정착에 관한 제반 사항을 준비하고 가족들을 맞이하는 것이 좋다. 여기서 제반 사항을 준비한다는 것은 가족들이 문화 충격을 가장 적게 받을 환경을 만들어 놓는 것을 뜻한다. 만일 답사하기에 시간적, 재정적 여건이 허락되지 않는다면 4부에서 소개하는 현지 조사 연구 방법을 참고해 가능한 많은 정보를 얻는 것이 좋다.

믿음의 선배들께 인사드리기

선교사로 임명되고 파송되어 선교지로 가게 되면 가까운 어른들을 자주 만날 수 없게 된다. 물론 안식년이 된다든가 기타의 일로 잠시 한국을 방문할 때 만날 수 있지만 그것이 그렇게 쉬운 일은 아니다. 우리 가정이 선교지로 떠나온 지 얼마 되지 않아 장인어른이 주님 품으로 가셨다. 한국을 떠날 때 뵌 모습이 마지막이었다는 뜻이다. 또한 제2기 사역 동안에도 여러 친지들과 기도해 주시던 중보 기도자들이 주님 품으로 가셨다. 사실 선교사의 부모님[22]과 믿음의 선배들은 선교지로 떠나는 선교사를 다시 보지 못할지 모른다는 심정으로 선교지에 보내곤 한다. 그래서 교회의 선배들, 선배 목회자들, 어른들, 친척들, 스승들을 찾아뵙고 정중하게 인사를 드리고 기도 부탁과 함께 조언을 구하는 것이 좋다. 이러한 기회를 통해서 영적인 깊은 관계의 끈을 맺을 수 있게 되는 것이다.

준비물 점검과 유용한 기술 익히기

하나님의 선교를 감당하기 위해서 선교사는 잘 훈련된 군사가 되어야 한다. 훈련 받지 않고 투입된 군사는 백전백패의 결과를 가져올 수밖에 없다. 사실 잘 훈련된 군사라 할지라도 전쟁에서 승리하기란 그

---

[22] 장기 선교사가 늘어남에 따라 홀로 계신 선교사 부모님들의 숫자도 증가하고 있다. 교단 선교부, 선교 단체, 후원회는 이에 대한 대책이나 연구를 집중적으로 할 필요가 있다. 참고로 성경번역선교회(Global Bible Translators, GBT)에서는 선교사 부모들(Missionary Parents, MP)을 위한 전문 사역자를 두고 있다.

리 쉽지 않다. 그렇기 때문에 철저히 준비해야 하는 것이다. 오늘날 많은 한국 교회가 "선교사를 후원하고 싶어도 훈련된 선교사가 없다"고 주장한다. 우리는 선교지로 가기 전에 준비된 선교사가 되어야 한다.

선교사로서의 헌신과 결단을 한 후에는 사역을 위한 준비가 뒷받침되어야 한다. 영적, 정서적, 심리적, 학문적으로 선교사의 생활과 사역에 관한 분야에서 준비된 예비 선교사가 되어야 한다. 오늘날의 선교는 이런 준비된 선교사를 필요로 한다. 왜냐하면 한 명의 선교사를 위해 정성 어린 선교 헌금과 중보 기도가 지원된다는 것을 늘 인식하지 않으면 재정과 사역을 효율적으로 관리할 수 없기 때문이다. 이처럼 만반의 준비를 했다고 해도 선교지에서의 영적 전투는 그리 만만치 않다.

한국 교회가 세계 선교의 깃발을 내건 지 어느덧 1세기가 되어 가고 있다.[23] 그러나 선교 정책과 효율성 측면에서 보면 아직도 풀어야 할

---

23 나는 한국 교회의 선교를 크게 네 개의 시기로 나눠야 한다고 본다.
- 제1시기(1907년-해방 전): 한국 선교의 태동기라 말할 수 있다. 1907년 한국 교회 대부흥 운동과 함께 제주도에 이기풍 목사를 파송한 것을 한국 교회 선교의 기원으로 정하고 있다. 당시 선교는 유사 문화권 선교라고 말할 수 있다.
- 제2시기(해방 후, 6·25 전쟁 후-1979년): 해외 선교사 파송은 극히 미비했다. 선교의 유아기라고 표현할 수 있다. 이 시기에 한국 교회는 타 문화권 선교를 시작했다.(〈표1〉 참조)
- 제3시기(1980-2000년): 한국 교회 선교의 성장기라고 말할 수 있다. 이 시기에 한국 교회는 수적으로 급성장했고 경제적, 정치적, 사회적 변화가 선교의 확장을 도왔다.
- 제4시기(2001년 이후): 한국 선교의 확장기, 성숙기라고 말할 수 있다.

〈표1〉 연도별 한국 교회 해외 선교사 파송 현황(1979-2018년)

연도	1979	1982	1986	1988	1990	1992	1994	1996	1998
명	93	323	511	1,178	1,645	2,576	3,272	4,402	5,948
연도	2000	2002	2004	2006	2008	2010	2012	2013년 말 통계	
명	8,103	10,422	12,159	16,616	20,503	22,685	24,742	25,745	
연도	2015	2016	2017	2018년 말 통계				2013	2014
명	27,205	27,205	27,436	27,993				25,745	26,677

과제가 많다. 선교 현장에서는 뜨내기 선교사들로 인해 적지 않은 문제가 발생하곤 한다. 심지어 세상 언론 매체를 통해 선교지의 불미스러운 사건들이 다뤄지기도 한다. 그러므로 선교에 헌신하려는 사람은 하나님으로부터 선교의 소명을 분명히 받았는지를 스스로 점검해야 한다. 또한 선교 본부에서도 선교사를 선발하기 전에 이 부분을 꼭 짚어 보고 확인해야 한다. 왜냐하면 이것이 선교의 기초이기 때문이다.

국제운전면허증

국제운전면허증의 유효기간은 1년이다. 따라서 현지에 가면 그 기간 내에 현지의 운전면허증을 취득해야 한다. 각 나라마다 면허증을 취득하는 방법이 다르기 때문에 현지의 면허 시험 제도를 먼저 알아보고 그에 맞추어 준비하는 것이 좋다. 한국 운전면허증과 국제운전면허증을 근거로 현지 면허증을 발급해 주면 다행이지만, 간혹 현지어로 면허 필기시험을 다시 봐야 하는 경우도 있다.

의료보험

교단 선교부나 선교 단체에서 가입하는 의료보험 외에 국제 의료보험, 국제 여행자 보험이나 국내의 국민건강보험에 가입한다. 매번 이중으로 보험료를 내는 것이 선교사에게 적지 않은 부담이 되겠지만 예기치 못한 일로 병원에 가야 할 때 도움이 될 수 있다. 특히 국내 지역 의료보험의 경우 안식년을 맞아 가족이 한국을 방문해서 치료를 받거나 현지에서 치료가 불가능해 한국에서 치료를 받아야 할 때 유용하다. 물론 선교지에 있는 병원에서 치료를 받을 수도 있다. 그러나 선교지의 의료 시설은 대부분 낙후되어 있고, 약값이나 병원비가 매우 비싸다. 선교사는 신변의 위협을 받을 때가 많다. 불의의 사고가 발생할 경우 교단 선교부나 선교 단체, 후원 교회가 이후의 모든 수습을 감당하기 어려울 수 있다. 따라서 선교사 자신이 반드시 미리 보험에 가입해야 한다.

국내 지역 의료보험의 경우 가입 후 해외에서 1개월 이상 체류할 경우 출국 시 보험료 납부를 일시 정지하면 보험료가 면제된다. 또한 정지를 신청하지 못한 채 출국했다 하더라도 귀국 후 의료보험 환급 신청 서류를 준비해서 국민건강보험공단에 제출하면 하자가 없는 한 전액 환불이 가능하다. 참고로 국민건강보험법 제74조(보험료의 면제) 2014년 1월 1일 기준에 의하면, 귀국하는 날짜나 체류하는 날에 매달 1일이 포함되면 그달의 보험료를 납부해야 한다.

연금

몇몇 교단의 경우 선교사에게 사역지에 가기 전 필수 요건으로 연금 가입을 요구하고 있다. 그러나 일반 선교 단체나 개인적으로 선교지에 간 사람은 연금의 필요성을 인식하지 못하고 가입하지 못한 경우가 많다.

나는 선교사들에게 꼭 연금에 가입하라고 권하고 싶다. 한국은 세계에서 가장 빠르게 고령화가 진행되는 나라 가운데 하나이며, 통계청 발표에 따르면 이미 2000년에 고령화 사회에 진입했다. 2012년 통계 자료에 의하면 한국인의 평균 기대 수명[24]이 80세다. 이를 감안할 때 선교사들은 노후 대책의 일환으로 연금에 가입하는 것이 좋을 것이다. 사역지에 있다 보면 이런 사회적인 흐름을 읽지 못하고 사역에 전념하다가 은퇴하고 나서야 현실을 실감하게 된다. 아직 한국 교회는 선교사들의 노후에 대해 책임을 져 주는 준비를 하지 못하고 있다. 일부 교단 선교부와 선교 단체를 제외하고는 이것이 현실이다.

그러므로 지금부터 선교사 스스로 생활비의 일부를 떼어 연금에 가입해야 한다. 이것은 선교사의 노후 대책 중 가장 기본이 된다. 중간에 연금을 해지해서 사역비로 충당하고자 하는 선교사를 종종 보게 되는데 아무리 사역비가 절실하더라도 연금을 해약하거나 연금을 근거로 대출을 받는 일은 없어야 할 것이다.

비상 의약품

비상의약품목록
소독제, 해열진통제, 소화제, 지사제, 지혈제, 소염제, 감기약, 모기약, 두통약, 일회용 밴드, 복합 연고제, 화상 연고, 탈지면, 소독용 솜, 붕대, 붕대 고정 핀, 거즈, 반창고, 가위, 핀셋, 면봉, 소형 전지, 체온계, 비상용 치료약(개인 처방전 사본을 첨부할 경우 위급한 상황에서 큰 도움이 된다) 등

비상 의약품을 구입하고 약품 설명서를 숙지해 둔다. 비상 의약품

---

24 2010년 통계청이 발표한 "2010년 생명표"를 근거로 2010년에 태어난 아이의 기대 수명(출생 시 기대 여명)은 남자 77.2세, 여자 84.1세 등 평균 80.8세다. 미국 중앙정보국(CIA)이 발표한 2011년 한국인의 평균 기대 수명은 79.05세(남자 75.84세, 여자 82.49세)이고, 위키피디아(2013년)가 예측한 한국인의 평균 기대 수명은 81세(남자 77.5세, 여자 84.5세)다. http://en.wikipedia.org/wiki/Life_Expectancy_by_Country.

도 항목별로 모두 갖추어 구입하려면 적지 않은 비용이 든다. 그러므로 가족의 체질이나 건강 상태, 사역지의 기후나 풍토병 등을 고려해 상황에 맞게 준비하도록 한다. 의약분업 이후 항생제나 일부 의약품은 일반인들이 구입하기가 쉽지 않다. 또한 의학 관련 분야에 있어서 전문인이 아니고는 의약품을 적절하게 사용할 수 없기 때문에 비상 의약품을 준비하기 전에 의료선교회나 의학 관련 종사자들의 조언을 받는 것이 좋다.

전기에 대한 기본 지식

전기에 대한 기본 지식에 문외한인 경우 출발 전에 간단한 기술을 숙지하는 것이 좋다. 왜냐하면 선교지에서는 많은 부분을 스스로 처리해야 하기 때문이다. 특별히 전기 사정이 좋지 않은 나라로 파송되는 선교사들의 경우 관심을 갖고 준비해야 한다.

도미니카공화국도 전기 사정이 좋지 않은 나라 중의 하나다. 선교 사역 초기에는 전기가 들어오는 시간보다 들어오지 않는 시간이 더 많았다. 19년이 지난 지금도 상황은 크게 나아지지 않았다. 이곳 시골 도시의 경우 비가 오면 낡은 전기선이 합선되거나 끊어지기 일쑤고, 바람이 불면 큰 사고를 미연에 방지한다는 이유로 전기 회사에서 아예 전력 공급 장치를 꺼 버린 뒤 오랜 시간 동안 전기를 공급해 주지 않는 등 여러 가지 이유로 전기 공급이 원활하지 않다. 특히 도시에 전기가 공급되고 있을 때 크고 작은 사고와 부주의로 말미암아 지역마다 부분적으로 전기가 들어오지 않는 경우가 많다.

전기가 끊어지면 가정을 돌보는 부인 선교사들이 더 큰 스트레스를 받는다. 열대기후에서 냉장고가 제 기능을 하지 못하면 식품을 보관하는 일이 큰 문제로 부각된다. 잘못하면 가족의 건강이 위협 받는 상황에 노출되기 쉬우므로 그에 따른 적절한 방법을 모색해야 한다. 도미니카공화국에서는 전기 사정이 좋은 지역의 부동산 값이 상대적으로 비싼 편이다. 참고로 한대기후 지역의 경우 매서운 한파를 이겨 내기 위해 난방 기구의 사용이 빈번하므로 이에 대한 기본 사용법을 숙지해 두는 것이 필요하다.

자동차 정비에 대한 기본 지식

자동차 정비 기술에 대한 기본적인 지식을 습득하는 것은 선교지에서 여러 면에서 유익하다. 선교사는 기본적으로 차량 구조에 대해서 알아야 한다. 타이어를 갈아 끼울 줄 아는 것은 필수다. 도미니카공화국에서 선교 차량은 주로 비포장도로를 장시간 달린다. 그러다 보니 타이어가 빨리 닳고, 펑크도 자주 나며, 부품들이 빨리 마모된다. 더욱이 밤늦은 시각에 차에 이상이 생기는 경우에는 도로에서 신변의 위협을 받기도 한다. 돌발적인 사고가 발생했을 경우 쉽게 서비스를 받을 수 있는 지역도 있겠지만, 대부분의 선교지에서는 스스로 일을 처리해야 하는 경우가 많다. 따라서 생명과 직결된 자동차를 평소에 잘 관리할 필요가 있다.

다음은 선교 동역자들에게 보내는 〈도미니카공화국 선교 소식〉 (2012년 4/4분기)에 실었던 글이다.

선교지 사회 정황 뉴스

도미니카공화국의 제1번 도로인 두아르떼 고속도로에서 강도, 강탈 사건들이 연이어 발생해 도미니카공화국 내무경찰부장관 라몽 파둘(Ramon Fadul)은 순찰 활동을 강화하겠다고 발표했습니다. 강도 범행 형태가 다음과 같다고 합니다.

첫째, 오토바이를 탄 범인들이 차량 운전석으로 접근해 총기를 휘두르며 차량을 정지시켜 강탈하는 유형, 둘째, 도로교통경찰(AMET) 조끼, 또는 군복을 착용해 경찰로 가장한 자들이 차량을 정지시킨 후 후미진 곳으로 이동시켜 강탈하는 유형, 셋째, 범인의 일행이 어떤 방식으로 차량을 정지시키면 오토바이를 탄 여타 일당이 바로 나타나 강탈하는 유형 등입니다.

지난 2012년 8월 25일, 국제대학선교협의회(CMI) 소속 한국 선교사가 사역을 마치고 돌아오다가 총격을 받아 사망하는 사건이 발생했습니다. 저희 가정이 사역을 위해 두아르떼 고속도로를 야간에 운전하는 경우가 많이 있습니다. 이를 위해 중보 기도를 부탁드립니다.

나는 사역지로 출발하기 전에 자동차 정비 기술에 대한 정보를 알지 못해서 초기에 몇 번의 커다란 어려움을 겪었다. 그러면서 선교지에서 자동차 정비 기술이 얼마나 유용하게 쓰이는지를 깨닫게 되었고, 그 후에는 나름대로 습득한 지식으로 간단한 문제는 스스로 해결하고 있다.

자동차 정기 검사는 사용하고 있는 차의 자사 정비 센터에서 서비스를 받는 것이 좋다. 아주 잘 아는 이웃 현지인이 운영하는 정비소가 아니라 일반 정비소나 개인 영업소에서 차량 점검을 받을 경우 차량 부품을 도난 당하거나 값싼 부품으로 바뀌는 손해를 감수해야 할 것이다. 비서구 지역에 속한 선교지에서는 자동차 타이어 네 개를 순식간에 훔쳐 가는 경우가 비일비재하다. 언젠가 신학교에서 강의를 하고 나와 보니, 선교 차량(픽업트럭)의 짐칸 밑에 있던 스페어타이어가 어디론가 사라지고 없었다. 그뿐 아니라 차 부품과 관련된 다양한 좀도둑들을 만났다. 그러다 보니 그들이 가장 선호하는(?) 작은 부품들을 미리 준비하는 버릇이 생겼다.

얼마 전 신학교 동기가 필리핀 선교지에서 차량 사고로 숨졌다는 소식을 들었다. 사고의 원인은 브레이크 파열이었다. 여러 지역을 다녀야 하는 특성상 선교사는 차량 관리를 철저히 해야 한다. 매 5천 킬로미터마다, 혹은 차량에 따라 정해진 주행거리에 맞추어 점검을 받고, 엔진오일과 윤활유 등을 교체해야 하며, 오일 필터, 브레이크 패드 등의 소모품을 정기적으로 갈아 주어야 한다.

차량을 구입할 때는 현지에서 서비스가 잘되고 대중적인 브랜드를 구입하는 것이 좋다. 도미니카공화국에서는 한국 차의 구입 가격은 싸지만 사용하는 동안 서비스를 제대로 받지 못한다는 단점이 있어 현지인들이 선호하지 않았다. 언젠가는 한 가지 부품을 구하기 위해 수개월을 기다렸는데, 그 기간이 길어지다 보니 차에 맞지 않는 부품을 한동안 끼워서 사용하기도 했다. 그러나 최근에는 한국산 차량의 인지도가 많이 좋아지고 있어서 다행이다.

차량 구입과 동시에 자동차 보험에 가입해야 한다. 여러 보험회사

가운데 가장 신뢰할 만한 보험회사나 외국계 보험회사를 선정해 종합 보험에 가입하는 것이 좋다. 보험료가 지나치게 쌀 경우 그 이유를 꼼꼼히 따져 보고 선택해야 한다. 또한 계약 시에는 보험 약관을 반드시 읽어 보도록 한다. 도난 사고나 인사 사고뿐 아니라 접촉 사고의 경우에도 보상을 확실하게 해 주는지 살펴본다. 제3세계에서는 보험료가 비싸고 보험 가입에 대한 인식이 부족하기 때문에 보험에 들지 않은 차가 거리를 질주하는 경우를 흔히 볼 수 있다. 이것은 도로가 사고의 위험에 노출되어 있다는 뜻이다. 이런 도로를 다녀야 하는 선교사들은 보험에 들지 않은 차를 운전하다 사고가 날 경우 보험금보다 현지인에게 보상해야 하는 비용이 훨씬 더 많이 들 수 있다는 사실을 명심해야 한다.

선교지 정보 수집

현대 사회는 정보화 시대다. 사물 인터넷, 빅데이터, 인공지능 등으로 '세계는 하나'라는 말을 더욱 실감하게 된다. 더욱이 스마트폰, 태블릿, 스마트TV 등의 사용이 늘어나면서 정보화 시대가 빠르게 변화하고 있으며 SNS 시대에 맞는 정보를 수집할 수 있다.

그러나 이러한 세계화 추세에도 불구하고 제3세계의 낙후된 지역에서는 아직 컴퓨터가 낯선 단어로만 들린다. 인터넷 보급률도 현저히 떨어져서 컴퓨터를 사용하려면 많은 수고를 해야 한다. 제3세계가 아니더라도 선교지마다 인터넷 속도, 서비스 범위, 월 사용료 등이 천차만별이다. 이러한 점을 고려해 인터넷을 활용하도록 한다.

인터넷과 SNS에 대해 부정적인 시각을 갖는 사람들도 있지만, 잘 사용하면 도움이 될 때가 많다. 현지에 적응한 선교사라도 사역 도중 갑자기 고향에 대한 그리움이 생길 때가 있다. 이때 인터넷의 다양한 프로그램을 통해 어느 정도 위로를 받을 수 있다. 또한 인터넷을 통해 선교에 대한 흐름과 수많은 정보를 얻을 수 있다. 한국에 있는 목회자들에게는 계속교육의 기회가 끊임없이 주어지는 반면, 선교사는 한국을 떠나는 순간부터 신학, 교회, 선교에 대한 기본적인 지식 등이 정지 상태에 머물기 쉽다. 이것은 특별히 선교사에게 적지 않은 소외감을 느끼게 하는 부분이다. 소외감이 계속되면 선교 사역을 포기하게 만드는 갈등 요소로 발전할 수 있다. 이러한 문제를 방지하기 위해서 선교사들은 사역 현장에서 컴퓨터를 최대한 활용해야 한다.

인터넷은 선교 소식을 전하고 기도 제목을 나눌 때에도 효과적으로 활용될 수 있다. 이를 위해 자신이 사역하는 선교지를 소개하는 홈페이지를 만드는 것도 하나의 방법이다. 이때 주의할 점은 홈페이지를 관리하는 데 지나치게 많은 에너지와 시간을 낭비해서는 안 된다는 것이다. 한때 홈페이지 관리에 많은 시간과 노력을 소비하던 선교사가 기억난다. 홈페이지를 만들었을 때의 기쁨은 잠시였을 뿐, 사역의 효율성을 높이기 위해 만든 홈페이지에 정기적으로 소식을 올리고 세부 프로그램을 운영하는 것이 이제는 짐처럼 느껴진다는 이야기를 들었다. 효율적으로 홈페이지를 운영하거나 인터넷을 사용한다면 너할 나위 없이 좋은 일이지만, 그렇지 못할 경우 처음부터 홈페이지를 전적으로 관리해 주는 후원회의 형제나 자매의 도움을 받는 것이 좋다.

인터넷의 다양한 정보 활용과 함께 컴퓨터를 다루는 기술을 익혀 두는 것은 컴퓨터 전문 기술자들의 수가 적은 사역지에서 큰 도움이 된다. 나는 컴퓨터가 선교를 위해 하나님이 허락하신 귀한 도구라고 생각한다. 다만 선교지의 특성상 밀려오는 외로움을 해결하는 대체 수단으로 전락시켜 지나치게 오랜 시간 사용하지 않기를 당부한다.

여기서 잠시 인터넷 선교의 특징을 살펴보면 다음과 같다.

- 교단 선교부, 선교 단체 등 선교 후원회와 선교사 간의 연결이 용이하다.
- 비거주 선교를 가능하게 한다.
- 선교 소식을 서신으로 보내지 않고 이메일로 보낼 경우 선교 본부나 후원자들에게 경제적이고 신속하게 전달할 수 있다 (일부 공산권, 이슬람권, 또는 컴퓨터 사용이 어려운 오지에서 사역하는 선교사들은 예외).
- 멀티미디어를 통한 복음 전도가 가능하다.
- 국가별, 사역별로 선교 정보 자료의 공유가 수월하다.
- 온라인, 오프라인 선교를 가능하게 한다.

각종 자격증

수지침, 스포츠 마사지, 태권도, 바리스타, 제빵 기술 등 다양한 기술들을 습득해 두면 선교지에서 유익하다.

아내 장은경 선교사의 제빵 기술 자격증은 한국에서보다 현지에서 더 유용하게 사용되고 있다. 직접 빵을 만들어 현지인들과 나누어 먹으면서 교제할 수 있을 뿐만 아니라 열대 지역에서 부패한 빵을 사 먹는 대신 신선한 빵을 만들어 먹을 수 있다는 장점이 있다. 예배 후, 또는 친교 시간에 종종 맛보는 아내의 빵은 교인들에게 인기가 많다. 수지침, 압봉 등에 관한 지식을 배워 두는 것도 좋다. 한국인의 체질상 한방 치료 요법을 익혀 두면 응급처치 때 도움이 된다.

물론 선교사가 이 모든 것을 다 할 수는 없다. 모든 자격을 다 갖출 수도 없고, 자격증이 없다고 주눅 들 필요도 없다. 그러나 자신의 능력과 사역지의 특성에 맞추어 가장 필요한 것이 무엇인지를 찾아서 준비하는 자세는 아무리 강조해도 지나치지 않다.

미용 기술

선교지마다 이발소나 미용실이 있다. 다만 그 수준과 가격이 천차만별이다. 패션 감각도 나라마다 다르다. 선교 초기에는 대체로 말이 통하지 않기 때문에 여러 면에서 어려움을 겪게 된다. 그나마 재래시장이나 슈퍼마켓에서 손으로 가리키거나 다양한 방법을 동원해 필요한 물건을 구입할 수는 있다. 그러나 머리 모양을 자신이 원하는 스타일로 만들기란 여간 어려운 게 아니다. 이발소에 들어갔다가 문을 나설 때면 거울에 비친 낯선 모습에 놀라기도 한다. 새로운 모양으로 창조된 자신의 머리를 바라보며 언어가 통하지 않는 이국땅에 왔다는 사실을 비로소 실감하는 것이다.

어느 선교사의 사역 초기 이야기다. 그는 한국에서 전혀 사용하지 않던 모자를 늘 쓰고 다녔는데, 이유인즉 이발소에서 도토리 모양으로 머리를 깎아 놓아서 머리카락이 다 자랄 때까지 밖에 나갈 때마다 모자를 쓰고 다니는 것이라고 했다.

미용 기술을 미리 익혀 두면 가족에게 큰 도움이 된다. 우리 부부는 사역 초기부터 지금까지 서로 머리를 손질해 주고 있다. 아내의 솜씨는 꽤 괜찮은 편이어서 내 머리는 이발소에서 깎은 것과 별다른 차이가 없다. 문제는 내가 아무리 정성을 들여도 손질이 끝난 아내의 머리는 늘 생각지 않았던 모양이 되곤 한다는 것이다. 그래도 아내는 내가 잘라 준 머리를 좋아하니 고마울 뿐이다. 이렇게 부부가 서로 머리를 다듬어 주는 봉사는 부부간의 사랑을 증진시키며, 서로를 깊이 이해하게 해 준다.

미용 기술은 선교사 가족을 위해서뿐 아니라 전도의 도구로도 활용될 수 있다. 이 경우 사역지의 특성을 고려해서 기술을 배워 두면 좋다. 예를 들어, 태생적으로 곱슬머리인 지역 사람들은 우리와 같은 직모를 좋아해서 중요한 모임 때마다 머리를 펴는 습관이 있다. 따라서 그들에게 봉사하기 위해서는 스트레이트파마 기술과 커트 기술을 익히는 것이 적합할 것이다.

성격유형과 정서적 상태를 점검할 수 있는 자료 준비

통계적으로 재외 한국인 2세 중 약 48%는 정서가 불안정하다고 한다. 1세의 경우는 이민 초기에 25%가 불안정한 수치를 보이다가 점차 해외 거주 기간이 길어지면서 2세의 수치와 같아진다고 한다. 선교사의 경우도 예외는 아닐 것이다. 많은 선교사들을 대하는 선교 지원 본부 사역자들은 "선교사의 정서적 상태가 매년 10%씩 일반인과 차이가 생긴다"고 말한다.

자기 성찰과 객관적인 시각을 잃어버린 선교사는 선교지에 오래 있으면 있을수록 한국 교회의 감각과 행정 시스템을 잊어버리고 자신의 주장과 관점만을 고집하며 일을 결정하고 추진하는 과정을 반복하면서 형평성을 잃어버린 불균형의 모습을 드러낸다. 그러므로 선교사는 사역에만 몰두하는 것이 아니라 자신을 돌보면서 균형감을 잃지 않도록 끊임없이 노력해야 한다.

이를 위해 정기적으로 성격검사를 통해 자신의 성격을 점검해 볼 것을 권장한다. 성격유형선호지표(MBTI)[25], 다면적인성검사(MMPI), 에고그램(Ego-gram)[26], 문장완성검사(SCT)[27], 집-나무-사람 검사(HTP)[28], 시공간 인식 및 구성 능력 검사(R-Drawing)[29], 애니어그램(Enneagram)[30] 등의 검사를 통해서 자신의 성격적 특성과 정서적인 면, 대인 관계, 스트레스 대처 방식 등을 살펴본다.

---

25 성격유형선호지표 검사(Myers-Briggs Type Indicator)는 융(C. G. Jung)의 심리유형론을 근거로 하여 브릭스(Katharine Cook Briggs)와 마이어스(Isabel Briggs Myers)가 보다 쉽게 일상생활에 유용하게 활용할 수 있도록 고안한 자기 보고식 성격유형 지표다. 융의 심리유형론은 인간 행동이 그 다양성으로 인해 종잡을 수 없는 것같이 보여도 사실은 아주 질서 정연하고 일관된 경향이 있다는 데서 출발한다. 그리고 인간 행동의 다양성은 개인이 인식(Perception)하고 판단(Judgement)하는 특징이 다르기 때문이라고 보았다.
26 에고그램은 비판적인 마음(Critical Parent, CP), 용서하는 마음(Nurturing Parent, NP), 부모의 마음(Adult, A), 자유로운 어린이의 마음(Free Child, FC), 순응하는 마음(Adapted Child, AC) 등 자기 개념 영역에 대한 분석을 한다.
27 문장완성검사는 가족 영역, 대인 관계 영역, 정서적 영역, 자기 개념 영역에 대한 분석을 한다.
28 집(House)-나무(Tree)-사람(People) 검사는 해머(Hammer)에 의해 고안된 그림을 이용해 성격을 평가하는 방법이다.
29 Rosen Drawing Test를 말한다.
30 애니어그램이란 인간의 기본적인 9가지 성격유형에 대한 실증적 이론이다. 인간은 9가지 성격유형으로 분류되며, 어떤 사람이라도 그중 하나를 가지고 태어난다고 보는 것이 애니어그램의 기본 원리다. 애니어그램은 사람들이 사로잡혀 있는 각 유형의 집착을 찾아내 그것을 극복하게 하는 것으로, 심리 테스트, 성격 테스트, 부부 갈등 해결, 가족 갈등 해결, 직장 내 상하 갈등 문제 등과 같은 인간관계 개선, 리더십, 상담, 자아 개발, 자녀 진로 결정 등 다양한 분야에서 유용하게 쓰이고 있다.

각종 증명서

사역 초기에 정착을 위해 필요한 증명서는 선교지마다 조금씩 다르지만 일반적으로 선교사증, 재직증명서, 재정보증증명서, 선교사 훈련(교육)수료증, 국제운전면허증 등이다. 전문 사역의 경우 해당 분야의 증명 서류를 지참하도록 한다. 사역지에 도착하자마자 은행 구좌 등을 개설할 때 꼭 필요한 서류들이다.

한국에서 사용하던 물건 정리

이 견해는 선교사들마다 의견이 다를 수 있다. 사역지에 따라, 혹은 가정 형편에 따라서도 다양한 의견이 나올 수 있다.

일반적으로 경제적으로 낙후된 제3세계의 경우에는 공산품의 물가가 매우 비싸다. 그렇기 때문에 이사 비용을 들여 사용하던 물건을 가져가는 쪽이 더 경제적일 수 있다. 그러나 전자제품의 경우 전압이 다른 선교지는 예외로 해야 한다. 그리고 중남미, 유럽, 아프리카, 서아시아처럼 지리적으로 거리가 먼 곳은 운송비가 워낙 비싸서 현지에서 물품을 조달하는 것이 더 경제적이다. 한국에 도착한 언더우드(Horace Underwood) 선교사의 편지를 보면 그 역시 이와 비슷한 상황에 직면했었음을 알 수 있다.

> 이곳은 물가가 대단히 높습니다. 우리가 구입하는 거의 모든 물건은 일본이나 상하이에서 수입해야 하기 때문입니다. 심지어 우리가 사용할 수 있는 한국 물건도 매우 비싼 값으로만 구입할 수 있습니다. 우리는 최소한 일본 주재 선교사의 봉급이 필요하며 선교

본부가 이를 허락해 주리라고 믿습니다. 일본보다 이곳 생활비가 훨씬 더 많이 들기 때문입니다.[31]

어린 자녀나 감수성이 예민한 가족을 위한 세심한 배려도 필요하다. 정든 물건은 낯선 곳에 정착하며 느끼게 되는 긴장감을 해소하는 데 도움이 될 수 있기 때문이다.

짐 부치기

컨테이너로 짐을 보낼 때 받은 서류는 잘 보관한다. 이 서류는 사역하는 동안에 유용하게 사용된다. 한국에서 선교 물품을 보낼 때도 서류 보관은 필수적이다. 세관에서 짐을 찾을 때도 보관한 서류를 가지고 절차에 따라 짐을 찾는다. 이 서류는 드물기는 하지만 선교 사역을 마치고 귀국하기 위해 세관을 통과할 때에도 필요하다. 사역지에서 무심코 받은 영수증이라 할지라도 버리지 말고 보관하는 습관이 필요하다. 세관을 통과할 때 억울한 일을 당하지 않도록 가능하다면 준비를 해 두는 것이 좋다. 부정부패에 물들어 있는 나라들이 많기 때문에 어처구니없는 일을 당하는 경우도 종종 발생한다.

아이티 선교 현장에서 있었던 일이다. 2010년 1월 12일, 20만 명 이상을 사망으로 몰고 간 지진이 발생했다. 그 이후 현재까지 세계 교회, 국가, NGO 단체들이 구호 활동 및 재해 복구 사역을 진행하고 있다. 각 나라들이 많은 물자를 컨테이너에 넣어서 아이티로 보냈는데,

---

31 이만열, 옥성득 편역, 《언더우드 자료집 I》(서울: 연세대학교출판부, 2005), 12.

세관을 통해서 컨테이너를 찾는 일이 그리 쉽지 않았다.

그중 유엔 아이티안정화임무단(UN MINUSTAH) 소속 부대가 한국 모 기업에서 기증한 포크레인 세 대를 찾으려고 했다. 아이티의 국가 재건을 위해 보낸 물자임에도 불구하고, 세관 직원은 그러한 상황에 개의치 않고 포크레인 한 대를 기증하라고 요구했다. 그 부대에서는 포크레인 한 대는 기증하고 두 대만 찾기로 했다. 그러나 두 대를 찾으려고 하니까 이번에는 세금을 내라고 했다. 세금은 포크레인 한 대 값이었다. 결국 포크레인 한 대는 기증하고, 한 대는 세금으로 낸 뒤 겨우 한 대를 세관으로부터 찾을 수 있었다. 이러한 세관 직원의 부패는 아직까지 제3세계 국가들에 있어서 보편적으로 나타나는 현상이다.

선교지 출발 전후 계획 세우기

하나님의 선교를 감당해 갈 때 첫 단추를 잘 끼우는 것은 매우 중요하다. 6·25 전쟁 당시 많은 학도병들이 조국을 지키기 위해 조국애를 가지고 낙동강 전투에 투입되었다. 결과적으로 일반 군사들보다 학도병 사망자 수치가 훨씬 높았다. 역사 평론가에 의하면 많은 학도병들의 큰 희생은 훈련을 제대로 받지 않고 전쟁터에 나갔기 때문이라고 한다. 한 증언자도 "단지 총을 쏘는 법만 배워서 전쟁터에 나갔기 때문에 동기생 중 반이 죽었다"고 말했다. 선교도 마찬가지다. 훈련되지 않은 많은 헌신자들이 흘리지 않아도 될 피를 선교지에서 흘린다.

선교지는 마치 경기장과도 같다. 축구 선수가 상대편 관중의 함성에 휘둘려서 제대로 경기에 임하지 못해 자살골을 넣는다면 역적 취급을 당하게 된다. 선교사 역시 사역에 집중하지 못하게 하는 큰 함성

(현지 적응, 경제적 상황, 부부 문제, 자녀 교육, 선교사 혹은 현지인과의 갈등, 건강 등)에 묻혀 중심을 잃지 않도록 조심해야 한다.

'선교지 출발 전후 계획표'의 사례를 여기에 추가하는 이유는 선교사 후보생들이 선교지로 출발하기 전에 계획하고 준비할 때 시행착오를 줄일 수 있기 때문이다.

선교지 출발 전후 계획과 선교사의 평생 선교 계획(제2부 3장 참조)은 선교사의 생활과 사역이라는 차원 속에서 큰 그림을 그리는 데 필요한 작업이다. 또한 선교 사역을 잘 마칠 수 있게 해 주는 밑거름이 된다.

참고로 경제계에 있어서 성공적인 투자를 위해 기본적으로 가져야 할 자세를 적어 본다. 이것을 선교 사역에 적용해 보는 것은 도움이 될 것이다. 성공적인 투자자들은 하루아침에 그 자리에 서게 되는 것이 아니라[32] 다음의 여섯 가지 과정을 잘 지켰기 때문이라고 한다.

- 출발 준비 : 투자 목적을 먼저 확인하는 것이 필요하다. 긴 여행으로 생각해야 한다는 것이 전문가들의 조언이다.
- 학습 : 기본적인 것에 대한 이해를 가져라. 워런 버핏(Warren Buffett)은 자신이 잘 이해하지 못한 종목에는 투자하지 않는다는 철칙을 가지고 있었다. 가장 성공적인 유형은 중도적이면서 감정적 기복이 없는 투자자들이다.
- 적군과 아군 분별 : 적군과 아군을 분명히 구별할 줄 아는 것은 치열한 투자 세계에서 살아남는 데 필수라고 할 수 있다.

---

32 2012년 3월 8일 중앙일보 경제면.

가장 큰 적은 자기 자신일 수 있다.
- 자신에게 맞는 여행길 선택 : 여행길은 여행자마다 다르다. 자신의 역량을 알았다면 거기에 맞는 길을 택하는 것이 다음 순서다.
- 자제력 : 장기적인 분산 포트폴리오를 운영하는 것은 지루할 수 있다. 그러나 그것이 가야 할 길이라면 꾸준히 그 길을 가는 것이 최고의 덕목이다.
- 배우려는 자세 : 시장은 투자자를 이해해 주거나 기다려 주지 않는다.

하나님의 선교사는 늘 하나님(GOD)을 기억해야 한다. 하나님의 선교사에게는 'GOD'이 핵심적인 요소다. 'GOD'을 'Go and Obey as Disciples'로 구성해 보았다. 첫째는 'Go'다. 선교사는 주님의 지상명령에 따라 나아가는 자다. 둘째는 'Obey'다. 하나님은 그분께 순종하는 선교사를 원하신다. 셋째는 'Disciples'다. 선교사는 언제나 주님의 제자로서의 삶을 살아야 한다.

〈표 2〉
선교지 출발 전후 계획표

구분	항목	월	세부 사항	비고
출국 전	행정	○월	• 각종 세금 정리 • 이메일 정리(후원자 관리) • 우편물 관계 정리, 외장 하드에 자료 정리 • 주민 센터에 해외 장기 거주 신고 : 의료보험, 예비군 관계 등 확인 • 보험 관계(보험사와 상담 후 결정) • 인터넷 전화 개통, 휴대전화 정리 • 선임 선교사에게 메일 발송 • 국제운전면허증 발급, 면허증 연장, 갱신 등 문의 • 자녀 예방 접종 및 의약품 챙기기 • 각종 증명서 발급(영문) • 선교지 비자 발급 • 기도 카드 : 후원 교회에 찾아가 인사하기, 기도 카드 나누어 주기 • 항공권 예약	• ○월 ○일 ○○교회 • ○월 ○일 ○○교회 • ○월 ○일 ○○교회 (기도 카드 배치 : ○○○부)
	현지 생활 준비		• 자녀 학교(유치원) 입학 문제, 시기 결정 (선임 선교사와 상의) • 선교지 언어 교재 준비	• 선임 선교사와 연락
	이사		• 짐 부치기(컨테이너 알아보기)	• 구체적인 날짜 확인하기
	재정		• 인터넷뱅킹, 신용카드 확인, 연금 가입 • 은행 정리(달러 혹은 유로 준비)	
	방문 및 인사		• 방문할 교회 명단 작성 후 스케줄에 따라 방문 일정 계획하기 • 출국 전 인사할 곳 연락하기	• 방문 전 전화하기
	파송 예배		• 기도 카드 본당 비치 • 선교사 파송 예배 및 예배 순서 사전 조율 • 주 후원 교회에 감사 인사 • 선교 편지 발송	• ○월 ○일 ○○교회(예정)
	출국		• 여권, 비자 • 항공권(E-티켓) • 기내 캐리어 정리	
선교지 도착 후	물품 정리	○월	• 선교 본부 및 후원 교회에 도착 신고 • 짐 정리, 집 전화 및 인터넷 설치, 신문 신청	
	행정		• 선임 선교사 및 선교사회에 인사 • 현지 타 교단 선교사와 인사	
	언어		• 현지 언어 학교, 어학원 등록, 학교 등록	
	정착		• 선교 보고 • 언어 훈련 • 선교지 다른 지역 탐방	• 교회 사역 및 교우 심방 (디아스포라 목회의 경우)
	영성 훈련		• 영성 훈련을 위한 정규 시간 확보	

제2부

생활
낯선 땅, 현지인처럼 사는 예배자

선교사의 생활은 사회, 생활(의식주), 종교, 가정, 언어, 건강 등으로 분류해 살펴볼 수 있다.

사회적인 면으로 볼 때 선교사의 생활은 현지인과의 만남과 한국인과의 만남, 그리고 외국인과의 만남으로 이루어진다. 인간의 삶에 있어서 가장 기초가 되는 의식주는 선교사의 생활에 있어서도 가장 기본이 된다. 또한 선교사의 생활이 현지 문화, 종교 문화와 깊은 관계 속에서 이루어지기 때문에 종교적인 면을 언급하는 것도 매우 중요하다. 가정적인 면에서는 선교사 본인이 남편 또는 아내로서 자녀와 더불어 공동체를 이루며 서로 상호작용하는 모습을 생각해 볼 수 있다. 다른 문화, 다른 언어권에서 생활하는 선교사에게 있어서 언어 습득은 기본 과제다. 선교사의 건강은 선교 사역에 있어서 지대한 영향을 미친다. 신체적인 건강뿐 아니라 정신적인 건강을 생각해 볼 수 있는데, 특별히 정신적인 면에 있어서는 자기 관리가 매우 중요하다.

〈도표 2〉 선교사의 생활

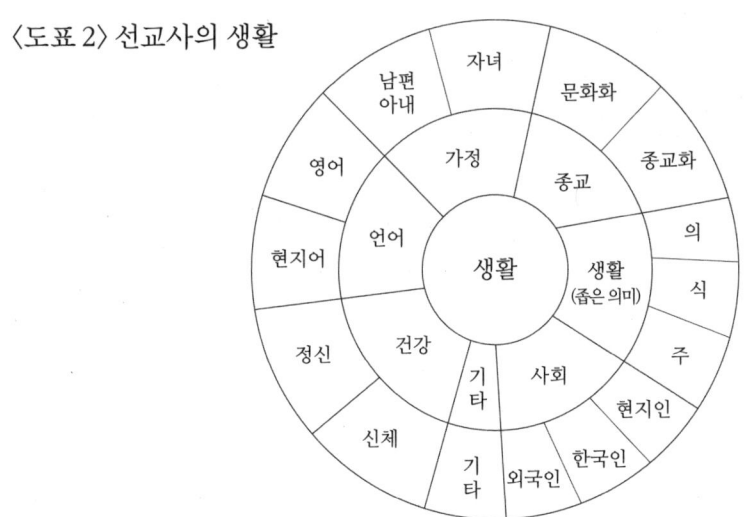

선교지에 정착하기

선교지는 이전의 생활을 고집하지 않는 '변화(transformation)'된 삶을 요구한다. 예수 그리스도께서는 변화의 가장 모범적인 본을 보여 주셨다. 인류를 구원하시기 위해 육신을 입고 이 땅에 오신 그리스도의 성육신(Incarnation, 빌 2:5-11)은 선교사가 사역지에서 어떻게 살아야 하는지를 그대로 보여 준다.

선교사 역시 사역지에서 자신을 변화시키려는 자세가 필요하다. 이것은 선교사가 사역하고 있는 선교지에 자신의 문화를 이식하려 힘쓰라는 의미가 아니다. 간혹 선교사들이 현지인을 인솔해 한국 교회를 방문하는 경우가 있는데, 그들에게 한국 교회를 모방하라고 강요해서는 안 된다. 현지의 전통적인 풍습을 업신여기거나 조롱하면서 자신이 살아온 문화를 주입하려고 해서는 안 된다는 의미다. 현지인들로부터 분리된 선교사는 결코 복음을 온전히 전할 수 없다. 그래서 복음을 현지인들에게 가장 적절하게 이해시키기 위해서는 복음의 상황화[01]가 따라야 한다.

선교사들이 정착하면서 반드시 기억해야 하는 것은 정착하는 과정에는 반드시 문화 충격이 수반된다는 점이다. 이것은 강도의 차이

01　1972년 초 상황화(contextualization)라는 새로운 단어가 신학교육기금(Theological Education Fund)의 지도자들인 쇼키 초(Shoki Coe)와 아론 삼세지안(Aharon Sepsezian)에 의해 사용되기 시작했다. 상황화란 '자신이 처한 정황의 틀 안에서 복음에 의미 깊게 응답하는 능력'[브루스 니콜스, *Contextualization: A Theology of Gospel and Culture*, 김성웅 역,《상황화: 복음과 문화의 신학》(서울:생명의말씀사, 1992), 27]이라 정의할 수 있다. 즉 상황화는 말씀의 성육적 성격에 의해 요구되는 신학적 필요다.

는 있지만 나이, 성별, 성격 등과 상관없이 존재한다. 문화 충격에 의한 갈등은 선교지에 온 목적을 분명히 인식할 때 최대한 줄일 수 있다. 또 새로운 문화를 대할 때에는 열린 마음을 가지고 조급함을 버리고 다가가야 한다. 이러한 자세로 다가갈지라도 처음에는 많은 실패와 좌절을 경험할 수 있다. 그러나 실패를 인정하고 다가서면 현지 문화와 잘 조화된 선교사가 될 수 있다.

《고통이라는 선물》의 공동 저자 폴 브랜드(Paul Brand) 박사는 선교사 부모와 함께 인도에서 어린 시절을 보냈다. 이후 영국에서 학업을 마치고 선교사가 되어 인도로 돌아왔는데, 어린 시절을 인도에서 보냈기 때문에 그 문화에 쉽게 적응하리라 생각했다. 하지만 나름대로 재적응하기까지 혹독한 고생을 감수해야만 했다. 그런데 하물며 한 번도 경험해 보지 못한 새로운 문화에 적응하기란 얼마나 힘들겠는가.

한국 선교사들은 적어도 네 가지 문화를 이해할 때 선교의 장벽을 쉽게 넘어갈 수 있다. 첫째, 성경이 기록된 시대의 문화, 둘째, 한국에 처음으로 복음을 전해 준 서양 선교사들의 문화, 셋째, 한국에서 태어나고 자란 선교사 자신의 문화, 넷째, 선교 헌신자들이 복음을 전하고자 하는 선교지 민족들의 문화가 그것이다.

선교사의 생활은 문화를 떠나서는 존재하지 않는다. 자신이 태어나서 자란 곳의 문화, 자신의 구세주가 되신 예수님 시대의 문화, 복음을 전해 준 선교사의 문화, 그리고 복음을 전하는 자로서 현장에서 만나는 삶의 자리의 문화를 분명히 이해해야만 선교의 경계를 넘어 복음을 온전히 전할 수 있는 것이다. 선교사가 복음을 받아들이는 사람들의 문화를 제대로 이해하지 못한다면 많은 시행착오가 따르고 복음을 온전하게 전하지 못하게 된다.

그러면 선교사들이 선교지에 정착하는 과정에서 고려할 점은 무엇인지 하나씩 살펴보자.

천 리 길도 한 걸음부터

선교사가 선교를 하는 것은 선수가 경기장에 나가는 것과 같다. 사도 바울도 그렇게 고백했다.

> "내가 달려갈 길과 주 예수께 받은 사명 곧 하나님의 은혜의 복음을 증언하는 일을 마치려 함에는 나의 생명조차 조금도 귀한 것으로 여기지 아니하노라"(행 20:24). "모든 무거운 것과 얽매이기 쉬운 죄를 벗어 버리고 인내로써 우리 앞에 당한 경주를 하며"(히 12:1).

선교사는 필요한 용무를 제한된 시간에 완수해야 하는 해외 출장 길에 나서는 사람과는 다르다. 선교사는 사역지에 도착하자마자 주변 상황을 살필 여유도 없이 바로 사역에 뛰어들려는 오만함과 조급함을 경계해야 한다. 특히 한국인의 습성상 모든 일을 빨리빨리 처리하려는 습관은 선교사들이 가장 멀리해야 할 부분이다.

우리 가족은 한국을 출발해 비행기를 갈아타고 육로로 이동하는 시간 등을 합쳐 무려 36시간 만에 도미니카공화국 시골의 조그마한 도시에 도착했다. 이러한 긴 여정을 거치면서 깨달은 점은 가족과 함께 선교지로 떠나는 것과 일반적인 여행은 너무나 다르다는 것이었다. 선교 본부에서 일하는 동안 여러 선교지들을 방문할 때마다 느꼈던 감정과도 전혀 달랐다. 복음을 전하고자 하는 큰 열정과 함께 새로운 세계에 대한 두려움, 함께 따라나선 가족들에 대한 책임감 등 여러 감정이 뒤섞인 채 선교지에 도착했다. 조선 땅에 처음 발을 들여놓았던 서구 선교사들도 비슷한 마음이었을지 모르겠다.

이때는 새롭게 펼쳐진 선교지에서 방황하거나 허둥대지 않기 위해서 성령님의 인도하심에 모든 것을 맡기고 한 걸음씩 지혜롭게 나아가는 자세가 그 어느 때보다 필요하다.

거주할 곳을 신중하게 선택한다

선임 선교사가 있는 지역인 경우에는 정착 초기에 많은 조언과 도움을 받게 된다. 그러나 정착 준비가 예상보다 늦어져 오랜 기간 동안 선임 선교사의 가정에 기거하게 된다면 서로 갈등이 생기지 않도록 조심하며 배려하는 자세가 필요하다. 언어와 문화가 낯설다는 이유로 선임 선교사 가정을 지나치게 의존해서 그들의 사생활을 침해하는 행동을 해서는 안 된다. 마찬가지로 선임 선교사도 자신의 정착 초기를 잊지 말고 그들을 이해하고 정성껏 도우려는 자세가 필요하다.

선임 선교사가 없는 경우에는 집을 빌리는 것과 구입하는 것의 장단점을 미리 알아보고 결정하도록 한다. 가격이 적당한지, 보수할 곳은 없는지, 사역과의 연계성이 있는지 등을 충분히 검토한 후 도움을 받을 수 있는 전문가와의 상담을 거쳐 최종적으로 결정하면 된다. 일단 계약이 완료된 후에는 법률적인 효력이 발생하므로 사전에 계약서의 내용을 꼼꼼히 살펴봐야 한다.

비자나 영주권 문제는 현지 사정에 맞춰 해결한다

　비자나 영주권을 취득하고 갱신하는 법은 나라마다 다르다. 이슬람권이나 한국과 비자면제협정을 맺지 않은 나라에서 사역하는 경우 비자 신청은 참으로 고통스러운 일 중에 하나다. 이 경우에는 비자를 연장하거나 갱신해야 하는 날짜가 너무나 빨리 다가오는 것처럼 느껴진다. 그리고 비자 여행을 해야 하는 수고도 뒤따른다. 예외적으로 인도네시아에서는 영적 지도자 신분으로 '영구체류허가(KITAP)'[02]라고 하는 장기 거주(1-5년) 허가증(영주권에 해당)을 받을 수 있다고 한다.

　나는 사역을 위해 지금까지 총 아홉 차례 영주권을 갱신했다. 영주권은 현지 법인을 낸다든지, 운전면허증을 발급 받는 등 문서상의 일 처리뿐 아니라 선교지에서 안정감 있게 사역하기 위한 도구이므로 꼭 해결해야 한다.

02　제한체류비자(KITAS), 즉 단기 체류 허가증도 받을 수 있다.

1장
선교사와 영성

 "선교사의 삶이 살아 있느냐, 죽었느냐?"는 질문에 대한 답은 그가 하나님과 동행하느냐, 그렇지 않느냐에 달려 있다. 이 말은 선교사뿐만 아니라 선교적 삶을 살기 원하는 모든 신자들에게 동일하게 적용될 수 있다.

 하나님과 동행한다는 말은 하나님과 보조를 맞추어 걷는다는 뜻이다. 우리는 "아버지의 뜻이 하늘에서와 같이 땅에서도 이루어지게 하소서"라고 기도하지만, 실제적으로 하나님의 뜻이 우리의 생각과 다른 방향으로 이루어질 때에는 그것을 쉽게 받아들이지 못한다. 하나님과 보조를 맞추어 걷는 것은 나약한 인간으로서 그리 쉬운 일이 아니다. 특별히 선교사가 하나님과 보조를 맞추어 걷는 것은 타 종교 문화권 아래에서 생명을 담보로 한 고통의 길을 걷는 것이며, 수치와 멸시를 받는 길이기도 하다. 복음을 전하러 가는 발걸음은 세상의 관점에서 보면 승리의 발걸음이라기보다는 무겁고도 두려운 발걸음에 해당된다. 그럼에도 불구하고 선교사의 비전이 아버지의 뜻을 이루는 것이기에 오늘도 묵묵히 십자가의 길을 한 걸음씩 내딛는 것이다.

　선교사에게 있어서 가장 큰 도전은 하나님을 전혀 알지 못하는 이들에게 복음을 전하거나 신앙을 버린 자들을 다시 주께로 돌이키는 것보다 선교사 자신이 예수 그리스도와의 인격적인 관계를 끊임없이 유지하느냐, 못하느냐는 것이다.

　영성은 인본주의 영성과 기독교 영성으로 나뉜다. 인본주의 영성을 수평적 영성이라고 한다면, 기독교 영성은 수직적 영성이다. 즉 기독교 영성은 하나님과 인간의 수직적 관계에서 오는 영성이다. 이것이 수직적 관계를 통해 교회와 세상에서 그리스도의 삶을 구현하는 자리로 옮겨질 때 비로소 참된 기독교 영성이라고 말할 수 있다. 그래서 기독교 영성은 끊임없는 훈련과 지속성을 유지해야 하는 것이다. 영성에 관해서 하나의 도표를 그려 보면 다음과 같다.

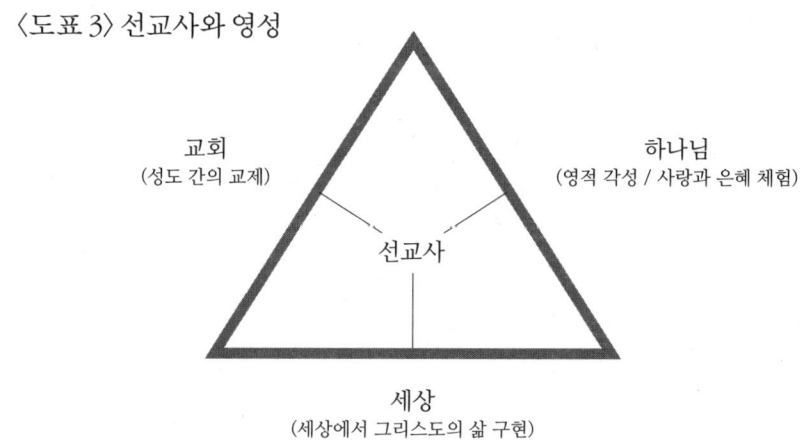

〈도표 3〉 선교사와 영성

선교사는 늘 하나님과의 수직적인 관계성을 갖고 영성이 깨어 있어야 한다. 살아 있는 영성을 가진 선교사는 역사의 현장 속에서 하나님의 뜻을 실현하며, 어두운 세상에 하나님의 사랑과 빛을 전한다. 이런 영성 위에 서 있는 선교사가 뿌리 깊은 선교를 감당할 수 있다.

예수회 사제이며 심리학자인 헨리 나우웬(Henri J. M. Nouwen)은 노트르담대학과 예일대학, 하버드대학에서 심리학, 목회 상담학, 목회 신학, 그리고 기독교 영성을 가르쳤다. 그는 훌륭한 영성가였다. 1971년부터 예일대학 교수로 재직할 때 그의 강의실은 늘 학생들로 가득 찼으며, 사람들은 그를 존경했다.

그러나 헨리는 자기가 유명한 강의를 하면 할수록, 사람들이 존경하면 할수록 더 영적인 공허함에 빠져들었다. 그래서 1981년, 자신의 풍요로운 생활에 죄책감을 느끼고 하나님의 뜻을 찾고자 강단을 떠나 페루의 한 빈민가로 들어가 민중과 함께하는 삶을 살았다. 그 후 다시 미국으로 돌아와 하버드대학에서 강의를 맡았다. 그러나 그곳에서도 영혼의 안식을 느끼지 못했고, 다시 강단을 떠나 캐나다 토론토에 있는 정신지체장애자 공동체 데이브레이크로 갔다. 그리고 1996년 9월, 심장마비로 세상을 떠나기까지 장애인들과 함께 생활했다. 그의 책《예수님의 이름으로》서론에는 이 사역을 감당하는 동안 깊은 내적 위협을 경험하기 시작했다는 내용이 나온다.[03]

이것은 기독교 영성 교수도 영적 고갈을 경험할 수 있다는 사실을 보여 준다. 다시 말하면 복음을 전하기 위해 이국땅에 머물고 있는 선

---

03 헨리 나우웬,《예수님의 이름으로》(서울: 두란노), 14.

교사가 복음을 전하다가 딜레마에 빠져서 사역을 접어 둔 채 허송세월할 수도 있다는 얘기다. 영적 고갈[04], 복음 전도에 대한 좌절, 두려움, 현지인에 대한 불신, 사역이 진행되지 못하는 것에 대한 죄책감 등으로 우울해지고 사역에 대한 의욕이 사라질 때는 모든 것을 내려놓고 영적인 재충전을 받아야 한다. 이것이야말로 영적 고갈의 늪에서 빠져나오는 길이다.

기초를 튼튼히 하고 우선순위가 바뀌지 않도록 경계한다

2010년 1월에 일어난 아이티 지진은 강도가 7.2였다. 그런데 사망자 수가 20만 명이 훨씬 넘었다. 수차례 강진을 경험했지만 사망자가 그리 많지 않은 일본과 극히 대조적이다. 한 예로 2011년 3월, 일본에 강도 8.8-9.0의 지진과 쓰나미가 겹쳤을 때 약 2만 명의 사상자와 실종자가 발생했다. 그러나 고층 빌딩이 거의 없는 아이티에서 엄청난 수의 사망자를 낸 이유에 대해 전문가들은 건축의 기초가 엉망이었던 것을 지적했다. 지진 대비를 위한 내진 설계는 고사하고, 건물 기둥에 사용된 철근이 굵은 쇠젓가락 두께밖에 안 돼 모든 건물들이 한꺼번에 무너져 버리고 만 것이었다. 겉으로 보기에는 집, 학교, 상가 건물들이 있었지만 그 기초가 엉망이었던 것이다. 기초가 없는 선교의 결말도 이와 동일하다.

선교지는 준비된 선교사를 원한다. 기초가 없는 선교 프로젝트는

---

04 영적 고갈은 제4부 2장 "언어 훈련"에 실린 〈도표 8〉에서 선교사가 넘어야 할 경계 중 하나임을 보여 준다.

초기에 그럴듯하게 포장되어 멋져 보이더라도 얼마 못 가 비참하게 무너져 버리고 만다. 그러므로 다수의 선교사를 파송하려고 노력하기보다는 소수일지라도 양질의 교육으로 준비된 선교사를 파송하는 편이 장기적으로 볼 때 복음 전파에 효과적이다.

선교사 바울을 보자. 바울은 주님이 미리 준비시켜 두신 빼어난 선교사였다. 그는 자비량 선교사이기도 했다. 하나님의 말씀을 전하는 생애 동안 그는 무엇을 우선으로 해야 하는지를 잘 알고 그대로 실천했다. 바울과 달리 우리 주변에는 우선순위가 뒤바뀐 자비량 선교사들이 있다. 선교지로 출발하기 전에는 복음 전파를 다짐하고 소명감에 불탔다. 하지만 선교 사역을 위해 사업을 시작하고 난 뒤 차츰 사역을 등한시하게 되고, 결국 이국땅에서 돈 버는 일에만 매달리게 된다. 자신을 돌아보며 자책하기도 하지만, 사업을 그만둘 수 없어 이러지도 저러지도 못하고 시간만 보낸다. 이는 비즈니스 선교 사역자들이 이 한계를 뛰어넘어야 한다는 사실을 가르쳐 준다.

기초가 부실하면 전체가 순식간에 허물어져 버리고 만다. 선교의 기초는 과연 무엇인가? 그것은 바로 선교사의 영성이다. 하나님과의 수직적인 관계가 분명히 설정되어 있지 않으면 아무리 오랜 시간 선교지에 있어도, 주목 받는 큰 프로젝트를 가지고 선교를 한다 할지라도 결국은 힘없이 무너질 수밖에 없다.

영성이 고갈되면 선교의 본질을 잊어버리게 된다

반드시 그런 것은 아니지만 사역의 기간이 길어지면 그 범위가 확장되기 마련이다. 물론 사역의 지경이 넓어지는 것은 축복된 일이다.

문제는 선교 영역이 확장되어 그것을 유지하기 위해 온 정열을 쏟다가 어느새 선교의 본질을 잊어버리는 경우가 있다는 데 있다.

미국인 여선교사 다이아나(Diana)는 교육학을 전공했다. 그녀의 주된 사역은 현지 학교를 세우고 운영하는 것이었다. 적은 수의 학생들을 모아 성경 공부를 시작하면서 세워진 학교가 이제는 3백 명이 넘는 학교로 성장했다. 학교 사역을 위해 기도하면서 땅을 구입하고, 헌금이 모이는 대로 학교 건물을 지어 나갔다. 어떤 때는 교실 문을 달고, 어떤 때는 화장실을 지었다. 이렇게 이루어진 공사는 몇 년 동안 계속되었다. 학교 사역을 시작할 당시 다이아나는 작은 벽돌 하나에도 감사하는 마음을 가졌고, 지저분한 아이들을 사랑으로 돌볼 수 있었다.

그러나 학교가 완성된 후 문제가 드러났다. 가정교육을 받지 못한 학생들이 학교 비품을 밤마다 도둑질하는가 하면, 화장실 문을 발로 차서 망가뜨리거나 학교 시설을 부수기 일쑤였다. 교사들은 수업 시간에 늦게 도착하고, 아무 데서나 잡담만 해 댔다. 교육학을 전공한 다이아나는 그들이 교사로 여겨지지 않았다. 신경이 날카로워진 그녀는 학교 건물을 손상시키는 현지인들이 미워졌다. 학생들은 다이아나를 교장 선생님이라고 부르는 대신 '뱀파이어'라는 별명으로 불렀다. 갑자기 쓱 나타나 아이들을 혼내고 사라졌기 때문이었다. 학교를 짓느라 수고하고 애쓴 다이아나는 학교 운영으로 피곤해지면서 심한 우울증을 겪게 되었고, 결국 선교 사역에 아무런 의욕도 갖지 못하게 되었다.

이처럼 영성이 고갈되면 선교의 본질을 잊어버리게 된다. 따라서 깊은 영성을 유지하기 위해서는 규칙적으로 시간을 정해서 기도하고 말씀을 묵상하는 훈련이 필요하다. 또한 혼자 있는 시간을 두려워하지 말고 기도하는 자세가 필요하다. 깊은 기도는 기도의 훈련을 통해 배울 수 있다. 성경은 연약한 우리를 위해 격려의 말씀을 들려준다.

> "이와 같이 성령도 우리의 연약함을 도우시나니 우리는 마땅히 기도할 바를 알지 못하나 오직 성령이 말할 수 없는 탄식으로 우리를 위하여 친히 간구하시느니라"(롬 8:26).

4-6세기까지 영국의 아일랜드를 중심으로 선교 활동을 하면서 쇠퇴하는 기독교 선교에 활력을 불어넣은 켈틱수도회에 속한 수도사들이 있었다. 그들은 고행과 경건 생활을 통해 충만한 영성을 가질 수 있었으며, 능력 대결(Power Encounter)을 통한 선교를 감당할 수 있었다. 기록에 의하면 그들은 얼음물 속에 들어가서 시편을 전부 암송했고, 두 팔을 벌리고 십자가 형태로 서서 아주 오랫동안 기도한 나머지 새들이 그 머리 위에 집을 지었다고 한다. 또한 벌집 같은 곳에 기거했다고도 한다.

영성이 고갈되면 지혜로운 선교사가 되지 못한다

세 사냥꾼에 대한 이야기가 있다. 어느 날 그들이 사냥하러 산으로 올라갔는데, 그날따라 유난히 바람이 심하게 불었다. 그런데 멀리서 산불이 났다. 세 사냥꾼은 산불을 본 순간, 각기 다른 생각을 갖고 행동에 옮기기 시작했다. 첫 번째 사냥꾼은 빠르게 번져 오는 산불을 피하기 위해 바람이 부는 쪽으로 쏜살같이 달렸다. 그는 평소에 달리기를 아주 잘했다. 그러나 강풍의 속도가 워낙 빨라서 달리던 사냥꾼을 삼켜 버리고 말았다. 두 번째 사냥꾼은 나무를 아주 잘 타는 사람이었다. 그는 불길을 피하기 위해 순간적으로 옆에 있는 큰 나무에 기어 올라갔다. 그러나 산불이 삽시간에 다가오더니 나무와 사냥꾼을 삼키고 말았다. 세 번째 사냥꾼은 성냥을 꺼내 불을 놓았다. 불은 강풍을 등에 업고 번지기 시작했다. 무서운 속도로 다가오던 산불은 사냥꾼이 불을 놓은 자리에 와서는 힘없이 꺼져 버렸고, 그는 생명을 건질 수 있었다.

이 이야기는 성령의 불로 죄악을 깨끗이 태우면 우리는 성령의 사람이 되고, 성령의 능력으로 사탄을 이길 수 있다는 사실을 가르쳐 준다. 세 사냥꾼의 모습은 때로 선교사의 모습과도 같다. 지혜는 하나님이 주신 선물이다. 선교지에서 영적으로 성숙하지 못하면 우매한 사냥꾼의 모습을 연출해 복음을 전하는 대상뿐 아니라 선교사 자신도 파멸로 이끄는 지도자가 되고 만다.

성령께서는 우리의 편협하고 옹졸한 사고를 지지해 주지 않으신다. 성령의 음성에 귀를 기울이는 선교사는 편협하거나 폐쇄적이지 않다. 그러므로 선교사의 귀는 성령의 음성을 민감하게 들을 수 있도록 열려 있어야 한다. 또한 선교사의 귀를 성령께서 열어 주시기를 늘 소망해야 한다.

낙타 무릎이 되어 늘 하나님과의 영적인 관계를 유지한다

끊임없이 기도하는 선교사만이 선교지에서 승리할 수 있다. 언젠가 아내가 이런 말을 한 적이 있다. "선교지에 와서 깊은 기도로 하루를 시작하는 것과 형식적인 기도로 하루를 시작하는 것의 차이를 더 크게 실감하고 있어요. 낯선 땅에서 현지인들이 마음을 여는 것을 보면 신기할 때가 많아요. 그들의 마음을 움직이시는 하나님의 손길을 느끼게 해 주는 것은 오직 기도의 힘뿐이에요."

매 순간 새로운 일을 갑자기 만날지라도 당황하지 않고 처리해 낼 수 있는 지혜와 평안을 얻는 방법은 기도하는 것뿐이다. 선교지에서 선교사의 삶은 기도 응답의 연속이어야 한다. 기도하지 않는 선교사, 지나치게 많은 사역으로 기도하지 못하는 선교사는 결국 방향감을 잃고 넘어지고 만다. 신명기 9-10장을 묵상하면 모세가 얼마나 열심히 기도했는지를 보고 감탄하게 된다.

> "산에 올라가서 사십 주 사십 야를 산에 머물며 떡도 먹지 아니하고 물도 마시지 아니하였더니"(신 9:9).
> "그리고 내가 전과 같이 사십 주 사십 야를 여호와 앞에 엎드려서 떡도 먹지 아니하고 물도 마시지 아니하였으니"(신 9:18).
> "내가 여전히 사십 주 사십 야를 여호와 앞에 엎드리고"(신 9:25).
> "내가 처음과 같이 사십 주 사십 야를 산에 머물렀고"(신 10:10).

우리는 이 구절들을 통해서 모세가 이스라엘 민족의 구원을 위해 전심으로 여호와 앞에 엎드렸다는 것을 알 수 있다. 만약 성경에 기록할 곳이 더 많았더라면 모세가 여호와 앞에 전심으로 기도했던 내용이 계속해서 기록되어 있었을지도 모른다. 우리는 모세를 애굽 땅에서 이스라엘 백성을 이끌고 나온 위대한 민족 지도자로만 생각하기 쉽다. 그러나 한 걸음 더 나아가 생각해 보면 모세가 위대한 지도자가 될 수 있었던 이유는 그가 기도의 사람이었기 때문이다.

우리는 중국 내지 선교의 길을 연 허드슨 테일러를 기억한다. "무릎을 꿇지 않고는 결코 동쪽 하늘에 태양이 떠오르지 않았다"라고 표현되는 그의 선교적인 삶은 곧 기도의 삶이었다. 그는 "사람을 움직이기 위해서는 하나님을 움직여야 한다"[05]고 말했다.

낙타는 우리가 알고 있는 것보다 더 신기한 동물이다. 낙타는 사막을 횡단하기에 적합한 몸의 구조를 가지고 있다. 어떤 동물이든 사막의 열기와 갈증에 몇 시간도 견디지 못하고 쓰러지지만, 낙타는 한 방울의 물도 마시지 않고 320킬로미터나 되는 사막 길을 거뜬히 횡단할 수 있다. 낙타의 등에 있는 독특한 지방 혹은 오랜 시간 물 없이도 견딜 수 있게 하며, 두 줄의 속눈썹과 귀에 난 긴 털은 사막의 모래바람을 막아 준다. 더욱 특이한 것은 무릎에 굳은살이 다른 동물보다 많아서 사막을 건널 때 모래바람을 만나면 더 이상 전진하지 않고 무릎을 꿇은 채 모래바람이 지나갈 때까지 묵묵히 기다릴 수 있다. 그리고 무릎을 꿇을 때는 가슴과 무릎에 있는 딱딱한 보호구로 몸을 지탱한다.

선교사는 낙타 무릎이 되어야 한다. 선교지에서 모래바람처럼 불어오는 거센 사탄의 세력을 만날 때마다 잠잠히 하나님을 바라보며 그분의 구원을 기다려야 한다.

---

05 "To move people, Christian must be able to move God."

위대한 기도의 사람 하이드[06] 선교사는 처음 선교지로 향하는 배의 갑판 위에서 아버지의 친한 친구 목사님께 받은 쪽지를 펼쳐 보았다. 거기에는 "사랑하는 존, 네가 성령으로 충만하기까지 기도를 쉬지 않겠네"라고 적혀 있었다. 그 순간 하이드는 화가 잔뜩 났다. 자신은 이미 성령의 충만함을 입고 선교사가 되어 복음을 전하러 가고 있는데 성령으로 충만하기까지 기도하겠다니! 그렇다면 자신이 성령도 받지 못하고 선교지로 떠나고 있다는 말인가! 그러나 후에 하이드는 겸손하게 고백했다. "내가 사역을 위해 열심히 일했을 때보다 하나님께 기도로 사역을 부탁드렸을 때 하나님이 더 많은 열매를 허락하셨다."

　초등학교 5학년까지 공부한 조지 뮬러의 설교 원고를 보면 틀린 알파벳이 너무 많았다고 한다. 그런 그가 위대한 전도자가 된 것은 바로 기도의 사람이었기 때문이다. 그는 한 영혼을 위해 63년 8개월간 기도하기도 했다.

　그리스도의 푸른 계절이나 모든 족속과 열방이 주를 찬양하는 세계 복음화는 기도 없이는 절대 이루어질 수 없다. 기도는 능력이 있다. 기도는 힘이 있다. 기도할 때 하나님의 능력이 나타난다. 기도하면 하나님보다 앞서 가지 않게 된다. 기도는 하나님을 만나는 기쁨의 시간인 동시에 자신의 죄를 돌아보게 하는 참회의 시간이기도 하다. 기도는 선교의 중심이기에 복음의 진보를 이루게 한다. 그러나 사탄은 선교사에게 기도하지 않고도 얼마든지 사역할 수 있다고 끊임없이 속삭인다. 이 시간 우리 스스로에게 물어 보자. 기도가 노동인가, 즐거움인가?

06　하이드는 1892년 맥코믹신학교를 졸업하고 인도 선교사로 사역했다.

규칙적으로 말씀을 묵상한다

선교사가 하나님과 온전한 영적 관계를 유지하는 것은 위대한 하나님의 주권을 인정하는 것이며, 이는 놀라운 능력과 힘의 원동력이 된다. 선교사는 자기 영성 관리를 위해서 매일 성경을 규칙적으로 묵상하는 시간을 갖도록 한다. 현지어로 번역된 성경으로 묵상하는 것도 좋다. 한글 성경을 읽을 때 무심코 스쳐 지나갔던 구절들이 마음에 깊이 와 닿을 때가 종종 있을 수 있고, 언어 습득이라는 이중 효과를 얻을 수도 있다.

현실적으로 선교지는 선교사가 일방적으로 공급자의 위치에 서야 하는 경우가 많다. 그러므로 풍성하신 하나님으로부터 끊임없이 공급을 받는 선교사가 되어야만 선교지에서 고갈되지 않을 수 있다. 아니 오히려 사역을 하는 동안 하나님이 주시는 풍성한 은혜를 맛보며 깊은 영적 소유자가 될 수 있다.

영적 성숙과 인격 성숙을 위해 꾸준히 노력한다

영적 성숙을 이루기 위해서는 하나님과 단둘이 만나는 시간을 가져야 한다. 선교사를 성숙시키는 가장 좋은 지름길은 하나님과 대화하는 시간을 가지는 것이다. 그러기에 말씀 묵상과 기도 생활, 즉 매일 정기적인 기도 시간, 금식 기도 시간 등을 가진다. 인격 성숙을 위해서는 다른 사람들이 보는 방식으로 스스로를 살피지 말고, 하나님이 보시는 관점으로 자신을 돌아봐야 한다. 왜냐하면 우리 모두는 예수 그리스도의 피로 구속 받은 하나님의 자녀이기 때문이다.

선교사는 하나님이 선교지에 보내신 대사다. 그러기에 바른 인격을 소유해야 한다. 인격은 우리가 무엇을 했느냐가 아니라 우리가 어떤 사람인가를 보여 준다. 용기 있는 사람(두려움을 극복하는 것), 자기 통제력이 있는 사람(즐거움을 유보하고 목표를 달성하는 것), 비전이 있는 사람(현상 너머에 있는 것을 바라보는 것), 인내하는 사람(포기의 순간을 넘어서는 것), 온유한 사랑을 품은 사람(남의 처지에서 보는 것), 희생적인 사랑을 품은 사람(끊임없이 주는 것), 파격적인 사랑을 품은 사람(적대감의 연쇄 고리를 끊는 것)이 바른 인격을 소유한 사람이다. 올바른 인격(성품)이 선교 사역의 성패를 결정한다고 해도 과언이 아니다.

덧붙여 열정적으로 비전을 꿈꿔야 한다. 비전은 사람들에게 열정을 불어넣는 미래에 대한 그림이다. 그러나 비전이 변해 자기중심, 자기 명성, 자기 성공에 초점을 맞추면 삯꾼 선교사가 된다.

하워드 가드너(Howard Gardner)는 미래에는 이런 마음(성품)을 가진 사람이 필요하다고 말했다.[07] 첫째, 훈련된 마음, 즉 한 분야에 전문성을 갖춘 마음, 둘째, 종합하는 마음, 즉 정보를 얻고, 이해하고, 평가해 삶에 적용하는 마음, 셋째, 창조하는 마음, 즉 훈련된 마음과 종합하는 마음을 근거로 새로운 것을 창조하는 마음, 넷째, 존중하는 마음, 즉 타자와의 차이점을 받아들이고 타인을 이해하는 마음, 다섯째, 윤리적인 마음, 즉 자신의 이익을 넘어 전체 사회에 공헌하려는 마음이다. 이 다섯 가지 마음을 조화롭게 계발하려면 끊임없는 영성 훈련을 하고, 타인을 존중하며, 그리스도인의 윤리를 지켜야만 가능하다.

---

07 하워드 가드너, 김한영 역, 《미래 마인드》(서울: 재인, 2008), 33.

2장
선교적 말씀 묵상

우리는 얻는 것(acquiring)과 받는 것(receiving)의 차이를 구별할 수 있어야 한다. 기도의 습관, 성경을 읽는 습관은 얻는 것이다. 그러나 구원, 성령, 하나님의 은혜는 받는 것이다. 우리는 얻어야 하는 것들에 더 큰 신경을 써야 한다. 우리가 받아야 하는 것들은 하나님이 신경을 쓰신다.[08]

오스왈드 챔버스는 이렇게 말하면서 말씀 묵상의 중요성을 강조했다. 선교지에서 하나님의 말씀을 묵상하는 것은 한국 교회에서 말씀을 묵상하는 것과는 차이가 있다. 나그네의 삶이 시작된 선교사에게 있어서 하나님의 말씀은 히브리서 4장 12절, 즉 "하나님의 말씀은 살

---

08 오스왈드 챔버스 관련 유인물에서 발췌했다.

아 있고 활력이 있어 좌우에 날 선 어떤 검보다도 예리하여 혼과 영과 및 관절과 골수를 찔러 쪼개기까지 하며 또 마음의 생각과 뜻을 판단하나니"라는 말씀처럼 영적 전투의 중요한 도구다. 이는 어느 누구도 부인하지 않을 것이다. 예장통합총회 선교교육원(PCK MTEC)에서 함께 사역했던 한 교수 선교사는 말씀 묵상에 대해서 이렇게 말했다.

> 선교사에게 있어서 말씀 묵상은 전쟁에 나가 있는 병사들이 실탄을 공급 받는 일과 같다고 볼 수 있다. 선교지에서 장기 사역을 부끄러움 없이 해 낸 선교사들의 고백에는 공통점이 있다. 지금까지 십수 년이 넘도록 해외에서 무슨 힘으로 버텼는지 모르겠다는 것이다. 왜냐하면 자신들 안에 이렇게 버틸 수 있는 힘이 없다는 것을 누구보다도 본인들이 잘 알고 있고, 그렇다고 세상적인 잡다한 고민을 하지 않고도 선교에 전념할 수 있도록 전적으로 뒤를 봐준 후원 교회가 든든히 버텨 준 것도 아니었다.
> 선교사도 먹어야 하고, 입어야 하며, 자녀 교육도 시켜야 한다. 또 사역을 위한 자원도 필요하다. 이런 것들이 부족하면 스트레스가 쌓이게 되고, 상호 개선될 소지가 보이지 않는 상태가 지속되면 인격의 밑바닥이 드러나기 마련이다. 그쯤 되면 선교 사역은 둘째 문제고 선교사라는 정체성을 가지고 살기에도 급급하게 된다. 그럼에도 불구하고 지금까지 버틸 수 있었던 원동력은 무엇일까? 그것은 성경 읽기와 말씀 묵상으로 영적인 힘을 공급 받은 것이다.[09]

---

09 《예장통합총회 MTEC 97-1 자료집》에서 부분 발췌, 수정했다.

말씀을 읽고 묵상하지 않고는 기도를 논하지 말아야 한다. 그리고 기도를 통해서 주님과 교통하지 않으면 선교한다고 생각하지 말아야 한다. 주님은 "내가 너희를 도무지 알지 못하니 불법을 행하는 자들아 내게서 떠나가라"(마 7:23)고 말씀하셨다. 주의 이름으로 예언하고, 귀신을 내쫓고, 많은 기적을 행했다고 하는 자들에게 하신 주님의 말씀을 잊지 말아야 한다. 그들의 문제는 무엇이었는가? 주님과 상관없이 자신의 일을 열심히 한 것이었다. 결국 말씀과 기도를 통한 주님과의 깊은 영적 교감이야말로 온전한 사역으로 이어질 수 있다는 뜻이다. 또한 그렇게 해야만 선교적 말씀 묵상을 통해 복음을 선교 현장에 어떻게 적용시켜 가야 할지에 대한 하나님의 지혜와 능력을 덧입을 수 있다. 그러므로 날마다 말씀을 읽고 선교적 말씀 묵상을 실천하기를 권한다.

폴 투르니에(Paul Tournier)는 묵상 시간을 가리켜 "하나님의 음성을 기다리는 것"[10]이라고 정의했다. 그는 울리는 꽹과리가 되지 않으려면 스스로 창조적인 생각을 해야 하는데 이것을 가능하게 하는 것이 묵상이라고 했다. 묵상은 영적, 인격적 성숙 및 생존을 위해서, 선교지 사람들을 위해서 필요하다. 이에 대해 자세히 살펴보면 첫째, 영적, 인격적 성숙을 위한 필요로서, 말씀 묵상을 통해서 하나님을 만나 그분의 말씀을 듣고 깨달을 때 인격의 변화가 일어나고 하나님의 성품을 닮아 가게 된다. 둘째, 영적, 인격적 생존을 위한 필요로서, 선교지에서는 영적 자가발전이 필요하다. 말씀 묵상은 영적으로 사느냐 죽느

---

10 폴 투르니에(Paul Tournier), 임성기 역, 《귀를 핥으시는 하나님》(서울: 도서출판 불꽃, 2005), 16.

나의 문제다. 말씀 묵상을 안 하면 점점 영성이 메말라 버리고 인격이 바닥을 드러내고 만다. 셋째, 선교지의 사람들을 위한 필요로서, 선교지 사람들은 깊이 있는 내용의 설교를 기다리고 있다. 생수와 같은 살아 있는 물을 공급하려면 먼저 자신이 그 물을 마셔야 한다. 그 물을 마시는 것이 말씀 묵상이다. 그리고 말씀 묵상을 기본으로 해 설교를 준비하는 것이 좋다.

선교적 말씀 묵상[11]은 선교 사역을 하는 동안 선교사의 삶 가운데 강조되어야 할 영역 중에 하나다. 선교적 말씀 묵상을 통해서 영성이 살아 있게 되는데, 이것은 누구의 지도에 의해서 이루어지는 영성 훈련이 아니라 성령 하나님이 이끌어 가시도록 우리의 영을 주께 내어 드리는 시간이다.

언제 묵상할 것인가?

선교사는 선교지에서 매일 성경을 읽고 묵상하면서 하나님의 말씀을 이해하고 그분의 음성을 들어야 한다. 성경을 좀 더 깊이 있고 체계적으로 이해하기 위해서 신학을 전공하거나 히브리어와 헬라어에 대한 지식을 갖춘다면 훨씬 유용한 것은 사실이다. 그러나 신학을 전공한 사람만이 성경을 제대로 이해할 수 있는 것은 아니다. 성경은 지식인만을 위해 주어진 책이 아니다. 성경은 시대를 초월해 누구나 읽고 이해해서 자기 수준에 맞게 하나님의 음성을 듣고, 그분의 인도하심을 받을 수 있는 책이다. 여기에서 자기 수준이란 지식이 아니라 하

---

11 《예장통합총회 MTEC 97-1 자료집》에서 부분 발췌, 수정했다.

나님의 말씀에 대한 열린 마음을 말한다.

우리는 흔히 새벽이 말씀 묵상 시간으로 적당하다고 말하지만 더 중요한 것은 묵상한 말씀을 삶 속에서 적용하는 훈련을 하는 것이다. 그러기 위해 아침에 묵상한 내용을 하루 종일 고민하며 묵상하는 것이 필요하다.

어떻게 묵상[12]할 것인가?

평소에 묵상하던 방법에서 한 걸음 더 나아가 선교적으로 적용하는 훈련을 해 본다.

말씀 속에서 선교사로서의 정체성을 되새기며 "선교적인 상황 속에서 어떻게 할 것인가?"에 대한 답을 찾는 훈련을 해야 한다.

---

12 〈성경을 묵상하는 방법〉
① 천천히 깊이 읽을 책을 선택하라. 천천히 읽을 책 중 가장 중요한 책은 성경이다.
② 천천히 읽을 부분을 선택하라. 성경책 중 한 권을 집중 연구하며 묵상하거나 성경책의 일부분을 집중 연구하며 묵상하라.
③ 말씀을 영의 양식으로 먹으라. 성경을 읽는 차원을 넘어 먹으라(겔 3:1-3, 계 10:9-10).
④ 말씀 앞에 오래 머물라. 시간을 정하고 마음의 여유와 고요함을 가지고 오래 머물라. 말씀 앞에 오래 머물면 더 많은 보화를 발견하게 된다. 말씀이 당신 안에 오래 머물도록 하라.
⑤ 말씀 속에 거하시는 하나님을 읽으라. 말씀 앞에 오래 머물면 하나님을 만나게 된다. 하나님의 마음을 읽고, 하나님의 언어를 읽고, 하나님의 뜻을 읽고, 하나님의 성품을 읽는 것이 거룩한 독서다.
⑥ 하나님의 음성을 들으면서 읽으라. 성경을 읽을 때는 성경책 속에 담긴 하나님의 음성에 귀 기울여야 한다. 잘 듣기 위해서는 오래 머물러야 한다. 집중히고 온 정성을 쏟아야 한다. 고요해야 한다. 듣기 위해서는 순종하는 마음을 가져야 한다.
⑦ 질문하면서 천천히 읽으라. 좋은 질문이 좋은 답을 얻게 한다. 질문하는 습관을 기르라. 질문 없이 성경을 읽는 것은 목적 없이 항해하는 것과 같다. '하나님에 대해서 새롭게 안 지식은 무엇인가?', '새롭게 발견한 진리는 무엇인가?', '따라야 할 모범은 무엇인가?', '순종해야 할 명령은 무엇인가?', '피해야 할 오류는 무엇인가?', '버려야 할 죄는 무엇인가?', '간구해야 할 약속은 무엇인가?'

본문:사도행전 15:1-21

내용정리

어떤 사람들이 유대로부터 내려와서 모세의 법대로 할례를 받지 않으면 구원을 받지 못한다고 가르치자 다툼과 변론이 일어나고, 바울과 바나바와 몇 사람을 예루살렘에 보내기로 작정한다.

예루살렘에서 하나님이 자기들과 함께 행하신 모든 일을 말하자 사도와 장로들이 의논하러 모이고, 베드로가 이방인도 동일하게 주 예수의 은혜로 구원 받는 줄을 믿노라고 선포한다. 바울과 바나바의 간증을 들은 야고보가 이방인들을 괴롭게 말고 우상의 더러운 것과 음행과 목매어 죽인 것과 피를 멀리하라고 편지하자고 제안한다. 왜냐하면 각 성에서 모세의 율법을 안식일마다 회당에서 가르치기 때문이다.

---

⑧ 묵상을 통해 읽은 말씀이 존재 속에 스며들게 하라[묵상(meditation)-약(medicine)]. 묵상은 반복해서 말씀을 숙고하는 것이다. 반복할 때 새롭게 깨닫게 되고, 존재 속에 스며들게 된다. 묵상할 때 적용할 수 있는 구체적인 방법과 실천할 수 있는 능력도 얻게 된다. 묵상은 깊은 영혼에 말씀을 공급하는 파이프라인이다(생각-마음-영혼). 묵상의 축복은 지혜(분별력-지식을 활용하는 능력)의 축복이다(시 119:97-100). 묵상의 축복은 관련을 맺는 축복이다(성경 전체의 진리와 연결됨). 묵상의 축복은 글쓰기의 축복이다. 한 가지 주제를 묵상하다 보면 한 가지 주제를 발전시킨 좋은 책을 쓰게 된다. 묵상의 축복은 치유의 축복이다. 묵상의 축복은 좋은 것을 우리 안에 머물게 하며 긍정의 에너지를 공급해 준다.

⑨ 기도하면서 말씀을 읽고, 말씀을 따라 기도하라. 거룩한 독서의 네 가지 요소, 즉 읽기(*lectio*), 묵상하기(*meditatio*), 기도하기(*oratio*), 관상하기(*contemplatio*)를 따라 묵상한 본문의 핵심 단어와 중심 주제를 하루 종일 마음속에 떠올리며 묵상하며 기도하라['나를 지키시는 하나님'(시 121편), '복을 베푸시는 하나님'(창 12:1-3)].

나에게 적용하기

때때로 나에 대한 하나님의 사랑이 너무 특별하고 커서 우월감이나 교만을 갖게 되기 쉬운 것 같다. 하나님이 동일하게 사랑하시는 사람들에 대해 쉽게 판단하고, 특히 현지인들을 진심으로 인정하지 않았던 모습을 회개한다. 사람의 외모나 환경, 여건을 보는 것이 아니라 중심에 역사하시는 주님을 바라봐야겠다.

영적 지도자가 되어 양육해야 할 나에게 정확한 상황을 이해하고 바르게 판단해 하나님의 말씀으로 해결하는 모습이 참 도전이 된다.

하나님은 스스로 진리를 지키시는 분이다. 예루살렘 회의를 이끌어 가시고, 그 회의에서 결정되는 과정을 주장하신 분은 바로 하나님이시다. 무엇이든 내 생각대로 이끌어 가야 한다는 생각을 버리자. 일이 진행되는 가운데 이끌어 가시는 하나님을 신뢰하자.

선교적으로 적용하기

선교 현장에서 분쟁이나 시비를 가려야 하는 경우가 종종 있는데, 현지인들의 주관적인 말과 감정에 휩쓸려 객관적이고 정확하게 분별하지 못함으로 상처를 줄 때가 있었다. 베드로와 야고보 같은 지도력이 너무 절실하다.

무슬림들에게는 바리새인처럼 규정짓는 율법과 형식이 참으로 많다. 그들을 무조건 배척하고 아니라고 하기보다 야고보처럼 상처를 주지 않으면서 분명하고 구체적으로 하나님의 사랑을 제시하는 것이 필요한 것 같다. 특히 이슬람 문화 속에 사는 현지 그리스도인에게 더더욱 이런 방법이 필요한 것 같다. 예전에는 '그들은 왜 이럴까?' 하는 생각을 많이 하며 정죄했지만 그들을 잘 인도하는 영적 지도자가 되어야겠다.

현지인에게 복음을 전할 때 나보다 앞서 그들 가운데 행하고 계시는 하나님을 인정해야겠다. 내 입술의 말과 행함과 설득에 앞서서 그들의 마음을 만지시고 성령을 부어 주시는 하나님을 의지하자.

3장
자기 이해와 자기 계발

자신에 대해서는 엄격하고 타자에 대해서는 너그러운 사람을 찾아보기란 쉽지 않다. 대부분의 사람들은 자신에 대한 배려에 있어서는 끝이 없다. 물론 선교사가 사역에 몰입하다 보면 자신을 돌아볼 겨를이 없다. 그러나 늘 기억해야 할 것은 다른 사람의 관점에서 자신과 사역을 평가하고 돌아보는 여유를 가져야 한다는 것이다. 외적인 모습이야 남루할지 몰라도 영적인 사고와 지적인 사고, 더 나아가 선교적인 영역에 있어서는 누구보다도 지혜로워야 할 것이다. 선교사는 IPOD를 가져야 한다.

- I(Identity) : 자신의 정체성을 분명히 갖는다.
- P(Professional) : 자신의 사역에 대한 깊은 전문성을 갖는다.
- O(Opportunity) : 사역을 하는 동안 주어진 기회를 잘 선용한

다. 하나님의 도구로 잘 쓰임 받도록 기회를 활용한다.
- D(Development) : 자신의 능력을 계발시켜 나간다.

멘토링

선교사에게는 멘토가 필요하다. 멘토는 일반적으로 지혜와 신뢰로 한 사람의 인생을 이끌어 주는 사람이라는 의미로 사용된다. 댈러스 신학교 교수인 하워드 헨드릭스(Haward Hendricks)는 멘토를 '다른 사람을 성숙시키고, 또 계속 성숙해지도록 도와주며, 그 사람의 생애 목표를 발견하도록 도와주는 데 자신을 헌신하는 사람'이라고 정의했다. 멘토는 다음과 같은 공통적인 특징을 지닌다.

어떤 기관이나 전문 영역의 리더로서 멘토리(Mentoree, 멘토에게 멘토링을 받는 사람)보다 상위의 수준을 가진 사람이다. 그리고 자신의 업무나 학문, 경험 등의 영역에서 업적을 이룬 권위자이며, 그 영역에서 어떤 영향력을 가진 사람이다. 또한 멘토리의 성장과 발전에 진정으로 관심을 가진 사람이며, 개인적인 관계와 지도를 위해 시간과 감정적인 에너지를 기꺼이 헌신하려는 사람이다.

멘토는 단순한 상담자와 구별된다. 첫 번째 멘토는 대부분 부모다. 그러다가 자라면서 선생님, 친구, 유명한 연예인이나 선배, 성공한 사람들이 멘토가 된다. 성장 과정을 겪으면서 부모라는 멘토를 벗어나 새로운 멘토를 찾아 관계를 맺게 되는 것이다. 멘토링은 '한 사람이 다른 사람에게 하나님이 주신 자원들을 나눔으로써 영향을 끼치는 일종의 관계적 경험'이라고 말할 수 있다. 그러므로 멘토와 멘토리의 관계는 누구에게나 필요한 것이다.

선교사에게는 더더욱 멘토가 필요하다. 자신을 존중하고, 인정하며, 끊임없이 계발해 가기 위해서는 멘토링이 요구된다. 멘토링은 관계성이라고 말할 수 있는데, 의존형, 독립형, 상호 의존형으로 나눌 수 있다. 이 가운데 선교지에서 가장 적합한 유형은 상호 의존형이다. 상호 의존을 통해 서로 돕고 팀을 이루어 어떤 일을 하면 단순한 수의 합산보다 훨씬 더 크고 방대한 결과를 얻게 된다. 이것을 '시너지 효과'라고 한다. 그러나 불행하게도 선교지에서는 선교 경험의 나눔, 협력 선교 등이 지극히 저조하다. 특별히 한국 선교사들은 이 부분에서 지극히 약하다. 따라서 멘토링 선교 사역을 통해 시너지 효과를 발휘해야 할 것이다.

선교사에게는 신앙의 선배, 신학교 교수, 선배 목회자, 아내, 경험 많은 훌륭한 선배가 멘토가 될 수 있다. 선교지에서는 매 순간 결정해야 할 중요한 일들이 참으로 많다. 더구나 선교지의 현실상 한국에 있을 때와 달리 고립감이나 외로움을 느낄 때가 많이 있다. 특별히 어린 시절 부모로부터 부정적인 영향을 받으며 자란 역기능 가정의 선교사는 선교사가 된 이후에도 내면적으로 낮은 자존감을 갖고 외부적인 성취와 성공을 통해 현지인 위에 군림하면서 자신의 불행했던 어린 시절을 보상 받으려 하는 경향이 있다. 이런 선교사는 사역에서 성취감을 맛보지 못할 경우 내적 열등감뿐 아니라 심한 좌절감을 느끼며 역기능적인 선교 사역을 하게 될 가능성이 크다. 이와 같은 인성을 가진 선교사는 먼저 내적 치유가 필요하며, 더 나아가 멘토를 가져야 한다.

평생 선교 계획 세우기

선교지로 출발하기 전에 세운 사역 계획(제4부 1장 참조)을 선교지에서 계속 확인하면서 사역의 궤도를 항상 점검해야 한다. 계획적인 선교는 선교 사역을 향상시키며, 선교의 미래 전망을 제공하는 동시에 선교 사역의 연계성과 통일성을 얻게 해 준다.

평생 선교 계획은 기간에 따라서 장기 계획과 중기 계획, 그리고 단기 계획으로 구분할 수 있다. 장기 계획이란 일반적으로 10년, 또는 20년을 기간으로 하는 계획이고, 중기 계획은 2년, 또는 5년을 기간으로 하는 계획이다. 중기 계획은 장기 계획보다 실현 가능성이 높으며 가장 효율적인 계획이다. 또 단기 계획은 1년, 또는 2년 미만의 단기간을 위한 계획이다.[13] 선교 사역도 계획적으로 진행할 때 좋은 결과를 얻을 수 있다.

무엇보다 선배 선교사들의 삶을 연대기적으로 나누어 정리해 분석한 자료를 근거로 자신의 평생 선교 계획을 세워 보면 효과적이다. 이것은 전체 그림을 그리는 것에 해당되기 때문에 선교사의 생활과 사역의 흐름을 이해하는 데 도움이 된다.

다음은 선교사 후보생이 중국 내지 선교를 이끌었던 허드슨 테일러의 삶과 사역을 단계별로 나누어 만든 표다.

---

13 이성희,《밀레니엄 목회 리포트》(서울: 규장, 1999), 17.

〈표 3〉

평생 선교 계획표

구분	허드슨 데일러	적용
선교사 이전 단계	중국 선교 비전, 약국에서 일함, 의술 공부, 빈민 생활 연습(후원 요청 안 하기), 믿음 선교(Faith Mission), 중국어 수련, 현지 조사	기도, 이사, 언어, 가족과의 관계 정리, 말씀 훈련, 후원자 모집(기도, 재정), 사역 계획 작성, 언어 습득, 소명 확인, 선교 현지 조사 및 현장 답사
선교지 정착 단계	다섯 달의 항해 끝에 상해 도착, 물가 폭등으로 어려운 생활, 질병 등 정착의 어려움, 15개월 동안 10회 이상 전도 여행, 신약성서와 전도 책자 배포, 중국복음주의협회(CES)의 주재원과 재정 문제 확정, 중국어와 중국 관습 학습, 런던선교회 록하트 박사의 도움을 받음	현지 숙소 확보, 차량 준비, 자녀 교육 기관 결정, 비자, 언어 교육, 정탐, 현지 문화 습득, 선임 선교사와의 관계 형성, 사역의 토대 마련, 대사관, 병원, 학교, 경찰서 파악
선교 사역 단계	26세에 내지 선교 시작, 영적 멘토인 윌리엄 번스(William Burns)와 동역 시작, 광동성 산동 지방, 영파 지방에서 배우자인 마리아와 만남, 무료 급식소, 병든 자 치료, 결핵 치료 후 34세에 16명의 선교사와 함께 중국 입국, 항주에 교회를 개척해 1,500명의 신자 출석, 양주에서 개척, 1867년 사랑하는 딸을 잃음, 1870년 두 아들과 아내, 그리고 동료를 잃음, 텐진 대학살, 많은 기도 모임을 만듦	본부의 허락 속에서 사역(가시적 프로젝트) 시작, 선임 선교사의 사역 인수 인계, 선택과 집중으로 사역의 취사 선택, 현지인 동역자 세우기, 팀 사역 가동, 제자 훈련, 교회 개척, 리더십 이양 계획, 사역 일지 작성, 선교 훈련원, 리더 양육, 교재 만들기, 은퇴 준비, 이양 작업(안식년 준비)
선교사 안식년 단계	결핵으로 29세 때 영국으로 귀국, 중국내지선교회(China Inland Mission, CIM) 조직, 성경 개정 번역-신약성서 출판, 의학 공부, 공인된 자격 준비, 동료 사역자 모집	자기 개발을 위한 공부, 건강검진, 심리 검사, 선교 공동체 탐방, 총회, 선교 단체 혹은 교회 선교부에서 지원 사역, 제2차 사역 준비, 중보 기도 후원자 모집
선교사 은퇴 단계	1900년 5월 미국 여행 중에 병이 악화되어 스위스로 요양, 북미선교회 창설, 자신의 죽음이 멀지 않다고 생각해 딕슨 호스트(Dixon Hoste)를 총재 권한대행으로 임명[14], 1902년 11월 총재직 이양, 1903년 7월 재혼한 아내 제니의 소천, 1905년 봄 상해 도착, 그해 6월 3일 주님께 돌아감	완전한 이양, 자녀 결혼 준비, 연금 및 거처를 위한 대책, 은퇴 후 해야 할 사역을 준비, 예를 들어, 후배 양성을 위한 교육 봉사, 멤버 케어, 선교사 안식관 확보를 위한 활동 등 현역 및 은퇴 선교사들을 지원하기 위한 활동

선교지로 출발하기 전에 선교 계획을 문서로 작성해 보는 것이 좋다. 나는 선교지로 출발하기 전에 세운 선교 계획을 틈틈이 검토하면서 수정, 보완하고 있다. 처음 세운 계획과 방법이 여러 부분 수정되었지만 궁극적인 목표에는 변함이 없다. 계획 가운데는 선교지의 현실과 맞지 않는 것도 있다. 계획표를 읽다 보면, '선교지를 너무 모르고 이런 계획을 세웠구나!' 하고 느끼기도 한다. 하지만 나의 엉성한 선교 계획은 선교지에서 좌절하고 실망할 때마다 다시금 선교에 대한 새로운 비전을 확인하고 정리하게 도와준다.

섬기는 리더십[15]

준비된 선교사(Emerging Leader)에게 요구되는 리더십의 중요성을 논하려면 한 편의 논문으로도 모자랄 것이다. 김상복 목사는 "리더십이란 일관성 있게 긍정적인 영향력을 행사할 수 있는 내적인 좋은 자

---

14 허드슨 테일러가 세상을 떠날 당시 중국에서 활동하던 중국내지선교회 소속 선교사는 750명 정도였다.
15 〈현대 리더십 이론의 변천 단계〉
 ① 1841-1904년 : 리더는 태어나는 것으로 인식되었으며, 리더십에 대한 연구가 아니라 리더에 대한 연구가 주였다.
 ② 1904-1948년 : 사회학자, 심리학자를 중심으로 리더십 연구가 이루어졌는데 리더들의 특질들이 연구 대상이었고 그 특질들은 훈련을 통해서 습득될 수 있다고 보았다.
 ③ 1948-1967년 : 리더들의 특질보다는(한계점을 발견) 행동에 관심을 두었다. 특질에 따라서 리더인지 아닌지 구별이 어려웠다. 왜냐하면 리더들의 특질이 다양했고(상황에 따라), 특질 이론이 지도자와 집단과의 상호 관계를 무시했기 때문이다.
 ④ 1967-1980년 : 리더보다는 변화하는 상황에 초점을 두었다. 팔로워들과 상황이 연구 대상이었다. 오하이오리더십연구 팀의 결과에 따르면, 열려 있는 리더란 관계 중심적이고, 상호 신뢰를 중요하게 생각하며, 팔로워들을 존경하고 신뢰와 따뜻함의 관계가 있는 특징이 있고, 아랫사람의 유익을 생각하고 후원하는 리더다.
 ⑤ 1980년-현재 : 리더(리더에 관한 연구, 리더의 습득된 기술들, 리더의 가치관들), 팔로워(리더와 팔로워 간의 관계, 팔로워의 성숙도, 팔로워의 역사), 멘토(mentor)와 프로테제(protege), 그리고 상황 맥락(Situation-context)에 대한 연구가 주로 이루어지고 있다.

질들"¹⁶이라고 말했다. 나는 리더십을 다음과 같이 정의한다.

상호 간에 작용하는 영향력으로 팀이나 개인의 공유된 목표를 성취하기 위해 적절한 방법으로 타자, 혹은 팀원들에게 의사를 전달함으로 타자가 전달자가 원하는 방향으로 나아가 목표를 성취하게 하는 힘이다.

선교사가 리더십에 대한 이해를 가져야 하는 이유는 첫째, 선교에 대한 바른 이해를 위해서이고, 둘째, 세속 리더십과 영적 리더십을 구분하기 위해서이며, 셋째, 리더는 선교지를 더 좋게, 혹은 더 나쁘게 변화시킬 수 있기 때문이다.

선교사의 리더십은 성령의 능력과 함께해야 한다. 또한 선교사는 섬김의 리더십이 있어야 하는데, 이 섬김의 리더십은 부드러우면서도 강하다. 주님은 "누구든지 자기를 높이는 자는 낮아지고 누구든지 자기를 낮추는 자는 높아지리라"(마 23:12)고 말씀하셨고, 섬김의 리더십을 몸소 보여 주셨다. 제국주의와 함께 이루어진 19세기의 선교는 지배하는 선교의 폐단을 드러냈다. 당시 복음이 전해진 곳들을 살펴보라.

오늘날의 선교사들에게는 더더욱 섬김의 리더십¹⁷이 필요하다. 진

---

16 김상복, "목회자의 리더십에 달려 있다", 《목회와 신학》(1998. 10), 67.
17 나사렛교회 아프리카 지역 디렉터인 리처드 재너(Richard Zanner)는 리더십을 정의하면서 선교의 성경적 모델을 다음과 같이 분류했다. ① 종으로서의 직분을 이해하기 ② 문화 배우기 ③ 언어 배우기 ④ 상냥하고 정직한 정신을 유지하기 ⑤ 새로운 환경에 적응하기 ⑥ 사람들과 공통점 찾아가기 ⑦ 섬김으로의 부르심을 확인하기 ⑧ 주어진 일에 집중하기 ⑨ 결정과 행동

정한 선교사의 권위는 스스로 나타내는 것이 아니라 주님이 말씀하신 섬김을 실천할 때 나타나는 것이다. 섬김의 리더십은 주님이 말씀하신 사랑의 기초 위에 세워진다. 그런 선교사야말로 '자기 비움'의 선교를 할 수 있다. 여기서 자기 비움이란 사역의 주도권, 팀의 리더십, 재산권 등에 대해 자기를 비우는 것을 의미한다. 선교사는 겸손과 함께 자기 비움의 훈련을 해야 한다.

리더십은 전통에 얽매여서는 안 된다. 왜냐하면 리더십은 목표 달성을 위한 과정이고, 영향력을 포함하며, 상황 속에서 일어나기 때문이다. 그러기에 리더십이 있는 선교사는 자신의 사고, 문화, 전통을 강제로 선교지에 전수하려고 고집하지 않는다. 그들의 문화를 비웃지도 않는다. 리더십이 있는 선교사는 그들의 문화 속에서 역사하시는 하나님을 바라볼 줄 안다.

유종의 미

특별한 사유 없이 선교사로서의 정체성을 상실하고 딜레마에 빠져 사역 현장에서 중도 탈락하는 선교사들이 있다. 사도 바울은 디모데후서에서 "나는 선한 싸움을 싸우고 나의 달려갈 길을 마치고 믿음을 지켰으니 이제 후로는 나를 위하여 의의 면류관이 예비되었으므로 주 곧 의로우신 재판장이 그날에 내게 주실 것이며 내게만 아니라 주의 나타나심을 사모하는 모든 자에게도니라"(딤후 4:7-8)고 말했다.

한국 선교사의 평균 사역 기간은 5년이다. 그런데 적지 않은 선교

에 충실하기 ⑩ 주님과 가까이 동행하기

사들이 초기 사역 중에 탈락한다. 그것은 선교사 자신의 건강 문제, 재정 문제, 자녀 문제, 후원 교회와의 갈등, 현지인과의 갈등, 소명감 결여, 계속적인 학업, 부부간의 문제 등 여러 가지 요인에 의해서다.

부득이하게 사역을 마칠 경우에는 자신이 선교지를 떠난다 할지라도 사역이 계속 진행될 수 있도록 마무리를 잘해야 한다. 이것을 선교적 용어로 표현하면 '이양', 혹은 '출구 전략'이라고 할 수 있다. 대다수의 한국 선교사는 이양에 있어서 취약점을 가지고 있다. 심지어 한국 대형 교회의 세습 형태를 선교지에서 이양이라는 가면을 쓴 채 행하고 있는 모습을 종종 보게 된다.

사고 전환

선교사가 한국 교회에서 쌓은 경험, 지식, 신학 교육, 고정된 사고에 사로잡혀 현지인을 대하면 서로 간에 긴장 관계가 형성된다. 사고의 전환은 선교 사역 내내 필수적인 요소다. 만일 이것을 원하지 않는 선교사가 있다면 선교사 자신과 현지인 모두를 위해서 지금 당장 사역을 그만두는 것이 바람직하다.

열대 지역의 사람들은 일반적으로 느린데, 이것은 게으름과는 구별된다. 관공서에서의 행정적인 처리도 매우 느리다. 예를 들어, 내가 사역하고 있는 도미니카공화국의 시골 도시에서 오후 1시에 한 형제를 만나기로 했는데 약속 시간 5분 전부터 비가 쏟아진다고 가정해 보자. 그러면 그 형제는 아무리 약속 장소와 가까이 있다 하더라도 움직이지 않고 비가 멈추기를 기다린다. 또 그들은 "아니오"라는 대답을 잘 못한다. 대부분 "네"라고 대답한다. 이런 현상은 전도할 때도 동일하게 나타난다. 전도 후 회심하고, 영접 기도를 드리고, 마지막으로 예배에 초청했을 때 참석하겠다고 호언장담한 사람 중에 예배에 오는 경우는 극히 드물다.

이곳 시골 사람들은 도둑 전기를 많이 쓴다. 한 동네에 전기선이 수없이 얽혀 있으며 정식으로 계량기를 달고 사는 집이 거의 없다. 그들은 이사할 때 불법으로 연결한 선을 거둬서 이사할 곳으로 가져간다. 그리고 계량기가 있어도 전력 사용이 많은 기구인 경우에는 도둑 전기로 연결해서 쓰곤 한다. 이런 모습이 악순환이 되어 지금까지 전기 문제가 해결되지 않고 있다. 그러면 우리는 오래전부터 이런 삶에 익숙해져 있는 현지인들을 가리켜 도둑이라고 정죄하고 비판하는 것으로 우리의 할 바를 다했다고 말할 수 있을까? 이럴 때 우리는 기독교 교육을 통해서 그들이 사고를 전환할 수 있도록 도와야 한다.

다른 예로, 한 가정 안에 각기 다른 성을 가진 자녀들이 있는 경우를 자주 접하게 된다. 이것은 결혼과 이혼 비용이 비싼 데다 잘못된 결혼관이 보편적이며, 성교육을 제대로 받은 사람이 적기 때문에 일어난 현상이다. 그렇다고 해서 어찌 그들을 멸시하고 비판할 수 있겠는가. 나는 이런 환경 속에서 살아가는 성도들에게 가정과 결혼을 주제로 말씀을 전하게 되면 적어도 예수를 그리스도로 고백한 이후에는 이와 같은 일을 반복해서는 안 된다고 강조한다.

약속 시간보다 세 시간이나 늦게 도착했으면서도 아무 문제가 없다고 생각하는 형제를 보면 어떤 생각이 드는가? 나는 한 선교사로부터 15년 동안 양육한 현지인이 선교 센터의 물건을 모두 훔쳐 갔다는 이야기를 들었다. 만약 그런 상황이 닥치면 어떻게 할 것인가? 첫 사역기에 온갖 정성을 들여 기도와 물질로 함께 삶을 나누면서 제자로 양육했던 형제에게 집회 기간 동안 집을 지켜 달라고 부탁했더니 선교사의 집에서 매춘부와 잠자리를 같이했다는 사실을 알게 된다면 어떻게 하겠는가? 함께 동역하던 현지 목회자로부터 선교지에서 떠나라는 위협을 받는다면 어떻게 하겠는가?

내 친구 토머스 선교사는 동양 문화에 깊은 관심을 갖고 있다. 아내가 그에게 젓가락 사용법을 가르쳐 주고 선물로 주었더니 그걸 받아 들고 얼마나 좋아했는지 모른다. 그런데 어느 날 그의 집에 청소하러 온 현지인 여성이 젓가락 하나를 훔쳐 가고 말았다. 청소부가 다녀간 후에 젓가락이 없어졌다는 것을 알게 된 토머스는 곧장 그녀에게 달려갔다. 하지만 그녀는 자기가 훔쳐 간 게 아니라고 완강히 부인하면서 집을 다 뒤져도 찾을 수 없을 거라고 잘라 말했다. 결국 젓가락을 찾을 길이 없어서 집으로 돌아오려고 발길을 돌리는데, 그녀의 머리에서 그 젓가락을 발견했다. 젓가락을 어디에 사용하는 것인지 몰랐던 청소부는 자신의 긴 머리를 틀어 올리기 위해 젓가락을 비녀처럼 머리에 꽂고 있었던 것이다.

문화적, 종교적, 정서적 차이에서 오는 혼돈 외에 사회적 시스템이 주는 혼돈도 가끔 겪게 된다. 예를 들어, 에티오피아에 가면 시간 개념이 우리와 다르다. 그들은 1시 30분에 일어나고, 6시에 점심을 먹으며, 11시에 퇴근을 한다. 그들은 그들 나름대로의 달력을 사용한다. 우리의 음력 같은 개념이기도 하지만, 그들은 2014년을 2006년으로 부른다.

이해할 수 없는 크고 작은 일들이 끊임없이 일어나는 치열한 선교 현장에서 선교사가 사고를 전환하지 않는다면 어떻게 사역을 잘 감당할 수 있겠는가.

언어 훈련-현지어 설교

사역 시작과 함께 바로 현지어로 설교하는 것이 좋다. 청중이 없으면 가족 앞에서라도 매 주일 규칙적으로 설교하는 습관을 들여야 한다. 설교 원고를 준비하는 가운데 받는 은혜가 있다. 발음이 어설프다고 해서 절대로 부끄러워해서는 안 된다.

나는 선교지에 도착하고 2주 후부터 스페인어로 설교하기 시작했다. 당시 스페인어 실력은 "안녕하세요"라는 인사말을 건넬 정도였을 뿐 아침, 점심, 저녁 인사를 제때 사용하지 못할 정도로 엉망이었다. 그럼에도 불구하고 설교가 어떻게 가능했을까? 아내인 장 선교사는 언어에 있어서 특별한 달란트를 받았다. 아내는 내가 만든 한글 설교 원고를 스페인어로 번역해 주었다.

하지만 이렇게 완성된 원고를 받아 든 것도 잠시, 그때부터는 원고를 정확히 읽는 것이 문제였다. 아내가 한 줄 한 줄 발음을 불러 주면 한글로 받아 적었다. 나는 스페인어와 한글이 뒤섞인 원고를 붙들고 간절히 주님께 매달렸다. "성령 하나님, 당신의 능력이 아니면 저는 절대로 말씀을 전할 수 없습니다. 이 종의 혀는 둔하고 뻣뻣하오니 주여, 도와주소서. 이 이상한 발음을 어떻게 합니까?" 이렇게 기도하면서 수없이 읽고, 또 읽으며 말씀을 준비했다. 그리고 나서 단에 섰을 때 주님이 힘을 주시는 것을 확신할 수 있었고, 놀랄 정도로 혀가 풀리며 말씀이 힘 있게 선포되었다. 교인들은 말씀을 듣는 내내 "아멘!", "할

렐루야!"로 화답했다.

이렇게 시작된 현지어 설교는 지금까지 매주 두세 번의 설교로 이어지고 있다. 그리고 신학교 강의와 현지 TV, 라디오 방송에서 말씀을 전하고 있다. 동역 교단에 속한 교회들에서 전도 집회를 하는 것도 게을리하지 않는다.

이곳에 온 지 11년이 되었을 때에도 스페인어로 말씀을 전하는 것은 여전히 두렵고 긴장되는 일이었다. 그러나 무익한 나 자신을 전능하신 하나님께 맡기며 복음이 필요한 곳은 어디든 말씀을 전하기를 갈망해 왔다. 그리고 현재 20년이 지나가는 시점에서 동일한 고백을 하게 된다.

독서 습관

한국에 있는 목회자들은 세미나나 학술 강좌에 참석할 기회가 많다. 그러나 선교사들의 사역지 여건은 그렇지 못하다. 신간 서적을 구입하기가 어렵고, 자기 계발 프로그램에 참여하는 것도 불가능하다. 한국에 있을 때 책과 가까이하던 사람도 선교지에 와서 오히려 책과 멀어졌다는 얘기를 많이 한다. 가끔 한국을 방문하면 동료 목회자들과의 차이를 스스로 느끼기도 한다.

그러므로 안식년 동안에만 재교육을 받기보다는 선교지에서도 평소에 독서하는 습관을 길러 자신의 지적 수준을 높이려는 노력을 해야 한다. 선교지로 떠나려는 예비 선교사들은 소유한 책들을 처분하지 말고 모두 가져가는 것이 좋다. 사역하는 동안 많은 도움을 줄 것이 분명하기 때문이다. 나도 틈을 내서 책을 읽고 있다. 신학교에서 배운 강의 노트를 들여다보고, 신학과 신앙에 관한 책을 가까이하면서 도전을 받는다. 특별히 한국의 후원 교회 선교부에서 선교사들을 위해 보내 주는 신간 서적이 큰 힘이 되고 있다.

또한 인터넷 프로그램을 활용하는 방법도 있다. 나는 지난 2000년에 개최된 한인선교사대회에 부득이 참석하지 못했지만 인터넷을 통해 제공되는 강의를 들을 수 있었다. 이처럼 인터넷을 통해 교회 성장 세미나, 리더십 세미나, 설교 세미나, 선교사대회 자료 등 다양한 프로그램을 접할 수 있다. 선교지에서도 연구하는 선교사의 자세는 아름답다. 배움의 기회를 제공하는 사이트들은 많다. 또 앞으로 시간이 갈수록 더 다양해지고 고급화될 것이다. 선교사들에게 좋은 정보를 제공하는 인터넷 웹 사이트나 선교사 자신이 속한 교단 선교부, 선교 단체, 후원회, 교회 등의 홈페이지, 또는 기독교 검색 사이트를 정기적으로 방문해 선교의 흐름이나 자신이 소속한 단체의 동향을 파악하는 것이 좋다.

실적 부담에서 자유로워지기

자신의 위치에서 최선을 다하고자 노력하는 선교사는 후원 교회의 눈치를 보지 않는다. 그런 선교사는 오직 하나님만 두려워하기 때문이다.

그러나 한국 교회 선교의 현실은 그렇지 못하다. 어떤 후원 교회는 사역한 지 오래된 선교사로부터 가시적인 성과를 얻지 못할 때 실망감을 그대로 표출해서 일방적으로 후원을 끊기도 한다. 또 선교사는 성과를 기대하는 후원 교회에 무엇인가를 보여 주기 위해서 거짓된 프로젝트를 소개하는 해프닝을 연출하기도 한다. 그러다 보니 후원 교회와 선교사 간의 보이지 않는 마찰과 불신이 계속될 수밖에 없다.

 선교사와 후원 교회는 다 함께 선교의 주관자이신 주님을 바라봐야 한다. 보잘것없는 우리를 선택하사 선교사로 부르신 분은 바로 하나님이시다. 그러므로 선교사는 날마다 주인 되신 하나님의 명령을 신실하게 이행할 수 있도록 최선을 다해야 한다. 이 큰 사명을 잘 감당할 수 있도록 하나님이 후원 교회를 연결해 주셨음을 깨닫고, 감사함으로 날마다 후원 교회를 위해서 기도하는 선교사가 되어야 한다.

생존이 곧 선교 사역

 이것은 선교의 접근 방식 제1단계[18]에 해당하는 것으로서 매우 소극적인 선교 방법이라고 할 수 있다. 이 단계의 선교 접근 방법은 이슬람권 지역이나 복음의 문이 닫힌 지역, 창의적 접근 지역에서 사역하는 선교사들에게 해당된다. 그들에게는 다른 방법을 선택할 여지가 없다. 파키스탄에서 사역했던 한 서양 선교사는 15년의 사역 기간 동안 커피만 마셨다고 고백했다.

 한국을 떠나 사는 많은 한국인들이 있다. 우리는 그들을 가리켜 이민자라고 부른다. 이민자들은 나름대로 현지에서 경제적 이윤을 취하며 생활한다. 그러나 선교사는 그들과 다르다. 선교사는 그리스도의 대사로서 주의 복음을 전하려는 한 가지 목적을 이루기 위해 해외에서 살아가고 있다. 대다수의 선교사들은 적은 선교비를 가지고 자

---

18 선교의 접근 방식 제1단계는 현존(Presence)이다. 제4부 각주 4를 참조하라.

기가 소속된 사회에서 경제적으로 하위 계층에 머물러 생활하고 있다. 그럼에도 불구하고 선교사들이 어려운 환경을 극복하면서 살아가고 있으니 감사한 일이다.

사역하는 동안 단 한 명의 형제, 또는 자매만을 주께 인도한다고 해도 낙심하지 말아야 한다. 이것은 귀한 열매다. 윌리엄 캐리는 선교 사역 초기 7년 동안 단 한 명의 현지인도 회심시키지 못했다. 중국에서 선교 사역을 했던 로버트 모리슨(Robert Morrison)은 런던선교회(London Missionary Society, LMS) 소속 선교사로 25세에 선교를 시작했다. 그는 7년이 지나서야 첫 결신자를 얻었고, 그가 사망하던 해인 1834년까지 단 두 명이 세례를 받았다. 그가 사역하던 27년이라는 기간 동안 세 명의 결신자를 얻은 셈이었다. 물론 당시 그는 중국 선교사로 파송 받았지만 중국이 펼친 쇄국정책으로 인해 그 땅에 마음대로 들어가지 못했다.

미국회중교회는 1831년부터 태국 선교를 위해 18년 동안 선교 사역에 힘썼지만 한 명의 결신자도 얻지 못했다. 그 후 미국장로교회도 1859년까지 단 한 명에게만 세례를 베풀었다. 또한 몽골 선교를 나섰던 런던선교회는 1817년부터 10년 동안 두 명에게 세례를 베풀었고, 이어서 두 가정이 각각 22년과 25년, 총 47년 동안 선교 사역을 했지만 한 명의 결신자도 얻지 못했다. 이처럼 선교지에서는 한 명의 결신자를 얻는 것조차 쉽지 않다. 복음을 전할 때는 한없는 인내심이 필요하다.

선교사가 선교지에서 사는 것만으로도 선교사의 역할을 감당하는 것이라는 데는 또 한 가지의 이유가 있다. 사탄은 선교사를 고국으로 돌아가게 만들려고 수단과 방법을 가리지 않는다. 간악한 사탄은 선교사를 본국으로 철수시킬 때 수천의 군대와 싸워 이긴 것과 같은 효과를 얻는다는 것을 잘 알고 있다.

오늘도 어려운 선교 현장에서 주의 복음을 들고 전진하는 선교사들에게 당부하고 싶다. 아무것도 이뤄 낸 것이 없어 보이는 이 시간에도 하나님은 우리를 사용하고 계신다는 사실을 잊지 말기 바란다.

사역 일지 기록

사역 일지[19]에는 사역의 공적인 일을 기록할 뿐 아니라 사역하면서 느낀 감정, 가족이 겪은 경험, 사역지의 환경, 사람들의 생활 모습, 복식 문화 등 사적인 부분까지 모두 기록하는 것이 좋다. 정착 초기나 제1기 사역 때는 모든 것이 신기하게 느껴지고 난생처음 경험하는 일들이 많기 때문에 이것저것 적어 놓기 쉽다. 하지만 제2기 사역 때부터는 신선감이 떨어지고 긴장감이 사라져서인지 귀한 경험들을 놓치는 경우가 종종 발생한다. 그러나 간단히 메모한 것도 나중에 읽어 보면 그 순간 역사하신 하나님의 은혜와 감격을 그대로 느낄 수 있다. 더 나아가 그 자료가 한국 교회 선교의 역사를 위해서, 그리고 후임

---

19 사역 일지를 쓰는 것은 현지 조사 방법(Field Survey)의 네 번째 단계인 기록과 자료 정리에 해당된다. 기록은 기억의 한계, 정확한 자료의 보존과 정보 유실을 방지하기 위해 필수적이다. 기록의 원칙은 내용상 언어 확인의 원칙, 축어의 원칙, 구체성의 원칙에 따라야 한다는 것이며, 시간상 24시간의 원칙[필드 노트에 기록한 후 24시간 안에 파일 노트(확장 노트)에 작성하는 것]에 따라야 한다는 것이다(필드 노트는 스프링 수첩 같은 것, 확장 파일 노트는 정리된 노트나 파일을 말함). 또한 기록 시 유의할 점은 다음과 같다. ① 노트를 꺼낼 때 정보 제공자에게 동의를 구하라. ② 정보 제공자가 꺼려한다면 노트를 보이지 말라. ③ 노트를 아무에게나 주지 말라. ④ 분실에 주의하라. ⑤ 노트를 항상 갖고 다녀라. ⑥ 관찰이나 인터뷰의 내용을 쉽게 일반화시키지 말라. ⑦ 현지 조사 시 발생한 모든 경험, 스트레스, 감정적 동요, 혼돈, 돌파구, 문제점 등을 적으라. ⑧ 정보 제공자에 대한 반응과 다른 사람들로부터 느낀 감정도 기록하라. ⑨ 개인적인 측면을 기록하라.

선교사들을 위해서 사용될 수도 있다. 그러므로 늘 메모지와 필기구를 들고 다니는 습관을 가지는 것이 좋다.

사역 일지를 쓰는 것은 선교사 훈련, 또는 선교학 강의 내용 가운데 현지조사방법론[20]을 공부할 때 강조하는 부분이다. 국내 문헌, 현지 문헌은 책상에 앉아서 책을 통해서 얼마든지 그 정보를 수집할 수 있다. 그러나 중요한 것은 복음의 씨가 떨어지는 현지 상황이다. 참여 관찰(Participant Observation)[21] 사역 일지는 복음 전도의 접촉점을 찾는 데 유용하게 사용될 수 있으며, 효과적인 전략을 세울 수 있고, 선교 보고 작성에도 많은 도움이 된다.

설교집 만들기

쉬운 일은 아니지만 한 주기를 마칠 때마다 그동안 해 왔던 설교를

---

20 현지 조사 방법의 네 가지 단계는 다음과 같다. 첫 번째 단계는 문헌 조사로서, 문헌 조사는 인적, 물적 비용의 낭비를 막으며 조사의 방향을 잡아 준다. 문헌의 종류는 단행본, 백과사전, 연감, 편람, 명감, 지리 정보원, 정부 간행물, 각종 문서, 시청각 자료, 신문, 팸플릿, 선교사 기도편지 등이다. 두 번째 단계는 참여 관찰이다. 세 번째 단계는 인터뷰다. 인터뷰는 응답자로부터 사회 현상에 관한 정보나 의견, 신념, 태도 등의 표현을 얻기 위해서 서로 대면해 실시하는 언어적인 상호작용을 말한다. 네 번째 단계는 기록과 자료 정리다.
21 참여 관찰이란 조사자가 현지에 들어가 장기간 그곳의 사람들과 함께 살면서 되도록 많은 사회적 상황에 직접 참여해 특정한 사회적 상황의 행위자와 장소 및 활동을 관찰하고 기록하는 것이다. 즉 현지에서 활동하면서 지켜보는 것으로, 인터뷰와 보완 관계에 있다. 관찰의 단계는 눈에 보이는 환경, 사람들의 모양, 행위 등에 대한 단순한 기술로부터 시작한다. 건물이나 사람들의 의복, 행동 등의 특정한 성향들을 따로 분류해 가며 기술한다. 관찰로는 이해가 안 되는 상태나 행동들, 반복되는 패턴을 정리해 이에 대한 질문 목록을 작성한다. 인터뷰를 통해 질문들의 답을 얻을 수 있다. 참여 관찰의 자세는 다음과 같다. ① 목적의식이 분명해야 한다. ② 모든 것을 보려고 시도하는 자세, 즉 전체 상황을 담아내야 한다. ③ 관찰한 것을 간직하고, 관찰 내용을 기록해야 한다. ④ 내부인의 관점에서 판단하려고 노력해야 한다. ⑤ 팀워크의 자세를 가져야 한다. 그래야 다양한 관점과 사회적 지위의 정보를 수집할 수 있다. ⑥ 선정 기준을 갖는데, 여기에는 단순성, 접근 용이성, 비노출성, 허락 가능성, 반복적 행동이 포함된다.

정리하고 모아서 설교집을 내는 것이 좋다. 이 설교집은 현지어로 되어 있기 때문에 같은 지역에서 사역하는 동료 선교사들과 후배 선교사들에게 좋은 자료가 될 수 있다.

나는 매주 설교 한 편씩을 인터넷에 올린다. 스페인어를 쓰는 20여개 나라에서 사역하는 선교사들과 나누기 위해서다. 제1기 사역을 마쳤을 때 그동안의 설교 자료들을 모아 설교집을 출간하려고 했는데, 아내의 만류로 시도하지 못했다. 좀 더 성숙해진 다음으로 미루자는 의견이었다. 그래서 2001년에 스페인어 설교집을 인쇄, 출판하게 되었고, 현재 하나님의 선교에 귀히 쓰임 받고 있다. 또한 대한예수교장로회 총회전도학교 전도 훈련 프로그램의 전도 소책자인《사랑의 이야기》를 스페인어로 번역해서 라틴아메리카 선교에 사용하고 있다. 이러한 자료들은 특히 스페인어권으로 떠나는 예비 선교사들에게 도움이 되고 있다.

이처럼 선배 선교사들이 주는 자료들은 현지 언어로 설교를 하고 싶지만 사역 초기에는 마땅한 자료를 찾을 수 없고, 언어를 배우면서 설교 원고를 직접 작성하기 힘든 후배 선교사들에게 큰 도움이 될 수 있다.

초기 한국 선교사들의 전기 읽기

초기 한국 선교사들의 일대기는 선교사가 되기 전에 읽는 것보다 선교사가 된 이후에 읽을 때 훨씬 더 깊이 공감하게 된다. 그들이 살았던 시대적인 배경과 환경, 출생지는 달라도 주님을 향한 뜨거운 복음의 열정, 사역을 통해 생생하게 역사하신 하나님의 손길, 그들로 인해 복음이 뿌려지는 모습 등을 보면서 선교사는 커다란 은혜와 감동을 느낀다. 또한 그들의 발자취를 통해 한국 교회가 성장한 모습을 보면서 감사와 감격의 눈물을 흘리는가 하면, 고난 당하는 그들의 모습을 대할 때는 위로를 얻는다.

130여 년 전의 한국의 모습, 결핵 환자들로 들끓었던 그 시절을 상상해 보자. 기록에 의하면 당시 조선의 집은 닭장과 같았다고 한다. 이런 열악한 환경에도 굴하지 않고 한국 땅에서 생애를 마친 선교사들을 통해 쉬지 않고 달려왔던 사역의 길을 다시금 점검하게 된다.

예비 선교사는 선교지로 출발하기 전에 반드시 양화진을 방문하기를 권한다.《양화진 선교사 열전》이라는 책도 꼭 읽어 보기 바란다. 안식년을 맞이할 때마다 방문해 보는 것도 좋을 것 같다. "내가 다시 태어난다 해도 조선의 복음화를 위해 다시 올 것이다. 나는 웨스트민스터 사원에 묻히기보다 이 조선 땅에 묻히고 싶다"라는 헐버트 (Homer B. Hulbert) 선교사의 묘비에 적힌 글은 주님을 향한 우리의 헌신을 더욱 굳게 해 준다.

신학 관련 서적 번역

이것은 언어가 유창해졌을 때 가능한 문서 선교 사역이다. 선교지에는 현지인의 언어로 된 신앙 서적이 너무나 부족하다. 따라서 신학 교재나 교리에 관한 책의 번역을 시도해 볼 것을 권한다. 선교지에서는 몇 권의 책을 진열해 놓고 서점이라고 부르는 곳을 어렵지 않게 발견할 수 있다. 더구나 몇 안 되는 책들도 선뜻 구입하기에 엄두가 나지 않을 정도로 가격이 비싸다. 문서 선교 사역에 관심이 있는 선교사는 양질의 신앙 서적을 번역, 집필함으로써 현지인들의 영적 성장에 커다란 도움을 줄 수 있다.

내가 스페인어로 출간한 신앙 서적《천국에 이르는 길》(*El Camino Para Llegar al Cielo*) 제3부에는 웨스트민스터 신앙고백, 소요리 문답과 해석이 들어 있다. 동료인 남정우 박사는 러시아 선교사로 사역할 때 한국 조직신학의 선구자인 이종성 교수의《이야기로 푸는 조직신학》을 러시아어로 번역해서 러시아 선교에 기여한 바 있다.

또한 현지 문화를 더 깊이 있게 이해하고, 한국 교회에 소개하기 위해 현지 언어로 된 종교, 문화, 문학 서적 등 현지 선교에 기여할 만한 서적을 적어도 한 권 정도는 한국어로 번역, 소개하고자 하는 비전을 가졌으면 한다. 한국에 와서 사역했던 초기 선교사 중에 게일(J. S. Gale)[22]은 27년 동안 조선에서 사역하는 동안《춘향전》,《구운몽》등을 번역해서 서양에 알렸으며, 45권이 넘는 한글 서적을 영어로 번역하기도 했다.

---

22 게일 선교사의 사역 중심은 번역과 저술이었다. 그는 사회사업 분야에서는 YMCA 초대 회장을 맡았다. 그리고 독노회의 2대 회장을 역임했으며, 연동교회에서 27년 목회하는 동안 양반, 상민의 계급을 타파했다. 그 당시 종로 큰 길은 양반이 다니는 길이었기에 천민은 다니지 못했다. 상인은 단지 지나갈 수는 있었으나 맞은편에 양반이 오면 말에서 내려 엎드려야 했다. 연동교회 맨 앞에는 양반, 중간에는 상인, 맨 뒤에는 천민이 앉았다. 사실 처음에 양반이 더 위에 앉으려 했으나 제지했다. 그러나 이것만으로도 한자리에 세 계급이 다 모여 있다는 것이 파격적이었다. 게일 선교사는 한국 문화를 존중했다(남녀칠세부동석 인정). 그리고 고아들을 데려다 씻겨 주고 옷도 새로 입혀 주었다. 알렌(Horace Allen)과 애니 엘리스가 게일의 양 옆집에서 살았는데, 고아들 중 여자아이 하나를 엘리스에게 맡겼다가 생겨난 것이 정신여고 1호 여학생이었다. 게일은 연동교회 1, 2대 장로를 천민 출신에서 뽑았으며, 동시에 대한제국 법무협판을 한 사람도 같이 장로로 뽑았다. 어떻게 천민이랑 같이 장로를 하느냐며 그때 반발해 교인 1백여 명을 데리고 나간 것이 묘동교회다. 그런데 그 장로를 나중에 목사로 만드는 의지를 보였다. 게일 선교사는 조선의 여권신장을 위해 힘썼으며, 여자들을 음지에서 양지로 끌어올렸다. 그는〈양산곶 타령〉에 가사를 붙여 찬송가를 지었고,〈기독신보〉의 발행인, 편집인을 맡았다(예장통합총회 MTEC 96-1차 선교사 훈련 시 고춘섭 장로 강의 중에서).

시간 관리

한국에 있을 때는 주어진 시스템을 따라 하루 일과가 정해져 있었다. 그러나 선교지에서는 자신이 만든 시간표에 따라 하루의 삶이 이루어지는 경우가 많다. 더욱이 독립된 사역을 할 경우 외부의 감독을 받는 것이 아니기 때문에 때때로 일을 하고 있는지, 쉬고 있는지 선교사 자신조차 구분하지 못하고 시간을 소비하곤 한다. 물론 기독교 학교, 병원, 선교 센터 등을 직접 운영하면서 매일 출근하는 경우는 예외다. 현지 교단과 동역하는 경우에도 교단에 정기적으로 출근해 일을 도울 수 있다. 예를 들어, 미국장로교회 한국 선교사 킨슬러는 매일 아침 예장통합총회 미국장로교회 선교부 사무실로 출근해 선교 사역을 감당했다.

선교사는 공과 사를 분명히 구분해 자신에게 주어진 시간을 효율적으로 사용할 줄 알아야 한다. 시간은 하나님이 우리에게 주신 선물이다. 시간을 잘 관리할 수 있는 지혜를 달라고 하나님께 기도드리자.

관계 중심의 사역

하나님과의 관계가 가장 중요하고, 그다음은 가족 구성원과의 관계다. 그리고 선교 본부와의 관계, 선교사들 간의 관계, 현지인들과의 관계 순이다. 선교사들 간의 관계에는 늘 긴장이 따른다. 관계가 소원해지면 회복하기가 쉽지 않다. 21세기 한국 교회의 세계 선교라는 범주 안에서 많은 선교사들이 눈에 보이지 않게 서로 경쟁을 하고 있다.

명예를 위한 사역의 경쟁뿐만이 아니라 선교 후원 모금[23]에 있어서는 더더욱 그렇다.

그렇다면 어떻게 이것을 극복할 수 있는가? 그것은 바로 하나님의 선교에 대한 바른 이해와 서로 사랑함으로 극복할 수 있다. 함께하는 선교사들의 이야기를 들어 주고, 용서하고, 나누고, 도와줘야 그 문제를 풀 수 있다. 우리가 다 하나님 나라의 상속자요, 동역자요, 동지들임을 깨닫고 나아가야 한다.

간혹 현지인들과의 관계에 있어서 한국 선교사들이 서양 선교사들의 전철을 밟아 현지인들을 단지 선교의 대상으로 여기고 취급해 문제가 발생하곤 한다. 서구 선교사들처럼 우월감을 가지고 가르치면서 따라오게 하려는 경향이 강하다. 현지인들은 선교의 대상이며, 그곳의 그리스도인들은 우리의 동역자임을 기억해야 한다. 그들과 함께 살고, 그들과 함께 일해야 한다. 그것은 바로 주님이 우리를 동역자로 삼아 주신 것과 같은 이치다. 선교사들은 부한 척, 아는 척, 잘난 척을 하지 말아야 한다. 이는 교만한 자의 모습이다. 그리고 척하는 선교사와 함께하는 현지인은 선교사 앞에서 따르는 척, 그리스도인인 척하게 된다. 선교사와 현지인 사이에 바른 관계가 설정되어 있지 않으면 대위임령(The Great Commission)이 대과오(The Great Ommission)를 낳는 결과를 가져다줄 수 있다.

---

[23] 선교 후원 헌금 모금에 대한 신학적 근거로는 다음을 들 수 있다. 기부는 하나님의 은혜에 대한 표현이다. 기부는 카리스마적 선물이 될 수 있다. 기부는 십자가에서 그 영감을 받는다. 또한 기부는 비례적이며, 특히 우리의 부와 비례한다. 기부는 우리의 평등 측정 기준에 기여한다. 기부는 반드시 신중하게 감독되어야 한다. 기부는 경쟁으로 인해 촉진된다. 기부는 추수와도 같다. 기부는 상징적 의미가 있다. 기부는 하나님을 향해 감사하게 해 준다.

4장

자료의 정보화

사역 일지를 적는 것 외에 자료 정리는 선교사의 생활과 사역에 있어서 중요한 요소 중 하나다. 선교사들이 타 문화권에서 경험한 내용과 정보 자료를 기록하고 정리해 다른 선교사들이 공유하게 될 때 그 자료는 개인 지식(personal knowledge)에서 조직 지식(organizational knowledge)으로 변환된다. 노나카 교수는 이러한 프로세스가 변증법의 과정을 거쳐서 발전한다고 보았다. 그는 '지식 창조 과정'을 다음 인용문처럼 설명했는데, 나는 선교지의 정보와 경험들이 이런 과정을 거쳐서 다음 세대 선교사들에게 전해져야 한다고 본다.

노나카는 지식 창조 과정[24]은 '나선형 프로세스(spiral process)'라

---

24 지식 간의 변환에서 네 가지 기본적인 지식 변환 유형을 도출할 수 있다. ① 암묵지에서 암묵

고 설명하고 있다. 즉 암묵지와 형식지라는 두 종류의 지식이 공동화(암묵지가 또 다른 암묵지로 변하는 과정), 표출화(암묵지가 형식지로 변환하는 과정), 연결화(형식지가 또 다른 형식지로 변하는 과정), 내면화(형식지가 암묵지로 변환하는 과정)라는 네 가지 변환 과정을 거쳐 지식이 창출된다는 이론을 제시하고 있다. 그는 이러한 변환 과정이 직선적으로 이루어지고 마는 것이 아니라 복합 상승 작용이 나타나는 나선형 프로세스로 다이내믹하게 계속된다고 설명하고 있다.[25]

이것은 타 문화권에서 사역하는 선교사들의 존재 가치와 그들이 경험하는 내용과 사건, 정보들이 복음을 전하는 데 얼마나 중요한가를 보여 준다. 다음은 자료 정리의 중요성을 정리한 것이다.

자료 정리는 왜 필요한가?

첫째, 미국 선교사들이 한국에 와서 사역하면서 기록한 선교 편지를 보면 그들의 시행착오와 행적이 나타나는데, 이러한 자료는 선교사 자신뿐만 아니라 선교지 교회 역사에 중요한 자료가 된다. 그래서 자료 정리는 실질적으로 선교사 자신을 위해서라기보다는 하나님의 선교 차원에서 이루어져야 한다. 선교사가 정리해 놓은 자료가 후대에 귀한 역사 자료로 남는다는 사실을 인식하고 선교지에 첫발을 내디

지로→공동화, 사회화(socialization, 신체로 지를 얻는다), ② 암묵지에서 형식지로→표출화, 외부화(externalization, 생각이나 노하우를 말이나 형태로 표현한다), ③ 형식지에서 형식지로→연결화, 종합화(combination, 말이나 형태를 조합한다), ④ 형식지에서 암묵지로→내면화(internalization, 말이나 형태를 체득한다)
25 노나카 이쿠지로 외 7인, 《지식 경영》(서울: 21세기북스, 2010), 50-51.

딛 순간부터 그 땅을 떠나는 순간까지 자료 정리는 이루어져야 한다.

둘째, 자료 정리는 후원 교회와의 교감을 형성하는 데 상당한 도움을 준다. 선교사를 후원하는 교회의 목회자와 성도들은 늘 사역지에 가 보기를 소망한다. 그러나 한국 교회의 현실은 모든 성도들이 사역지에 갈 수 있는 상황이 아니다. 그러기에 선교사에 의해서 정리된 자료는 후원 교회 성도들이 현장을 구체적으로 이해하는 데 도움이 된다. 더욱이 선교 현장을 방문했을 때 준비된 자료와 정보는 선교지를 이해하는 데 많은 도움을 준다.

셋째, 자료 정리는 선교사 자신의 사역에 대한 비전을 제시해 준다. 현장에 대한 충분한 이해가 없는 가운데 이루어진 선교 계획은 언제든지 무너질 가능성이 있다. 건강한 선교, 효율적 선교를 위해서는 충실한 자료 정리가 필요하다.

넷째, 자료 정리는 선교사가 현장에 얼마만큼 잘 적응하고 있는지에 대한 척도의 기준이 된다. 어떤 선교사는 1차 자료, 2차 자료, 통합 자료 등을 선호하는 경우가 있다. 건물 중심의 정보(학교, 관공서 및 공공시설, 은행, 시장 등의 위치), 책, 도서관 비치용 자료와 함께 일간 신문, 주간 및 월간 잡지, 현지인들이 주로 보는 뉴스, 방송 자료는 선교 현장의 객관적인 정보를 제공해 준다. 이러한 정보를 이해하고 객관화하기 위해서는 적어도 현지 방송을 이해할 만큼의 언어 수준을 가져야 한다. 그리고 사진 및 영상 자료도 정보로서의 가치가 있고 의미가 있는 것을 남기는 것이 좋다. 물론 가장 기본적인 국가 정보는 대한무역투자진흥공사(KOTRA), 외교통상부 등의 웹 사이트에 들어가면 접할 수 있다.

다섯째, 자료 정리는 선교사의 삶과 사역의 현장화를 돕는다. 자료 정리를 통해서 현지인들의 정치, 경제, 역사, 문화, 사회 등 전반적인 삶을 깊이 있게 이해할 수 있기에 그들에게 좀 더 가까이 다가갈 수 있다.

자료 정리는 선교사 자신만을 위한 것이 아니라 하나님의 선교와 복음의 접촉점을 찾기 위한 목적이 더 강하다. 즉 현지인들을 이해하고, 그들의 친구가 되고, 더 나아가 그들을 주께로 인도하기 위한 중요한 사역인 것이다.

어떤 자료를 정리해야 하는가?

첫째, 정치, 경제, 역사, 문화, 사회 등 모든 것을 정리해야 한다. 학위 논문을 쓰는 기초 작업을 할 때도 그와 관련된 자료를 모으고 선행 연구들을 분석하는 일이 매우 중요하다. 이처럼 자신이 사역하는 선교지의 자료를 수집하되 근거가 확실한지, 혹은 1차 자료인지 확인해야 한다. 자료 정리는 선교사 부부가 함께 하면 훨씬 더 효율적이다. 부인 선교사들은 특별히 선교지 여성들의 삶, 가정에서의 위치, 의복, 음식 등을 기록하는 일을 맡는다.

둘째, 선교지의 역사, 교회의 역사, 실패와 성공 사례를 자료로 만들어 놓아야 한다. 예를 들어, 어느 곳이나 마찬가지이지만 남미에도 성장하는 교회, 건강한 교회와 건강하지 못한 교회, 죽어 가는 교회가 있다. 감리교의 성화 개념은 남미 사람들과 맞지 않다. 그들은 장로교회의 예정론에 대해서 이해하는 것도 힘들어한다. 오늘날 라틴 아메리카에서 전통 교단들이 성장하지 않고 감소, 퇴보하는 이유 중 하나는 선교 현장을 올바로 이해하지 않고 제도를 그대로 가져와 도입했기 때문이다.

 셋째, 선교지에서 자신이 해 온 일을 자료화한다. 선교지에서 선교사 자신과 가족의 기록을 남기지 않으면 그 자료는 소멸되고 만다. 10년을 사역해도 아무런 자료가 없으면 누가 그것을 다 기억할 수 있겠는가. 기록은 기억을 능가한다. 첫발부터 마지막 발자취까지 기록하자. 당장 쓸모가 있고 없고를 떠나서 역사로서 중요한 가치가 있다.

 넷째, 선교지와 관련된 다양한 기록을 정리한다. 개괄적인 것은 대부분 인터넷에서 외국 선교부나 다른 선교 단체가 남겨 놓은 기록들을 찾아보면 된다. 그러한 자료도 선교지를 이해하는 데 도움이 된다.

 다섯째, 특별한 사건들은 반드시 기록한다. 자연재해, 천재지변, 톱뉴스뿐 아니라 사역의 경우 헌당 예배와 같은 기념될 만한 자료들은 반드시 기록으로 남겨 둔다. 반드시 사용할 날이 올 것이다.

 여섯째, 후원 교회가 원하는 사역 방향을 파악해 함께하는 사역이 되도록 관련 자료를 모아 공유한다. 이것은 선교사와 후원 교회가 선교 동역의 한 축을 이루어 더 큰 힘을 발휘하게 하는 원동력이 될 수 있다.

자료를 어떻게 정리할 것인가?

 첫째, 선교지에 관한 다양한 파일을 만들어야 한다. 다양한 파일을 분류할 수 있는 노하우를 가져야 한다. 어떤 면에서 많이 모으는 것보다 잘 분류하는 것이 더 중요하다. 내 경우, 과거에는 스크랩을 하면 각 자료에 고유 번호를 부여한 뒤 노트 한 장에 그 목록을 적었다. 그래야 목록만 보고도 자료를 찾을 수 있기 때문이다. 그렇게 하지 않으면 자료를 찾는 데 많은 시간을 낭비했다. 이제는 시대적 상황이 많이 달라져 대부분 컴퓨터를 이용해 자료를 정리한다. 이때도 분류 코드, 영역을 설정해 파일을 정리하고, 그 파일을 내장 하드, 외장 하드, 클라우드 등에 저장하면 쉽게 찾을 수 있다.

둘째, 자료들을 잘 정리해 줄 수 있는 것이 바로 선교 소식이다. 선교 소식 자체가 중요한 자료가 된다. 이를 위한 정도(正道)나 정해진 형식은 없다. 단지 사람들에게 자기가 하고 싶은 말을 정확하게 전달하는 것이 중요하다. 선교와 문화가 접목될 수 있도록 해 주면 좋다. 문화적 특징을 성경적으로 해석해 보는 글도 좋다(선교 소식에 관한 자료는 제4부 5장을 참조하라).

셋째, 자료를 기록할 때 정확한 사실과 출처를 반드시 기록해 둔다. 육하원칙에 따라 자료를 잘 정리해 두어야만 한다. 그렇지 않으면 자료가 '설'로 끝날 수 있고, 가치가 사라질 수 있다.

넷째, 개인적인 평가는 되도록 남기지 않는다. 객관적 사실들을 모으는 것이 자료다. 주관적 평가가 들어가면 자료로서 의미가 없어질 수 있다.

다섯째, 철저한 계획과 준비, 사실에 근거한 감동과 감정을 표현하기 쉬운 자료들을 많이 모으면 사역을 더 수월하게 할 수 있다. 사람들은 많은 정보, 지식을 원한다. 그런데 그보다 더 큰 힘은 감동이다. 자료와 정보를 가지고 어떻게 하면 감동적으로 사람들에게 전달하느냐는 매우 중요하다. 이것은 후원을 결정하는 중요한 요소가 될 수 있다. 감동이 없는 당위성과 필요성은 모금하려는 의도로만 비칠 수 있다.

자료 공유하기

선교지에서 사역하면서 모은 자료들, 또는 한국에서 가져온 자료들, 즉 찬양집이나 목회 자료 등을 한국 선교사들에게 나누어 주는 아량을 가질 수 있기를 바란다. 정보의 교류는 궁극적으로 선교에 유익을 준다.

5장
생활 습관

　선교지는 선교사가 자랐던 곳과 많은 차이가 난다. 다른 문화와 사회 속에서 살아간다는 것은 흥미로운 일이기는 하지만 긴장감을 동반하기도 하는데, 이것은 내적 평안을 빼앗는 요인이 된다. 선교지에서 커다란 충격을 받을 만한 사건을 경험하거나 일상생활에서 벌어지는 사소한 일에서도 우리는 내적 평안을 잃을 수 있다.

　도미니카공화국은 전기와 물 사정이 그리 좋지 않다. 지금도 물이 일주일에 두 번씩 불규칙적으로 나온다. 사역 초기에 있었던 일이다. 샤워를 하려고 비누칠을 하고 나서 물을 튼 순간 한 방울의 물도 나오지 않았다. 아내가 빨래를 하는 동안 끊긴 물이 이틀 뒤에 들어온 적도 있었다. 전기가 나가면 냉장고는 무용지물이 되고 만다. 옷장 속에 들어 있는 왕거미, 옷을 뚫고 무는 모기와 각종 벌레들을 만나는 것은 다반사다. 언젠가 아내가 잠자는 동안 머리끝에서부터 발끝까지

불개미 떼의 습격을 받은 적도 있었다.

이제는 이와 같은 환경에 적응되었지만 초기에는 일상생활 가운데서 벌어지는 일들로 인해 집안일을 꾸려 가는 아내가 힘들어하곤 했다. 물과 전기의 소중함을 깨달은 것은 고마운 일이지만, 사용할 수 없을 때의 긴장감도 배우게 되었다.

선교사의 생활 가운데서 언급하고자 하는 또 하나의 문제는 문화 충격이다. 이것은 선교사가 넘어야 할 두 번째 경계(제4부 2장 "언어 훈련"에 실린 〈도표 8〉 참조)에 해당된다. 오늘날에는 세계화, 혹은 지구촌 단일 문화권이라는 사회적 변화의 현상으로 세계가 혼합 문화를 형성해 가고 있다. 그러나 외형적인 변화의 추세에도 불구하고 타 문화권에서 살아갈 때에는 누구나 크고 작은 문화 충격을 경험하게 된다. 감정적으로 예민한 여선교사에게는 더 큰 충격이 된다. 문화 충격을 극복하지 못하면 소외감, 우울증, 향수병 등에 빠지기 쉽다.

한국인은 유색인종이다. 해외에 나가 보면 아시아 지역을 제외한 거의 모든 나라들이 유색인종을 멸시하는 것을 피부로 느낄 수 있다. 도미니카공화국 역시 동양 사람들을 멸시하고 싫어하는 경향이 있다. 그것은 과거 중국 사람들이 도미니카공화국에 이주해 와서는 번 돈을 사회에 환원하지 않고 모으기만 하는 수전노의 삶을 살았기 때문이다. 이런 이유로 이곳 사람들은 모든 아시아인들을 중국 사람들과 동일시한다. 그런 대접을 받다 보면 외로움이 더 심해질 수 있다.

단기간에 선교지를 방문하는 경우에는 그곳 문화를 정확하게 파악할 수 없기 때문에 경험하는 것들이 아름답게 느껴지기도 한다. 언젠가 도미니카공화국을 잠시 방문한 자매와 이야기를 나누고 있는데 갑자기 전기가 나가 버렸다. 그녀는 사방이 순식간에 깜깜해지니까 너무나 인상적이고 낭만적이라며 박수했다. 이곳에서 살아가는 사람들이 전기를 달라고 거리에서 목숨을 걸고 데모를 한다는 것을 그녀가 어떻게 알겠는가!

선교사들이여, 새로운 문화에 노출될 때 느껴지는 긴장감과 문화 충격은 자신만 경험하는 것이 아니라는 사실을 기억하기 바란다. 높은 하늘 보좌를 버리시고 육신을 입고 이 땅에 오셔서 낮고 천한 마구간에서 선교사의 삶을 시작하신 주님이야말로 죄악된 세상의 문화 충격의 경계를 넘으신 분이다. 그분이 영적 평안을 잃은 우리를 이해와 사랑으로 감싸 주고 계심을 잊지 말자.

다양한 응급 상황에 대비하기

선교지에 도착하면 위기 상황에 대비할 수 있도록 대사관, 경찰서, 병원 등의 위치와 전화번호를 알아 두어야 한다. 또한 선교지마다 정치적, 경제적, 지형적 특색이 다르기 때문에 각각의 상황에 맞게 비상조치에 대한 지식을 익혀 두는 것이 필요하다.

나는 사역지에서 여러 번의 허리케인을 경험했다. 그러다 보니 허리케인에 대비하는 방법을 익히게 되었다. 또한 크고 작은 지진도 경험했다. 지난 2003년에는 강도 6.5의 지진이 일어나서 건물이 무너지고 사람들이 생명을 잃고 다쳤다. 어떤 선교지의 경우에는 폭동이 일어나기도 한다. 도미니카공화국에는 유행성 열병인 '뎅기열'이 있다. 이 질병은 모기를 통해서 전염되는데, 건강한 성인은 모기에 물려도 면역성이 있어서 열병을 이길 수 있다. 하지만 어린이와 노약자의 경우에는 고열을 동반하고 피를 토하며 급기야는 생명을 잃기도 한다. 응급 상황 및 위기 상황에 대한 자세한 사항은 제4부 6장 "사역지에서의 위기관리"를 참조하기 바란다. 그리고 부록 2에 "위기관리 예방법과 자기 진단 체크리스트"를 첨부했다.

현지인들의 생활 습관에서 배우기

더운 지역이나 추운 지역을 막론하고 각 지역마다 기후 및 지형의 특성에 대처할 수 있는 생활의 지혜들이 있다. 따라서 현지인들의 생활 모습을 자세히 관찰해 보고 그들의 생활 습관을 배워서 실천하면 많은 도움이 된다.

도미니카공화국에서는 사람들이 한낮의 태양을 피하기 위해 상가 문을 닫고 점심시간을 이용해 낮잠을 잔다. 흔히 시에스타(*siesta*)[26]라고 부른다. 이것은 열대 지역에서 체력 소모를 줄이는 좋은 방법이기도 하다.

좋은 의료 시스템을 갖춘 현지 병원 알아 두기

도미니카공화국에서 병원 치료를 받을 때는 반드시 주삿바늘이 새 것인지 확인해야 한다. 이것은 주삿바늘을 여러 차례 재사용하는 현지 병원의 관례를 모르는 외국인인 나를 위해 이웃 사람들이 특별히

---

26 시에스타(*siesta*)는 점심을 먹은 뒤 잠깐 자는 낮잠을 일컫는 말이다. 날씨가 온화한 국가에는 이런 습관이 오래전부터 남아 있다. 시에스타라는 말은 스페인어이며, 원래는 라틴어 '*hora sexta*(여섯 번째 시간)'에서 유래했다. 이는 동틀녘부터 정오 사이인 6시간이 지나 잠시 쉰다는 의미를 내포한다(위키백과, 항목, '시에스타').

일러 준 이야기다. 이곳에는 정확한 숫자는 알 수 없지만 에이즈 환자들이 제법 많다. 선교지가 제3세계일 경우에는 병원 환경이 매우 낙후되어 있기 때문에 여러 가지 의료 시설이 빈약하고 불결하기 쉽다. 그러므로 부득이하게 현지 병원에서 치료를 받아야 할 경우에는 좋은 의료 시스템을 갖춘 병원을 방문하도록 한다. 이것은 생명과 직결되는 사항이기에 늘 주의가 요구된다.

2012년 8월, 도미니카공화국에서 한 선교사가 괴한의 총격을 받아 사망한 사건이 발생했다. 만약 사건 직후 의료 시스템을 제대로 갖춘 병원에 갔다면 생명을 잃지 않았을 것이라고 한다. 안타깝게도 시설이 열악한 병원을 거쳐 큰 병원으로 이송되는 과정에서 과다한 출혈을 막지 못해 사망에 이르렀다.

현지 언론 매체의 뉴스에 관심 기울이기

사역 초기에는 언어가 잘 통하지 않아서 뉴스를 접해도 내용을 정확하게 알아듣기가 힘들다. 그럴지라도 현지 뉴스를 규칙적으로 듣는 습관을 갖도록 한다. 또한 현지 신문과 시사 잡지를 보는 습관도 들인다. 이것을 계속적으로 실천해 가면 언어 실력이 빠른 속도로 향상되고, 시사와 상식이 풍부해질 뿐 아니라 변화하는 현지 사회의 흐름을 정확하게 파악할 수 있다는 장점이 있다.

현지인의 모습으로 살아 보기

기독교 신문을 통해 한국인 선교사가 현지인에게 피해를 당한 소식을 가끔 접하게 된다. 세계 곳곳에서 사역하는 선교사의 수가 해마다 증가하는데 그 정도의 사건이 발생하는 것쯤은 당연하다고 여기는 사람이 있을지도 모르겠다. 그러나 이처럼 가슴 아픈 사건이 다시는 일어나지 않기를 바란다.

그렇다면 이런 위험을 최소한으로 줄일 수 있는 방법은 무엇인가? 그것은 바로 선교사가 현지인의 모습으로 살아가는 것이다. 현지인 가운데는 한국인 선교사가 돈을 많이 가지고 있다고 생각하는 사람들이 의외로 많다. 한국인 선교사는 늘 현금을 소유하고 있으며, 교회와 학교, 병원을 짓는 부자라고 생각한다. 그래서 선교사를 테러나 강도의 대상으로 삼곤 한다.

선교사들 가운데는 가족의 신변 문제, 부대시설, 자녀의 학교 등을 고려해서 많은 비용이 들더라도 외국인 특별 구역에 거주하는 사람들이 있다. 그들은 사역을 위해서 잠시 빈민가에 방문할 뿐이다. 이런 선교는 온전한 열매를 기대할 수 없다. 선교에 헌신한 자는 한국을 떠나는 순간, 과감하게 선교지의 현장에 맞춰 살아갈 수 있는 용기와 마음자세가 필요하다. 선교지로 출발하기 전에 참석했던 선교사 훈련 프로그램 때 한 선배 선교사가 강의했던 내용이 생각난다.

"선교지의 집 내부 구조를 모두 현지화하십시오. 현지인들이 방문했을 때 이질감을 느끼지 않게 하는 것이 좋습니다. 대신 안방은 완전히 한국식으로 꾸미고 현지인들의 출입을 금하십시오. 선교지에서 외롭고 지칠 때 선교사 가족이 적어도 그 방에서는 한국에 와 있는 것처럼 느끼며 편안히 쉴 수 있도록 최대한 한국식으로 꾸미십시오."

집의 크기는 한국에서 살았을 때와 비슷한 크기를 유지하는 것이 좋다. 선교지에서 사역할 경우에는 집이나 땅값이 비교적 저렴하기 때문에 넓은 집을 택하려는 선교사들이 많다. 물론 성경 공부, 제자 훈련 등을 집에서 할 경우에는 좀 더 큰 집을 구할 수도 있다. 나는 선교지에 도착해서 거주한 집(농촌 소도시 상가 3층의 2분의 1 공간, 20여 평으로 월세 200불 정도)에서 지금까지 살고 있다. 특별한 경우가 아니라면 주변의 눈총을 살 만큼 넓은 집은 소유하지 않는 것이 좋다.

중국 선교사였던 마테오 리치(Matteo Ricci)가 16세기 당시 삭발을 하고 불교 승려나 유학자의 차림새를 하고 다닌 모습이나, 인도의 예수회 선교사였던 로버트 드 노빌리(Robert de Nobili)가 브라만 계급의 의복을 입고 사역을 했던 모습은 아니라 할지라도(물론 선교의 토착화에 대한 많은 논쟁은 있지만) 오늘날에 맞게 현지화한 삶을 살아가는 것이 바람직하다고 본다.

사서함 개설하기

인터넷이 발달하면서 사람들은 신문이 사라질 것이라고 생각했다. 그러나 온오프라인을 연계해 신문이 여전히 보급되고 있다. 이처럼 우편 방식도 시대에 맞추어 그 기능을 하고 있다. 선교지마다 우편 사정이 다르므로 그 나라의 우편 시스템을 따르는 것이 가장 현명할 것이다.

도미니카공화국은 우편 사정이 그리 좋지 않다. 소포나 편지의 분실이 잦고, 한국에서 보낸 편지를 몇 달이 지난 후에 받는 경우도 있다. 그래서 이곳에서 사역하는 서양 선교사들은 미국 아가페항공선교회의 도움을 받아 사설 사서함을 만들고 경비행기를 통해서 일주일에 한 번 1시간씩 우편물을 주고받는다. 나도 그 선교회를 통해서 우편물을 받고 있다.

선교 차량

선교사의 발 역할을 하는 선교 차량은 튼튼하고 안전한 것으로 사역의 방향에 맞춰 구입한다. 자동차 구입 시에는 현지에서 가장 많이 이용하는 브랜드를 선택하는 것이 좋다. 서비스나 부품 구입 등이 정확하게 이루어져야 하기 때문이다. 또한 차를 구입하면 반드시 보험에 가입하도록 한다. 그리고 보험에 가입할 때에는 분할 지급이 가능한지를 물어보고 선택해서 가입하도록 한다.

여기서 한 가지 짚고 넘어가야 할 사항이 있다. 선교 차량의 필요성에 대해서는 선교사, 후원 교회, 후원자 모두 인식하고 공감한다. 그러나 그 구입 시기에 대해서는 약간의 차이가 있다. 선교지에 도착한 신임 선교사는 가족을 생각하고, 현지의 불편한 요소를 극복하기 위해, 그리고 빠른 시일 내에 정착하기 위해 후원 교회에 선교 차량을 바로 요청한다. 그런데 그러다가 신뢰가 깨지는 경우가 종종 발생한다. 시작부터 신뢰에 금이 가면 회복하기가 쉽지 않다. 물론 후원 교회가 신임 선교사에게 사역 초기부터 차를 제공해 준다면 더할 나위 없이 좋다. 그러나 이것까지 자상하게 신경 써 주기란 쉽지 않다.

나는 선교지에 도착한 후 1년 이상 차를 구입하지 않고 대중교통(문짝이 없는 작은 승합차, 오토바이)을 이용했다. 대중교통을 이용하기 위해서는 비포장도로를 20-30분 정도 걸어야 했다. 아내는 두 살배기 아이를 등에 업고 뜨거운 태양 아래 흙길을 함께 걸었다. 가족이 고생하는 것을 보면 마음이 아팠지만 후원 교회에 선교 차량을 요청하지는 않았다. 선교지로 출발하기 전 아내와 나눈 대화가 있었기 때문이다. 그것은 하나님이 그분의 방법으로 이루시는 일들을 선교지에서 경험하자는 것이었다. 여기에는 대단한 인내심이 필요했다. 그 가운데서 '믿음 선교'(Faith Mission)를 철저히 배웠으며, 선교의 주체는 곧 하나님이심을 고백하게 되었다.

정수(淨水)하기

게일 선교사가 한국에 정착할 당시 "어떻게 하면 이에 물리지 않을까? 어떻게 하면 맑은 물을 마실까?"를 연구했다는 기록이 있다. 선진국에서는 나름대로 국가 차원에서 수돗물을 점검하기 때문에 믿을 수 있지만, 대부분의 제3세계 국가는 상수도 시설이 제대로 되어 있지 않다. 따라서 제3세계에서 사역하는 선교사는 특별히 깨끗한 물을 마실 수 있도록 따로 시설을 마련해야 한다.

내가 사역하는 곳은 물이 일주일에 두 번 들어오는데 수도꼭지를 통해 벌레나 불순물이 섞여 나오기도 한다. 지푸라기나 살아 있는 벌레가 떠 있는 것이 육안으로 관찰될 때도 있다. 물은 우리 몸에 꼭 필요한 것이다. 꼭 필요한 물을 깨끗하게 마실 수 있도록 반드시 물을 정수하는 과정을 거치는 것은 선교사와 선교사의 가정을 건강하게 지키는 방법이다.

음식 익혀 먹기

20세기 초 한국 사회는 위생 상태가 그리 좋지 않았다. 그런 연유로 한 미국 선교사는 식사 시간에 "기도합시다"라고 말한 후 다른 사람들이 기도하는 동안 알코올로 숟가락을 닦고, 밥공기에 담긴 밥을 안쪽만 파먹었다는 기록이 있다. 이 땅에 복음을 전하러 온 수많은 훌륭한 서구 선교사들의 헌신을 퇴색시키는 이러한 기록을 대할 때면 안타까운 마음이 절로 든다. 하지만 대부분의 선교사들이 조선의 음식과 문화를 배우고 함께 나누기를 원했기 때문에 복음 전파가 가능했다는 사실에는 의심의 여지가 없다. 한 예로, 황해도에서 사역했던 윌리엄 존 매켄지(William John Mckenzie) 선교사는 조선 음식만 먹었다는 기록이 있다.

소래에 있는 동안 매켄지는 전적으로 조선 음식에만 의존하고 있었습니다. 한번은 언더우드 목사 부부가, 또 한 번은 기포드 목사 부부가 서양 음식을 만들어 매켄지에게 보내 준 적이 있었다고 합니다. 그런데 매켄지 선교사는 그 서양 음식을 먹지 않고 동네 아이들을 불러 나누어 주었다고 합니다. 그는 자신이 서양 음식을 먹기 시작한다면 다시 조선 음식을 먹기 힘들 것이라고 말하면서 그렇게 했다는 것입니다.[27]

그러나 선교사들이 현지 음식을 먹다가 식중독에 걸리는 경우가 종종 있다. 특별히 더운 지방에서 사역하는 선교사들은 상한 음식을 대하게 되는 경우가 많다. 또한 대체로 짜고 기름에 튀긴 음식이 많다.

---

27 Elizabeth A. McCully, 유영식 역, 《케이프 브레튼에서 소래까지》(서울: 대한기독교서회, 2002), 206.

여기서 기억해야 할 것은 아무리 경제적으로 낙후된 지역일지라도 그곳에서 건강하게 살아가는 방식이 있기 마련이라는 것이다. 아내는 식재료를 구입할 때 되도록 현지인들이 많이 찾는 재료를 선택한다. 전기가 자주 나가는 상황을 고려할 때 그것이 신선도를 지키는 데 최선의 방법이다. 그리고 우리 가정이 동역하는 도미니카공화국복음교단 목회자와 성도의 가정을 방문할 때마다 부엌에서 직접 전수 받은 비법으로 집에서 요리를 하는 경우가 많다. 그들로부터 배운 요리법은 현지에서 생활하는 데 매우 유용하다.

이민자 십계명을 기억하며 선교적 관점에서 적용하기

다음 내용은 이민자 십계명인데, 이 내용을 각 선교지에서 선교 사역의 종류에 맞춰 적용하면 많은 도움이 될 것이다.

이민자 십계명

1. **일찍 자고 일찍 일어나는 습관을 가진다.** 이민을 가면 제일 먼저 느껴지는 것이 외로움이다. 그래서 한국에서 수입해 온 비디오를 보면서 술을 마시거나 이웃을 초청해 밤늦게까지 놀게 된다. 밤에는 멀쩡하고 낮에는 시들시들해지는 야행성이 되는 것이다. 이민 실패자의 80%는 이 함정에 빠졌기 때문이다.

2. **규칙적인 운동을 한다.** 운동을 규칙적으로 하고 식사는 서양식으로 해야 한다. 건강한 체력 없이 성공은 이루어지지

않는다.

3. **동화에 적극 노력한다.** 현지에 가면 한국식만 찾지 말고 그 나라에 맞는 예의범절을 잘 습득해서 행동해야 마찰을 피할 수 있다.

4. **현지 언어, 특히 영어를 적극적으로 배운다.** 세계 어느 곳을 가도 영어는 필수다. 영어는 매일매일 사용하면 급격히 늘 수 있다. 엉터리 영어(Broken English)라도 두려워하지 말고 자꾸 사용한다.

5. **이웃과 가깝게 지낸다.** 이웃 사람을 초청해 인삼차를 대접하고, 좀 더 친해지면 한국 식사도 대접해서 가깝게 사귄다. 이를 통해 그들의 사고방식을 쉽게 알 수 있고 도움을 받을 수도 있다.

6. **자녀에게 "안 돼!(No!)"를 가르친다.** 선진국에 가면 한국인이 얼마나 자식 교육에 허점이 많은지 알 수 있다. 서양 아이들은 부모가 "안 돼!"라고 하면 절대 순응한다. 자식을 엄하게 가르쳐라.

7. **과거는 빨리 잊는다.** 많은 사람들이 과거 한국에서의 높은 지위나 풍요로운 생활을 자꾸 생각한다. 과거나 추억에 연연하면 현실이 더욱 힘들어진다.

8. **남의 험담을 하지 않는다.** 서양에서는 자주 교포끼리 파티를 여는데 교포 사회는 작아서 남을 험담한 것이 쉽게 퍼진다. 특히 백인 사회에서는 남에 대한 험담이 금기시된다.

9. **현지 전문인을 적극적으로 사귄다.** 현지 변호사, 회계사,

> 부동산 및 사업체 종사자, 은행 지점장, 의사 등을 적극적으로 사귀면 좋다.
> 10. **자세를 낮춘다.** 눈높이를 낮추면 정착이 쉬워지고 많은 친구를 얻게 된다. 돈이 있다고 어깨에 힘을 주거나 지식이 있다고 자랑하면 소외되기 십상이다.

사역의 연장, 균형 잡힌 여가 시간

선교지에서 여가 시간을 효율적으로 보내는 것은 선교 사역의 기초를 닦는 것과 같은 역할을 한다. 그렇다면 여가 시간을 어떻게 보내는 것이 좋을까?

첫째, 좋은 책을 읽는다. 좋은 책이란 생각하게 하고, 질문하게 하는 책이다.

둘째, 사람들과 사랑을 주고받으며 삶을 나누고 신뢰 관계를 세워 간다. 그러기 위해서는 현지인 친구를 사귀고, 함께 사역하는 선교사들과 관계를 잘 맺어야 한다. 또한 현지인과 선교사들을 집으로 초청하거나 그들의 집을 방문해 함께 교제의 시간을 갖는 것이 좋다. 아울러 현지인과 동료 선교사들의 인격과 문화를 존중하는 태도를 가져야 한다.

셋째, 휴가를 갖고, 가족과 함께 여행을 한다. 선교지를 여행할 경우 휴식과 선교지 분석이라는 일석이조의 수확을 얻을 수 있다. 한국을 여행할 경우에는 가족과 함께 아름다운 금수강산을 여행하며 쉼을 얻을 수 있는데, 이때는 주로 안식년을 이용한다. 또한 다른 나라를 여행할 수도 있는데 비자 관계, 혹은 선교 대회, 선교 전략 회의 등으로 선교지 근접 국가를 방문할 때 그 기회를 활용하면 된다.

넷째, 글을 쓴다. 글을 쓰다 보면 자신과 사역을 되돌아보고 성숙한 자리로 나아가게 된다.

다섯째, 취미를 갖는다. 여기서 주의할 사항은 취미가 사역보다 앞서지 않도록 하는 것이다.

여섯째, 홀로 있는 시간을 갖는다. 사람마다 성격유형이 다르기 때문에 혼자 있는 것을 힘들어하는 사람도 있다. 그러나 성격유형과 상관없이 홀로 있는 시간은 하나님께 집중하게 하고, 자신을 돌아봄으로써 새로운 변화를 가져다줄 수 있다.

한인 디아스포라와의 관계

세계 어느 곳이든 한국인이 없는 곳이 거의 없다. 130여 년 전 목숨을 걸고 이 땅에 복음을 전한 선교사들의 희생과 노고로 말미암아 한국 교회가 급성장하게 되었고, 이제는 세계 여러 나라에 흩어져 있는 한국인들을 통해 보이지 않게 교회가 세워지고 복음이 전해지고 있으니 참으로 감사한 일이다.

단일민족, 단일 언어, 단일 문화의 특성을 갖고 있는 한국인은 해외에 나가서도 모여 살려고 한다. 이런 한국의 특수한 사회구조 속에서 태어나고 자란 한국인 선교사 역시 현지에서 한국 문화를 그대로 재현하고 한국인이 모인 곳에서 살고자 하는 욕구를 저버리기가 힘들다.

물론 이민자가 있는 지역에서 정착할 경우 편리한 점이 많은 것이 사실이다. 우선 언어가 되지 않고 현지 문화를 파악하지 못해 쩔쩔매고 있을 때 이미 정착한 그들이 관공서나 정착에 필요한 일들을 앞장서서 도와주니 모든 것이 수월하기만 하다. 이것은 문화 충격을 줄이고 정착 시기를 앞당기는 장점이 있는 반면, 선교사가 현지 문화를 익히는 데 장애가 되기도 한다. 한인들과 모여 사는 선교사일수록 사역 기간이 오래되어도 현지어를 제대로 구사하지 못한다. 선교사는 이민자와 다르다. 현지 문화를 알지 못하면 절름발이 선교사로 남을 수밖에 없다.

선교 현장에서 한인 목회[28]를 하는 경우와 현지 사역을 하는 경우, 그리고 두 가지를 병행해서 사역하는 경우에 따라서 사역의 방향이 달라질 수 있다. 현지 사역을 하는 선교사의 경우에는 더욱이 외로움의 고통을 감수하고 현지 문화 속에 들어가서 그들과 대화를 나누고 이웃을 만들어 가는 것이 중요하다. 그들의 집을 방문하고, 그들과 식사를 나누면 더 빨리 친해지고 그들의 문화를 배울 수 있다. 언어와 문화의 경계를 넘어갈 때 현지인들과 깊은 사귐을 갖게 되고, 비로소 사역의 효과를 높일 수 있게 된다. 이러한 자세를 한국인 선교사들

---

28 선교의 영역을 문화적인 측면에서 구분할 때 해외 한인 목회자는 M1에 속하는 선교사라고 볼 수 있다.

〈도표 4〉 문화적인 측면에서의 선교 영역

```
         M0    M1    M2    M3
========|=====|=====|===============⇒제자 삼기(Make Disciple)
```

M0 : 명목상의 기독교 문화권에서 행해지는 선교
M1 : 선교사들과 동일 문화권에서 행해지는 선교
M2 : 유사 문화권에서 행해지는 선교
M3 : 이질적인 문화권에서 행해지는 선교

간에도 적용해 보자. 그러면 원만한 관계를 지속할 수 있을 것이다.

동료 선교사로서 가져야 할 에티켓

한국 선교사들과의 만남을 가질 때는 가능한 한 말하기보다는 열심히 듣는 자세가 바람직하다. 많은 말 속에는 실수가 있기 마련이다. 말을 많이 하다 보면 다른 선교사에 대해 판단하거나 그의 사역을 비판하는 방향으로 대화가 이루어지기 쉽다. 베푸는 선교사가 되고, 상대방에게 해를 주지 않도록 해야 한다. 특별히 한국에 있는 교회들을 방문하게 될 때 다른 선교사들에 대해 비판하지 말아야 한다. 다른 선교사를 비판하는 것은 자신을 낮추는 결과를 가져온다는 것을 명심하자.

오래전의 일이다. 북방선교사대회 때 참석한 선교사들 간에 일어난 갈등이 큰 문제가 되었다. 현지인 동역자(통역)를 빼낸 것이 주요 원인이었다. 후임 선교사가 좀 더 많은 통역비, 인건비를 주고 선임 선교사와 함께 일하던 현지 동역자를 데리고 가 버렸다. 이러한 현상은 지금도 한정된 수의 통역들과 현지어를 못하는 많은 한인 선교사들 간에 빚어지곤 하는데, 주로 선임 선교사가 사역하고 있는 바로 근처에서 같은 사역을 시작한 비인격적인 후임 선교사로 인해 일어나곤 한다.

6장

선교와 가정

중세 시대 선교의 중심축을 이루었던 유랑 선교사는 주로 독신이었다. 그들은 시간이나 장소에 구애 받지 않고 자유롭게 복음을 전할 수 있었다. 그러나 오늘날에는 가족과 함께 선교지에 가는 경우가 대부분이기 때문에 사역하는 동안 가족 안에서 발생하는 복잡한 문제에 직면하게 된다. 그러면 이러한 문제를 최소한으로 줄일 수 있는 방법은 무엇일까?

선교와 가정의 관점에서 문제가 되는 것은 사역이나 가족에 치우치게 되는 경우다. 먼저, 사역 중심의 선교사는 가정에 아내와 아이들만 남겨 놓고 여러 가지 이유로 사역에만 빠져 있다. 그들은 가족의 희생이야말로 하나님을 향한 헌신과 사랑을 나타내는 데 꼭 필요한 요소라고 믿고 있다. 반면 가족 중심의 선교사는 사역에는 관심이 없고, 아이들을 학교에 데려다 주고 데리고 오는 일에 하루 중 많은 시간을 소비한다. 또한 가족이 원한다면 당장 사역을 접고 고국으로 직행할 준비가 되어 있다.

건강한 선교사 가정은 사역과 가정이 조화를 이루어야 한다. 선교사 가정이 건강한 상태일 때 사역도 건강하다. 더 나아가 사역이 건강해야 하나님이 그 가정을 책임져 주신다. 그러기에 선교사는 사역의 중요성을 인식함과 동시에 가정의 소중함을 잊지 말아야 한다. 그래야만 든든한 가정의 기초 위에서 선교 사역이 가능하다. 아무리 사역이 과중하게 밀려올지라도 가족을 위한 시간을 따로 떼어 놓는 것이 좋다.

부인 선교사[29]

부인 선교사는 국내에서 사역하는 목회자의 아내와 다르다. 일평생 목회자인 남편을 내조하는 목회자의 아내와 달리 정식 선교사로 파송을 받고 함께 임무를 수행하는 사역자다. 그러나 사역 현장에서 부인 선교사는 여러 가지 갈등과 과중한 역할을 감당해야 하는 부담감으로 신음하고 있다. 아내로서, 어머니로서, 선교사로서 가져야 할 정체성의 혼란으로 고민하는 것이다. 이것은 결국 육체적, 정신적 질병으로 이어진다. 그러면 어떻게 이 어려운 현실을 지혜롭게 극복해 갈 수 있을까? 이 문제를 해결하기 전에 먼저 위대한 초기 개신교 선교사들의 아내들이 겪은 사례를 살펴보고자 한다.

---

29 장은경 선교사의 "선교사와 가정" 강의 내용 중 일부를 발췌했다.

현대 선교의 아버지로 불리는 윌리엄 캐리는 20세 생일 직전에 주인의 처제인 도로시와 결혼했다. 아내 도로시는 캐리보다 다섯 살이 더 많았는데, 당시 보통의 영국 아낙네들처럼 글을 읽고 쓸 줄 몰랐다. 캐리가 가진 세계 선교의 꿈은 그의 아버지뿐 아니라 아내 도로시의 강한 반대에 부딪쳤다. 도로시는 당시 프랑스가 영국에 대해 선전포고를 한 상황에서 세 명의 어린아이, 그리고 태중에 있는 또 한 명의 자녀를 데리고 5개월이나 걸리는 항해를 하는 것은 위험하다며 반대했다. 그럼에도 불구하고 캐리는 한 달 후 여덟 살 난 아들 펠릭스를 데리고 인도로 가는 배에 올랐다. 그러나 허가증을 받지 못하고 끝내 선교지에 들어가지 못했다. 그 와중에 도로시는 아이를 해산했고, 1793년 6월 13일 해산한 지 3주 만에 캐리를 따라 영국을 출발해 11월 19일 인도에 도착했다.

그들은 당시 말라리아가 기승을 부리고 있던 내륙에 정착하게 되었는데, 이로 말미암아 도로시와 두 아이들이 심한 병에 걸렸고, 끝내 다섯 살짜리 피터가 죽고 말았다. 슬픔에 잠긴 도로시는 정신병을 얻었고, 결국 회복하지 못하고 51세의 나이로 세상을 떠나고 말았다. "캐리가 번역을 하고 있을 때 다른 방에서는 그의 미친 아내가 온통 난장판을 만들어 놓았다"라는 도로시에 대한 기록이 남아 있다.

미얀마에서 사역한 아도니람 저드슨(Adoniram Judson)은 영국으로 떠나기 전에 낸시라고 불리던 앤 하셀타인과 정식으로 교제를 시작했다. 낸시는 아도니람과 마찬가지로 깊은 영적 체험을 하고 난 후 철없던 십대에서 명랑하면서도 진지한 성인으로 변모했다. 그녀는 이방인들을 위한 선교의 짐을 스스로 감당하려고 했으며, 인도로 가는 것이 결코 세상적인 이익을 목적으로 한 것이 아니라 하나님께 대한 순종, 하나님의 소명임을 확신했기 때문이라고 말했다.

그들은 1812년 2월에 결혼해 그로부터 13일 뒤 인도를 향해 떠나 6월 중순에 캘커타에 도착했다.[30] 그 후 낸시는 아도니람이 영국과 미얀마의 휴전 협정을 통역하는 기간에 사망했다. 그 슬픔이 채 가시기도 전에 어린 딸 마리아가 그 뒤를 따라갔다. 아도니람은 무거운 죄책감과 슬픔에 잠겨 다른 사람과의 접촉을 모두 끊었고, 심지어 다른 선교사들과 식사하는 것조차 꺼렸다.[31]

남편 선교사가 선교 사역을 앞장서서 감당해 가는 동안 부인 선교사는 아픔과 갈등이 쌓여서 결국 건강한 선교를 방해하는 요인이 되고 만다. 따라서 부부 선교사가 함께 선교 사역을 감당하는 동안 벌어질 수 있는 다양한 문제들에 대해 지혜롭게 대처해 가는 노력이 필요하다.

부인 선교사에 대한 남편 선교사의 인식 변화와 세심한 배려

첫째, 남편 선교사는 낯선 문화로 인한 충격이 부인 선교사에게 더 큰 부담감으로 다가옴을 인식해야 한다. 일반적으로 남성보다 조금 더 섬세하고 예민한 여성이 문화 충격으로 어려워하는 경우가 많다. 그러나 이것은 선교지로 향하는 남편 선교사를 소명 없이 따라나선 아내가 갖는 심리적 부담감에서 비롯되기도 한다.

30　Ruth A. Tucker, 박해근 역,《선교사 열전》(서울: 크리스챤다이제스트, 1990), 154.
31　위의 책, 161.

신임 선교사 훈련 때 이와 반대의 경우를 가진 한 가정을 만났다. 선교사 자녀로 자란 부인 선교사가 먼저 선교사의 소명을 받아 사역지에 가고자 했고, 남편 선교사는 아내의 의견을 따라 훈련에 참여했다. 하지만 날이 갈수록 사역지에 대한 두려움이 커졌고 점차 아내에 비해 수동적이 되어 가면서 어느새 훈련에 참여한 부인 선교사들의 입장을 공감하게 되었다고 했다.

대부분의 남편 선교사는 선교지로 출발하기 전에 미지에 대한 두려움으로 긴장해 있는 아내에게 "걱정 말아요! 내가 다 도와줄 테니"라고 장담하지만 막상 선교지에 도착하면 정착을 위한 스트레스와 언어 소통의 어려움을 남편 선교사 스스로 겪으면서 문화 충격에 빠진 아내를 돌볼 여유가 없어지고, 자연히 아내에게 소홀해진다.

또한 출발 전에는 함께 언어 공부를 하기로 약속하지만 선교지에 도착해서 자녀를 돌보는 문제로 인해 결국 남편 선교사만 공부를 시작하게 된다(선교사 부부는 함께 언어 공부를 해야 한다). 그러다 보니 부인 선교사는 집을 나서면 입을 다문 채 현지어를 한마디도 하지 못하게 되고, 남편 없이는 장을 볼 엄두도 내지 못한다. 말이 통하지 않아 집 밖을 나서는 것조차 두렵고 긴장되며, 한국에서 혼자 처리하던 일도 남편의 손을 빌려야 가능한 것이 속상하고, 자신이 무력하게 느껴진다.

시간이 지남에 따라서 언어 실력을 쌓은 남편 선교사가 전도와 가르침, 현지인과의 만남 등을 통해 사역에서 성취감을 맛보는 동안 부인 선교사는 집에서 아이들을 돌보며 대화를 나눌 사람이 없어서 외로워한다. 차츰 남편이 원망스럽고, 질투심이 생기며, 향수병과 우울증에 시달리게 된다. 더구나 과도한 선교 의욕을 가진 남편 선교사가 프로젝트에만 관심을 갖고 가정에 소홀하게 되면 부인 선교사는 의욕 상실과 깊은 소외감에 빠지게 된다. 이러한 육체적, 정신적 긴장감과 갈등은 하나님께 대한 죄책감으로 이어지며, 자신을 쓸모없는 사람으로 여기게 된다.

어느 선교사 가정과 대화를 나눈 적이 있다. 사역한 지 7년이 넘었는데, 부인 선교사가 사역 기간 내내 두 아이를 출산하고 양육하면서 아무것도 한 일이 없는 것이 너무나 죄스럽다며 흐느껴 울었다. 그녀는 사역지에 도착하면 전도도 열심히 하고 남편과 함께 사역도 열심히 하려고 했는데, 선교지에서 고작 두 아이의 어머니로만 살아가고 있는 것이 한탄스럽다고 했다. 이렇게 우울증에 시달리는 부인 선교사들이 더러 있다.

다음의 9개 증상 중에서 5개 이상의 증상이 거의 매일 2주 이상 지속되는 경우에는 주요 우울 장애(Major Depressive Disorder)로 진단될 수 있다.[32]

- 거의 하루 종일 우울한 상태
- 하루 내내 거의 모든 활동에서 현저하게 감소된 흥미 또는 관심
- 상당한 체중 감소나 증가 또는 계속적인 식욕 감퇴나 증가
- 불면증 또는 수면 과다
- 근육 활동의 항진 혹은 감소

---

32 두란노,《목회와 신학》(1999. 9), 79.

- 피로감 또는 에너지의 감소
- 무가치감 또는 지나친 죄책감 내지 부적절한 죄책감
- 생각하거나 정신을 집중할 수 있는 능력의 감소 또는 결정하지 못함
- 죽음에 대한 반복적인 생각, 반복적으로 자살을 꿈꾸거나 반복적인 자살 시도

이외에도 절망감, 무력감, 열등감, 고독감, 쉽게 눈물을 흘리는 것 등의 증상도 찾아볼 수 있으며, 이러한 증상을 방치할 경우 암이나 정신병으로 고통 받기도 한다.

둘째, 부인 선교사가 점차적으로 새로운 문화에 적응하도록 돕는다. 분명한 목표를 갖고 사역에 임하는 남편 선교사와 달리 대부분의 부인 선교사는 수동적이다. 그래서 낯선 문화에 대한 긴장감이 크고, 적응보다는 방어하려는 자세를 취하려고 한다. 또한 두 문화 간의 차이를 경험할 때 충격적으로 받아들이기도 한다.

극도의 긴장감이 지속되면 육체적, 정신적으로 질병에 걸리기 쉽다. 이것을 줄이는 방법으로 제1기 사역 기간 중에 적절한 때를 택해서 아내와 자녀를 한국에 일시적으로 머물게 하는 것도 좋다. 한국의 가족과 친지, 친구들을 만나 마음껏 대화를 나누면서 내재되어 있는 긴장감과 향수를 없애는 시간을 갖는 것이 필요하다. 특히 제3세계에서 사역하는 선교사 가정의 경우에는 낙후된 문화에서 장기간 어떻게 살아야 할지 갈등하는 자신을 냉정하게 바라보는 기회가 될 수 있다. 또한 후원 교회를 방문해 중보 기도를 부탁하고 영적 회복을 위한

프로그램에 참여함으로써 위축된 자신을 건강한 상태로 회복시키고, 선교 소명을 재확인하는 기회로 삼기도 한다. 이렇게 하면 다시금 사역지로 돌아갈 때에는 처음의 긴장감이 많이 줄어들고, 적극적으로 문화에 적응하는 모습을 보일 것이다.

셋째, 남편 선교사는 부인 선교사가 가진 은사를 사용할 수 있도록 함께 도와야 한다. 사역지에 도착하면 남편 선교사는 언어 공부, 사역 찾기, 주거지 결정, 자녀 학교 선정 등 분주한 발걸음에 미처 아내를 신경 쓸 여유가 없다. 그러나 차츰 안정되면 부인 선교사의 은사를 파악해 함께 기도하며 사역에 접목시킬 수 있도록 도와야 한다.

부인 선교사가 선교 현장에서 심리적인 불안과 정서적인 스트레스를 받을 때 남편 선교사는 이것을 극복할 수 있도록 적극적으로 도와야 한다.[33] 이를 위한 가장 적절한 방법은 부인 선교사에게 봉사와 섬김의 기회를 주는 것이다. 일주일에 한두 번 주어진 프로그램일지라도 기도로 준비하고 섬기다 보면 어느새 한 주가 봉사의 기쁨으로 가득 차게 된다.

섬세한 특성을 살려 남편 선교사에게 부족한 감성적인 사역을 감당하면 효과적이다. 예를 들어, 선교지의 어린이들이나 여성들을 교육하고 돌보거나 음악이나 미술 분야의 특기를 살려 현지인 교육에 참여할 수 있다. 현지 교단에 속한 교회들을 정규적으로 방문해 피아노와 키보드를 가르치는 등 청년들이 찬양 사역자로 헌신할 수 있도

---

[33] 문화 충격을 극복하는 방법에는 여러 가지가 있다. 예를 들어, 언어를 빨리 습득하거나, 다른 사람도 자신처럼 어려움을 당하며 극복하려고 노력한다고 늘 생각하거나, 무엇보다 예수 그리스도의 성육신을 기억하며 기도하는 것이다.

록 도울 수도 있다. 역사, 문화 자료를 수집해서 책을 낼 수도 있다.

인도에서 사역했던 폴 브랜드 박사[34]의 어머니는 영국 출신으로, 남편과 함께 인도에서 사역했다. 헌신적으로 사역하던 남편이 인도에서 사망한 후 그녀는 주변의 만류에도 불구하고 인도에 남아 평생 동안 사역을 하고 생을 마감했다. 그녀는 영국의 부유한 가정에서 자랐지만 남편이 사망한 이후 평생 동안 거울을 보지 않고 사역에만 전념해 많은 인도인들로부터 존경 받는 선교사로 남았다.

넷째, 남편 선교사는 가부장적인 사고방식을 버리고 가사에 동참해야 한다. 시대 변화에 따라 사고방식이 많이 바뀌면서 남성들의 가사 참여가 늘어나고 있다. 남자는 부엌에 들어가서는 안 된다는 식의 고루한 생각을 버리고 가정 일을 함께 처리하도록 한다. 한 남편 선교사는 선교지로 가기 전에는 무뚝뚝하고 가정 일에 전혀 신경을 안 썼지만, 사역지에서 하나님의 사랑을 깊이 깨달은 이후에 아내와 대화하는 시간이 많아지면서 아내를 깊이 이해하고 돕게 되었고, 이것이 자연스럽게 사역의 대상인 현지인들에게도 연결되어서 진정한 선교사로서의 기쁨을 누리고 있다고 말했다.

다섯째, 부부에게 맞는 규칙, 시스템을 개발하고 정립한다. 팀 선교의 핵심 기초는 선교사 부부다. 팀원이 서로를 잘 알고, 존중하며, 하나님을 향해 같은 비전을 갖는 것만큼 아름다운 것은 없다. 이를 위해 선교사 부부가 의논해 적절한 방법을 찾는 것이 좋다. 선교지에서는 의외로 부부가 함께하는 시간이 많다. 이러한 환경은 부부가 평소

---

34 세계보건기구(WHO)의 자문 위원이며 외과 의사다.

에 좋은 관계를 유지하는 훈련을 하지 않으면 선교사로 헌신하기 전보다 더 큰 어려움을 느끼게 할 수 있다. 함께 할 수 있는 취미 활동을 규칙적으로 하고, 함께 독서하고 나누는 방법도 좋다. 또한 하루 종일 모든 일을 부부가 함께하기보다는 각자의 시간을 존중해 주라. 예를 들어, 하루에 한 시간, 혹은 두 시간씩 상대방을 배려해 각자 충전받는 시간을 가질 수 있도록 한다.

여섯째, 선교사 부부가 함께 대화하는 습관을 가진다. 가정은 사역의 장이며, 부부는 동역자다. 그래서 부부간의 친밀감이 없으면 사소한 부분에서부터 긴장과 갈등이 생길 수 있다. 일반적으로 남편 선교사는 선교의 큰 그림을 그리고, 그 그림을 섬세하게 채우는 것은 부인 선교사의 몫이다. 특히 남편 선교사는 아내의 현명한 충고와 조언을 듣는 것을 겁내거나 불쾌하게 여기지 말고 경청해야 한다. 그리고 서로를 위해 기도로 돕는 아름다운 부부가 되어야 한다.

이를 위해 사역지로 출발하기 전부터 부부가 말씀 묵상을 나누는 것을 생활화하기를 적극 추천한다. 가정 사역과 선교 사역이 빛을 발하기 위해서 부부가 대화하는 습관을 갖는 것이야말로 먼 훗날 부부가 하나 됨을 맛볼 수 있는 동시에 선교의 귀한 열매를 맺는 원동력이 된다.

부인 선교사의 정체성

부인 선교사가 선교사로서의 정체성을 갖기 위해서는 어떤 자세가 필요할까?

첫째, 일반적으로 부인 선교사는 남편 선교사에 비해 감정이 풍부하며, 선교 사역에 수동적으로 참여하기 때문에 문화 충격이 훨씬 더 크게 나타날 수 있다는 것을 인식한다.

둘째, 부인 선교사는 사역자이며, 동역자이고, 협력자다. 그래서 선교사 훈련에도 남편 선교사와 함께 참여하고 파송장을 받는다. 이제까지 남편만 의존했던 삶의 모습이 남아 있다면 사역지로 출발하기 전에 반드시 하나님 앞에서 자신을 점검하고, 주어진 역할을 감당하기 위해 말씀과 기도를 통해 일어서야 한다. 하나님과의 개인적인 관계를 가장 중요시해야 한다. 사역지에 도착해 집을 구하면 가장 먼저 기도 처소를 마련하고 매일 예수님과의 대화 시간을 규칙적으로 가진다. 기도와 말씀 묵상은 선교지에서 건강하게 살아갈 수 있는 최고의 양식이며 힘이 된다.

셋째, 현지어 훈련을 한다. 선교사로서 리더십을 발휘하기 위해서는 먼저 현지어 훈련을 해야 한다. 슈퍼마켓에서 장을 볼 수 있는 정도로만 현지어를 구사한다면 현지인들이 결코 지도자로 인정하지 않는다. 현지어를 습득하는 방법 가운데 현지어 성경 읽기를 추천한다.

넷째, 자존감을 갖는다. 예로부터 체면 문화에 익숙한 우리는 다른 사람의 시선을 지나치게 의식하고, 남의 평가에 쉽게 좌절하거나 상처를 받는다. 또 그런가 하면 다른 사람을 무시하고 교만해지기도 한다. 그러나 사역지에서 견딜 수 없는 외로움이 밀려오거나 사람들로부터 상처를 받는 순간, 자신이 하나님이 보내신 사역자임을 반드시 기억해야 한다.

다섯째, 여성만이 가지고 있는 장점을 활용해 섬세한 은사를 발휘할 수 있는 사역을 감당한다. 부인 선교사 스스로 선교지로 출발하기 전에 자신이 좋아하는 것, 잘하는 것이 무엇인지 생각해 보고 기도하면서 하나님이 사역지에서 은사를 어떻게 사용하실지 기대하는 마음을 갖고 준비하는 것이 좋다.

여섯째, 스트레스를 해소하는 방법을 반드시 개발하고, 감정을 적절하게 표출하도록 노력한다. 부인 선교사가 흔히 가질 수 있는 감정적인 문제는 향수병, 우울증, 대인 기피증, 그리고 죄책감이다. 대부분의 부인 선교사는 이것을 수치심으로 받아들여 감추고 혼자 고민하다가 결국 심각한 어려움에 직면한다. 아프리카에서 사역하던 한 부인 선교사의 경우 현지 적응이 어려워서 우울증에 걸렸고, 사역하던 6개월 동안 집 밖을 한 번도 나가지 않은 나머지 결국 극단적인 상황까지 갔다고 한다. 부인 선교사는 이런 부정적인 감정이 찾아올 때 결코 자신만의 문제가 아님을 인식해야 한다. 그래서 그런 감정을 솔직하게 남편 선교사와 나누고, 자신의 고민을 함께 나눌 수 있는 멘토를 두는 것이 좋다.

일곱째, 자녀가 어릴 때는 자녀 양육도 사역의 한 부분임을 인식한다. 가정 사역을 뒤로한 채 조급한 마음으로 사역에 뛰어들어서는 안 된다. 또한 부부가 사역을 위해 현지인에게 어린 자녀를 맡기고 오랫동안 집을 비우는 것은 결코 바람직하지 않다. 하나님의 때를 기다리며 틈틈이 언어 공부와 사역을 준비하는 지혜가 필요하다. 이때는 남편 선교사와 상의해 파트타임으로 사역하는 기회를 갖도록 한다. 이것은 자녀가 학교에 가는 시기가 되면 훨씬 더 유용하게 사역을 펼칠 수 있는 밑거름이 된다.

여덟째, 정기적인 휴식과 재충전의 시간을 갖는다.

아홉째, 적극적으로 사고한다.

부인 선교사라는 귀한 자리로 부르신 분은 바로 선교의 주체이신 하나님이시다. 그러기에 하나님이 원하시는 성숙하고 성령 충만한 일꾼으로 쓰임 받을 수 있도록 날마다 기도 가운데 감사하며 한 걸음씩 힘차게 나아가야 할 것이다.

독신 선교사

한국 교회의 독신 선교사 파송 비율은 2012년 선교사 파송을 기준으로 약 10.3%에 해당된다. 한국세계선교협의회(KWMA)가 발표한 2018년 12월 30일 기준으로 세계에서 사역하는 한국 선교사는 2만 7,993명이다.[35] 따라서 독신 선교사가 2,700명이 넘을 것으로 추산된다. 선교사의 상당수를 차지하는 독신 선교사가 어떻게 하면 효율적으로, 건강하게 선교를 감당하느냐는 것은 선교의 중요한 이슈가 되므로 우리는 그들의 생활과 사역에 관심을 가질 필요가 있다. 독신 선교사의 생활과 사역은 크게 두 가지로 구분할 수 있다.

첫째, 성에 따른 구분이다. 독신 남자 선교사, 독신 여자 선교사, 그 밖에 배우자의 임종으로 인해 독신 선교사가 된 경우다. 보편적으로 독신 남자 선교사는 선교사로 파송 받은 후 빠른 시기 안에 결혼해 부부 선교사의 영역으로 이동하게 되므로, 일반적으로 독신 선교사라고 칭할 때는 독신 여자 선교사를 가리킨다. 최근 몇 년 사이 한국

---

35 한국세계선교협의회(KWMA)가 발표한 2018년 말 한국 선교사 수는 27,993명이다.

선교사의 파송 수가 급격히 늘어남에 따라 파송된 부부 선교사 중 배우자가 사건, 사고, 질병으로 사망해 독신 선교사로 전환되어 사역하는 비율이 늘어나고 있다.

둘째, 사역에 따른 구분이다. 목회자 여자 선교사, 평신도 여자 선교사, 전문인 여자 선교사 등으로 구분할 수 있다.

독신 여자 선교사가 현지인과 결혼하는 경우 선교 본부와 갈등이 유발되곤 한다. 하나님의 선교를 위해서 국제결혼은 매우 긍정적이라고 본다. 그러나 그들이 내면적 갈등에 직면했을 때 그것을 극복하기란 쉽지 않다.

부인 선교사와 구분되는 독신 여자 선교사의 특징을 간단히 정리하면 다음과 같다.

첫째, 현지 언어 습득이 부인 선교사에 비해 상대적으로 빠르다. 이러한 현상은 사역지에 도착한 부인 선교사들이 자녀 양육으로 인해 언어 훈련에 집중하기 어려운 현실에 기인한다.

둘째, 사역지 선택에 있어서 자유롭다. 가족을 동반한 선교사의 경우 특별히 자녀들의 학교 문제로 사역지의 도시 집중화 현상이 나타나는 데 반해 독신 여자 선교사는 가족에 매이지 않기 때문에 선교사 재배치나 선교지 선정에 있어서 강점을 가지고 있다.

셋째, 신변의 위협에 노출될 가능성이 크다. 부양할 가족이 없기 때문에 오지로 사역지를 결정할 경우 그만큼 위험 요소가 클 수 있다.

넷째, 사역의 집중성이 뛰어나다. 독신 여자 선교사의 경우 삶의 전부를 선교 현장에서 보내기 때문에 사역의 빠른 진보와 함께 선교 사역의 열매를 맺을 수 있다. 그러나 여성이라는 한계로 인해 사역의 범위가 다소 제한적일 수 있다.

다섯째, 독신 여자 선교사가 사역지에서 결혼을 하면 선교사직을 사임해야 하는 독소 조항을 가지고 있는 교단 선교부나 선교 단체 등이 있다. 그래서 이들 선교회에 속해 있는 독신 여자 선교사가 현지인과 결혼할 경우 다른 선교 단체로 이동해야 한다.

여섯째, 현지 남성(현지 교회 리더, 제자로 훈련한 형제, 국제 선교 단체 동료 서구 선교사, 그리스도인을 가장한 현지 남성 등)들의 접근이 용이하다. 특별히 불순한 동기를 가지고 접근해 결혼한 후 힘들게 하는 경우가 종종 발생한다.

일곱째, 부부 선교사에 비해 고독이라는 선교의 큰 장벽을 만나기 쉽다. 이를 잘 극복해야 장기 사역에 뛰어들 수 있다. 그러기 위해서는 선교 초기부터 동료 선교사에 대한 의존도를 줄여야 한다. 또한 혼자 고민하기보다는 멘토가 되는 동료 선교사, 혹은 선배 선교사에게 자신의 감정을 정규적으로 나누는 것이 좋다. 그러나 무엇보다 하나님과의 깊은 교제를 통해 영적 충만함을 유지하는 것이야말로 건강한 사역자가 될 수 있는 길이다.

여덟째, 은퇴 후에는 부부 선교사보다 고독한 환경에 직면할 가능성이 훨씬 높기 때문에 한국 교회의 특별한 돌봄이 요구된다. 그러나 한국 교회의 선교사 돌봄 수준이 그에 미치지 못하기 때문에 스스로 자신의 노후 대책을 세워야 할 것이다.

아홉째, 선교사 대회나 전략 회의에 참여하는 경우 일반적으로 부인 선교사에 비해 매우 적극적이고 주도적으로 분위기를 이끈다. 이때 부인 선교사들이 주어진 프로그램에 함께 참여할 수 있도록 배려하고 도움으로써 아름다운 모습을 보일 수 있다.

열째, 서구 선교회를 통해 관찰된 모습으로, 팀 선교에서 대체로 그들의 역량이 극대화될 수 있다.

이외에도 팀의 남자 동료 선교사와의 관계 설정에 있어서 긴장 관계가 발생할 수 있다. 이런 긴장 관계를 직면하기 전에 예방할 수 있는 방법을 마련하는 것이 필요하다. 예를 들면 이렇다.

- 독신 선교사가 선교지에 도착했을 때 부부 선교사가 함께 공항에 마중을 나간다.
- 독신 선교사의 숙소를 선임 선교사의 가정으로부터 일정한 거리에 둔다.
- 선임 남자 선교사는 독신 선교사와 사역으로 인한 모임을 가질 때 다른 동료 선교사나 아내와 동석한다.
- 독신 선교사는 선임 선교사도 남자임을 염두에 둔다.

이와 같은 안내 정보 혹은 교육, 나눔 등을 통해서 발생될 수 있는 문제를 사전에 차단하는 것이다. 선교 현장 이야기의 삼각관계[36]는 이러한 환경에 처해 있는 선교사들에게 많은 교훈을 준다. 선교사들이 이러한 상황에 직면하지 않도록 어떻게 준비해야 하는지 미리 고민해 보기 바란다.

---

36 레나 테일러(Rhena Taylor)가 지은 논픽션 스토리로《선교 현장 이야기》(서울: IVP, 1989) 10편 중 한 편이다.

〈표 4〉
여자 선교사가 사역자가 되기 위한 실천 사항[37]

구분	실천 사항
부인 선교사	1. 자신의 영적, 정신적, 육체적 건강을 유지한다. 빈둥지증후군을 예방한다. 명예와 장수를 사수하라! 2. 기도, 지혜, 지식을 쌓을 수 있는 책으로 자신의 상식 수준을 높인다. 가정주부가 아닌 스스로 영향력 있는 멘토가 된다. 3. 남편과 자녀 외에 대화, 소통할 수 있는 사람들과의 관계를 형성한다. 가정 외에 주변의 동료, 이웃들과 함께하는 삶 속에서 원만한 인간관계를 유지한다. 4. 자신의 은사를 선교 현지에서도 개발한다(학문적 준비, 전문성 개발). 5. 남편 선교사와 다른 창조적 사역을 만들어 사역한다. 6. 급변하는 시대에 대처하는 능력을 키운다.
독신 선교사	1. 자신의 스타일에 맞는 사역을 선택한다. 자신의 방향(독신, 결혼)을 정해 독신의 장점을 극대화한다. 똑똑하다는 평가보다는 능력 있다는 평가를 듣도록 한다. 사역과 내공 쌓는 일(엡 3:16-19)에 집중한다. 2. 멘토와 소통할 수 있는 이웃을 찾는다(모국어로 스트레스 풀기). 타인의 말과 행동에 상처 받지 않도록 노력한다. 3. 미래를 위한 준비를 한다. 사역에 맞는 자격을 갖추고, 현재와 미래를 잇는 소일거리를 찾으며, 최상의 건강 유지와 안식년의 쉼, 그리고 노후를 준비한다.

선교사 자녀

선교사가 사역을 하는 동안 감당하기 어려운 과제 가운데 하나는 바로 자녀 양육이다. 이것은 선교 사역을 중도 하차하게 하는 원인이

---

[37] 송광옥 선교사의 "예장통합총회 여성 선교사의 리더십 활성화를 위한 방안"에서 발췌, 수정했다.

되기도 한다. 근래에 파송되는 대부분의 선교사가 고학력 출신이며 적은 수의 자녀를 갖고 있기 때문에 아무리 소명을 받은 사역자라 할지라도 자녀를 좋은 대학에 보내 훌륭하게 키우고 싶다는 생각을 갖기 마련이다. 그러나 이것은 열악한 선교지의 환경에 노출된 자녀들의 교육 여건과 맞지 않기 때문에 현실적으로 해결하기 어려운 문제로 다가온다.

내가 사역하는 지역은 학교 시설이 여의치 않다. 아내와 두 돌 때 선교지에 데리고 온 아이와 전도하러 나가면 신기한 동양 사람들을 보느라 많은 사람들이 순식간에 우리를 둘러싸곤 했다. 그들은 아이의 얼굴을 만져 보고 손가락으로 눌러 봤다. 우리 부부는 사역을 위해 그들에게 다가갔지만, 아이는 금세 자기의 얼굴을 만지는 사람들을 두려워하면서 피하려고 했다. 그래서 초기에는 아이가 늘 아내의 옷을 놓지 않고 졸졸 쫓아다녔다.

아이가 네 살 때의 일인데, 하루는 가까이 다가와서는 "아버님, 진지 드세요"라고 했다. 또래 아이들이 전혀 사용하지 않는 경어체를 쓰는 아이를 보니 또래 집단과의 사귐이 얼마나 중요한지 새삼 느끼게 되었다. 아이에게 어떻게 그런 말을 알게 되었냐고 물었더니, 읽고 있던 고전 책을 내밀었다.

사역 초기에 아이가 가장 지겨워하는 것은 후덥지근한 교회에서 세 시간씩 이어지는 예배에 참석하는 것이었다. 우리 부부가 모두 사역을 하고 있었기 때문에 아이는 아내 옆에서 몇 시간을 버티고 있어야 했다. 그러다가 어느 날 아이가 내게 이런 말을 했다. "아빠, 난 예배 시간 중에서 기도 시간이 제일 좋아요." 그 말을 듣고 '역시 기도하면서 키운 보람이 있군' 하고 속으로 생각했다. "왜 기도 시간이 좋아?" 하고 물었더니 아이는 "예배 시간에는 아빠 설교도 못 알아듣고 지루하잖아요. 그런데 기도 시간에는 눈을 감고 있으니까 잠을 잘 수 있어서요"라고 대답했다. 나는 확신한다. 선교사 자녀들에게는 넘어 가야 할 장벽이 많이 있고, 어려운 상황 가운데 처해 있지만 하나님은 결코 그들을 버리지 않으시며 전적인 은혜 가운데 키우신다. 아이는 열악한 환경에서 자랐지만 무척 밝으며 많은 친구들이 있다.

갖가지 전염병, 풍토병을 앓으면서 "왜 교회만 갔다 오면 아파요?"라는 대답하기 어려운 질문을 던졌던 아이는 사역의 동반자로서 아내를 도와 도미니카공화국복음교단 총회 소속 교회음악학교(*Académia de la Música Cristiana*, AMC)에서 청년들에게 피아노를 가르치고, 주일학교 교사 역할을 열심히 감당했다. 그런 아이가 이제는 대학생이 되어 다른 선교사 자녀들의 학업을 도와주고, 방학 때는 사역지에 와서 자신이 가르쳤던 교회음악학교 학생들을 지도하는 사역을 감당하고 있다.

아이는 두 번째 안식년 기간을 맞아 한국의 중학교에서 1학년 과정을 공부했다. 선교지에서 홈스쿨링으로 공부해 왔기 때문에 사회성을 염려하기도 했지만, 반 회장으로 뽑혀서 학교 교육을 받는 동안 사회성, 리더십 등을 배우는 좋은 기회를 가졌다. 선교지에서 몇 안 되는 책을 외우다시피 되풀이해서 읽은 것이 큰 도움이 되었다. 또 학교에서 발간한 책자를 교정, 편집하는 일을 맡기도 했다.

그러나 무엇보다 안식년 기간 동안 아이가 교회에서 많은 것을 배우고 영적으로 성장하게 된 것이 가장 감사하다. 그동안 중보 기도 해 주신 성도님들을 만나고 친구들, 선생님들, 언니들, 오빠들을 사귀는 과정을 통해 새로운 중보 기도 팀이 형성되었다. 아이는 그들을 위해서 자신도 중보 기도를 드리고 있다고 얘기한다. 우리 부부의 손을 잡고 선교지에 왔던 아이가 이제는 자신에게 역사하시는 하나님을 발견하고 그 하나님을 신뢰하는 법을 배워 가고 있는 것이다. 선교사 자녀와 관련된 내용은 제3부에서 좀 더 심도 있게 살펴보고자 한다.

7장
선교사의 건강

 건강은 사람이 살아가는 데 있어서 매우 중요하다. 특별히 선교사의 건강은 선교사 자신뿐만 아니라 후원 교회, 본부, 선교지의 영혼들에게 있어서 중요한 의미를 가진다. 선교사의 건강은 단지 육체적 건강만을 의미하지 않는다. 선교사의 영적, 정서적, 심리적, 가정적뿐 아니라 선교 정책, 선교 신학, 선교 사역 등 전반적인 면에 있어서 건강해야 한다. 이 장에서는 선교사의 건강의 범위를 육체적, 심리적, 정서적 범위 안에서 언급하고자 한다.
 선교사는 받은 소명을 완수하기 위해 순교를 각오하고 열심히 사역에 임한다. 그러나 불사르는 정열과 과로는 열악한 선교지의 환경과 날씨로 인해 선교사의 몸을 빨리 손상시킨다. 전투기 조종사를 예로 들어 보자. 국가에서는 한 명의 전투기 조종사를 양성하기 위해서 수십억의 예산을 투입한다. 공군사관학교 4년의 교육을 마치면 이들은

임관 후 몇 년의 훈련 과정을 거쳐서 드디어 전투기를 조종할 수 있게 된다. 조종사가 전투기를 조종하는 동안 전투기에 결함이 생겨 추락하게 될 경우 관제탑에서는 전투기를 과감하게 버리고 탈출하도록 명령한다. 정예의 조종사가 그 무엇보다도 소중하기 때문이다. 선교사의 경우도 마찬가지다. 교단 선교부와 각 선교 단체, 후원 교회는 귀한 직분을 감당하는 훈련된 선교사 한 명 한 명이 건강하게 사역을 장기적으로 감당할 수 있기를 바라고 있다. 이처럼 효과적으로 선교 사역을 감당하기 위해 선교사는 자신의 건강을 돌보며 사역에 임하는 지혜가 요구된다.

정기 건강검진

선교지에 도착하면 언어 습득, 현지 문화 적응과 함께 지칠 줄 모르는 선교의 열정을 가지고 기도와 인내로 사역에 임하다가 마침내 첫 번째 안식년을 맞이하게 된다. 안식년을 맞이한 선교사는 선교지에 있을 때 못지않게 빡빡한 일정으로 바쁘게 시간을 보낸다. 그러다 보니 자신의 건강을 돌아볼 기회를 놓치게 된다.

나도 첫 번째 안식년을 그렇게 보내고 말았다. 얼마나 바빴던지 안식년을 마치고 출국하는 날 비행시간이 임박할 때까지 일을 하고 비행기에 올랐던 기억이 난다. 그래서 아내 혼자 선교지에 가져갈 가방을 꾸렸는데 선교지에 도착해서야 가방에 담긴 내용물을 확인했을 정도였다. 지금 생각하면 너무나 무모했던 것 같다. 그 후 시간이 흘러 제2기 사역을 마치고 한국에 왔을 때 종합검진을 받았다. 병은 조기에 발견해야 사망 위험은 물론, 의료비 지출도 줄일 수 있다는 것은 이

제 누구나 알고 있는 정설이다. 선교사들도 정기적으로 건강검진을 받아 지혜롭게 자신의 몸을 돌보아야 한다.

긴장과 스트레스

선교지에 도착하면 신고식을 하듯이 가족 구성원이 돌아가며 한 번 이상 병치레를 한다. 몸이 약한 경우에는 크든 작든 현지의 풍토병과 전염병을 주기적으로 앓곤 한다. 풍토병은 현지 민간요법으로 치료가 가능할 때가 많다.

그런데 선교지에서 잦은 병치레를 하던 사람이 막상 치료를 받기 위해 한국에 들어오면 감쪽같이 아픈 데가 사라지는 경험을 한다. 검진차 병원에 방문하면 긴장과 신경성으로 병이 생긴 것이라는 의사의 진단을 받기도 한다. 이것은 긴장감이 신체에 미치는 영향이 얼마나 큰지를 단적으로 보여 주는 예다.

건강관리에 힘쓰기

선교사 가운데는 쉬는 시간을 갖는 것을 하나님께 죄를 짓는 것처럼 생각하는 이들이 있다. 그래서 쉬지 않고 정열적으로 사역에 매진하곤 한다. 그러나 장기적으로 사역에 임하기 원한다면 쉼과 사역을 적절하게 조화시키는 것이 바람직하다. 건강을 유지하기 위해서 사역지의 여건과 선교사 자신의 취미를 고려해 즐길 수 있는 운동을 개발하라. 그리고 가족과 함께 하라. 운동을 통해 선교사 자신과 가족의 건강이 향상될 뿐 아니라 더욱 화목해질 수 있다.

가끔 일부 선교사들이 선교지에서 골프에 빠져 있다는 소식을 들는다. 그들은 사역지에서 건강이 악화되어 걷는 운동으로 골프만 한 게 없기 때문에 골프를 즐기는 것뿐이라고 말한다. 그러나 자의든 타 의든 사역은 제쳐두고 골프장에 출입하는 모습은 바람직하지 않다. 이것은 선교 관계자, 후원 교회뿐 아니라 복음의 대상이 되는 현지인 과 한인 디아스포라의 눈총을 받는 요인이 된다. 따라서 누구나 할 수 있는 운동을 사역지의 상황에 맞춰 선택하기를 권한다. 무엇보다 꾸준히 계획을 세워서 운동하는 것이 중요하다.

선교지에는 운동 도구가 없다고 말하는 사람이 있다. 그러나 운동 방법을 개발하면 얼마든지 가능하다. 예를 들면 스트레칭, 맨손체조, 걷기, 조깅, 구기 운동 등을 개발해 꾸준히 하는 것이 좋다.

휴식은 사역의 연장

우리 속담에 "일 다 하고 죽은 무덤 없다"는 말이 있다. 이것은 쉼의 필요성을 말한다. 휴식은 사역의 연장이다. 잘 쉬어야 사역도 잘 감당 할 수 있다. 휴식에도 여러 가지 원칙이 있다. 그 내용은 다음과 같다.

첫째, 완전히 탈진해 병원 신세를 지기 전에 쉬어 갈 수 있는 용기가 필요하다.[38] 꾸준히 정신적, 육체적 건강관리를 해야 한다. 참전한 용 사들은 신체적인 부상뿐 아니라 심리적인 부상에도 시달린다. 영적 전쟁에 참여한 사람들은 신체적 건강뿐만 아니라 정신적 건강에 있 어서도 장애를 일으킬 확률이 높다. 그러므로 정신적, 육체적 건강관 리는 아무리 강조해도 지나치지 않다.

---

38 《예장통합총회 MTEC 97-1 자료집》및 강의안에서 발췌, 수정했다.

둘째, 지나친 스트레스와 과로를 오래 방치해서는 안 된다. 특히 우울증은 만병의 원인이다. 여유를 잃을 때 마음의 눈이 멀게 되고(일시적 자폐증) 판단력이 흐려진다.

셋째, 시간을 정해 규칙적으로 운동한다(보건 체조, 걷기, 스트레칭 등). 걷기는 뇌를 건강하게 해 주며 문제 해결력을 높여 준다. 5분만 걸어도 행복해진다. 세계 장수촌은 모두 250고지 비탈길에 있다고 한다.

넷째, 시간을 정해 쉼을 가진다. 저녁 시간과 일주일에 하루는 쉰다. 창조는 쉼의 순간을 통해 이루어진다. 창조적인 삶을 위해서는 쉼이 필수다.

다섯째, 수면 시간을 적당하게 가진다. 일찍 자고 일찍 일어나는 습관을 가진다.

여섯째, 식사 시간을 충분히 가지며 음식을 꼭꼭 씹어 먹는다. 한국인이 위장병을 많이 앓는 이유, 다이어트에 성공하지 못하는 이유는 빨리 먹기 때문이다. 오래 씹을 때 두뇌를 자극하게 된다.

일곱째, 고민을 언제나 털어놓을 수 있는 선교사 친구, 또는 멘토를 둔다.

여덟째, 다른 사람을 기쁨으로 섬기고 사랑한다. 자기를 위해 힘을 사용하지 않고 남을 위해 사용하는 사람이 진정한 부자다. 행복하지 않아도 베풀 수는 있지만 베풀지 않고서는 행복할 수 없다.

아홉째, 그럼에도 불구하고 웃는다. 그럼에도 불구하고 감사한다. 매일 한 가지씩 감사한다.

열째, 밝고 긍정적인 마음을 가진다. 건강하게 장수하는 비결의 70%는 긍정적인 사고에 있다.

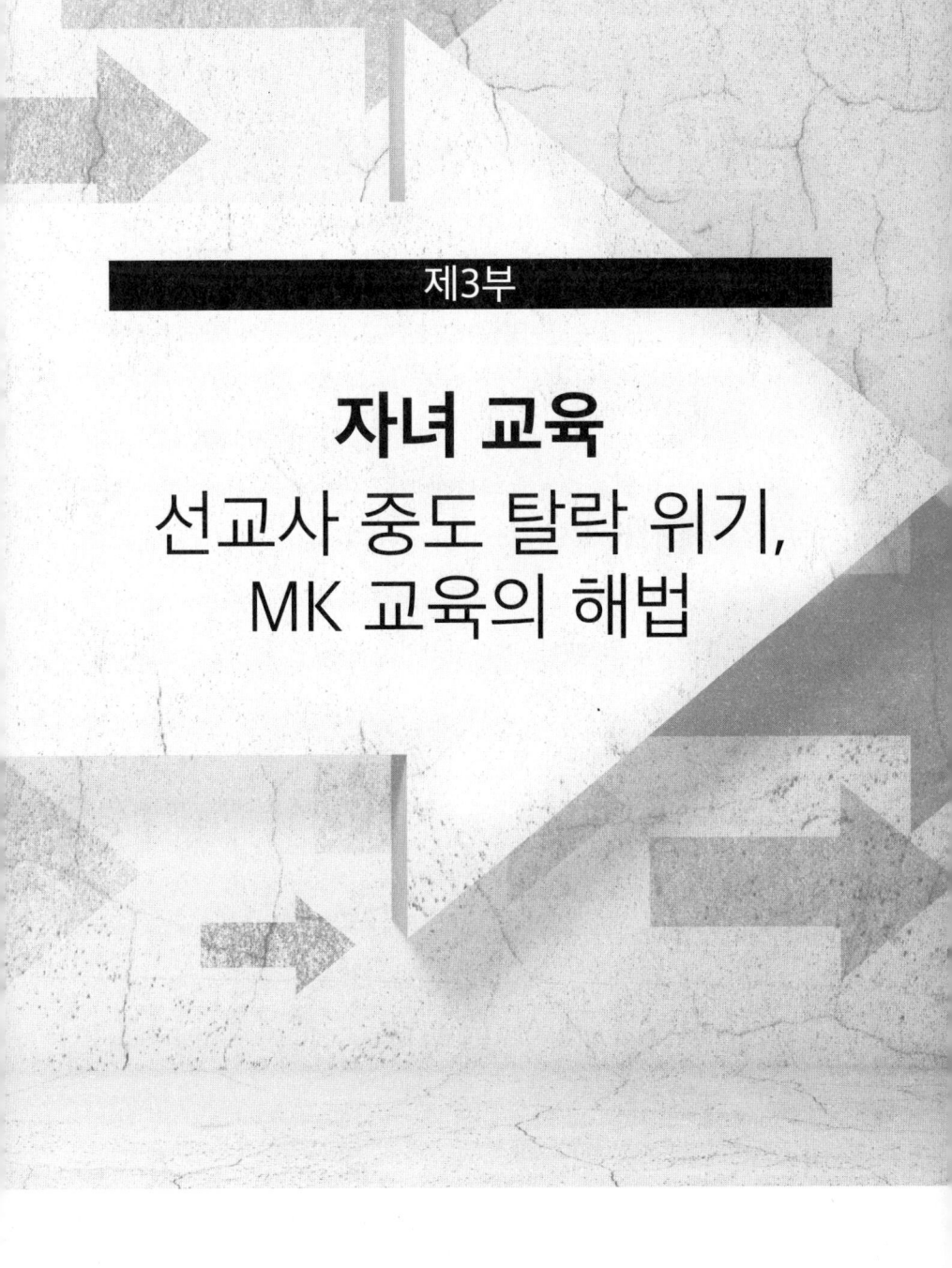

제3부

자녀 교육
선교사 중도 탈락 위기,
MK 교육의 해법

아버지, 나는 헌신하지 않았어요[01]

현지 학교를 다니면서 경험하는 어려움들, 문화 충격, 그리고 인종차별의 이야기를 듣고 있으면 선교사 자녀들뿐 아니라 선교사님들이 남몰래 흘리신 눈물과 아픔을 느끼게 됩니다. 종교의 자유가 없는 나라에서는 선교사 자녀들이 영적으로 메마른 모습도 보게 됩니다. 주로 선교사 자녀들이 국제학교를 통해 영어를 배우는 것을 부럽게 생각하는 분들이 많습니다. 하지만 보이는 현재의 모습 뒤에는 수많은 상처를 혼자서 견뎌 내고 외롭게 적응해야 했던 선교사 자녀들의 이야기가 숨어 있습니다. 대학 공부나 안식년 때문에 한국에 돌아온 선교사 자녀들은 그토록 그리워하던 모국에서 또 다른 문화 충격을 경험합니다. 사람들의 무관심, 혹은 지나친 선입견 때문에 힘들어하는 이들이 있습니다. 그래서 아예 자신이 선교사 자녀라는 것을 숨기고 살거나 자기방어로 속마음을 감추고 겉으로는 괜찮은 척 생활하기도 합니다.

최근 들어 선교 분야에서 많이 접하게 되는 용어 중에 'MK'[02]라는 단어가 있다. MK는 'PK'[03], 'TCK'[04]와 함께 자주 사용되는 말이다.

---

01 http://www.pckworld.com/news/articleView.html?idxno=54932 (2012년 7월 6일 〈기독공보〉 기사).
02 문상철은 MK를 하이브리드 문화 아이(Hybrid Culture Kid)라는 용어로 대체할 것을 제안했다. '제3문화 아이'가 갖고 있는 부정적인 뉘앙스를 극복하고 긍정적인 관점 속에서 MK들이 본국 문화 'A'에도 속하고, 현지 문화 'B'에도 속해 실질적으로 'AB'라는 하이브리드 문화에 속해 글로벌 문화에서 리더로 세워져 가야 한다는 의미가 내포되어 있다.
03 목회자 자녀라는 뜻이다(Pastor's Kids).
04 데이비드 폴락(David C. Pollack)에 의해서 처음 사용된 TCK(The Third Culture Kids)는 '제3문화 아이'라는 표현으로, 서구적인 사고를 지녔지만 서구인이 아니기에 서구 문화권에도 뿌리내

MK는 'Missionary Kids'의 약자로서 선교사 자녀를 지칭하는 용어다. 즉 해외 선교사로 파송 받은 선교사 가정의 일원으로서 문화를 초월해 사는 특별한 경험을 가지고 있는 자들을 의미한다.

예장통합총회는 선교사 자녀에 대해서 다음과 같이 세 가지로 정의했다.[05] 첫째, 하나님이 맡기신 우리의 자녀다("교단, 교회, 선교사는 선교사 자녀가 사랑 안에서 참된 그리스도인으로 자라나도록 공동의 노력을 기울인다"). 둘째, 현 선교의 어려움을 푸는 열쇠다("교단, 선교 단체, 교회가 선교사 자녀 교육 문제에 동참함으로써 선교사의 중도 탈락을 방지하고 선교 사역의 효율성을 도모한다"). 셋째, 다음 세대를 위한 선교 꿈나무다("선교사 자녀만이 가지고 있는 다문화 능력, 적응력, 언어 능력 등을 토대로 국제적 감각을 가진 유능한 선교사를 길러 낸다").

초대교회 시대나 중세 교회 시대의 선교사는 주로 독신이 많았다. 초대교회 시대에는 유랑 선교사들을 중심으로 선교가 이루어졌으며[06], 중세 교회 시대에는 수도사들이 수도원을 중심으로 선교 사역을 펼쳐 나갔다. 그러나 현대 선교에 있어서 선교사들은 가족과 함께 선교지로 간다. 그렇기 때문에 선교사 자녀들에 대한 관심이 커지게 된 것이다.

선교사 편의 제공 사이트(Total Missionary Service International)에서 "선교사로서 지금 가장 고민이 되는 것이 무엇인가?"라는 설문조사

리지 못하고, 한국인이지만 서구적으로 사고하기에 한국 문화권에도 뿌리내리지 못하는 정체감이 결여된 아이를 뜻한다.
05 예장통합총회 세계선교부,《총회 선교사 자녀 현재와 미래를 향한 부르심》(서울: PCKWM, 2012), 2.
06 유랑 선교사의 특징은 독신, 무주택, 무소유, 무보호다.

결과 자녀 교육 32.5%, 재정 28.6%, 언어 21.4%, 동역자 19.0%, 부부 관계 12.7%, 건강 4.8% 등의 순으로 나왔다. 선교 현장에서 선교사에게 가장 고민이 되어야 하는 것은 당연히 '어떻게 하면 효율적으로 복음을 전할까?'가 되어야 한다. 그러나 실제로 많은 선교사들이 자녀 문제로 고민하고 방황하고 있으며 뚜렷한 해결책을 찾지 못하고 있는 실정이다. 이제 한국 교회는 선교 정책의 여러 가지 현안 중에서 선교사 자녀 교육 정책[07]을 주요하게 다루어야 할 것이다.

선교사 자녀 교육 정책에 대한 설문에 응답한 45개의 선교 단체 가운데 선교사 자녀 교육에 관해 문서화된 기본적인 정책이 있다고 한 단체는 9개에 불과했으며, 나머지 36개 단체(80%)가 '정책을 차후에 마련하겠다'(27개 단체), '정책과 계획이 없다'(5개 단체), 혹은 무응답(4개 단체)으로 답변해 이 부분에서 준비되지 않았음을 보여 주었다.[08]

선교사 자녀를 위한 전문 단체도 부족한 실정이다. 선교사 자녀 사역 전문 기관으로는 MK네스트(MK NEST)와 콤키드(KOMKED)[09], MK

---

07 1993년 11월 1-4일에 있었던 한국선교사자녀교육정책협의회 결의문 중 첫 번째 사항인 한국인 선교사 자녀 교육의 목표를 보면 다음과 같다. "한국인 선교사 자녀가 한국인의 얼과 정체성을 지니고 한국 교회의 좋은 신앙을 물려받을 참된 그리스도인이 되도록 하며, 국제적 감각을 갖도록 하며, 장차 성장하여 살게 될 사회의 책임 있는 일원이 되도록 한다."
08 이광순, 제34회 언더우드 학술 강좌, "한국 교회와 세계 선교 준비."
09 한국선교사자녀교육개발원(KOMKED)이 가지고 있는 목표를 보면 다음과 같다. ① 학교 기숙사 지원 분과 : MK 학교 호스텔 및 네트워킹을 지원한다. ② 케어 분과 : 본국 수련회 및 적응을 돕는다. 선교사 자녀들을 위한 수련회를 개최하고, 국내에 입국한 선교사 자녀들을 돌본다. ③ 교재, 문집 발간 분과 : MK 교육 교재와 문집을 발간하고 보급, 홈스쿨링, 한국 교육과 한

컨설팅(GMCC)이 있으며, 선교사 자녀를 위한 전담 사역자를 두고 있는 단체나 선교부는 많지 않은 실정이다. 이것은 아직까지 한국 교회에 선교사 자녀 교육의 중요성에 대한 관심과 인식이 부족하다는 것을 단적으로 나타내 준다.

선교사 자녀 교육이라는 주제는 선교사의 가정과 사역, 그리고 세계를 향한 한국 교회의 선교와 아주 밀접하게 연결되어 있다. 사실 이것은 한국 교회 선교 초기에는 소외되어 왔던 부분이기에 초창기 선교사들은 이에 따른 어려움을 혼자서 감수해 왔다. 그러나 이제 선교 2세기를 향해 가는 한국 교회는 그동안 소홀히 다루어졌던 선교사 자녀 교육 문제를 적극적으로 감당해야 될 때가 되었다. 오랜 선교 역사를 가진 서구 교회는 선교사 자녀 교육에 대해서 벌써 정착 단계를 지났다고 봐도 과언이 아니다. 서구 선교사의 약 25%가 선교사 자녀라는 통계는 우리의 주목을 끌기에 충분하다.[10]

그러면 한국 교회의 선교사 자녀 교육에 대한 현실은 어떠한가? 한국 교회는 아직까지 선교사 자녀 교육 문제에 있어서 걸음마 단계에 있다고 볼 수 있다. 스스로 교육의 기회를 선택할 수 없는 선교사 자녀들에게 정상적인 교육의 장을 제공해 주는 것은 성숙한 한국 교회의 마땅한 의무라고 생각된다. 선교사 자녀가 선교 사역에 헌신하면

국문화 교육에 필요한 사료를 인터넷을 통해 제공, MK들의 글을 모아 문집을 발간한다. ④ 교사 훈련 양성 분과 : MK 교사와 호스텔 부모를 양성한다. MK 담당자, 교역자들에게 필요한 세미나를 개최한다. MK 선교사를 개발한다. ⑤ 자녀 및 부모 상담 분과 : MK 간의 교류 상담 및 편의를 제공, MK들의 공개 상담과 비공개 상담으로 나누어 인터넷을 통해 제공한다. ⑥ 재정 분과, 사역 분과 : 재정 및 사역을 지원한다.
10 데이비드 폴락은 미국 선교사 자녀 중 25%가 선교사로 일한 적이 있고, 7.69%가 현재 사역 중이라는 조사 결과를 발표했다.

그 효과는 놀랄 만할 것이다. 그러나 과연 얼마나 많은 선교사 자녀들이 선교사로 헌신하게 될지 깊이 생각해 봐야 할 것이다. 따라서 한국 교회는 앞으로 선교사 자녀 교육에 대한 폭넓은 안목과 구체적인 계획을 가지고 선교 정책을 펴 나감으로써 보다 효율적인 선교의 열매를 맺어야 할 것이다.

한국 교회가 선교사 자녀 교육에 갖는 관심도에 따라 선교사의 중도 탈락 비율이 반비례할 것이다. 또한 한국 교회가 선교사 자녀 교육에 갖는 관심도가 선교사 수의 양적 성장과 선교사의 질적 성장을 가져온다고 볼 수 있다. 우리는 선교사가 임무를 완성하지 못하고 현지에서 중도 탈락하는 중요한 이유 가운데 선교사 자녀 교육 문제가 있다는 것을 기억해야 한다. 자녀 교육 문제 때문에 오랫동안 눈물로 기도하면서 복음을 전했던 선교지의 영혼을 포기하는 경우가 발생해서는 안 된다. 한국 교회가 선교사 자녀 교육을 잘 감당함으로써 선교사의 장기 사역을 유도할 수 있게 되는 것이다.

한국 교회가 선교사 자녀 교육을 효율적으로 감당하기 위해서는 다양하고 정확한 자료들이 필요하다고 본다. 적어도 최근 조사된 한국 선교사 파송 가정 수의 50% 이상을 대상으로 설문조사를 실시해서 정확한 자료를 만들거나 과학적 조사[11]를 거쳐 자료를 분석해야 할 것이다.

제3부에서는 정확한 자료를 구할 수 없어서 최근에 나와 있는 간단

---

11 과학적 조사는 문제의 제기→조사 설계→자료의 수집→표본 설계(확률 표본추출과 비확률 표본 추출로 나뉜다)→자료 분석, 해석 및 이용→보고서 작성 순으로 이루어진다.

한 자료들을 모아 선교사 자녀 교육의 중요성을 강조하려고 한다. 먼저 1장에서는 선교사 자녀 교육의 성경적 근거 및 선교사 자녀 교육과 하나님의 선교에 대해, 2장에서는 선교사 자녀의 특징과 이해에 대해, 3장에서는 선교사 자녀를 위한 부모의 역할에 대해, 4장에서는 선교사 자녀 교육 지침에 대해, 5장에서는 전인적 교육으로서의 홈스쿨링에 대해, 6장에서는 선교사 자녀 교육과 한국 교회라는 주제로 선교사 자녀를 돌봐야 할 이유와 후원 교회와 교단 선교부, 선교 단체의 역할에 대해 살펴보고자 한다. 이를 바탕으로 한국 교회가 한 단계 성숙한 선교를 감당하며 세계 선교의 중심에 서게 되기를 바란다.

1장
선교사 자녀 교육의 성경적 근거

성경이 가르쳐 주는 자녀의 의미

성경에는 '자녀'라는 단어가 330회 나온다. 이 단어는 여러 상황과 시대에 따라 다양하게 사용되고 있지만 한 형제, 한 몸, 친근감이라는 의미는 상통한다고 볼 수 있다. 이처럼 자녀라는 말은 참으로 소중하고 귀한 것이다. 우리가 하나님의 자녀가 된 것은 은혜 중에 가장 큰 은혜다. 성경은 "사랑하는 자녀들아"라고 여러 번 언급하고 있고, 신약성경에서도 예수님이 자녀를 비유 삼아 말씀하신 것을 볼 수 있다. "자녀의 떡을 취하여 개들에게 던짐이 마땅하지 아니하니라"(마 15:26). 다음은 자녀 교육을 논할 때 자주 인용되는 말씀들이다.[12]

---

12 이외에도 사 54:13, 딤전 3:4, 마 15:26, 왕하 23:10, 딛 1:6, 왕하 17:17, 신 11:19, 호 4:6, 사

"집사들은 한 아내의 남편이 되어 자녀와 자기 집을 잘 다스리는 자일지니"(딤전 3:12).

"또 아비들아 너희 자녀를 노엽게 하지 말고 오직 주의 교훈과 훈계로 양육하라"(엡 6:4).

특별히 선교사에게 있어서 자녀 교육은 매우 중요하다. 그 이유는 첫째, 선교사의 자녀는 하나님이 사랑하시고 구원하기로 작정하신 사람이기 때문이다. 둘째, 그들에게는 무한한 가능성과 비전이 있기 때문이다. 셋째, 그들을 잘 양육함으로써 선교 사역을 더욱 효과적으로 감당할 수 있기 때문이다.

선교사 자녀 교육과 하나님의 선교

선교란 하나님의 이름을 영화롭게 하고, 그분의 아들 예수 그리스도께서 주 되심을 온 세상에 선포하는 일이다. 하나님의 선교(Missio Dei)는 곧 하나님의 나라요, 선교의 진정한 목표다.[13] 이것을 감당하고 있는 선교사들과 그들의 자녀는 하나님의 선교와 아주 밀접한 관계가 있다. 그들은 하나님의 선교에 있어서 귀한 인적자원이 될 수 있다. 한국 교회가 선교사 자녀를 이러한 차원에서 생각한다면 그들을 위해 지금 당장 무릎을 꿇고 기도하게 될 것이다. 하나님의 선교와 선교

45:11, 신 4:10, 6:7 등이 있다.

13 E. R. Dayton, D. A. Fraser(*Planning strategies for world evangelization*), 곽선희, 김종일, 이요한 역,《세계 선교의 이론과 전략》(서울: 한국장로교출판사, 1991), 105.

사 자녀 교육은 불가분의 관계다.

선교사 자녀는 하나님 나라의 일꾼으로서 씨앗에 비유될 수 있다. 그들은 적당한 햇빛과 바람, 알맞은 양의 물과 거름을 주면 튼튼한 재목으로 자랄 수 있다. 우리는 세계 각 지역에 흩어져 있는 복음의 씨앗인 선교사 자녀들이 잘 성장할 수 있도록 최선의 노력을 기울여야 할 것이다.

2장
선교사 자녀의 특징과 이해[14]

 선교사 자녀는 낯선 문화에서 자라면서 몇 가지 변화를 반복해서 겪게 된다. 이 장에서는 문화를 초월해 특별한 경험을 가진 선교사 자녀의 특징을 살펴봄으로써 그들을 도울 수 있는 방법을 모색해 볼 것이다. 선교사 자녀의 특징을 몇 가지로 간추려서 정의하기란 쉽지 않다. 그러나 가장 보편적이면서도 일반적인 특징은 다음과 같다.

자아정체성의 혼란
 다음은 한 선교사 자녀를 인터뷰한 내용이다.

 질문 : "자신이 어느 나라 사람이라고 생각하나요?"

---

14 제3부 2-5장까지의 내용은 장은경 선교사의 MK 강의안에서 일부 발췌, 요약했다.

대답 : "사실 어느 나라 사람인지 잘 모르겠습니다. 제가 나이지리아인이라고 생각하기도 했고, 한때는 미국인이라고 생각하기도 했습니다. 그런데 한국에 와서 한 달을 지냈는데 한국인이라는 생각이 들지 않았습니다."

선교사 자녀의 정체성 형성은 선교지에서의 다양한 환경의 수용 여부와 자아 개념에 따라 달라진다. 낯선 곳에서 적응하는 과정 가운데 급격한 환경의 변화로 말미암아 성격적인 장애를 갖게 된 선교사 자녀도 있다. 성격유형과 정착하는 지역의 상황에 따라 차이가 있지만 대체적으로 새롭게 펼쳐진 환경과 문화, 습득해야 할 언어, 학교 적응 등의 어려움을 겪게 된다.

사역지에 도착한 선교사가 언어, 기후, 문화에 적응하기 위해 스트레스를 받는 동안 자녀들도 크고 작은 변화에 적응하기 위해 몸살을 겪는다. 일반적으로 어릴 때 선교지에 간 자녀의 경우에는 현지의 또래 친구들에게 소외되지 않으려고 그들을 모방하게 된다. 그래서 현지의 아이들과 외모의 차이만 있을 뿐 빠르게 그들과 동화되어 그들처럼 행동하고 말한다.

그러다가 정체성이 형성되어 가는 사춘기에 접어들면 어릴 때 잘 놀던 친구들임에도 불구하고 다툼이 생겼을 때 현지 아이들끼리 하나로 똘똘 뭉치는 것을 경험하면서 자신이 그들과 다르다는 사실을 인식하게 되고 혼란스러워지기 시작한다. 한국 최초의 선교사 자녀인 방지일 목사는 "다섯 살 때 중국에 가서 밖을 내다보니 중국 아이들만 와글와글하고 저는 중국말을 하나도 모르고 …. 파리가 유리창에 붙었다 떨어졌다 하는데, '파리야, 파리야, 너도 중국말을 하니?'라고 물었습니다"라고 말했다.

이러한 정체성의 위기는 한국을 방문하게 되면 더 두드러지게 나타난다. 한국어가 서툴고 풍습에 익숙하지 못한 선교사 자녀들은 한국이 오히려 더 불편하고, 자신이 생각하는 '나'와 다른 사람이 보는 '나'의 불일치로 말미암아 심한 갈등을 겪게 된다. 선교지에서 이방인으로 살아가면서 고국을 그리워하다가 막상 고국에 돌아오면 선교지가 오히려 친근한 고향처럼 느껴져서 자신이 돌아갈 나라로 여겨지게 되는데, 이런 마음에 스스로 당황하는 것이다. 이러한 모호한 정체성은 선교지와 자신의 고국을 뒤섞어 받아들이면서 뿌리에 대한 혼돈을 경험하기 때문에 생긴 것이다. 또한 지적으로는 뛰어나더라도 대인 관계에 있어서 정서적, 사회적으로 미성숙한 면을 보이기도 한다.

이러한 현상은 사춘기를 건강하게 보내면서 자아정체성이 확립된 경우에는 긍정적인 면으로 작용할 수 있다. 가난과 고통 속에서 살아가는 현지인들과 삶을 나누면서 성장함에 따라 현대 사회의 극단적인 개인주의, 이기주의에서 벗어나 그리스도 안에서 사랑을 베풀고 타인을 먼저 배려하는 인격의 소유자가 될 수 있다. 또한 다양한 문화를 경험함으로써 자기 중심의 틀을 벗어나 다른 나라를 이해하는 넓은 안목을 갖게 된다.

잦은 이동, 잦은 환경 변화

선교사 자녀가 되는 순간부터 경험하는 것 중에 하나는 잦은 이동이다. 이것은 일반적으로 생각하는 이사나 전학과는 의미가 다르다. 선교사 부모의 헌신에 따라서 시작되는 새로운 삶, 즉 '인선→훈련(혹은 훈련→인선)→선교지 도착→임시 정착→정착→사역→사역의 방향에 따라 나라에서 나라로 이동→안식년→다시 선교지'의 순서로 이어지는 순간마다 짐을 싸야 한다. 그때마다 선교사 자녀는 새로운 환경에 적응하는 데 상당한 어려움을 겪는다.

적응의 속도와 정도는 개인의 성격적인 특성에 따라 다르게 나타난다. 외향적인 아이의 경우는 환경의 변화가 급격해도 적응에 따른 어려움이 비교적 적다. 그러나 내성적인 아이는 작은 환경의 변화에도 초조해하고 불안해하며, 적응이 된 뒤에도 신체적, 정신적인 질병을 겪는 경우가 많다.

또한 안식년 때 쉬어야 할 선교사 가족이 거처를 마련하지 못해 이리저리 떠돌게 되면 선교사 자녀는 고국임에도 불구하고 '내 집', '쉴 곳'이라는 느낌을 전혀 갖지 못한다. 어떤 의미에서 그들에게 있어서 안식처는 선교지가 될 수 있다. 다음의 예는 이것을 잘 표현해 준다.

한 사역자가 첫 안식년을 앞두고 흥분되었던 심정에 대해 이야기해 주었다. 그들은 '집'으로 돌아가는 것에 대해 아이와 이야기를 나누었다. 하지만 이야기하면 할수록 아들이 안절부절못하는 것이었다. 그러다 마침내 아이는 "아빠, 지금 우리가 있는 여기가 바로 집이잖아요!"라며 버럭 화를 냈다고 한다.

선교사들은 집에 대해 생각할 때 으레 자녀들도 같은 뜻으로 받아들일 것이라고 생각한다. 하지만 대부분의 선교사 자녀들은 안식년을 낯선 나라로 가서, 낯선 사람들을 만나고, 낯선 생활 방식을 배워야 하는 기간으로 생각한다. 이러한 어려운 현실을 긍정적으로 받아들이는 선교사 자녀의 경우에는 오히려 적응력이 강한 아이로 자랄 수 있다.

반복되는 이별 경험

　선교사 자녀들은 친척, 또는 관심을 가져 주는 교회 성도들, 친구들, 심지어 가족이나 형제와의 이별을 경험하곤 한다. 여기에 한 선교사 자녀의 글을 인용해 본다.

　　아버지는 이렇게 말씀하셨습니다. "이제는 작별할 시간이구나! 어서 기숙사로 들어가렴. 절대로 뒤를 돌아보지 말아라. 계속 앞만 보고 가야 돼! 알겠지?" 저와 동생은 아버지와 떨어지는 것이 몹시 싫었지만 아버지 말씀에 순종하지 않을 수 없었습니다. 결국 기숙사를 향해 무겁게 발걸음을 재촉했습니다. 아버지께서 말씀하신 대로 뒤를 돌아보지 않으려고 마음먹었지만 아무리 애를 써도 그렇게 할 수 없었습니다. 지금이라도 당장 아버지께 달려가고 싶었습니다. 그리고 기숙사 대신 아버지 집으로 가서 아버지와 함께 지내게 해 달라고 조르고 싶었습니다.

　　기숙사 현관문 앞에 도착했을 때 나는 아버지를 마지막으로 한 번 더 보고 싶어 결국 뒤를 돌아보고 말았습니다. 놀랍게도 아버지는 계속 그 자리에 서 계셨습니다. 그 순간 나는 영원히 잊을 수 없을 만큼 가슴이 뭉클해짐을 느끼게 되었답니다. 왜냐하면 아버지가 눈물을 흘리며 울고 계신 것을 멀리서나마 분명하게 볼 수 있었기 때문입니다.

　실제로 선교사 자녀들에게 가장 힘든 일을 꼽으라면 대부분 '헤어짐'을 이야기한다. 이별의 경험은 그들에게 중요한 삶이 되어 버린 것 같다. 물론 이런 경험은 다양한 문화와 많은 사람을 경험할 수 있다는 면에서 장점으로 여겨질 수도 있다. 그러나 그것은 아이가 자신의 상황을 긍정적으로, 하나님의 은혜로 생각했을 때 해당되는 것이며, 그렇지 않을 경우에는 또 다른 적응 과정이나 헤어지는 과정에서 견디기 어려운 상처로 다가올 수 있다.

　윌리엄 캐리도 자녀들을 본국에 남겨 둔 채 사역을 했으며, 데이비드 리빙스턴(David Livingstone)도 16년 동안이나 본국에 있는 자녀들을 만날 수 없었다. 그들은 서로 이별의 아픈 경험을 가진 채 사역을 해야 했고, 그렇게 살아야 했다. 중국내지선교회의 창설자 허드슨 테일러도 본국에 두고 온 자녀들이 다 성장한 뒤에야 만날 수 있었다. 주님의 명령을 따라 복음을 전하기 위해 '죽으면 죽으리라' 하고 땅끝까지 간 선교사들이지만 사역하다 귀국해 어느새 다 성장한 자녀들을 만났을 때는 서로 서먹서먹했다고 한다. 허드슨 테일러는 이로 인해 발생하는 교육적인 공백을 메울 수 없음을 깨닫고 "선교사 자녀는 선교지에서 부모들과 함께 자라며 교육을 받아야 한다"고 강조하기도 했다.

　성장 과정에서의 이별의 경험은 긍정적으로는 독립심을 키워 주지만, 부정적으로는 고독감을 안겨 줌으로써 정서 불안 요소가 되기도 한다. 이런 부정적 경험에 자주 노출되면 아예 처음부터 마음을 열지 않고 관찰자의 입장으로 남으려는 경향을 갖게 되기도 한다. 반면에 이런 경험을 통해 오히려 적응력이 뛰어난 아이로 성장할 수도 있다. 타 문화권의 어려운 환경 속에서 자란 선교사 자녀는 본국에서 살아가는 아이들에 비해 독립심이 강하다. 그로 인해 본국의 사회적인 상황과 관습에 대한 안목은 부족하더라도 세계적인 안목으로 볼 때 감정적, 지적, 사회적인 면과 관찰 비교 능력(사물을 예리하게 관찰하고 꿰뚫어 보는 경험과 신중한 접근 태도)이 일반적으로 높다. 또한 높은 기독교적 도덕성을 가지고 있다. 굳은 믿음, 강한 사람으로 자란 선교사 자녀들은 내면적으로 선교적인 소명을 가지고 있다는 큰 장점이 있다.

깊이 있는 대인 관계에 대한 어려움[15]

선교사 자녀들의 특성 가운데 잦은 이동, 이별의 경험 등은 그들로 하여금 깊은 대인 관계 형성의 문을 닫게 한다. 이것은 자신을 스스로 보호하기 위해서이기도 하다. 그들은 심지어 고국에 있는 친척들과도 친밀한 감정을 나누지 못한다. 관계 형성에는 만남을 위한 시간과 노력이 필요한데, 현실적으로 선교사 자녀에게는 이것이 불가능하다. 선교지에서 한국을 떠나기 전에 친했던 친구들을 늘 마음에 그리고 있다가 안식년이 되어 설레는 마음으로 만나면 자신의 생각과 다르게 오히려 서먹서먹해 그 관계가 쉽게 깨지는 것을 경험하게 된다. 선교사는 고향에 돌아오면 만나고 싶었던 친구를 만나서 즐거운 시간을 보낼 수 있는데, 자녀들에게는 그런 시간이 생각만큼 편하게

---

15 사회구조 속에서 외부인으로 남아 관찰자의 입장에 있으려 한다.

주어지지 않는 것이다. 따라서 선교사 자녀와 지속적으로 깊은 유대 관계를 맺을 수 있는 '의미 있는 타자'(significant others)를 두는 것은 매우 바람직한 일이다.

사역지 문화와 한국 문화의 차이로 인한 혼란

한국에 대한 그리움과 동경이 큰 나머지 사역지는 무조건 나쁘고 한국은 무조건 좋은 것으로 생각하기도 한다. 이러한 태도는 새로운 문화를 이해하고 적응하는 데 어려움을 겪게 만든다. 그래서 사역지의 학교생활에 쉽게 적응하지 못하고 한국 학교로 돌아오지만 자신이 그려 오던 한국의 멋진 모습과 달리 입시 지옥이라는 냉혹한 학교 교육 현장을 보면서 큰 혼란을 겪게 된다. 특히 한국에 들어와 공부하는 경우 선후배 관계, 일상화되어 가는 청소년들의 욕 문화, 강한 집단주의, 대학의 술 문화 강요 등에 대한 적절한 대처 방법을 알지 못해 친구들로부터 왕따를 당할까 봐 두려워하게 된다. 그래서 친구들과 대화에 참여하기 위해서 TV를 보기도 한다. 혹독한 신고식을 치르면서 결국 심각한 정체성의 혼란을 겪게 되는 것이다.

다양한 문화 경험[16]

대부분의 한국 아이들은 동질 문화권 속에서 성인이 된다. 그러나 선교사 자녀는 국경을 넘어 다른 피부색, 언어, 문화와 관습 등 다양한 문화를 경험한다. 그래서 문화 적응이 빠르고, 성숙하며, 융통성

---

16 다중 언어, 다중 문화, 다중 사회, 다중 인종을 경험하게 된다.

이 뛰어난 편이다. 그들은 성장 과정을 통해 세계화되었으며, 어릴 때부터 복음이 전해지는 것을 눈으로 확인하고 체험한 복음의 군사들이다. 그들은 피부색이 다른 아이들과 현지어로 대화하고, 현지인들이 먹는 음식을 자연스럽게 먹으며 자랐다. 이것은 선교사들이 그들의 자녀를 통해서 현지 문화를 인식할 수 있는 통로가 되기도 한다.

언어 감각의 발달

40-50대에 처음으로 선교지에 파송 받은 경우에는 사역에 임하는 동안 언어의 장벽을 완벽하게 넘어가기가 거의 불가능하다. 그러나 어릴 때부터 현지어를 익히고 성장한 선교사 자녀가 바른 신앙관을 지닌 선교에 대한 제2, 제3의 소명을 가진 선교사가 된다면 그들은 여러 명의 제1세대 선교사보다 더 큰 선교의 효과를 낼 수 있다.

3장

선교사 자녀를 위한 부모의 역할

선교사 중에 자녀가 한국어를 전혀 구사하지 못하고 이리저리 방황하는 책임을 전적으로 자신이 선교사가 된 것에 돌리는 이들이 있다. 그들은 자신들이 선교지에 나가지만 않았더라면 아이가 이렇게 비뚤게 자라지는 않았을 것이라고 원망하면서 사역 때문에 아이가 희생된 것을 안타깝게 여긴다. 또한 선교사 자녀 가운데는 부모에게서 받을 사랑을 하나님께 빼앗겼다고 생각해 신앙을 버리고 세상 친구들과 어울려 다니며 부모의 근심이 되는 경우도 있다.

반면 한국인과 교제를 나누기 힘든 지역에서 자란 선교사 자녀들 중에 한국말을 잘하는 경우도 보았다. 그들은 현지에서 밝은 모습으로 건강하게 잘 자라고 있었다. 그것은 자녀들이 한국어를 잊어버리지 않도록 부모가 최선의 노력을 기울였기 때문이다.

자녀 교육의 일차적 책임은 부모에게 있다

　선교사 자녀 교육에 있어서 가장 중요한 역할을 하는 사람은 선교사 부부다. 선교사로 헌신하기 전에 역기능 가정에서 자란 사람, 인간관계에서 상처를 받은 사람, 또는 소명이라는 명분하에 사역자로서의 준비가 되지 않은 상태에서 선교지로 나온 사람들은 자녀 교육에 있어서 부정적인 영향을 미칠 확률이 훨씬 높다. 부모 세대가 자신을 잘못 교육시킨 것을 답습하지 않겠다고 다짐하면서도 결국 선교사 자신도 똑같은 길을 반복해서 걷게 되면, 선교지라는 특수한 환경에서 자라나는 자녀들에게 더 큰 혼란과 갈등으로 고민하게 만드는 결과를 가져올 수밖에 없다.

　선교지에서 역기능 가정이 만들어지는 원인은 첫째, 선교 사역에 너무 몰입함으로써 가족들을 뒷전에 두기 때문이다. 둘째, 자녀들과 나눔의 시간이 적고 그들의 고민을 경청하지 않기 때문이다. 셋째, 자녀들의 성장에 전혀 관심이 부족하기 때문이다. 넷째, 자녀들이 사역에 불합리하게 이용 당하기 때문이다.

　우리가 기억해야 할 것은 선교사 자녀 중에 소명을 받고 부모를 따라 아골 골짝 빈 들이든 어디든 가겠다고 자원한 자녀는 한 사람도 없다는 것이다. 그들은 소명을 받은 부모를 따라서 자신이 알지 못하는 선교지로 오게 된 것이다. 따라서 부모는 하나님께 자녀를 맡긴다는 명분으로 무책임하게 그들을 내버려 두어서는 안 되고, 세심하게 그들을 돌봐야 한다. 자녀들의 삶과 진로를 경청하는 가장 권위 있는 존재가 부모이기 때문에 선교사 부부는 그 역할을 잘 감당해야 한다. 하나님은 자녀 교육에 대한 일차적인 책임을 부모에게 부여하셨다.

"오늘 내가 네게 명하는 이 말씀을 너는 마음에 새기고 네 자녀에게 부지런히 가르치며 집에 앉았을 때에든지 길을 갈 때에든지 누워 있을 때에든지 일어날 때에든지 이 말씀을 강론할 것이며 너는 또 그것을 네 손목에 매어 기호를 삼으며 네 미간에 붙여 표로 삼고 또 네 집 문설주와 바깥 문에 기록할지니라"(신 6:6-9).

선교사 자녀는 선교의 귀한 도구가 될 수 있다

선교사는 선교지로 출발하기 전부터 자녀에 대한 분명한 비전을 갖고 있어야 한다. 자녀가 선교지에서 생활하며 자라는 시기는 대부분 성장기에 해당하는 나이다. 그들은 선교지에서 다양한 문화를 경험하고, 현지 언어를 습득하며, 세계관을 형성한다. 그들이 성인이 되어 선교사로 헌신하게 될 경우 이미 언어와 현지 문화에 자연스럽게 동화되어 있어서 선교사 제1세대가 갖고 있는 여러 가지 한계 상황을 뛰어넘어 선교의 극대화에 기여할 수 있다.

그러나 현실은 그렇지 못하다. 절대 다수의 선교사 자녀들이 자라서 대학에 진학해 전공하는 과목이 선교와 무관한 경우가 많다. 그들이 선호하는 직업은 비즈니스, 의사, 변호사 등이다. 내가 상담한 대학생 선교사 자녀들의 경우 부모가 선교지에서 경제적으로 어렵게 사는 모습을 어렸을 때부터 봐 왔기 때문에 돈을 많이 벌어서 부모님을 도와 드리고 싶다고 말했다. 또한 늘 사역지의 어려운 환경과 재정으로 인해 어머니가 자주 눈물을 흘리는 모습을 보면서 자신은 절대로 선교사가 되지 않겠다고 다짐했다고 한다. 참으로 안타까운 현실이다. 그들이 정체성을 확실히 정립할 수 있도록 부모와 한국 교회가 따뜻한 관심을 갖고 도와야 한다.

부모가 먼저 정체성을 가져야 한다

정보의 홍수 시대에 살고 있는 우리는 오히려 지나치게 많은 정보로 인해 귀가 얇아져 주체성을 잃고 끌려다니는 모습을 보인다. 특히 한국 부모들은 해외 어디에 가도 자녀 교육에 대한 열기가 대단해 치맛바람을 날린다. 이 열기가 선교사에게도 전해져서 상대적으로 정보 문화에 둔감한 지역에 살고 있다는 것만으로도 불안하고 초조하다. 이런 환경에서 자녀들이 제대로 성장할지 의문스럽기까지 하다. 가끔은 열악한 환경에 아이를 데리고 온 것이 미안하고 죄스러워 우울하기까지 하다.

그런 갈등에 놓인 선교사는 자녀에게 정체성을 심어 주려고 노력하기보다 먼저 자신부터 점검하는 것이 필요하다. 자신이 누구이며, 왜 선교지에 있으며, 무엇을 하고 있는지, 자녀들을 위한 하나님의 계획이 실현되기 위해 부모로서 어떻게 도와야 할지를 자문해 보며 기도 가운데 지혜와 평안을 얻어야 한다. 또한 자녀를 소유하려고 하지 말고 하나님을 신뢰하며 하나님께 그들의 앞길을 전적으로 맡기는 성숙한 사역자의 자세를 가져야 한다.

선교사 자녀의 건강에 관심을 가져야 한다

제3세계에서 사역하는 경우에는 선교사 자녀들이 비위생적인 환경에 그대로 노출되어 있기 때문에 각종 전염병과 풍토병에 걸리기 쉽다. 내가 사역하는 지역에도 물이 부족해 도랑물을 사용하는 곳이 많아 피부병에 시달리는 이들이 의외로 많다. 이런 상황에서 현지 아이들과 뛰어노는 선교사 자녀들의 경우 질병에 걸릴 확률이 매우 높다. 또한 병에 걸려도 낙후된 병원에서는 적절하게 치료를 받을 수 없기 때문에 자녀의 건강에 각별히 신경을 써야 한다.

자녀를 위해 중보 기도 하는 부모가 된다

조지 뮬러는 구원 받지 못한 두 영혼을 위해 50년 이상 중보 기도를 했다. 그러다 어느 날 "그 두 사람이 정말로 회심하리라고 확신하는가?"라는 질문을 받았을 때 "당신은 하나님이 그들을 구원할 계획이 없으신데 이날까지 여러 해를 나에게 기도하도록 하셨다고 생각하는가?"라고 대답했다. 훗날 뮬러가 기도한 대로 그들은 모두 회심해 주님께로 돌아왔다.

자녀를 위한 중보 기도자가 되면 그들을 바라보는 시각에 변화가 생긴다. 부모는 단지 그들의 도우미요, 그들의 진정한 아버지는 바로 하나님이시라는 것을 깨닫게 된다.

국제학교들의 한국 선교사 자녀 교육에 대한 권고 및 제안에 귀를 기울인다

첫째, 선교지로 떠나기 전 선교사인 부모들은 자녀들을 위한 교육적 필요들에 대해 전반적인 계획을 수립(Mapping)하고, 사전에 자녀의 학교 교육을 위한 상세 계획(Map-out)을 세워야 한다. 자녀에게 어떤 학교 교육이 필요한지를 사전에 점검한 뒤, 준비하고 떠나야 한다 (의사소통의 문제, 학기 중 학교를 이탈하는 문제 등에 대해).

둘째, 한국인 교사들의 지원이 필요하다. 한국인 교사들을 한국 학생들이 있는 학교에 보내 가르칠 수 있도록 하고 한국어, 한국사 영역 등을 담당하게 해야 한다. 그리고 교직원들이 부모와 의사소통하도록 도와줄 수 있을 것이다. 또한 부모들이 자녀들을 위한 대학 선택에 관해 생각하는 데 더 나은 도움을 줄 수도 있을 것이다.

셋째, 학생들의 영어, 수학 능력 향상을 위해 좀 더 노력해야 한다. 학교에 있는 동안 학생들이 영어만을 사용하도록 돕고, 방과 후에는 개인 튜터링을 통해 영어 능력에 진전이 있도록 도와야 한다.

교육 과정에 관심을 갖고 돕는다

아이에게 홈스쿨링을 시키느냐, 학교에 보내느냐 하는 것은 교사, 학생, 교육 환경 등에 따라 다양한 결과가 나오기 때문에 무엇이 더 좋고, 무엇이 더 나쁘다는 법이 없다. 그러므로 부부가 상의해서 자녀들에게 가장 알맞은 방법을 선택하는 것이 바람직하다. 선교지에서 부모 선교사들이 자녀들의 교육을 위해 선택할 수 있는 학교 형태는 다음과 같다.

- 서구의 영어권 선교 단체들이 세운 국제 선교사 자녀 학교 (International MK School)
- 국제 기독교 학교(International Christian School)
- 국제학교(International School)
- 선교 현지 학교(Local School-Public or Private School)

- 홈스쿨링(Home Schooling)[17]
- 한국 학교(Korean School)
- 한국 선교사 자녀 학교(Korean MK School) 등

선교사 자녀 학교는 말 그대로 선교사 자녀를 위해서 세운 학교다. 교사도, 기숙사 부모도 헌신된 사람들이다. 선교사 자녀 학교는 허드슨 테일러 선교사가 1881년에 중국 제포에 그 기틀을 놓음으로 시작되었다. 그 후 서구 선교부나 선교회들은 선교사를 파송할 때 목사, 교사, 의사, 단기 선교사 등을 팀으로 꾸려 선교사들을 파송했다. 그리고 선교사 자녀들이 있는 곳에는 반드시 교사 선교사를 보내거나 선교사 자녀 학교를 세워서 그들을 가르쳐 왔다.

선교사 자녀 학교는 아이가 신앙 교육을 받으며 자랄 수 있다는 이점이 있다. 반면에 학교에 머무는 시기가 길어질수록 아이가 점차 서구화되어서 부모 선교사가 당황하게 된다. 또한 현지 문화뿐 아니라 한국 문화에 대한 이해가 결여될 수 있다. 한국에서 교육을 받는 경우에는 선교지의 열악한 환경에서 벗어날 수 있고, 모국어를 사용하며, 가족, 친지들과 가깝게 지내면서 정체성을 형성하는 데 도움이 될 수 있다. 그러나 자신의 신체 변화, 학교에서 벌어지는 상황, 친구 문제, 진로 문제 등을 상담할 부모가 가까이에 없기 때문에 정서적으로 불안할 수 있다. 현지 학교는 현지어를 배울 수 있고 학비가 저렴한 점이 좋지만 학교 환경이 열악하면 많은 것을 체계적으로 배우지

---

17 홈스쿨링에 관한 자세한 글은 제3부 5장 "전인적 교육으로서의 홈스쿨링"을 참조하라.

못한다는 단점이 있다. 외국인 학교는 양질의 교육을 받을 수 있지만, 선교사 자녀를 보내기에는 학비의 부담이 너무 크다는 것이 단점이다. 또한 친구들의 큰 씀씀이를 따라가지 못하기 때문에 늘 열등감과 낮은 자존감 속에서 학교생활을 할 수 있다.

내가 사역하고 있는 지역에는 로마 가톨릭 학교와 정부에서 운영하는 현지 학교가 있다. 현지 학교는 정부에서 교사들에게 월급을 줄 때만 문을 연다는 말이 유행할 정도로 휴교를 많이 한다. 그렇기 때문에 현지 아이들이 학교에 다니는 날이 그리 많지 않다. 선교지에 도착해 보니 두 살짜리 아이가 앞으로 다닐 학교 여건이 마땅하지 않았다. 다행히 아내가 아이의 교육을 맡아서 감당하기로 했다. 아내는 아이를 1년에 서너 달 학교에 보내는 것이나 집에서 공부시키는 것이나 결과적으로 수업일수가 비슷할 거라고 했다. 그래서 시작한 것이 홈스쿨링이다.

아내는 수학, 국어, 과학, 역사는 한국에서 준비한 교재를 중심으로 가르쳤고, 영어는 홈스쿨링 교재로 가르쳤으며, 음악은 직접 피아노를 가르쳤다. 그리고 아이가 지루해할 경우 미술 수업을 겸했다. 초등학교 고학년이 된 때부터는 한자 수업도 시간표에 넣었다. 인터넷 학습의 경우는 여러 번 시도해 보았지만, 선교지의 인터넷 사정이 좋지 않기 때문에 프로그램을 잘 다운로드하지 못해서 포기하고 말았다.

수업을 진행하는 동안 여러 가지 웃지 못할 일들이 벌어지곤 했다. 아이가 자라 가면서 꾀가 늘기 시작할 무렵에는 아내와 수업하는 것이 지루해서 화장실에 자주 갔다가 늦게 오는 적이 많았다. 아내가 아이의 고등학교 졸업 과정까지 사용한《School of Tomorrow》는 라이트하우스크리스천아카데미(Lighthouse Christian Academy)에서 사용하는 홈스쿨링 교재로서, 아내에게 많은 도움을 주었다. 이 교재는 기독교 정신을 바탕으로 구성되어 있는데, 각 단계별로 끝날 때마다 테스트가 있고, 테스트에 앞서 반드시 기도를 하도록 되어 있다. 또한 학생이 공부하는 동안 자연스럽게 하나님을 알아 가도록 구성되어 있다.

아내는 동역하는 미국인 선교사들에게 부탁해 수업에 있어서 부족한 부분을 보충하기도 했다. 그들은 아내의 부탁을 받을 때마다 언제나 기쁜 마음으로 자원해서 아이와 대화 시간을 가졌고, 아이의 발음을 교정해 주었다.

나의 주된 사역은 수도에 있는 현지 교단 총회 신학교에서 가르치는 일과 교단에서 의뢰하는 지역에 교회를 개척하는 일이다. 그러다 보니 자연히 여러 지역을 옮겨 다니게 되었는데, 그때마다 아내와 아이는 교재를 들고 다니면서 공부했다. 아내가 하루 종일 사역을 해야 하는 날에는 아이를 가르칠 수 없었기 때문에 사역 전날 밤에 아이가 혼자 할 수 있는 프로그램을 준비했다. 그러나 막상 아이는 아내가 정성스럽게 준비한 교재들을 단지 몇 분 만에 끝내 버리고는 현지 아이들과 하루 종일 놀면서 보내곤 했다.

계속된 선교지의 열악한 교육 환경 가운데서도 정규 교육과정인 고등학교 전 과정을 홈스쿨링으로 잘 마치게 되었으니, 모든 것이 전적인 하나님의 은혜임을 고백하지 않을 수 없다.

4장
선교사 자녀 교육 지침

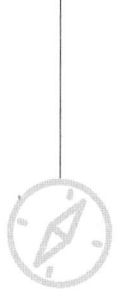

- 부모는 자녀가 선택할 수 없는 제일 처음 만나는 스승이요, 가장 중요한 스승이기에 아이들의 인생에 있어서 가장 중요한 정서적, 인지적, 도덕적 능력의 근본을 가르쳐야 한다.
- 흔히 자녀의 고통을 헌신으로 착각하는 경우가 있다. 그러나 하나님은 자녀를 제물로 원하지 않으신다.
- 선교사 부부나 그들을 대하는 사람들은 선교사 자녀를 일반 가정의 자녀들처럼 평범하게 대우해 주어야 한다.[18] 아이는 항상 사랑 받고 보호 받고 보살펴 줄 존재로 인식되어야 한다. 선교사 자녀는 선교사가 아니라 어디서든 볼 수 있는 평범한 아이일 뿐

---

18 "PK의 의식조사 통계",《목회와 신학》119호(1999. 5). 설문조사 가운데 'PK라서 좋지 않은 점이 있었다면?'이라는 질문이 있었다. 그에 대해 35%가 행동의 제약과 구속, 29%가 경제적인 어려움이라고 답했다(MK와 PK 모두 사역자의 자녀라는 유사성을 감안해 적용).

임을 기억해야 한다.
- 개중에 선교사 자녀들이 믿음을 잃어버리는 경우가 있다. 그들이 먼저 그리스도인이 될 수 있도록 영적인 면에 관심을 가지고 돌보며 교육해야 한다.
- 자녀에게 훈계(교훈과 징계)할 때에도 사랑의 목표가 올바르게 서 있어야 한다.
- 선교사 부부는 자녀가 선교지에서 자랄 때 자신과는 다른 유년기를 보내고 있음을 기억해야 한다. "내가 자랄 때는 …"이라는 말보다 아이의 눈높이에서 세상을 볼 수 있어야 한다. 아이와 부모 사이에 공유될 수 없는 경험과 문화적인 정체감이 있음을 인식해야 한다.
- 아이들이 접하는 문화 중 좋은 부분을 배우려는 자세가 필요하다. 선교사 자녀는 타 문화권에 적응하는 데 탁월한 능력을 소유하고 있다.
- 선교사 자녀는 사역에 아무런 책임이 없다. 선교사 자녀는 단지 아이일 뿐이다. 부모가 선교사라고 해서 부모가 가는 길을 그대로 따르도록 강요해서는 안 된다.
- 가족 의사결정에 아이의 의견을 반영한다. 모든 결정은 가족구성원 개개인에게 영향을 미친다. 자녀와 대화의 채널을 항상 열어 놓는다.
- 자녀가 이별로 인해 슬픔에 빠졌을 때 그 마음을 읽고, 건강한 방법으로 극복할 수 있도록 도와주어야 한다.
- 자녀가 사역보다 소중한 존재임을 가르쳐 주어야 한다. 아이들

에게 부모가 사역만을 위해서 살아가는 것이 아니라 그들에게 우선권을 두고 있다는 사실을 알려 주어야 한다. 자녀들은 부모가 선교 사역에만 전념하고 자신을 돌보는 시간이 적을 때 하나님을 적대자로 생각하기 쉽고, 신앙에서 멀어지기 쉽다. 즉 세상의 잃어버린 영혼을 주께로 인도한다고 시간을 보내다가 결국 자녀를 잃고 마는 경우가 생기는 것이다.

- 가정을 참된 휴식처, 안정되고 따뜻한 공간으로 만들어야 한다.
- 부모의 뜻을 강요하지 말고, 아이의 적성을 개발할 수 있는 전공을 선택하게 해야 한다.
- 다른 선교사 자녀들과 연락을 주고받도록 격려해야 한다. 이것은 동질 집단의식을 갖고 자신을 발견하는 데 큰 도움이 된다.
- 아이들이 열악한 환경에서 자라더라도 일관적인 사랑과 관심을 보이면 정서적으로 안정되게 성장할 수 있다는 것을 부모가 먼저 인식하고, 아이들에게 긴장된 모습이나 불안한 모습을 보이지 말아야 한다.
- 자녀들과 시간을 공유해야 한다.
- 아이들이 현지어, 또는 영어를 잘한다고 방치해 두지 말아야 한다. 이것은 나중에 문제를 발생시킨다. 아이가 성장한 후 부모와의 의사소통에 있어서 장애가 생길 수 있다.
- 선교사 자녀가 갖는 장점을 인식한다. 그들은 현지인들에게 열린 마음으로 다가갈 수 있는 다리 역할을 해 준다. 또한 사역으로 지치고 피곤할 때 자녀들에게서 힘을 얻고 가정의 소중함을 인식하게 된다. 그들은 제1세대 선교사가 넘기 힘든 언어의 장벽

을 극복했으며, 폭넓은 세계관을 가지고 있다.
- 자녀 양육도 귀한 선교 사역임을 인식한다.
- 자녀들에게 하나님을 경험시켜야 한다. 어려움을 만났을 때 하나님 앞에서 눈물로 기도하는 모습을 아이들에게 보여 주면 좋다. 나중에 아이들이 부모가 보여 준 이러한 모범에 대해 감사할 것이다.
- 중보 기도로 자녀들을 돕는다.
- 가정 예배를 드린다.
- 자녀 양육을 위한 분명한 목표를 세운다.
- 그 목표에 맞는 세부적인 전략을 세운다.
- 아이들을 자연스럽게 사역에 동참시킨다. 사역에 동참시킬 때는 범위와 시기를 가족이 의논해 정하는 것이 바람직하다. 선교사 가운데는 강한 민족주의 의식을 가지고 자녀들을 현지 아이들과 완전히 분리시켜서 키우는 경우가 있다. 또한 처음부터 특별한 계획 없이 현지 아이들 속에서 자라도록 방치하는 경우도 있다. 이러한 과잉보호와 과잉 방임은 선교사 가정과 현지인과의 관계에 좋지 못한 결과를 초래한다. 그러므로 자녀가 어느 정도 현지에 적응할 만큼 성장하면 자연스럽게 사역의 한 부분에서 봉사할 수 있도록 하는 것이 좋다. 그때 자녀는 소속감과 봉사의 기쁨을 맛보게 된다.

우리 가정의 경우 딸 주연이가 11세가 되었을 때부터 아내의 사역을 도와 교회학교 교사로 봉사하게 했다. 이후에는 도미니카공화국복음교단 총회음악학교와 총회 신학교의 보조 교사로

봉사했다. 아이는 사역을 위한 준비와 섬김을 통해 많은 것을 배웠다. 주연이가 12세가 되었을 때 아내의 사역을 도우면서 자신의 느낌을 표현한 글을 옮겨 본다.

싼 끄리스또발 피아노 수업과 라 에네아 주일학교
제가 올해 엄마와 같이 한 사역들입니다. 오늘은 제가 이 사역들을 하면서 느낀 점과 재미있었던 이야기들을 하려고 합니다.
먼저 싼 끄리스또발 피아노 수업 이야기입니다. 첫날에 엄마와 저는 언니, 오빠들이 있는 교회로 갔습니다. 그리고 언니, 오빠들에게 음악에 관한 시험지를 주었습니다. 문제를 다 푼 후 엄마는 그 시험지를 거둬서 채점을 하셨습니다. 그런데 오빠들이 하나같이 온쉼표(▬)를 'plato'(접시)라고 썼습니다. 또 2분 쉼표(▬)를 'sombrero'(모자)라고 썼습니다. 다음 주에 엄마는 언니, 오빠들 앞에서 그 이야기를 하셨고 모두 배꼽을 잡고 웃었습니다.
이 교회의 성가대는 피아노 반주자가 없어서 성가대 지휘자 선생님이 찬양 악보를 가지고 수도에 있는 피아노 학원으로 가서 그 찬양을 4부로 나눠서 녹음을 해 온다고 합니다. 그리고 그것을 틀어 놓고 성가 연습을 한다고 합니다. 저는 엄마를 도우면서 한국의 교회들이 하나님께 얼마나 축복을 받고 있는지를 깨닫게 되었습니다. 항상 우리가 아무렇지도 않게 무심코 지나가는 일들이 이 나라에서는 얼마나 신기하고 대단한 일인지 모릅니다.
지금 언니, 오빠들은 12월 6일에 있을 찬양 예배 준비로 정신이 없습니다. 그날 주일 예배는 찬양 예배로 드리기로 했습니다. 찬양 예배가 무사히 잘 끝날 수 있도록 기도해 주세요. 전 이 교회 언니, 오빠들이 빨리 피아노를 배워서 교회에서 피아노 반주자로 찬양하는 것을 돕고, 하나님께 피아노 반주로 영광을 돌렸으면 합니다. 기도 많이 해 주세요. 언니, 오빠들 한 명 한 명이 다 하나님께 귀히 쓰임 받는 피아노 반주자가 되도록요.

다음은 라 에네아 주일학교 이야기입니다. 엄마와 저는 아빠가 아이티 아저씨들과 예배를 드리는 동안 어린이 성경 공부를 인도합니다. 어린이 예배 때 매주 많은 아이들이 옵니다. 동네 전체 아이들과 윗동네 아이들도 오거든요. 두 주 전에는 저희가 사는 동네에 일주일 동안 비가 계속 왔습니다. 매일 나가는 전기도 이때는 하루에 거의 5시간만 들어왔고요. 저희 교회가 있는 동네 부근도 다 잠겼습니다. 사람들은 아이들을 데리고 집 밖으로 나와서 비에 잠겨 지붕밖에 보이지 않는 집을 바라보며 울었습니다. 전 그때 제가 무사히 집에 있었던 것만도 감사할 일이라는 것을 깨달았습니다. 교회에 가고 싶었지만 아예 길도 보이지 않았고 여기가 마을이었는지, 강이었는지 구별이 안 되게 잠겨 있었습니다. 그 뒤 한 4일 동안 비가 안 왔습니다.

저와 부모님은 교회에 가 봤습니다. 하나님의 은혜로 교회와 동네는 무사했습니다. 먼저 도착해서 하나님께 감사 기도를 드리고, 아이들 집을 방문해 이번 주 주일 날 어린이 예배 때 오라고 말해 주고 집에 돌아왔습니다. 교회에 갈 때는 길이 내리막길이라서 진흙 길이라도 잘 왔습니다. 하지만 집으로 돌아올 때는 반대로 길이 오르막길이어서 차가 가다가 진흙탕 속에서 나오지 못했습니다. 모두 다 기도하면서 계속 시도를 해 봤지만 차는 나오지 못했고, 시도를 할수록 계속 차는 더 진흙탕 속으로 들어가기만 했습니다.

그때 뒤에서 저희 교회 아이들이 달려왔습니다. 차가 나오지 못하는 걸 보고 달려왔답니다. 아빠는 아이들보고 뒤에서 좀 밀라고 하시고 다시 기도하면서 시도를 해 봤습니다. 다행히 차는 빠져나왔고 우리는 무사히 집에 도착할 수 있었습니다. 주님이 우리의 기도를 들으시고 아이들을 보내 주셨습니다. 정말 하나님의 은혜로 저희는 무사히 도착했고, 그 주에 주일 예배를 드릴 수 있었습니다.

…

기도 많이 해 주세요. 안녕히 계세요.

한국과 달리 교육 여건이 제대로 갖추어지지 않은 선교지에서는 부모가 자녀들에게 더 많은 것을 요구하기도 한다. 선교지의 열악한 여건 가운데 생활하고 있는 자녀들에게 정보사회의 일원으로서 경쟁에서 뒤떨어지지 않도록 강요하다 보면 아이들은 현실적인 여건이 미흡한 선교지에서 방향감을 잃고 만다. 그들은 주어진 환경과 능력의 부족, 고국에 있는 또래 친구들이 갖고 있는 기회의 이탈 등으로 인해 미래에 대한 불안감과 자신감 결여라는 문제를 가질 수 있다. 이것은 선교사 자신에게도 진정한 쉼과 누림, 평안을 잃게 하는 요소가 된다.

또한 주어진 환경이 열악하다고 자녀에게 미안해하는 태도는 자녀로 하여금 오히려 피해 의식 내지는 불평하는 태도를 은연중에 부추

길 수 있다. 부모는 자녀들이 주어진 환경에 대해 긍정적인 태도, 창의적인 대안 제시, 하나님의 공급하심에 대한 믿음과 감사하는 마음을 가질 수 있는 좋은 기회로 받아들이도록 도와야 한다.

한국에 있을 때는 다른 교육 기관에 아이들의 교육을 맡겨서 쉽게 방관하게 되지만, 선교지에서는 부모가 아이들의 장래를 생각하며 좀 더 깊이 그들의 교육에 관심을 가질 수 있다는 이점이 있다. 선교지에서 다양한 역할과 해야 할 많은 일들로 인해 아이들의 교육을 누군가 맡아서 해 주었으면 좋겠다고 생각하기 쉽지만, 오히려 이런 상황이 사랑하는 자녀들의 미래를 위해 주어진 기회요, 축복이라고 생각한다면 보다 창의적인 길들을 열어 갈 수 있을 것이다.

5장
전인적 교육으로서의 홈스쿨링[19]

홈스쿨링[20]의 기독교적 목적은 부모가 성경적 세계관을 가지고 그리스도 안에서 세계를 품고 살아갈 수 있도록 자녀를 교육하는 것이다. 이것은 자녀가 하나님과의 온전한 관계성을 가진 건강한 그리스

---

19 장은경, "전인적 교육으로서의 홈스쿨링", 《선교 현장 이야기》 (서울: 대한예수교장로회총회 세계선교부, 2014), 123-129.
20 학교에 가는 대신에 집에서 부모에게 교육을 받는 재택 교육. 학교라는 제도가 일반화되면서 학교 교육과 부모의 양육 역할이 분리되어 왔는데 공교육의 획일적인 교육에 반대해 부모들이 아이의 적성과 특성에 맞는 교육을 직접 가르치는 홈스쿨링이 확산되고 있다. 미국의 경우 미 전역에서 150만 명 이상의 학생이 재택 교육을 받고 있는 것으로 추산되고 있다(개인적인 의견으로는 2012년 집계로 약 3백만 명의 학생들이 홈스쿨링을 하고 있다). 내가 최근 접한 자료에 의하면, 미국은 몇 년에 걸친 법정 공방 끝에 1993년 부모가 유치원에서 대학까지의 모든 교육과정을 집에서 가르치는 것이 합법화되었다. 미국의 모든 주는 1년에 2-3차례 정도 교육 관계자가 해당 가정을 방문, 교육 실태를 확인하는 조건으로 부모의 재택 교육권을 인정하고 있다. 우리나라도 일부 홈스쿨링을 실시하는 가정이 있지만, 2012년 현행법상 의무교육으로 규정된 초등 과정을 무시하면 1백만 원 이하의 과태료를 물게 되어 있는 등 제도적 규제가 있다. http://terms.naver.com/entry.nhn?cid=529&docId=74226&mobile&categoryId=529.

도인으로 성장해 하나님의 일꾼으로 쓰임 받는 기초가 될 수 있다.

일반적으로 홈스쿨링의 경우 자녀들 간에 나이 차이가 클 때는 능력 개발에 제한이 있을 수 있고, 어머니가 곧 선생님이기 때문에 학습 흥미도나 집중도가 떨어질 수 있다. 그리고 부인 선교사가 하루 중의 많은 시간을 자녀를 가르치는 데 소비해야 하기 때문에 사역을 하기가 쉽지 않다. 또한 예상하지 않았던 손님이 찾아오거나 일이 발생할 경우에는 수업을 중단할 수밖에 없으며, 일관된 교육을 시키기가 어렵다. 그러나 아이의 눈높이에 맞추어 교재를 준비하고, 아이의 심리 상태를 정확하게 파악해 수업을 진행할 수 있기 때문에 아이가 정서적으로 안정적일 수 있다.

왜 홈스쿨링을 해야 하는가?

첫째, 자녀로 하여금 기독교적 세계관을 갖도록 하는 것은 값진 사역이다. 미국 사회에서 홈스쿨링은 여러 가지 이유로 정착되고 발전했는데, 그중 종교적, 도덕적 이유가 큰 비중을 차지하고 있다. 공교육에서 나타나고 있는 성범죄, 마약, 술, 담배, 동성애 등은 표면적으로 나타난 문제점들이며, 이를 인식한 부모들을 중심으로 가정에서 자녀를 교육시키고 있다.

기독교 문화에 바탕을 둔 미국 학교에서 이처럼 다양한 문제들이 발생하는 현실과 비교해 볼 때 선교지의 열악한 교육 현장은 훨씬 더 복잡하고 어려운 문제들을 가지고 있다. 따라서 선교사 부부가 그 문제를 인식하든 인식하지 못하든 자녀들은 무방비 상태로 노출되어 영향을 받게 된다. 특히 대부분의 사역지는 기독교적 세계관과 거리가 먼 종교관과 세계관을 가진 사회다. 그러기에 선교사 부부는 기독교와 다른 세계관을 가진 사역지의 교육 현실 아래 자녀가 문화를 초월한 건강한 하나님의 사람으로 자랄 수 있도록 최선을 다해 기독교 교육에 공을 들여야 하는 것이다.

둘째, 가정은 성경적 자녀 교육의 장이며, 교육의 일차적인 책임은 부모에게 있다. 한국기독교홈스쿨링협의회에서는 홈스쿨링의 장점을 6가지로 나누어 설명했다.

- 친구의 영향 없이(지나친 경쟁에 치우치지 않고) 자신만의 속도로 공부할 수 있다.
- 시간 제한을 덜 받고 융통성 있게 시간을 활용할 수 있다.
- 부모가 자녀의 교육에 직접 참여할 수 있다.
- 아이에게 많은 관심을 기울일 수 있다.
- 형식적인 것이 아니라 실제로 삶에 필요한 공부를 가르칠 수 있다.
- 아이들뿐만 아니라 부모도 함께 공부하면서 지식을 넓힐 수 있고 함께 성장할 수 있다.[21]

이를 선교사 부부가 잘 이해한다면 홈스쿨링의 장점을 극대화해 사역지에서 자녀를 적극적으로 도울 수 있을 것이다. 무엇보다 선교사로 부름 받은 선교사들은 자녀를 하나님보다 앞세우는 우를 범해

---

21 http://www.khomeschool.com.

서는 안 될 것이다. 열악한 선교지의 교육을 받는 자녀의 모습이 애처로워 자녀가 보는 앞에서 날마다 눈물을 흘리고, 자녀의 작은 아픔에 겁을 내고 안절부절못하는 미성숙한 부모가 되어서는 안 된다. 자녀를 최고로 키우고 싶은 부모의 바람 때문에 하나님과의 관계를 소홀히 하거나, 자녀의 출세와 성공에 모든 시간을 투자해서도 안 된다.

선교사 부부가 먼저 자아정체성을 가져야만 자녀에게 올바른 자아정체성을 갖도록 돕는 중요한 역할을 감당할 수 있다. 자녀는 부모를 통해 하나님을 인식하게 된다. 자연스런 삶의 모습을 통해 하나님 중심의 신앙관을 자녀에게 보여 줄 때 자녀는 그 부모를 존경하게 되고, 신앙적 본보기로 삼을 것이다.

셋째, 자녀의 정서, 성격, 나이, 학업 성취도에 따라 융통성 있게 교육할 수 있다. 대부분의 선교사 자녀들이 선교지에 도착하면 문화 충격과 언어의 장벽으로 인해 바로 정규 과정에 입학하기가 어렵다. 그러나 조급한 선교사 부부는 자녀의 상황과 의사를 무시한 채 자녀의 적응기를 고려하지 않고 영어 과외 교사를 고용하고, 바로 정규 학교에 입학시킨다. 그러고는 그것으로 부모의 역할을 다했다고 생각한다. 하지만 선교사 부부가 자녀에 대한 올바른 이해를 가지고 있다면 아이의 상황, 학업 성취도, 그리고 관심 분야에 맞춰 홈스쿨링을 시도해 보는 것이 바람직하다.

홈스쿨링은 자녀를 문화 충격으로 인한 심리적 불안정과 스트레스로부터 해방시켜 주는 좋은 방법이 될 수 있다. 그리고 홈스쿨링을 통해 부모와 접촉하는 충분한 시간을 가짐으로써 선교지의 새로운 문화를 긍정적으로 수용하고, 열린 마음과 시각을 갖게 할 수 있다. 아울러 현지인들을 하나님의 사람으로 대할 수 있는 자세도 배우게 하며, 그들에게 선한 영향력을 미치는 기반을 갖추게 한다.

넷째, 사역지 결정이 자녀 교육에 의해 좌우되지 않게 할 수 있다. 한국 교회의 성장이 점차 둔화되고, 교회의 경상비 예산이 감소되면서 선교 지원비가 줄어 가고 있다. 그럼에도 불구하고 선교사 가정들은 줄어든 선교 지원비와 관계없이 여전히 자녀 교육에 대한 기대로 인해 경제적 지출을 아끼지 않고 있다. 그래서 선교사의 생활비와 사역비가 구분 없이 지출됨으로써 선교사의 정직성에 있어서 지탄을 받는 경우를 종종 보게 된다.

한국 교회 선교사 한 가정당 생활비는 교단별, 지역별, 선교 단체별로 약간의 차이는 있으나, 분명한 것은 그리 넉넉지 않다는 것이다. 내가 속해 있는 대한예수교장로회 세계선교부(PCKWM)의 2013년 현재 선교사 기본 선교비(생활비)는 2,100불이다. 하지만 이 기준에 맞춰 후원하는 교회는 많지 않다. 이를 기준으로 지출 항목을 추정했을 때 자녀를 국제학교에 보내는 것은 현실적으로 어려운 일이다. 그럼에도 불구하고 교단을 초월해 국제학교에 보내는 선교사 가정들을 우리 주변에서 쉽게 만날 수 있다.

가장 저렴한 학교 중 하나인 필리핀 마닐라한국아카데미(Manila Hankuk Academy)의 경우를 예로 들어 보자. 중학 과정을 기준으로 하면, 입학금 500불, 등록금 1,840불, 기숙사비 매월 300불(점심 포함)[22]이다. 즉 월 500불 정도의 자녀 교육비가 지출된다. 상해한국국

---

22 일반 자녀는 입학금 2,000불, 등록금 3,940불이다. http://www.mha.or.kr.

제학교[23] 중학 과정 전형료는 700렌민비(rmb, 약 12만 원)[24], 입학금 1만 2,000렌민비(약 216만 원), 등록금 3개월에 6,500렌민비(약 117만 원)다. 기숙사비를 제외하고 기본적으로 연 700만 원 이상이 지출된다. 태국 치앙마이에 있는 은혜국제학교(Grace International school)[25]는 전형료 5,000바트(bht, 약 19만 원)[26], 입학금 6만 바트(약 227만 원), 학교발전기금 1만 8,000바트(약 68만 원), 7-8학년 18만 바트(약 680만 원)다. 기숙사비를 제외하고도 연 1천만 원에 가깝다.〈2013년 기준〉

여기서 예로 제시한 세 학교는 현실적으로 저렴한 국제학교에 해당된다. 선교사 한 가정이 자녀 한 명을 국제학교에 보낼 경우 기숙사 포함 월 최소 500불을 잡아야 한다. 자녀 두 명을 보내면 약 1천 불(등록비 25%를 할인 받을 수 있다)이 든다.

자녀들을 기숙학교에 보내지 않을 경우에는 집에서 통학을 하게 된다. 통학 버스가 있는 학교에 자녀를 보내게 되면 선교사 가정은 자연스럽게 버스 노선에 맞춘 지역에 거주하게 된다. 그렇지 않은 경우 선교사 부부가 자녀의 통학을 담당하게 되는데, 이때 주거지를 결정하는 요인에 있어서 자녀의 통학이 주요 관건으로 자리 잡게 되어 대도시 중심, 명문 학교 주변에 거주할 수밖에 없다. 즉 사역의 방향과는 관계없이 자녀의 학교에 따라 주거지를 정하고, 삶의 터전을 마련하게 되는 것이다.

---

23 http://www.skoschool.com/admission.php.
24 1rmb는 180.16원(2013년 4월 29일 기준).
25 http://www.gisthailand.org.
26 1THB는 37.73원(2013년 4월 29일 기준).

한국 사회에서 국내에 있는 국제학교의 특수성(부유한 계층 및 특수 계층의 자녀들이 다니는 학교)에 대한 부정적인 인식이 교회에도 확산되어 점차 국제학교에 다니는 선교사 자녀들에 대한 거부감이 생겨 나고 있다. 자녀 교육을 위해서는 희생을 마다하지 않는 한국 부모들의 사고가 교회 문화에도 똑같이 영향을 미치고 있는 것이다. 복음을 위해 선교지에서 수고하는 선교사들을 이해하고 동정하지만 그 자녀들이 영어를 유창하게 사용하고, 해외 소재 대학에 쉽게 들어가는 모습을 볼 때마다 자신의 자녀도 대학에 갈 수만 있다면 기꺼이 선교사가 되고 싶다는 말을 서슴지 않고 한다.

따라서 이럴 때일수록 선교사 부부가 명심해야 할 것이 있다. 오로지 자녀의 출세와 성공이 가정의 목표가 된다면 이것은 건강하지 못한 가정 운영과 사역의 모습으로 이어지게 되며, 선교사 자녀가 세상에서 출세하더라도 결국 신앙과 부모를 저버리는 비참한 결과를 가져오게 된다는 것이다.

다섯째, 한국어를 가르칠 수 있다.[27] 선교사 자녀에게 한국어를 가르치는 것은 아무리 강조해도 지나치지 않다. 영어권에서 사역하는 경우 선교사 자신은 평소에 영어를 잘하지 못해서 어려움을 느낄지라도 자녀만은 유창한 영어를 구사할 수 있도록 적극적으로 돕는다. 그러면 아이가 집에서, 학교에서, 친구들과 영어만 사용하다 보니 급격하게 영어 실력이 늘어나고, 반면에 한국어는 쉬운 단어만 사용하게 된다. 부모는 이런 자녀가 대견해 보인다.

---

27 장은경, "선교의 진정한 동반자 MK", 〈MTEC 선교 저널〉(2013년 2월), 16.

하지만 시간이 지나면 아이가 사용하는 영어를 부모가 알아듣지 못하게 된다. 이 경우에는 사춘기를 겪는 선교사 자녀가 자신의 신체 변화와 감정의 기복을 처리하지 못해 고민하며 갈등할 때 부모가 그 고민을 들어 줄 수 없고 해결해 줄 수 없다는 문제가 생긴다. 쉬운 한국어밖에 사용하지 못하는 자녀와 쉬운 영어밖에 사용하지 못하는 부모 간에 괴리가 생겨서 결국 깊은 대화를 나눌 수 없게 된다.

언어는 문화의 주요한 요소다. 선교사 부부는 자녀가 모국어를 통해 자신의 감정과 느낌을 잘 표현할 수 있도록 제1언어인 모국어를 가르치는 데 최선을 다해야 한다. 자녀가 짧은 단어나 갖춰지지 않은 한 문장을 어렵게 사용해 자신의 감정을 표현할 때 선교사 부부는 인내심을 가지고 그 어눌한 언어 표현을 경청하고 그 가운데서 기쁨을 느낄 수 있도록 도와주어야 한다. 이런 과정을 통해 자녀는 부모와 깊은 관계를 형성할 수 있다.

자녀가 한 가지 언어도 제대로 구사하지 못해서 자존감이 낮아지거나 모국어를 사용하는 데 미숙해서 의사소통에 어려움을 느낄 때 그 책임은 일차적으로 부모에게 있다. 선교사 자녀가 정체성을 갖는 데 결정적인 영향을 미치는 것은 모국어를 잘 사용하느냐 아니냐에 달려 있다고 해도 과언이 아니다. 모국어를 자유자재로 사용하며 자신의 감정을 표현할 때 자존감과 정체성을 가질 수 있다.

선교사는 자녀가 한국인임을 잊지 말아야 한다. 주변에 한국인이 없는 지역에서 사역을 하는 경우에 자녀는 한국어를 더욱 빨리 잊어버릴 수 있다. 그러므로 선교사 부부가 계획을 갖고 의도적으로 한국어를 가르쳐야 한다. 자녀를 하나님의 사람으로서의 세계관을 가진 한국인으로 키워 가도록 노력해야 한다. 이런 부분을 충족시킬 수 있는 방법 중 하나는 한국어로 가정 예배를 드리는 것이다.

더러는 홈스쿨링을 정규 교육과정에 적응하지 못하는 아이들, 다시 말해 사회 부적응 아이들이 더 이상 선택의 길이 없을 때 선택하는 과정으로 생각하기도 한다. 그러나 선교사 가정의 경우에는 이와 다른 시각을 가져야 한다. 가정의 주인은 예수님이시다. 자녀 교육을 총괄하시는 분도 예수님이시다. 선교사 부부는 나의 자녀가 아닌 하나님의 자녀를 돕는 보조 교사이며, 주님이 사랑하는 자녀를 위해 짜놓으신 홈스쿨링 프로그램의 참여자가 되어야 한다.

좋은 참여자가 되기 위해서는 주님과의 관계가 확실하고, 소통이 막히지 않아야 한다. 그래야만 때를 따라 돕는 은혜 가운데 자녀를 돕는 지혜를 얻을 수 있다. 그러므로 성경적인 자녀 교육에 있어서 홈스쿨링은 단지 교과과정에만 국한되는 것이 아니라 자녀의 전인적 교육을 의미한다. 만일 홈스쿨링을 일반적인 교과과정으로 그 의미를 축소시킨다면 교육 전문가가 아닌 이상 어느 선교사 부부도 선뜻 자녀 교육에 뛰어들 수 없을 것이다.

성경적인 자녀 교육관을 가진 선교사 부부는 자녀의 교과과정, 인격 형성, 정체성, 장래 직업, 배우자 선택 등 삶의 전반적인 영적 교육에 대해 기도와 관심으로 도와야 한다. 홈스쿨링은 선교사 부부의 선교사적 소명이다. 홈스쿨링은 평생 전인적으로 이루어져야 한다. 이처럼 선교사 부부가 자녀 양육을 사역의 중요한 부분으로 인식하고 최선을 다할 때 선교의 주체이신 하나님이 그 사역을 통해 영광을 거두시며, 또한 그 열매를 맛보는 기쁨을 허락해 주실 것이다.

다음에 소개하는 글은《선교 현장 이야기》[28]에 소개된 딸 주연이의 '선교사 자녀' 이야기다. 선교사 자녀의 입장에서 자신의 삶을 돌아보며 써 내려간 글을 통해 선교사 자녀들에 대해 더 깊이 이해하고 그들을 위해 기도하는 중보자가 되기를 바란다.

세상에 단 하나뿐인 하나님의 영화 주인공

저는 만 두 살 때 선교사이신 부모님을 따라 도미니카공화국의 작은 시골 마을에 와서 살게 되었습니다. 면역력이 없어 말라리아와 같은 풍토병을 참 많이도 앓았지만 수많은 사람들의 중보 기도에 힘입어 무사히 자라서 학교에 들어갈 나이가 되었습니다.

시골에 있는 양철 지붕과 나무로 지어진 학교들은 오전, 오후, 밤반으로 나뉘어 있습니다. 어두울 때 전기가 나가면 글씨를 볼 수 없기에, 비가 오면 집에 물을 받아 놓아야 하기에, 그리고 선생님들은 제때 월급을 주지 않는다는 이유로 파업을 해 1년에 많은 날들이 수업을 하지 않았습니다. 부모님은 홈스쿨링을 시키겠다고 기도로 결정하셨습니다.

홈스쿨링. 말 그대로 집에서 학교생활을 하는 것입니다. 집 안에 있는 작은 칠판에는 시간표가 쓰여 있고 그 옆에 시간을 알리는 종이 하나 놓여 있습니다. 학생은 단 한 명입니다. 그리고 어머니이신 여자 선생님이 한 교실에서 모든 과목을 가르치십니다. 그 교실은 식당이 되기도 하고, 마루도 되며, 가정 예배를 드리는 곳이

---

[28] 예장통합총회 세계선교부,《선교 현장 이야기 '선교사 자녀'》(서울: 신명기획, 2013), 228-238.

고, 사람들이 방문해서 이야기꽃을 피우기도 하는 곳입니다. 또한 아버지이신 남자 선생님은 특별 수업을 담당하시어 기독교 수업과 야외 수업을 해 주십니다. 체육 시간은 밖에서 교회 앞마당을 정리하거나 주일학교에서 뛰노는 것이고, 음악 시간은 교회 찬양 시간입니다.

그러다가 물이 들어오면 수업 중간의 쉬는 시간에 부모님을 도와 바가지로 물을 나릅니다. 전기가 나가면 그날 수업은 끝이 납니다. 또한 시간표에 있는 현장 학습 시간에는 책을 들고 나가서 부모님 사역을 따라다니며 주변에서 공부하다가 가끔씩 작은 심부름을 합니다. 이게 바로 일명 '선교지 홈스쿨링'입니다.

그렇게 시작된 저와 홈스쿨링의 인연은 그 누구보다 남다릅니다. 혹시나 밤에 전기가 나가면 공부를 할 수 없기에 부모님이 사역 다니실 때 책을 들고 가 주변에 앉아서 그날 맡겨진 분량을 최선을 다해서 공부했습니다. 저 혼자만 걷는 길이라는 외로움도 적지 않았습니다. 제가 공부해야 할 때 환경은 따라 주지 않았고, 주어진 책의 내용을 이해하기 위해 미운 정 고운 정 다 쌓아 가며 책과 씨름을 해야 했습니다. 하지만 홈스쿨링 덕분에 저는 학교 스케줄에 매이는 대신 융통성 있게 저만의 계획을 짤 수 있었습니다. 그리하여 초등학교가 끝나 갈 무렵부터 고등학교 졸업까지 금, 토, 그리고 주일에 무료로 도미니카공화국복음교단 총회에서 피아노를 가르치시는 어머니를 도와 보조로 학생들을 가르치며, 주일학교에서는 학생들을 위해 봉사하는 축복을 누렸습니다.

사역과 공부를 병행하는 것은 결코 쉽지만은 않았습니다. 특히 고등학교 시절에는 대입 준비와 함께 주어진 엄청난 공부의 양을 주말 교회 사역과 병행하기 위해 시간 관리를 정말 잘해야 했습니다. 육체적으로 힘든 시간도 적지 않았습니다. '이제는 대입을 위해 부모님 사역을 돕는 것을 그만하고 공부에만 전념해야 하나?'라는 고민을 한 적도 참 많았습니다. 그러나 하나님은 제게 사역에 동참하게 해 주셔서 다른 이들을 섬기게 해 주셨고 제 안에 말로 형언할 수 없는 기쁨과 매일매일 더 큰 도전을 허락하셨습니다.

저는 부모님이 아시는 미국 선교사님들로부터 추천 받은 선교사 자녀들을 위한 미국 홈스쿨링 프로그램으로 공부했기 때문에 미국 교육 커리큘럼과 그 과목에 더 익숙했습니다. 그리하여 미국의 정말 유명한 명문 대학에 합격해 많은 사람들이 저희 부모님께 늘 말씀하시던, "선교사님, 주연이가 부모님 사역 때문에 희생되는 것이 아닌가요?"라는 이야기가 사실이 아니라는 것을, 그리고 홈스쿨링의 장점인 스케줄의 자율성으로 인해 오히려 부모님 사역을 돕는 축복을 누렸다는 것을 증명하고 싶었습니다. 제 작은 생각으로는 그것이 가장 하나님께 영광을 돌리는 방법 같았기 때문에 정말 열심히 공부했습니다.

하지만 고 2 무렵, 대학 입시가 더 피부로 와 닿게 되면서부터 미국 대학의 엄청난 등록금의 현실을 깨닫게 되었고, 부모님도 한국 대학을 고려해 보는 것이 어떠냐는 제안을 하셨습니다. 저는 그 말씀을 들었을 때 저의 계획과 달라 혼란스러웠지만 그 상황이 이해가 되었기에 받아들이고 따르기로 했습니다. 그러나 지금까지의 대입 준비와는 또 다르게 준비해야 했고, 원서와 관련된 정보도 시작부터 다시 알아 가야 했습니다. 하지만 마음속으로 또 다른 설렘이 싹트기 시작했습니다. 어릴 때부터 참 가고 싶었던 곳, 한국에 가서 제 또래 아이들과 지내며 대학 생활을 해 본다는 사실이 또 다른 기대를 갖게 해 주었습니다.

부푼 가슴을 안고 한국 대학에 원서를 넣기 위해 한국에 도착한 후 청천벽력 같은 이야기를 듣게 되었습니다. 홈스쿨링을 한 학생들은 검정고시를 봐야 한다는 것이었습니다. 그러나 제가 이 시험을 보게 되면 단순히 시험을 치르는 것이 아니라 제가 그동안 공부한 커리큘럼을 전혀 인정받지 못하게 되는 것이었습니다.

어찌 할 바를 몰라 참 많이 고민하고 눈물 흘렸습니다. 분명 이것이 하나님이 제게 계획하신 것의 끝이 아니라는 생각이 들었지만 그분이 원하시는 길이 무엇인지 몰라 답답했습니다. 그러나 그 광야와 같던 시간들을 통해 하나님은 제가 계획한 '명문 대학에 진학해 하나님이 기억하신다는 것을 보이고 영광 돌리고 싶다'는 것이 저 혼자만의 생각이었다는 것을 깨닫게 하셨습니다. 하나님을 위해서 한다고 하면서 막상 진정 하나님이 원하시는 것이 무엇인지를 구한 적은 적었던 것입니다.

그러던 중 미국 미시건 주에 있는 캘빈칼리지(Calvin College)를 알게 되었습니다. 자세히 알아보니 기독교 대학들 중 제가 관심이 있는 언어학 쪽과 이중 언어 교육학(Bilingual Education) 등의 전공 프로그램이 매우 유명하고 체계적으로 되어 있다는 것도 알게 되었습니다.

미국에는 발판 하나 없었지만 "순종이 제사보다 낫다"는 말씀에 의지해 원서를 넣었고, 최우수 입학생 중에 상위 3%에게만 주는 성적 장학금 중 가장 높은 '교육위원회 이사회 장학금(Trustee Scholarship)'을 받게 되었습니다. 이것은 고등학교 성적과 SAT 성적, 자기 소개서와 에세이, 그리고 그 외의 원서에 해당되는 서류들을 바탕으로 주어지는 장학금이었습니다. 선교지에서 SAT 학원도 가지 못하고 공부한 저의 작은 기도를 하나님이 기억하시고 응답해 주셨습니다. "주의 크신 이름을 위하여 주의 종을 버리지 마옵소서"라고 힘들 때마다 눈물로 수없이 간구한 저의 마음속 소원을 하나님은 잊지 않으셨다는 것을 보여 주셨습니다.

미국으로 출국하기 전 두렵고 떨리던 제게 부모님은 여러 가지 당부를 하시고 지금까지의 시간을 되새겨 주시며 말씀하셨습니다. "캘빈칼리지가 단순히 좋은 대학이라서가 아니라 하나님이 너를 그곳에 보내셨다는 것을 우리가 확실히 믿기 때문에 그 대학이 좋은 대학이 되는 거란다. 네 삶을 통해 하나님이 이루실 계획이, 네가 그곳에 가서 보낼 축복된 시간이 기대된다." 그 말씀을 들은 후 저의 두려움과 걱정했던 마음이 앞으로 하나님이 그곳에서 이루시고 보이실 일들에 대한 기대로 바뀌었습니다.

캘빈칼리지에 도착한 후 며칠 동안은 꿈을 꾸는 것 같았습니다. 그동안 선교지에서 혼자 영어 뉴스를 다운 받아서 따라 해 보고, 회화를 연습하기 위해 혼자 말한 것을 녹음하며, 작은 노트에 써서 들고 다니며 외우던 단어들을 실제 생활에 써 보는 기회가 되었습니다. 처음에는 정규 과정을 마친 친구들보다 제가 많이 뒤처질까 봐 고민했지만 미국 친구들이 아무렇지도 않게 저와 대화하는 것을 보며 조금씩 자신감을 쌓아 갔습니다.

강의실에 들어간 첫날, 제가 마치 영화 속 주인공이 된 듯한 느낌이 들었습니다. 인터넷으로 다운 받아 듣고 보던 그런 강의실에 제가 직접 앉아 있다는 게 전혀 믿기지가 않았습니다. 고등학교를 다닌 다른 미국 친구들과 드디어 직접 겨뤄 볼 수 있는 기회가 주어졌다는 생각이 들었습니다. 이제는 궁금한 게 생기면 바로 교수님께 가서 여쭤 보면 되지 굳이 힘들게 속도가 느린 인터넷으로 일일이 찾을 필요가 없어졌습니다. 또한 강의 시간마다 교수님께 질문하면 바로 답변을 받을 수 있는 것도 기뻤습니다. 대학에 와서 그룹으로 하는 활동과 프로젝트를 하며 서로 도와주고, 문제를 지적하며, 친구들과 제 자신을 비교하고 도전 받을 수 있다는 점도 감사했습니다.

앞으로 대학 졸업 후 어떤 곳에서 어떻게 쓰일지는 아직 확실하지 않습니다. 그러나 제가 관심이 있는 언어를 선교, 그리고 저와 같은 다른 선교사 자녀들의 교육에 접목해 일하고 싶습니다.

지난 학기에는 교환학생으로 스페인에 다녀왔습니다. 스페인에 도착하자마자 어디에서 왔는지를 물어보는 자기소개 시간이 있었습니다. "너 어디에서 왔니?" 이 단순한 질문에 대답하기 위해 정리하는데, 저는 참 많은 생각을 했습니다. 그러고 나서 저는 이렇게 대답했습니다. "한국에서 태어나서 도미니카 공화국에서 자라나서 지금 미국에서 공부하고 있다가 여기 왔습니다." 그러자 어떤 분이 제게 말씀하셨습니다. "바다에서 왔네. 그 어느 곳에도 속하지 않으니 …." 딱히 대답할 말이 없어서 그냥 웃었습니다. 그렇게 느껴 본 적은 많았지만 누구를 통해 들어 본 적은 처음이어서 그랬나 봅니다. 그날 밤, 저는 제가 들은 것에 대해 깊이 생각하다가 학교에 온 이후 어느 곳이든지 헤엄쳐 갈 수 있도록 저를 훈련시키시는 하나님을 보게 되었습니다.

한국은 제 부모님으로 인해 얻게 된 제 나라, 제 고향, 제 땅입니다. 그러나 도미니카공화국은 하나님이 택하셔서 제게 허락해 주신 제 마음의 고향입니다. 하나님이 저를 훈련시키시고, 가르치시고, 제 마음을 조금 더 정금처럼 단련시키시고, 그분이 사용하실 수 있는 모습으로 하나씩 빚어 가신 그곳, 그리하여 힘들고 아픈 적도 참 많이 있었지만 주변이 다 꽉 막힌 것 같은 그때에 제 눈을 들어 하늘을 보게 하신 그곳. 도미니카공화국은 제게 둘도 없는 마음의 고향입니다. 그리고 이제 더 나아가 주님은 미국의 캘빈칼리지에서 제게 또 다른 집을 허락하셔서 이 세상 그 어떤 곳이든 하나님이 원하시는 그곳이 제 집이라는 것을 가르쳐 주셨습니다. 저는 다른 이들의 눈에는 그 어떤 곳에도 100% 속하지 않은 사람일지 모릅니다. 하지만 하나님께 1%씩 더 속해 갈수록, 또한 하나님께 조금씩 더 제 자신을 내어 드리고 의지할수록 하나님은 모든 곳에서 불완전한 저를 오직 하나님의 크신 은혜로 기억하시어 많은 영역에서 사용하신다는 것을 보여 주셨습니다. 약하고 부족한 제가 주님의 은혜의 손에 붙잡힌 바 되면 그분의 능력으로 쓰일 수 있다는 것을 말입니다.

선교사이신 부모님과 다르게 선교사 자녀는 자신의 의지와는 상관없이 단순히 부모님의 부르심을 따라가는 자들입니다. 저 또한 두 살이라는 어린 나이에 공항에서 이민자 가방 위에서 자며 장기간의 여행 끝에 선교사 자녀라는 첫 발걸음을 내디뎠습니다. 하나님과 교제하며, 다른 이들은 모르는 복음을 알고 도와줄 수 있는 자가 가장 축복된 자이고, 나누어 줄 수 있는 자가 진정한 부자라는 교육을 어릴 때부터 부모님으로부터 받으며 자라 왔기 때문에 감사하게도 부모님의 사역으로 인한 마음고생은 덜했습니다. 하지만 가장 기본적인 것조차 부족했던 선교지의 생활환경으로 육적, 심적으로 참 많이 힘들었습니다. 그러나 하나님은 제가 직접 하나님께 헌신하기도 전에 저를 미리 택해 부르시고 사용하시는 것이 얼마나 전적인 하나님의 축복인지 가르쳐 주셨습니다.

솔직히 말해, 선교사 자녀로서의 삶은 한 편의 스펙터클한 영화와 같습니다. 다른 사람들이 겪지 못하는, 어떤 때는 다른 이들이 마음 아파하고, 또 어떤 때는 부러워하는 그런 인물의 삶을 살아갑니다. 많은 이들의 눈에는 부모님 밑에 있는 조연으로 보일 수도 있습니다. 그리고 저 또한 제 이름 석 자, '김주연'이기 이전에 '선교사 자녀'로서 사람들을 만나게 된 때가 더 많았습니다.

어릴 때는 평범해지고 싶었습니다. 친구들과 같이 아침에 일어나 책가방 메고 학교에 가서 수업을 듣고 싶었던 적도 많았습니다. 내가 지금 하고 있는 게 맞나, 염려와 걱정이 저를 사로잡을 때도 참 많았습니다. 그럴 때마다 부모님은 말씀해 주셨습니다. 제 진짜 선생님, 친구는 예수님이시라고 말입니다. 또한 감사하게도 기독교 신앙에 바탕을 둔 제 홈스쿨링 프로그램 교재를 통해 저는 공부하는 동시에 더욱더 하나님을 향한 믿음 안에서 자라 갈 수 있었습니다.

저는 비록 인식하지 못했지만 하나님은 저를 주인공으로 뽑으신 또 하나의 영화를 찍고 계셨습니다. 저는 많은 사람들이 경험하지 못한 곳들을 가 보고, 너무 복된 다양한 이들과 교제하며, 여러 언어와 문화를 배우는 등 참 많은 축복을 누렸습니다. 이 모든 일은 최고의 주인공이신 저의 완벽한 감독님, 예수님으로 인해 가능했습니다. 그리고 제 삶이라는 영화에 오직 이 최고의 감독님이신 예수님만이 남기를, 그러나 영원에 한 번뿐인 저만의 색깔로 남겨지기를 기도합니다.

캘빈칼리지에 온 이후 처음으로 참 많은 다른 선교사 자녀들을 만나고 교제하며 한 명 한 명이 살아온 이야기를 듣게 되었습니다. 저와는 또 다른 여건들로 인해 각자의 자리에서 참 많은 고생을 했지만 저희의 그 힘든 시간들을 통해 하나님은 저희를 단련시키시고 준비시키시어 감사의 고백이라는 열매를 맺게 하셨습니다. 하나님은 저희의 힘든 시간들을 감사의 눈물로 바꾸어 주셨습니다. 그러기에 저는 오늘도 웃으며 고백합니다. 세상에서 가장 행복하고 감사한 하나님이 택해 주신 자리, 저는 선교사 자녀입니다!

*김주연은 2019년 현재 오하이오 주립대학(The Ohio State University)에서 Fellow Scholarship을 받으면서 Ph.D 학위과정(Foreign, Second and Multilingual Language Education) 중에 있다.

6장
선교사 자녀 교육과 한국 교회

선교사 자녀를 돌봐야 할 이유

데이비드 폴락은 선교사 자녀를 돌봐야 하는 이유를 세 가지로 구분했다. 첫째, 선교사 자녀들이 존재하기 때문이다. 둘째, 요한복음 13장 34-35절 말씀처럼[29] "서로 사랑하라"라는 예수님의 새 계명에 순종하기 위해서다. 셋째, 선교사 자녀들은 여건상 돌봄이 필요하기 때문이다.

한국 교회가 선교사 자녀들에게 관심을 가져야 하는 이유에 대해 선교 관계자들은 이렇게 말한다. 첫째, 선교사의 인력이 전진 배치되

---

[29] "새 계명을 너희에게 주노니 서로 사랑하라 내가 너희를 사랑한 것같이 너희도 서로 사랑하라 너희가 서로 사랑하면 이로써 모든 사람이 너희가 내 제자인 줄 알리라"(요 13:34-35).

어야 선교가 효과적으로 진행될 수 있다. 둘째, 선교비는 선교 사역에 투입되어야 한다. 셋째, 선교사 자녀는 장래에 훌륭한 국제적 인물, 한국 교회의 인재가 될 수 있다.

그러나 한국 선교의 현실을 보면, 선교사의 인력이 전진 배치되어 있지 않고, 자녀 교육을 위해서 대도시에 집중되어 있으며, 더 나아가 선교비가 선교사 자녀 교육을 위해 사용되는 경우가 종종 있다.

돌봄의 시기

어떤 선교사는 대학 교육까지 돕겠다고 말하고, 어떤 선교사는 아이의 자립심을 위해서 중학교 과정부터 스스로 하도록 맡기겠다고 말한다. 그러나 선교사 자녀의 돌봄은 부모가 선교사가 되는 순간부터, 더 자세히 말하면 선교사 후보로 인선이 되는 순간부터 시작되어야 한다. 따라서 선교사 인선 후 이루어지는 훈련 프로그램 시기부터 각 단계에 맞게 체계적으로 선교사 자녀를 돌봐야 한다.

그들을 돌보는 시기를 제한하기보다는 그들이 성년이 되고 하나님의 일꾼으로 쓰임 받는 동안에도 부모가 든든한 상담자가 되어 돌보는 것이 바람직하다. 그들은 한국인이지만 한국을 잘 알지 못한다. 또 헤어짐과 이별의 경험을 자주 하면서 내면적으로 상처와 아픔을 갖고 있다.

선교지에서 성장 과정을 거쳐 한국의 대학에 입학한 어느 선교사 자녀의 이야기다. 다른 친구들은 대학에 입학해서 한껏 대학 문화를 즐기고 있는데 그는 처음으로 자신의 정체성에 대해 고민하며 모든 것이 낯선 한국 문화에 적응하느라 힘겨운 시간을 보냈다. 이것을 알게 된 부모는 사역지에서 틈이 날 때마다 그에게 소식을 전하고 고민을 같이 나누면서 돌봐 주었다. 다행히 그는 방황의 시기를 잘 넘기고 한국 문화에 적응해 대학 생활을 즐겁게 보내게 되었다.

선교사는 갈등하는 자녀를 방관한 채 잃어버린 영혼을 찾아 동분서주해서는 안 된다. 지난 2010년 "한국 MK 사역 4반세기의 회고와 미래 전망"을 주제로 태국 방콕에서 열렸던 제7회 방콕 포럼에서 소개된 사연이다. 이것은 선교사 자녀들의 삶에 대해 우리가 얼마나 무지했는지 깨닫게 해 준다.

> 너무 착했던 아들이 우울증에 걸렸다는 소식을 듣고 한달음에 달려갔죠. 하지만 사역지에 일거리가 쌓여 있다는 핑계로 고작 며칠을 함께 지낸 뒤 급히 복귀했습니다. 그런데 얼마 지나지 않아 그 아들이 자살을 시도했다는 청천벽력 같은 소식이 전해졌습니다. 다행히 목숨은 건졌지만 그로 인해 저는 평생 무거운 짐을 지고 살고 있습니다. '내가 아들에게는 유일한 소방수였는데 ….' 결국 저는 선교사로서의 책임감 때문에 엄마로서의 책임을 다하지 못하고 말았습니다(중앙기독초등학교 사라 마 영어교과과정 조정관).

자녀에게 베푸는 따뜻한 사랑은 그들을 건강하게 성장시키는 가장 중요한 요소다.

돌보는 자

돌보는 자의 책임은 일차적으로 부모에게 있다. 선교사 부부는 정보의 부재, 교육 자원이 부족한 상태에서 자녀를 돌보게 된다. 그러므로 협력자가 반드시 필요하다. 선교사 부부와 협력해서 자녀를 돌볼 수 있는 대상은 첫째, 선교사가 소속된 교단 선교부나 선교 단체다. 교단 선교부나 선교 단체는 소속 선교사들의 자녀들을 공동체의 자녀로 생각해 돌보고 지원해야 할 것이다. 그러기 위해서는 장기적인 안목을 갖고 선교사 자녀 전담 사역자를 두어야 할 것이며, 그들이 선교사 자녀들의 근황을 면밀히 파악하고 돌볼 수 있도록 여건을 마련해야 할 것이다. 둘째, 후원 교회다. 선교사 자녀가 교회 교육을 통해 건강한 그리스도인으로 자라 갈 수 있도록 지속적인 관계를 맺고 돌봐야 할 것이다.

돌봄의 태도

선교사 자녀를 돌보는 데 있어서 주의해야 할 점은 그들이 그리스도인으로서 평범하게 성장해 가도록 도와야 한다는 것이다. 그렇기 때문에 그들에게 지나친 동정심을 갖거나 선교지에서 자라난 특별한 아이라는 생각에 아이가 귀찮아할 정도로 너무 많은 호기심을 드러내는 것은 배제해야 할 것이다.

돌봄의 목표

돌봄의 목표는 돌봄의 대상이 필요로 하는 부족한 부분을 채워 주는 것이다. 즉 긍정적인 자의식을 갖게 하며, 신뢰 관계를 형성하고, 문화 적응을 잘할 수 있도록 돕는 것이다.

선교사 자녀를 돌보는 목표를 세 가지 상징적인 표현으로 묘사한 내용이 있다. 그것은 뿌리와 날개, 그리고 심장이다. '나는 누구인가?'에 대한 뿌리 의식을 가질 수 있도록, 그래서 그 든든한 정체감으로 인해 마음껏 나래 치며 어디라도 날아오를 수 있는 튼튼한 날개를 갖게 해 주는 일, 다시 말해서 국제적인 시각과 개인적인 은사와 능력을 잘 키워 갈 수 있도록 돕는 일, 그리고 높이, 멀리 치솟되 어떠한 바람과 도전에도 숨을 몰아쉬며 하나님의 영광을 위해 감격하고 감사하며 살아가는 뜨겁고 강인한 심장을 키워 주는 일, 그것이 바로 선교사 자녀들을 돌보는 모든 사람들이 가져야 할 비전이 아닐까 한다.

선교사 자녀 교육을 위한 한국 교회의 역할

선교사 자녀 교육의 열매는 '백년대계(百年大計)'라는 말에서 볼 수 있듯이 금방 눈에 띄게 맺히지 않는다. 선교사 자녀 교육의 성과는 그들이 자라서 부모로부터 독립해 하나님 앞에 한 인격체로 살아갈 20-30년 후에나 확인할 수 있는 열매다. 한국 교회는 그즈음에 이중 언어를 구사하고, 타 문화권에 적응이 용이하며, 선교가 무엇인지 몸으로 체득한 귀중한 선교적인 인적자원을 확보하게 될 것이다. 궁극적으로 그 열매와 영광은 하나님이 거두실 것이다.

서구 선교의 역사를 살펴보면 그 열매를 눈으로 확인할 수 있다. 다시 말하면 세계 각지에 흩어져서 열심히 사역하는 2, 3세대 선교사가 많다는 것이다. 이런 안목 속에서 한국 교회에 몇 가지 제안을 해 보면 다음과 같다.

MK를 위한 기도 모임[30]

선교사 자녀들은 나이와 관계없이 그들 나름대로 어려움을 겪는다. 어떤 사람들은 자녀들이 어릴 때 선교지에 가면 사춘기 전에 이미 선교지의 문화에 적응하기 때문에 훨씬 쉬울 것이라고 말한다. 또 어떤 이들은 아예 모든 것을 판단하고 스스로 감당할 수 있는 초등학교 진학 이후에 떠나면 아이들이 훨씬 잘 적응할 것이라고 말한다. 그러나 내가 만나 본 선교사들은 그들이 사역지로 출발한 시기와 상관없이 자녀들 나름대로 어려움을 겪었다고 말했다.

선교사 자녀들이 갖는 어려움 가운데는 특별히 영적인 부분이 포함된다. 영적인 전투 현장에 그대로 노출되어 있는 선교사 자녀들이 구원자이신 예수 그리스도를 자신의 구세주로 받아들이고 든든히 서 갈 수 있도록 한국 교회는 끊임없이 기도해야 하는 책임이 있다. 특별히 정기적인 모임을 가지면서 선교사 자녀들을 위해 구체적으로 기도하는 것은 매우 중요한 일이다.

MK의 한국 문화 적응 지원

선교사 자녀가 정체성을 갖고 한국 문화에 적응할 수 있도록 돕는 방안은 다양하게 모색해 볼 수 있다. 예를 들어, 방학을 이용해 교회 청년들이 선교지를 방문해 선교사 자녀의 교육을 지원해 줄 수 있다. 비록 짧은 기간이지만 집중적인 만남을 통해서 부족한 과목을 보충해 주거나, 인격적인 만남을 통해 정서 안정에도 도움을 줄 수 있다.

---

30 선교사 자녀 사역 중 하나가 MK 입양(MK-Adoption) 운동이다.

더 나아가 학기 중에는 필요한 교재를 보내거나 이메일을 교환하는 방법으로 지속적으로 학습을 도울 수 있을 것이다.

이것은 선교사 자녀들이 고국을 방문했을 때 교회와 한국 문화에 적응하는 연결 고리가 된다. 선교사 자녀들이 교회를 중심으로 뿌리를 내리면 그들이 가진 경험과 재능, 영적 잠재력으로 고착화되어 가고 있는 한국 교회를 역동적으로 변화시켜 가는 데 크게 기여할 수 있을 것이다.

MK 수련회 후원

1999년에 첫 번째 안식년을 맞이했을 때 예장통합총회가 주관한 선교사 자녀 수련회를 계획하고 진행한 경험이 있다. 이 수련회에서 선교사 자녀들은 그들이 지닌 여러 가지 고민과 갈등을 나누며 자신을 발견하는 귀한 경험을 했다. 같은 길을 걷고 있는 많은 친구와 선후배들을 보면서 안도했으며, 자신의 정체성에 대해 확신이 없었던 이들이 자신을 발견하기도 했다. 프로그램이 진행되는 동안 수련회를 시작하던 날의 서먹서먹함은 어느새 소속감과 사랑을 나누는 분위기로 바뀌었고, 마지막 날에는 서로 연락처를 교환하고 계속적인 만남을 약속하기도 했다.

선교사 자녀 수련회는 선교사 자녀들에게 한국 교회를 알게 하고, 그들의 부모가 선교지에서 복음을 전하는 것이 얼마나 귀한 일인지를 인식하게 하는 동시에 그들 스스로 하나님의 일꾼으로 헌신하게 하는 역할을 한다. 선교사 자녀들이 잘 성장하면 그들은 후배 선교사 자녀들에게 '의미 있는 타자' 역할을 할 수 있다. 헌신된 선교사 자녀가 선교사 자녀 수련회의 자원봉사자로 일할 경우 수련회에 참석하는 선교사 자녀들뿐 아니라 프로그램에 큰 도움이 될 수 있다.

MK 후원회

선교사 자녀를 돕는 후원회가 체계적으로 마련되어야 한다. 후원회는 중보 기도, 성장 과정에 맞추어 교재 및 도서 보내기, 학용품 보내기 등을 통해 선교사 자녀들을 도울 수 있다. 안식년을 맞이한 선교사 자녀에게는 한국인으로서의 정체감을 가질 수 있도록 계획을 갖고 돌봄을 받는 과정이 필요하다. 이 기간 동안 선교사 자녀는 찬양 집회, 캠프, 교회에서 진행되는 프로그램에 참가해 영적으로 성장하는 기회를 가질 수 있다. 또한 한국에서 대학을 진학하거나 군에 입대하는 경우 등을 고려해 그들을 위한 체계적인 돌봄이 필요하다.

선교사 자녀 교육과 교단 선교부, 선교 단체의 역할

선교사 자녀 교육에서 먼저 극복해야 할 것은 선교사 자녀 교육 철학 및 인식 부족이다. 이것은 선교와 선교사 자녀 교육을 별개로 생각하는 잘못된 사고방식에서 기인한다. 선교사 자녀 교육이 소홀히 다루어지고 장애를 극복하지 못하면 선교는 치명적인 타격을 입게 된다. 따라서 교단 선교부와 선교 단체는 선교사 자녀 교육에 대한 역할을 잘 감당해야 한다.

MK 사역자, 전문가 본부 배치

선교사 자녀 사역자는 교단 선교부, 혹은 선교 단체에 속한 선교사 자녀들의 현황을 연령별, 학력별로 파악하고 그들의 필요가 무엇인지를 연구한다. 그리고 제안 사항을 실천하도록 노력한다.

교사 선교사[31] 파송

교단 선교부나 선교 단체가 교사 선교사를 선발해 파송하는 것이다. 교사 선교사를 선발할 때는 양질의 선교사, 즉 교사자격증을 소유하고 있으며 건전한 신앙의 기초와 선교관 위에서 교육을 받은 사람을 대상으로 해야 한다.

한국 선교계가 대륙별 거점 도시에 선교사 자녀 교육 기관을 설립하는 것이 장기적으로 필요하지만 이보다 더 시급한 것은 선교사 자녀를 위한 교사 선교사를 파송하는 일이다. 케냐 키자베의 리프트밸리아카데미(Rift Valley Academy, RVA), 필리핀 마닐라의 페이스아카데미(Faith Academy)는 물론이고 태국 치앙마이의 그레이스국제학교 등

---

31 선교사 자녀 교사들을 위한 준비 교육 과정이 필요하다. 다음은 한국선교사자녀교육개발원(KOMKED)의 커리큘럼이다.
   ① 교사 선교사로서의 부르심
   ② 선교사 자녀의 삶의 실제
   ③ 선교사 자녀 교사로서의 기독교 교육 이해
   ④ 자녀를 둔 선교사의 삶과 고민
   ⑤ 선교지 선교사 자녀 교육 현실과 제언
   ⑥ 선교사 자녀 교육을 위한 교사의 역할
   ⑦ 선교사 자녀 교육과 한국 교회와의 관계
   ⑧ 선교사 자녀 교사로서의 준비
   ⑨ 선교사 자녀 전인적 돌봄(Total Care) 및 선교사 자녀 교육 현황
   ⑩ 선교사 자녀 교육 현장 실습

서구 선교사들이 오래전 설립한 유수한 선교사 자녀 학교들에는 사실상 한국인 교사가 없거나 있어도 소수에 불과하다. 결국 제대로 된 인성 교육과 정체성을 갖도록 도울 교사들이 없는 상황에서 선교사 자녀들에게 선교사의 자녀로서, 또한 한국인으로서의 정체성을 심어 주는 일은 쉬운 일이 아니다.

선교사 자녀와 교사 선교사의 만남은 단기적으로 이루어지기 때문에 강한 인상으로 남을 수 있다. 따라서 문제가 있는 교사를 파송할 경우에는 더 큰 후유증을 남길 수 있다. 많은 선교사들이 교사 선교사의 필요성을 인식하고 있음에도 불구하고 행여 발생할 수 있는 부정적인 면과 재정적인 면 때문에 선뜻 추진하지 못하는 실정이다.

MK를 위한 선교사 훈련[32]

문화, 환경의 차이를 넘어 영적 전쟁터라고 불리는 선교지에 우리의 자녀를 그냥 내보내는 일은 직무 유기나 다름이 없다. 바른 선교의 원칙을 통해 훈련 받은 선교사 자녀는 선교지에서 선교사의 사역을 극대화하는 조력자가 될 뿐 아니라 선교의 귀중한 자원이 된다.

선교사 자녀 사역은 크게 세 단계로 나눌 수 있다. 첫째, 선교사 자녀가 부모 선교사와 선교지로 출발하기 직전에 행해지는 사역(Pre-Field), 둘째, 선교사 자녀가 선교지에서 생활하는 가운데 행해지는 사역(On-Field), 셋째, 선교사 자녀가 한국에 돌아와 재적응하는 과정

---

32 대한예수교장로회총회 세계선교부,《총회 선교사 자녀 현재와 미래를 향한 부르심》(서울: PCKWM, 2012), 15.

에서 행해지는 사역(Re-Entry)이다. 각 단계에 맞춰 선교사 자녀를 체계적으로 돌보고 훈련하는 사역은 선교사 자녀가 자신의 은사를 발견하고 각자 그에 맞는 선교의 비전을 가지게 한다. 또한 선교사 자녀가 선교지에서 건강한 삶을 살게 함으로써 현지인들에게 선한 영향력을 끼칠 수도 있다.

선교사 자녀를 선교지로 보내시어 문화적, 언어적 훈련을 시키시고 선교적인 시각에서 세계를 보는 안목을 갖도록 허락하신 하나님의 비전은 너무나 분명하다. 선교사 자녀가 선택된 백성으로, 주님의 마지막 명령을 성취해 가는 '신앙인', '국제인', '한국인'으로 자라게 하기 위해서는 모두 한마음과 한뜻으로 사랑의 씨를 뿌려야 한다. 소열도(T. Stanley Soltau) 선교사는 다음과 같이 말했다.

> 잘 훈련되고 양육된 선교사 자녀들의 본은 어떠한 말보다도 더 강하고, 실제적으로 선교지의 사람들에게 영향을 끼친다. 왜냐하면 선교지의 사람들은 우리의 말보다도 우리의 삶을 주시해 보고 있기 때문이다.

MK를 위한 호스텔

귀국하는 선교사 자녀를 위해 교단 선교부나 선교 단체가 교회와 협력해 준비할 것 중에 하나가 바로 선교사 자녀 호스텔이다. 선교사 자녀가 국내 대학에 진학하게 될 경우에는 대부분 부모와 떨어져 살게 된다. 이때 그들이 잘 적응할 수 있는지 없는지는 초기 적응 과정이 중요한 관건이 된다. 물론 가장 바람직한 것은 부모가 안식년을 잘 조절해 자녀의 귀국 첫해에 함께 생활하면서 적응을 돕는 것이지만, 형편상 어려울 경우에는 부모 못지않게 그들을 잘 돌봐 줄 수 있는 사람이 필요하다.[33] 대학생이며 성인이기 때문에 혼자서 한국 생활을 잘 해 낼 수 있으리라고 기대하는 것은 무리다. 다음 인용문은 이러한 현실 속에서 몸부림치는 선교사 자녀의 글이다.

> 부모님을 향한 불평이 나도 모르게 자라서 어머니와 통화할 때에는 방학이 방학 같지도 않다고, 도대체 왜 우리 집만 이렇게 지내야 하느냐고 큰소리치기도 했습니다. 이것은 비단 저만 겪는 일이 아니라 선교사 자녀 대부분이 겪는 일입니다.
> 대학 입학을 위해 재입국한 선교사 자녀들에게는 언어의 문제나 적응상의 여러 가지 도전이 있지만, 특별히 의식주 가운데 가장 중요한 주거 문제가 두드러집니다. 처음 한국에 입학해서 어디에서 지낼지가 가장 큰 고민이고, 고민은 짐이 되어 사계절 옷, 책과 함께 꼬리를 물고 따라옵니다. 모국에 돌아와 공부할 기대에 들뜬 처음과는 달리 입국 후에는 몇 년 동안 본 적도 없어서 얼굴도 잘 모르는 친척 집에서 신세를 지거나, 캐리어를 양손에 끌고 대중교통을 이용해 머물 곳을 찾는 현실을 마주하게 됩니다.
> 같은 과 후배였던 한 선교사 자녀는 몸을 다쳐 어쩔 수 없이 휴학해야 하는 상황이어서 기숙사를 나와야 했고, 아픈 몸으로 부모님이 계신 선교지로 돌아갈지 한국에서 지낼 곳을 찾아야 할지

---

[33] 기숙사 부모(Dorm Parents)가 이에 해당한다.

고민했습니다.[34]

선교사의 경우 처음 선교지에 갔을 때 얼마나 많은 훈련과 오리엔테이션, 선배 선교사와 현지인들의 도움, 그리고 본국으로부터의 사랑의 후원을 받고 적응의 시기를 보냈는가. 그러나 선교지가 거의 고향과 다름없는 자녀들이 대학생이 되었다고 해서 그들을 낯선 한국 땅에 그냥 보내는 것은 그들에게 모험과도 같은 것이다. 실제로 한국의 대학을 다니기 위해 혼자 귀국한 자녀가 대학 생활에 적응하기는커녕 문화 충격 속에서 고생하며 정신적으로 어려움을 겪다가 결국 선교지로 돌아가는 사례들을 주변에서 쉽게 발견할 수 있다.

선교사 자녀가 소명을 받고 선교사가 되기를 원할 경우에는 적극적으로 지원해 주어야 한다. 그들은 여러 가지 무한한 잠재력을 가지고 있다. 교회성장학의 시조로 널리 알려진 맥가브란은 3대째 인도에서 선교를 한 선교사 자녀였다. 그는 선교사가 되지 않으려고 했지만 대학 시절 학생자원운동을 통해 그리스도께 헌신하고, 결국은 인도에 선교사로 가게 되었다. 현대 선교의 새로운 조류를 형성할 만큼 뛰어난 그의 선교적 통찰력과 새로운 비전은 어디서 비롯된 것일까? 아마도 그가 물려받은 풍부한 선교 정신과 영적 유산일 것이다.

---

34 대한예수교장로회총회 세계선교부,《총회 선교사 자녀 현재와 미래를 향한 부르심》(서울: PCKWM, 2012), 52-53.

선교지에 MK 학교 건립

2018년 말 선교사 수가 2만 7천 명을 넘어섰다. KWMA에서 발표한 선교사 자녀 수는 2018년 기준 18,372명이다.[KWMA, '2018년 12월 한국선교사 파송 현황', 「한국 선교 KMQ」 69호(2019), 110-118.]

미국의 경우에는 자국 선교사들을 위해 각국 선교지에 130개 이상의 선교사 자녀 학교를 세워 공부하게 하고 있다. 물론 대학 과정은 본국에 돌아와서 공부할 수 있도록 협조하고 있다. 다시 말하면, 서구 선교사가 이미 오래전부터 진출해 있던 지역에는 비교적 안정된 국제 선교사 자녀 학교가 있고, 이들 학교는 대부분 미국식 내지는 영국식 교육 체계를 따르고 있다.

세계에서 두 번째로 많은 선교사를 파송하는 한국 교회가 언제까지 이들 학교에서 선교사 자녀들이 공부하도록 방관하고 있을 것인가? 선교사들이 믿음으로 경제적 열등감을 극복하고 기도하면서 그들의 자녀들을 어려운 사역지의 현실에 맞춰 교육시키고 있는 상황을 직시하고 해결할 때가 되었다. 중국내지선교회의 창설자인 허드슨 테일러는 선교사 자녀에 대해 다음과 같이 말했다.

선교사 자녀들은 반드시 그 부모가 사역하고 있는 선교 현장에서 교육 받아야 하며, 이를 위해 적절한 교육 기관들이 설치되어야 하고, 또 선교사를 파송하는 교회나 단체는 선교사 자녀 교육을 위해 적절한 재정적 후원과 교사들을 함께 파송해야 한다.

얼마 전부터 선교사들이 사역에 전념하도록 돕고 자녀들에게는 한국인으로서의 정체성과 신앙을 교육시키겠다는 취지로 선교사 자녀 학교가 운영되고 있다. 한국 선교사들이 세운 최초의 학교는 1994년 설립된 필리핀 마닐라한국아카데미다. 이 학교는 한국 교회 연합 사업으로 선교사와 후원 교회가 중심이 되어 시작되었다. 나는 영락교회 해외선교부에서 사역할 당시 학교 설립 준비를 위한 첫 번째 모임에 함께했다. 두 번째로 한국 선교사가 세운 학교는 몽골의 수도 울란바토르에 있다. 그리고 태국의 방콕인터내셔널아카데미(Bangkok Christian International Academy)가 1997년에 설립되었으며, 우간다의 무지개학교(Kampala Rainbow School)가 1998년에 세워졌다. 그 후 세계 곳곳에 한국 선교사 자녀를 위한 학교가 세워지고 있다. 한국인에 의해 설립된 해외 학교는 다음과 같다.〈2013년 기초 자료 근거〉

- 마닐라한국아카데미 http://www.mha.or.kr
- 북경한국국제학교 http://kisb.net
- 상해한국국제학교 http://www.skoschool.com
- 몽골 울란바토르선교사자녀학교 http://www.mkschool.org/main.html
- 홍콩한국국제학교 http://www.kis.edu.hk
- 자카르타한국국제학교 http://jiks.com
- 알바니아 티라나 GDQ 국제학교 내 한알학교 http://www.gdqschool.org

한국에 MK 학교 건립

한국 선교사 자녀 학교는 본국에 선교사 자녀를 남겨 두고 선교사가 사역을 할 경우에 필요하다. 이사벨학원과 동래중앙교회, 그리고 여러 선교사 자녀 후원자들을 통해서 부산에 글로벌학교가 세워졌다. 또한 한동국제학교도 같은 목적으로 세워진 학교다. 국내에 선교사 자녀 교육을 목적으로 세워진 학교 현황(2012년 기준)을 보면 다음과 같다.

- 꿈의학교 http://dreamschool.or.kr
- 한동글로벌학교 http://his.handong.edu
- 지구촌고등학교 http://glovillhigh.hs.kr
- 공동체비전고등학교 http://vision.hs.kr
- 중앙기독초등학교 http://christianacademy.e-wut.co.kr
- 한동대학교 http://www.han.ac.kr
- 세종글로벌학교 http://www.runkorea.org

서구 선교 단체가 세운 MK 학교와 기독 학교[35]

- 인도네시아 파푸아, 힐크레스트국제학교(Hillcrest International School) http://www.hismk.org

---

[35] 이외에도 각 선교지마다 기독교 학교가 있다. 그리고 기독교 신앙과 관계없이 세워진 수많은 사립학교들이 있다. http://www.isvillage.com에서도 정보를 구할 수 있다.

- 에콰도르 키토, 얼라이언스국제학교(Alliance Academy International) http://www.alliance.k12.ec
- 에티오피아 아디스아바바, 빙엄아카데미(Bingham Academy) http://www.binghamacademy.net
- 필리핀 마카티, 페이스아카데미(Faith Academy) http://faith.edu.ph
- 태국 치앙마이, 그레이스국제학교(Grace International School) http://www.gisthailand.org
- 인도 타밀나두, 헤브론스쿨(Hebron School) http://www.hebronooty.org
- 브라질 아나닌데우아, 아마존밸리스쿨(Amazon Valley School) http://avabrazil.org
- 말레이시아 페낭, 달랏국제학교(Dalat international School) http://www.dalat.org
- 독일 칸던, 블랙포레스트아카데미(Black Forest Academy) http://bfacademy.com
- 파키스탄 푼잡, 머리크리스천스쿨(Murree Christian School) http://www.mcs.org.pk
- 케냐 키자베, 리프트밸리아카데미(Rift Valley Academy) http://www.rva.org
- 케냐 나이로비, 로슬린아카데미(Rosslyn Academy) http://rosslynacademy.org
- 헝가리 부다페스트, 인터내셔널크리스천스쿨(International

Christian School of Budapest) http://www.icsbudapest.org

- 일본 도쿄, 재팬크리스천아카데미(Christian Academy in Japan) http://caj.or.jp

- 인도 우타라칸드, 우드스톡스쿨(Woodstock School) http://www.woodstock.ac.in

- 볼리비아 코차밤바, 카라치팜파크리스천스쿨(Carachipampa Christian School) http://www.carachipampa.org

- 세네갈 다카르, 다카르아카데미(Dakar Academy) http://www.dakar-academy.org

- 세네갈 티에스 주, 보로페이크리스천스쿨(Bourofaye Christian School) http://www.bcs-senegal.org

- 오스트리아 빈, 비엔나인터내셔널크리스천스쿨 (International Christian School of Vienna) http://www.viennachristianschool.org

- 네팔 카트만두, 링컨스쿨(Lincoln School) http://www.lsnepal.com

- 인도네시아 반둥, 반둥얼라이언스인터내셔널스쿨(Bandung Alliance International School) http://www.baisedu.org

- 인도네시아 살라티가, 마운틴뷰인터내셔널크리스천스쿨 (Mountainview International Christian School) http://www.mountainviewics.org

- 캄보디아 프놈펜, 프놈펜인터내셔널스쿨(International School of Phnom Penh) http://www.ispp.edu.kh

- 태국 방콕, 타일랜드뉴인터내셔널스쿨(New International School of Thailand) http://www.nist.ac.th
- 터키 이스탄불, 인터내셔널게이트웨이아카데미(International Gateway Academy) http://www.int-gateway.org
- 도미니카공화국 산티아고, 산티아고크리스천스쿨(Santiago Christian School) http://www.santiagochristianschool.org
- 요르단 암만, 로이앤도라위트먼아카데미(Roy and Dora Whitman Academy) http://whitmanacademy.org
- 우크라이나 키예프, 키예프크리스천아카데미(Kiev Christian Academy) http://kca.org.ua
- 포르투갈 카스카이스, 카스카이스인터내셔널크리스천스쿨(International Christian School of Cascais) http://www.icsc.pt
- 키르기스스탄 비슈케크, 비슈케크호프아카데미(Hope Academy of Bishkek) http://hopeacademykg.com
- 알바니아 티라나, GDQ 인터내셔널크리스천스쿨(GDQ International Christian School) http://www.gdqschool.org

무엇보다 가장 중요한 것은 자녀를 양육하는 부모 선교사의 자녀 교육 원칙이다.

MK 사역 연구 및 개발

선교사 자녀에 대한 한국 교회의 인식 변화와 선교사 자녀를 돕는 사역자, 후원자 발굴은 앞으로 계속적으로 추진되어야 할 과제다. 선교사 자녀 사역의 중요성을 한국 교회가 인식할 수 있도록 교단 선교부나 선교 단체가 계속적으로 알려야 하며, 그들을 위해 헌신할 수 있는 일꾼들을 발굴하고 사역에 쓰임 받을 수 있도록 유도해야 한다.

MK를 위한 기본 사역

선교사 자녀 초중고 본국 수련회와 영성 수련회를 개최한다. 선교사 자녀 장학금을 지원하며, 그들의 학업을 도울 수 있는 학습지나 추천 도서를 보내 준다. 그들과 교제할 수 있는 이메일을 주고받는다. 가이드 교사가 필요하다. 연령별 TV 프로그램 중 아이들이 좋아하는 프로그램이나 자연 다큐멘터리, 한국 문화 탐방, 역사 기행 등 교육 기자재가 되는 영상물을 발송한다. 선교사 자녀를 돕고 있는 한 교사는 이렇게 말했다.

현직 교사로 재직 중인 선생님이 홈스쿨링만 의존하는 선교사 자녀를 자기 반 학생으로 입양해 교육 과정을 서신이나 이메일 등으로 돕는 사역을 하거나 임시 방문, 또는 안식년으로 부모와 함께 들어온 선교사 자녀들을 맡아서 선교사 자녀들이 마음껏 한국을 경험하고 누릴 수 있도록 함께 문화 유적지나 놀이공원 등에 다니며 친구가 되어 주는 사역입니다. 이 시간을 통해 아이들은 자신의 뿌리가 되는 한국에 대해 큰 애정을 갖게 될 것입니다. 한국 교회와 성도님들의 사랑은 곧 정체성으로 힘들어하는 선교사 자녀들에게 큰 힘이 되어 줍니다.

교육 제도 이해를 위한 자문 위원 상담

홈스쿨링을 하거나 국제학교의 학제에서 교육을 받는 선교사 자녀들 중 상당수가 한국 학교의 입학을 생각하고 있다. 그러나 부족한 선교사 자녀를 돕는 사역자나 선교사들에게 급변하는 교육 제도에 대한 정보를 제공하기란 쉽지 않다. 그렇기 때문에 한국의 급변하는 교육 제도와 관련해 안식년, 또는 학교 입학을 목적으로 한국에 들어온 아이들을 위한 학습 지도 및 다양한 상담이 필요하다.

청소년 전문 상담 사역

상담은 민감한 청소년기에 중요한 사역이기 때문에 상담 전공자로서 청소년 대상의 임상 경험이 있는 사람으로 자격을 제한하며, 자원봉사로 국내에 안식년으로 입국한 선교사 자녀와 메일을 통해 돕는 사역이다. 선교사 자녀들은 많은 가능성을 가지고 있는 국제적인 재원들이다. 그러므로 청소년기의 상처를 잘 다루지 못해 자신의 가능성을 한껏 발휘하지 못하고 사장되는 경우가 없기를 바란다.

선교사 자녀 학교 사역자 훈련 교육 및 부모 교육

선교사 자녀 학교 사역자 훈련을 통해 선교사 자녀 의식에 대한 저변을 확대하고 지속적으로 그 필요성이 커져 가는 선교사 자녀 학교 사역자 양성에 힘쓰고 있다. 이 훈련에는 지원하는 헌신된 사람이 필요하며, 동시에 훈련을 진행시킬 수 있는 재정이 소모된다.

선교사 자녀 학교 사역자는 선교사로 부르심을 받는 것이므로 가르칠 수 있는 기본 소양(교원자격증, 해당 자격증)과 더불어 선교사 자녀에 대한 이해와 선교에 대한 전체적인 이해도 갖추고 있어야 한다. 그렇기 때문에 꼭 기본 훈련을 거쳐 선교사 자녀 학교 사역자로 훈련되어야 한다. 교사, 호스텔 사역자, 행정가, 영양사, 간호사, 재정 전문가, 농업 선교사, 선교사 자녀 사역 관심자 등이 지원해 훈련 받기를 권한다. 또한 부모 선교사들은 사역에 많은 힘을 쏟고 있기 때문에 아이들의 양육과 교육에 관련된 정보를 제공하고 도움을 주기 위한 교육이 지속적으로 요청된다.

MK 현지 캠프(단기 캠프 학교)

현지 선교사들의 요구에 따라 기본 한글 공부, 예능(태권도, 악기 등), 역사, 수학 등 기본 교과과정과 영성 캠프 진행을 위한 팀이 동시에 2주간 이상 진행하는 영성 수련회가 포함된 단기 캠프 학교다. 자신들의 재능에 맞게 모인 여러 명이 한 팀을 이루어 진행하는 프로젝트 사역이다.

순회 MK 교사

장단기의 시간을 두고 선교사의 요청에 의해 순회하며 가르치는 사역을 한다. 선교사 자녀 모임이 선교사 한 가정을 섬기는 일을 하게 되며, 후원자를 모집하고 자비량으로 사역한다.

방문 대리 부모(House Parents) 사역

홈스쿨링을 하는 아이들의 경우 부모님이 사역을 위해 오지로 들어가게 되면 아이들만 집에 남게 되는데 이때는 아이들을 돌보고 가르칠 교사가 필요하다. 부모의 역할과 교사의 역할을 모두 감당해야 하는 사역이다.

기숙사 혹은 호스텔 대리 부모 사역

선교사 자녀들이 국제학교에 입학해 기숙 생활을 하게 되거나 기숙사가 없어서 다른 곳에서 생활하게 되는 경우 그곳에서 영적 지도, 생활 지도, 학력 지도를 감당할 대리 부모가 필요하다. 인원 규모가 클 경우 대리 부모뿐 아니라 대리 삼촌이나 대리 이모까지 많은 사역자들이 선교사 자녀들을 섬겨 주어야 한다. 일정한 학력 기준이나 자격증은 없지만 이 일을 충분히 감당할 수 있는 능력과 풍성한 사랑이 있어야 가능한 사역이다.

국내 쉼터 사역

선교사 자녀들이 일시적으로 국내에 귀국할 때나 국내 국제학교와 대학에 입학할 때, 그리고 방학 기간에 그들의 안정적인 생활을 위해 제공해 줄 수 있는 공간이 필요하다. 국내 쉼터 사역은 공간만을 제공하는 것이 아니라 세심하게는 아이들의 식사 해결부터 넓게는 자원봉사자를 동원해 미진한 학습을 보충하는 기회까지 제공해 주는 공간이어야 한다.

우리는 19세기를 '위대한 세기(The Great Century)'라고 부른다. 20세기는 선교의 중심이 제1세계에서 제2, 3세계로, 서구에서 비서구로, 북반구에서 남반구로 바뀐 세기였다. 이제 21세기는 제2, 3세계 선교 시대이며, 비서구 국가 중에서도 한국이 세계 선교의 주도적인 역할을 감당하는 나라가 되었다. 참으로 감사한 일이다.

그러나 앞으로 다가오는 시대의 선교적 지도력을 감당할 차세대를 양육하기 위해서는 무엇보다 선교사 자녀들의 적극적인 참여와 헌신이 필요하다. 문화 충격, 언어의 장벽이 거의 없고, 믿음이 든든한 복음의 군사 한 명을 만들기 위해 얼마나 많은 투자를 해야 하는가? 그러나 선교사 자녀는 중보 기도와 깊은 관심, 그리고 후원이 있다면 하나님의 군사가 될 확률이 그 누구보다 높다. 따라서 한국 교회가 21세기에도 계속해서 하나님의 선교에 앞장서기 위해서는 선교사 자녀를 양육하고 키워 나가야 할 것이다. 선교사 자녀 사역을 담당하고 있는 한 선교사의 바람이 가슴에 와 닿는다.

어디 한 군데 뿌리를 내리지 못하고 떠도는 부평초에게도 뿌리는 있습니다. 부평초의 뿌리는 닻의 역할을 하며 부평초가 물결에 뒤집어지지 않도록 든든히 버텨 줍니다. 총회와 한국 교회가 선교사 자녀들의 뿌리가 되어 줄 수 있다면! 뿌리를 통해 공급된 사랑과 지원을 먹고 선교사 자녀의 굴곡진 삶에 서려 있는 눈물이 꽃망울을 피우고 귀한 열매로 자랄 수 있다면! 그리하여 선교사 자녀들이 더 성숙된 신앙과 더 풍성해진 삶으로 한국 선교의 미래를

꿈꾸는 귀한 선교의 새 시대가 열릴 수 있길 기대합니다.[36]

교단 선교부나 선교 단체들은 선교사 자녀 교육 문제를 아무 대책 없이 선교사 개개의 가정에만 맡겨 두어서는 안 된다. 선교사 자녀 교육 지원은 교단 선교부나 선교 단체, 또는 후원 교회가 경쟁적인 차원에서 이룰 것이 아니라 상호 간에 서로 협력해 전략적으로 이루어 가야 할 과제다. 우리는 세계 선교에 있어서 아킬레스건과도 같은 자녀 교육 문제의 중요성을 인식하고 보다 깊은 관심을 가져야겠다.

이 장에서 언급한 내용이 조금이나마 하나님의 선교에 도움이 되었으면 한다. 또한 선교사 자녀들이 올바르게 자라 선교의 귀한 자원이 되고, 더불어 이들을 바라보는 한국 교회의 시각도 넓어지기를 바란다.

---

[36] 대한예수교장로회총회 세계선교부, 《총회 선교사 자녀 현재와 미래를 향한 부르심》(서울: PCKWM, 2012), 82.

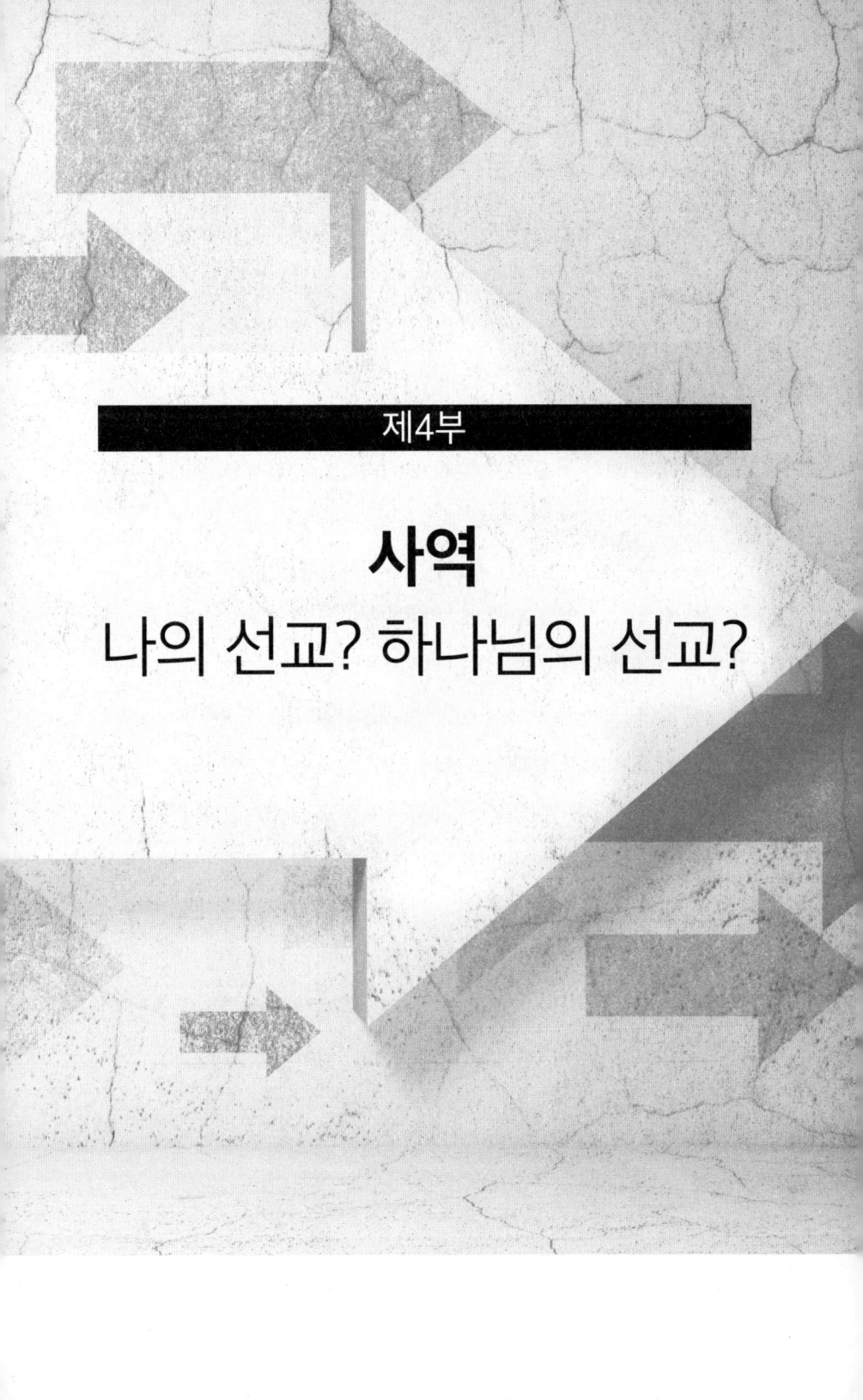

제4부

사역
나의 선교? 하나님의 선교?

데이비드 보쉬(David J. Bosh)는 호켄다이크(J. C. Hoekendijk)의 이론을 근거로 '선교(단수)'와 '선교들(복수)'로 구분한다. 우리도 이 둘을 구분해야 한다. 전자는 주로 '하나님의 선교', 즉 세상을 사랑하시는 분으로서 하나님의 자기 계시, 세상 속에서 행하시는 하나님의 활동, 교회와 세상을 포함하며 이 사역에 교회가 참여하도록 특권을 주신 하나님의 성품과 활동을 말한다. 하나님의 선교는 하나님이 선교의 주체가 되심을 의미하며, '선교들'은 '교회의 선교 사역(missiones ecclesiae)'을 가리킨다. 교회의 선교 사역은 특별한 때, 장소, 필요와 같이 하나님의 선교에 참여하는 특정한 형태들을 의미한다.

선교는 하나님의 선교다. 이 관점에서 벗어나면 늘 교회와 선교사는 교회의 선교 사역을 위해 애쓸 때가 많아진다. 선교는 하나님을 대신해서 하는 행위이고, 그 선교를 행하는 선교사는 하나님의 대사임이 틀림없다. 교회의 선교 사역을 행하는 선교사는 분명 선교 사업가로 전락하고야 만다. 선교는 다양하게 이루어지지만 이 또한 하나임을 알아야 한다. 왜냐하면 선교의 목적이 분명 하나이기 때문이다.

오늘날 많은 이들이 선교의 당위성을 주장한다. 또한 선교 사역을 하는 교회들과 선교사들이 있다. 그러나 우리 모두는 진정한 하나님의 선교를 감당하고 있는지 수시로 점검하면서 사역해야 할 것이다. 선교는 하나님의 성품을 전하는 것이고, 하나님의 성품은 그분이 인간을 사랑하신다는 것이다.

"우리가 전한 것을 누가 믿었느냐 여호와의 팔이 누구에게 나타났느냐"(사 53:1).

"그러나 그들이 다 복음을 순종하지 아니하였도다 이사야가 이르되 주여 우리가 전한 것을 누가 믿었나이까 하였으니"(롬 10:16).

이사야 선지자의 외침이 오늘날 선교를 행하는 이들의 외침이 되어야 한다. 물론 입으로만 외치는 것은 공허할 뿐이다. 사역의 현장 속에서 그 외침이 행함과 함께 묻어나야 하는 것이다. 하나님의 선교는 선교의 기본이다. 이처럼 기본이 되어 있지 않은 교회의 선교 사역은 마치 모래 위에 세운 집과 같아서 언제든지 붕괴될 위험성을 안고 있다.

이런 면에 있어서 레오나르도 보프(Leonardo Boff)[01]는 그의 책《하나님은 선교사보다 먼저 오신다》에서 선교 사역의 중심은 선교사가 아니라 하나님이시며 선교의 주체가 하나님이 되셔야 한다고 강조하고 있다. 이렇듯 신학적으로 선교의 주체가 하나님이심을 고백하는 것은 상당히 의미 있고 중요한 일이다. 그래서 존 스토트(John Stott)는 "우리의 하나님은 선교사이시다"[02]라고 말했다. 그는 선교의 주체가 하나님, 그리스도, 성령, 즉 삼위일체 하나님이시라고 주장했으며, 기독론(Christology)에 있어서 선교의 내용을 다섯 가지로 나누었다.

이것은 '케리그마(Kerygma)'[03]로 표현할 수 있다고 생각한다. 케리그

---

01 레오나르도 보프는 카푸친회에 속한 신부로서 페루의 구스타보 구티에레스(Gustavo Gutiérrez) 신부 등과 더불어 해방신학의 터를 닦았고, 오늘날까지 브라질뿐만 아니라 전 세계적으로 해방신학의 입장을 상징적으로 대변해 오고 있는 신부다.
02 John Stott, *Contemporary Christian*(IL: InterVarsity, 1992), 321.
03 존 스토트는 선교의 기독론에 관해서 다음과 같이 구분했다.
　① 성육신(그리스도의 성육신) : 모델(선교의 모델)
　② 십자가(그리스도의 십자가) : 대가(선교하며 치러야 하는 대가)
　③ 부활(그리스도의 부활) : 명령(선교에 대한 명령)
　④ 승천(그리스도를 향한 찬미) : 자극, 유발, 동기를 부여하는 요인(선교를 하도록 장려)

마는 '선교를 위한 모델', '선교를 위한 가치', '선교를 위한 명령', '선교를 위한 동기', '선교를 위한 힘' 등 다섯 가지를 포함하고 있다. 선교의 모델은 예수 그리스도의 성육신이다. 이것은 예수 그리스도께서 자신을 비우고 낮아지신 그 자체를 의미한다. 선교사는 예수님이 이 땅에서의 영광을 포기하셨듯이 선교지에서 섬김을 실천해야 한다. 선교의 가치는 그리스도의 십자가를 통해서 나타난다. 또한 그분은 부활을 통해서 우리에게 선교할 것을 명령하셨고, 그분의 승천은 우리가 선교해야 하는 동기를 제공해 준다. 아울러 다시 오실 주님은 우리에게 성령을 주심으로 말미암아 선교를 감당하는 동안 힘과 능력을 공급해 주신다. 선교사가 사역에 임할 때 이 케리그마 중심의 선교 메시지를 늘 염두에 두고 있다면 올바르게 선교 사역을 감당할 수 있을 것이다.

선교사는 사역을 감당할 때 하나님의 능력을 제한하지 말아야 한다. 선교사는 사역 현장에 있는 굶주린 사람들의 배를 자신이 모두 채워 줄 수 없으며, 아픈 자들의 질병을 모두 고쳐 줄 수 없음을 인정해야 한다. 가난한 자들의 경제적인 문제를 해결해 주는 것이 선교사의 역할은 아니다. 만일 선교사가 잘못된 사고방식으로 다가간다면 현지인들은 선교사를 이용해 자신들의 고질적인 문제를 해결하려고 할 것이다. 선교사가 잘못된 관점으로 현지인들을 대하게 되면 둘 사이에 큰 문제가 발생할 수 있다. 이 문제는 사역 기간 내내 선교사를 괴롭히는 요인이 될 수 있다.

---

⑤ 재림(그리스도의 성령의 은사) : 급박, 긴급성(선교의 능력)

따라서 물질로 현지인에게 다가가지도, 또 현지인들을 이용하지도 말아야 한다. 그들을 도울 때는 계획을 갖고 돕는 것이 좋다. 선교사는 자신이 할 수 있는 범위를 파악하고 그 경계를 분명히 세워 사역함으로써 하나님의 주권을 침범하지 말아야 한다. 자신이 하나님의 종이며 하나님의 명령을 수행하는 심부름꾼이라는 것을 기억해야 한다. 아프리카에서 40년 동안 사역한 조나단 봉크(Jonathan J. Bonk) 교수의 아버지 선교사가 40년간의 사역을 마친 후 남긴 말이 가슴에 와 닿는다.

> 에티오피아 여인의 신발 끈을 묶을 만한 자격도 없는 나를 40년 동안 하나님이 사용하셨다.

선교사는 사역을 시작하는 초기에는 대부분 순수한 동기로 임한다. 그러나 차츰 물질과 권력을 휘두름으로써 현지인 위에 군림하는 자로 전락하기도 한다. 그리고 선교 사업가가 된다. 이것은 준비된 선교사, 하나님과 깊은 교제를 끊임없이 나누는 선교사의 모습이 아니다. 선교 사역의 주체는 하나님이시라는 것을 잊지 말자. 선교사는 결코 선교의 주체가 될 수 없다. 주객이 전도되면 선교 현장에서 많은 문제를 일으키고 하나님의 영광을 가리게 된다.

피터 와그너(Peter Wagner)는 선교의 접근 방식을 현존(Presence), 선포(Proclamation), 설득(Persuasion)의 세 가지(3P)로 분류했다. 첫

번째 '현존 전도(Presence Evangelism)'는 '1-P'[04]라고 하는데 이것은 사역 현장에서 선교사가 그리스도인의 삶을 구현함으로써 그리스도를 전하는 것으로, 선교 사역의 기초가 된다. 두 번째 '선포 전도(Proclamation Evangelism)'는 '2-P'[05]라고 하는데 이것은 능동적인 단계의 첫 단계로 말씀을 선포하는 것이다. 세 번째 '설득 전도(Persuasion Evangelism)'는 '3-P'[06]라고 하는데 이것은 적극적인 복음 전도 단계다.

이와 같은 각각의 접근 방식에 따른 선교 사역의 도구들이 필요하다. 그리고 이 세 가지 접근 방식은 목표를 달성하기 위한 방법이라고 할 수 있다. 여기서 전제되어야 하는 것은 말할 것도 없이 선교의 주체와 목표다. 간혹 선교사가 목표를 향해 간다고 하면서도 목표를 잊어버린 채 방법과 수단에 매여 허덕이는 것을 본다. 그러나 방법과 수단은 목표를 위해 존재하는 것임을 기억해야 한다. 선교 사역을 위한 수단과 방법, 차원[07]에 해당되는 것들은 다음과 같다.

---

04 1-P(삶, 무언→봉사) : 급진적 현대주의 선교신학자들의 목표이기도 하다. 즉 "우리의 임무가 비그리스도인들을 회심시키거나 개종시키는 것이 아니라 그들로부터 배울 것을 배움으로써 우리 자신의 신앙을 풍요롭게 하는 것이다"라고 보는 것이다. 이것은 종교다원주의에 빠질 위험이 있다.
05 2-P(말로 전함→전도) : 선행 그 자체를 복음 전도로 생각하지 않고 예수 그리스도의 복음 메시지를 말로 표현함으로써 사람들로 하여금 듣고 이해하게 만드는 것이다.
06 3-P(제자 삼음→제자 삼기) : 이것은 교회성장학자들이 주장하는 전도다. 설득 전도는 현존 전도나 선포 전도 이상의 것이다. 책임감 있고 의지할 만한 교인이 되도록 하는 것이다.
07 E. N. S. F.는 선교의 네 가지 차원을 말하는데, E(Evangelism)는 전도를 의미하며, N(Nurture)은 양육, S(Service)는 사회적 봉사+사회적 행동을 의미한다. 또 F(Fellowship)는 친교를 뜻한다. E. N. S. F.는 통합적 선교관으로, 선교는 전도와 사회적 책임을 수행해야 하는 바 구체적으로 전도, 양육, 봉사, 친교를 의미한다.
P. S.+S. R.은 선교의 두 가지 차원으로, P. S.(Personal Salvation)는 전도를 통한 개인 영혼 구원을 의미하고, S. R.(Social Responsibility)은 사회봉사를 의미한다.

사회봉사 선교 사역(NGO 포함), 의료 선교 사역, 전도 사역, 방송 선교 사역, 기독교 문서 사역, 성경 번역과 반포 사역, 제자 훈련 선교 사역, 교육 선교 사역(미션스쿨, 신학교 사역), 교회 개척 사역 등

이어지는 장에서는 이들 사역의 세부 원칙과 선교 방법론 중 선교 사역과 관련된 것을 살펴보도록 하겠다.

〈도표 5〉 P.S. & S.R.

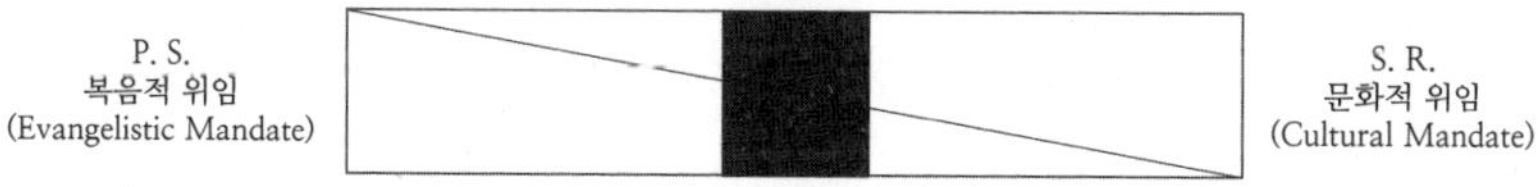

| P. S.
복음적 위임
(Evangelistic Mandate) | | S. R.
문화적 위임
(Cultural Mandate) |

교회가 전도를 하는 데 있어서 어디에 우선권을 두느냐에 따라 교회의 유형이 달라진다. 바람직한 교회는 P. S.와 S. R.의 균형 있는 전도를 하는 교회로, 도표의 가운데 부분에 해당한다고 볼 수 있다.

1장
선교 사역의 원칙과 계획

"신학은 모든 학문의 모체이며, 신학의 어머니는 선교학이다."[08]

"모든 신학의 핵심인 선교를 아는 것이 선교학이다."[09]

---

08 〈도표 6〉 신학과 선교신학

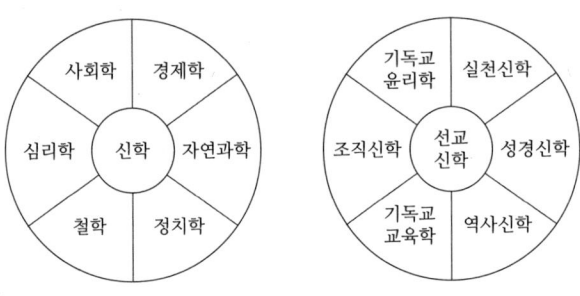

09 선교학의 아버지, 할레대학의 구스타브 바르넥(Gustav Warneck)의 말이다.

선교는 소중하다. 그러기에 이 사역을 잘 감당하지 못하면 주님의 지상명령을 제대로 실천할 수 없는 것이다. 과거 올바른 선교 사역의 원칙 위에서 선교가 이루어지지 않았을 때, 즉 1970년에 제3세계 선교지에서 선교의 모라토리엄(Moratorium, 지불 유예)[10]을 겪었다. 그 결과 현지인들이 선교사들을 모두 내쫓는 사건이 발생했다. 그리고 선교 대상국에서 선교 유보, 선교 일시 중단을 선언함으로써 선교가 온전하게 이루어지지 못한 뼈아픈 경험을 하게 되었다.

코스타리카연합감리교회의 감독(1968-1972년까지)이었던 아르헨티나의 페데리코 파구라(Federico Pagura)는 "선교사들이여, 돌아가든지 머물든지 하라", "만일 선교사들이 피선교지에 와서 참으로 모든 것을 희생해 가며 복음을 가르치고, 복음 사역을 수행할 때 문화적인 주형(鑄型)과 영원한 복음의 말씀을 구별해서 일할 수 없다면 선교사는 물러가야 한다"[11], 그리고 선교사는 "십자군에 참여하는 마음이 아니라 십자가에 못 박힌 마음"[12]으로 사역해야 한다고 말했다. 그 후 서구 선교사들이 현지인들을 바라보는 시각이 달라졌다.

우리는 과거 서구 교회의 잘못된 선교 정책 때문에 발생한 선교의 모라토리엄이 한국 선교사들에 의해서 재현되지 않도록 주의해야 할

---

10 선교 중지, "선교사는 돌아가라!"라는 운동으로 피선교지의 교회가 지나친 간섭과 영향 아래 있기에 사아성을 형성할 수 없고 스스로 일어설 수 없으므로 일정 기간 선교사는 물러가라는 운동이다. 이것은 약소민족들에게 해당하는 일로, 자국이 자국의 교회를 보호하기 위해서 일으킨 자국적인 운동이다. 이들은 선교사가 물러가면 자신들이 교회를 만들고 그다음에 필요하면 선교사를 요청하겠다고 주장했다.
11 Gerald H. Anderson, Thomas F. Stransky 편, 서정운·손병호 역, 《현대 선교신학의 동향》 (서울: 장로회신학대학 선교문제연구원, 1980), 131.
12 위의 책, 149.

것이다. 그러기 위해서는 선교 사역의 원칙을 분명히 설정해야 한다.

선교 사역의 원칙과 궁극적인 목표는 성경에서 찾을 수 있다. 성경은 선교 사역의 목표가 하나님 나라(*Missio Dei*, The Kingdom of God)와 하나님의 통치, 샬롬의 공동체를 이루는 것이라고 우리에게 분명하게 가르쳐 준다. 예수님은 이러한 목표 아래에서 원칙을 정하고 사역하셨다. 그 원칙을 네 가지로 나누어 살펴보면 다음과 같다.

첫째, '집중(Concentration)'이다. 주님은 소수에게 집중하셨다. 둘째, '인격의 변화(Character Change)'다. 주님은 인간의 성격, 특성을 변화시키고자 하셨다. 셋째, '인격적 관계(Contact)'다. 주님은 제자들과 늘 접촉하면서 가르치셨다. 넷째, '상황(Context)'이다. 주님은 늘 복음이 전해져야 하는 상황 속에서 제자들을 훈련시키셨다.

나는 예수님의 선교 방법을 '연약함의 선교'라고 정의하고 싶다. 고난의 종으로서 섬김의 본을 보여 주신 주님의 모습이야말로 진정한 선교사의 모습이다. 연약함의 선교를 통해서 주님은 기적[13]을 베푸시고, 말씀을 선포하셨던 것이다.

이방인의 선교를 담당한 바울은 유대인으로 출생(갈 2:15)했으며, 히브리인(고후 11:22, 빌 3:5)이었고, 율법 학자(행 22:3)요, 아브라함의 후손(고후 11:22)으로 베냐민 지파(빌 3:5)에 속했다. 그는 박해자(행 22:4), 개종자(행 22:17), 고난의 사람(고후 11:23-27), 예수 그리스도의 종(롬 1:1, 고전 15:8-9)으로서 신학자이자 목회자요, 저술가이자 선교사였다. 그러면 바울의 선교의 모습은 어떠했는가? 허버트 케인은 바울

---

13 여기서 기적은 자연적인 기적과 치유의 기적 두 가지로 나뉜다.

선교의 성공 요소를 6가지로 정리했다.

- 부르심에 대한 깊은 확신
- 하나님의 뜻에 대한 전적인 헌신
- 성령에 전적으로 의지
- 복음에 대한 담대한 증거
- 지역 교회의 자치를 강조
- 재정에 관한 현명한 정책

허버트 케인은 또한 바울의 선교 사역의 원칙을 다음과 같이 9가지로 정리했다. 이런 원칙들이 오늘날 똑같이 적용되기는 어려울 것이다. 그러나 모든 사역이 분명한 원칙 위에서 이루어지기 때문에 참고 차원에서 기록해 본다. 이것은 그의 "바울의 사역에 있어서 선교(Mission in the Ministry of Paul)"라는 논문에서 발췌한 것이다.

- 예루살렘, 안디옥교회와 밀접한 관계를 유지했다.
- 갈라디아, 소아시아, 마게도냐, 아가야 지방을 중심으로 선교 사역을 펼쳤다.
- 대도시를 중심으로 선교했다.
- 사역의 장으로 회당을 선택해서 회당 중심으로 선교 사역을 펼쳤다.
- 말씀을 잘 받아들이는 사람들을 중심으로 선교를 했다(오늘

날 선교학에서는 이를 '수용거부이론'[14]으로 설명한다).

- 신앙을 고백하는 사람들에게는 즉시 세례를 베풀었다.
- 새로운 교회를 세울 때까지 체류하려고 노력했다.
- 로마서 16장에 묘사된 수많은 동역자들을 보면 알 수 있듯

---

[14] 수용거부이론(Resistance, Receptivity Theory)이란 어떤 지역이나 그룹에 따라 복음을 잘 받아들이는 그룹이 있는 반면에, 복음에 대해 저항적인 그룹이 있다는 원리다. 복음에 관심을 가지는 사람들이 어디든지 있으며, 또 하나님은 이러한 사람들을 예비하셨으므로 이들에게 복음을 전하라는 것이 수용성의 원리다. 복음의 수용 정도에 따라 최대한의 추수가 가능한 지역(A)과 수용이 불가능한 부재 지역(E), 그리고 중간 지대(C)로 나뉘며, 특히 중간 지대는 방법에 따라 복음에 대한 무관심과 관심이 가능하므로 주의와 추수 노동력의 신중한 선택이 필요하다.

A   B   C   D   E

이러한 수용성의 정도에 따라 추수 일꾼을 필요로 하는 숫자가 결정된다. 피선교 지역의 수용성 정도를 나타내는 엥겔지수에 의해 수용성이 높은 8단계에 있는 지역에 최대한의 일꾼을 파송해야 하며, 수용성이 지극히 불량한 0단계 지역에는 최소한의 일꾼이 필요하다.

---

0 1 2 3 4 5 6 7 8

존 웨슬리(John Wesley)는 추수 기간이 끝나기 전에 수용적인 사람들에게 우선적으로 손길을 뻗쳐야 한다고 말했다. 맥가브란은 모든 사람들이 적대감-저항감-무관심-흥미-수용성 등으로 이어지는 가상의 축을 따라 전체적으로, 혹은 부분적으로 왔다 갔다 한다고 했다.

강한 반대 다소 반대 무관심 다소 호의 매우 호의
(좌항적인 사람들)   (우향적인 사람들)
복음을 거부하는 사람들   복음을 수용하는 사람들

맥가브란은 수용적인 사람들에게 전도하는 일이 가장 긴급한 우선 과제라고 결론지었다. 더구나 필수적인 과제는 수용성을 판별하고, 그것이 확인되면 그 수용적인 사람이 그리스도인이 되어 그들의 동료들을 영생으로 인도하고자 시도하게 될 때까지 모든 방법과 도구와 인력을 동원해야 한다고 했다. 수용거부이론은 추수 원리를 적용하기 위한 이론이라고 봐도 될 것이다. 추수 원리는 저항하는 자를 무시하지 않으면서도 수용적인 사람들에게 사역자의 수를 집중하는 전략을 말한다(잘 익은 과수원이 1, 조금 익은 과수원이 2, 안 익은 과수원이 3이라고 하면 주인의 일꾼 30명 중 1에 27명, 2에 2명, 3에 1명을 보내는 것이 합당하다).

이 협력 선교를 했다.
- 갈라디아서 1장 6-9절[15]과 고린도전서 9장 19-23절[16] 말씀을 기초로 사역했다. 그렇게 함으로써 복음의 본질을 변질시키지 않으면서 모든 문화와 상황에 맞게 복음을 전했다.

여기서 바울의 선교 원칙과 전략에 몇 가지 의견을 덧붙이고자 한다. 바울은 사역에 있어서 예수 중심(빌 3:8)이었다. 자비량(고전 4:12, 9:15, 살전 2:9) 선교를 원칙으로 했다. 그리고 은사 활동[축사(행 16:18), 신유(행 28:6, 8-9), 능력 대결(행 13:11)]을 선교의 도구로 사용했다. 일사각오(행 21:13)의 결단으로 사역에 임했다.

개신교 선교 흐름의 맥을 이어 온 17, 18세기 경건주의의 선교 사역 원칙은 다음과 같다.

- 선교의 궁극적 목표는 인간 구원이다.
- 현지인들의 문화와 사고방식, 심성을 연구하고 그것을 참고

---

15 "그리스도의 은혜로 너희를 부르신 이를 이같이 속히 떠나 다른 복음을 따르는 것을 내가 이상하게 여기노라 다른 복음은 없나니 다만 어떤 사람들이 너희를 교란하여 그리스도의 복음을 변하게 하려 함이라 그러나 우리나 혹은 하늘로부터 온 천사라도 우리가 너희에게 전한 복음 외에 다른 복음을 전하면 저주를 받을지어다 우리가 전에 말하였거니와 내가 지금 다시 말하노니 만일 누구든지 너희가 받은 것 외에 다른 복음을 전하면 저주를 받을지어다"(갈 1:6-9).

16 "내가 모든 사람에게서 자유로우나 스스로 모든 사람에게 종이 된 것은 더 많은 사람을 얻고자 함이라 유대인들에게 내가 유대인과 같이 된 것은 유대인들을 얻고자 함이요 율법 아래에 있는 자들에게는 내가 율법 아래에 있지 아니하나 율법 아래에 있는 자같이 된 것은 율법 아래에 있는 자들을 얻고자 함이요 율법 없는 자에게는 내가 하나님께는 율법 없는 자가 아니요 도리어 그리스도의 율법 아래에 있는 자이나 율법 없는 자와 같이 된 것은 율법 없는 자들을 얻고자 함이라 약한 자들에게 내가 약한 자와 같이 된 것은 약한 자들을 얻고자 함이요 내가 여러 사람에게 여러 모습이 된 것은 아무쪼록 몇 사람이라도 구원하고자 함이니 내가 복음을 위하여 모든 것을 행함은 복음에 참여하고자 함이라"(고전 9:19-23).

해야 한다.
- 현지인의 언어로 성경을 번역한다.
- 성경을 읽을 수 있도록 교회와 학교를 함께 세운다.
- 가능한 빨리 현지인 교회를 세운다.

경건주의 선교, 모라비안 선교의 뒤를 이어 개신교 선교의 아버지이자 선구자[17]라 불리는 윌리엄 캐리는 1792년 그의 논문 "이방인의 구원을 위한 수단으로서 그리스도인의 책임"에서 선교를 해야 한다는 사실을 강조했다. 그의 선교 원칙을 살펴보면 다음과 같다.

- 가능하면 광범위하게 복음을 전파한다. 지역 제한 없이 길이 열리는 곳으로 나간다.
- 현지어로 성경을 번역하고 읽도록 함으로써 선교한다. 이것이 개신교 선교사들과 로마 가톨릭 선교사들 간의 가장 큰 차이점이다. 개신교 선교사들은 하나님의 말씀을 모르고서는 교회를 이룰 수 없다고 생각했다. 성경을 자기 언어로 갖지

---

17 윌리엄 캐리가 그런 이름으로 불릴 수 있었던 이유를 몇 가지 적어 보면 다음과 같다.
① 분산된 개신교 교회를 선교적으로 각성시켰다.
② 그를 시작으로 개신교 선교 운동의 주도권이 독일어를 사용하는 교회에서 영어를 쓰는 교회로 옮겨졌다.
③ 그로 인해서 많은 선교 단체들이 형성되었다.
④ 경건주의와 모라비안의 선교 지역은 국한적이었으나 그를 중심으로 선교 지역이 확대되었다.
⑤ 윌리엄 캐리는 원주민 지도자 양성, 선교 기지 건설, 국제적 선교 협의, 사회 선교, 성경 번역 등을 포함한 근대 선교 운동의 원칙들을 발전시키는 데 결정적 공헌을 했다.
⑥ 캐리 자신이 한 인간으로서, 지도자로서 위대했기 때문이다.

못한 교회는 역사적으로 혼합 종교가 되거나 사라져 버렸다. 성경을 읽지 않는 교회는 쇠퇴할 수밖에 없다.
- 가능한 빨리 현지인 교회를 세운다.
- 지역 사람들의 의식구조를 연구하고 복음만이 절대 유일한 구원의 진리임을 가르친다.
- 가능한 빨리 현지 사역자를 양성한다(이 원칙에 따라 그는 현지인들을 위한 학교를 설립했다).

이를 통해 볼 때 선교 사역은 반드시 분명한 원칙 위에서 이루어져야 한다는 것을 알 수 있다. 자신의 생명을 담보로 헌신하고자 하는 사역의 장에서 적어도 몇 가지 원칙은 세워 놓고 사역을 해야 한다. 그래서 지금까지 선교 현장에서 사역하면서 현장 선교사들이 이것만은 지켜 주었으면 하는 소망으로 정리한 '현장 선교사 10가지 사역 수칙'을 소개한다.

> **현장 선교사 10가지 사역 수칙**[18]
> 1. 애매한 문제는 선교사가 손해 보는 쪽으로 결정하자! (섬김)
> 2. 대세에 지장이 없는 것이라면 대범하게 넘어가자! (큰 그림 보기)
> 3. 규칙적인 생활만이 살길이다. 매일 모여 기도하라!(자기 관리)

---

18 윤순재, 이계심 선교사 부부의 "한국 교회와 세계 선교" 강의에서 발췌했다.

4. 교단, 교파를 심으러 온 것이 아니라 복음을 전하러 온 것이다! (연합과 역사의식)
5. 한국을 가르치려 하지 말고 내가 먼저 현지를 배우자. (현지문화, 현지인 존중)
6. 선교 현실을 객관적으로 정리하고 분석하고 투명하게 일하자. (정보의 객관화)
7. 외형보다 눈에 안 띄는 운영 체계와 사람에 관심을 기울이자. (하드웨어보다 소프트웨어 중심)
8. 우리 선교의 목적은 사람을 변화시키고 하나님께 향하게 하는 데 있다! (회심의 선교)
9. 선교사의 발전이 선교의 발전이다! (평생 배우는 선교사)
10. 바쁘지만 즐거운 여유를 갖자! (정돈된 개인 생활)

다음 〈도표 7〉에 제시된 선교 사역은 크게 복음 전도와 사회봉사로 나눌 수 있다. 복음 전도는 교회 개척, 신학교 사역, 전도 사역, 문서 선교, 단기 선교 등을 포함하고, 사회봉사는 교육 사역, 의료 선교, 지역 사회봉사 등을 포함한다. 여기서 세부 사항을 서술하기에는 그 분량이 너무 방대하므로 생략하기로 하고, 선교 사역에 관한 전반적인 내용만 기술하려고 한다. 특별히 선교란 생활과 사역이 균형을 유지할 때 온전히 이루어지기 때문에 늘 이 점에 유의해서 사역을 해야 한다.

〈도표 7〉 선교 사역

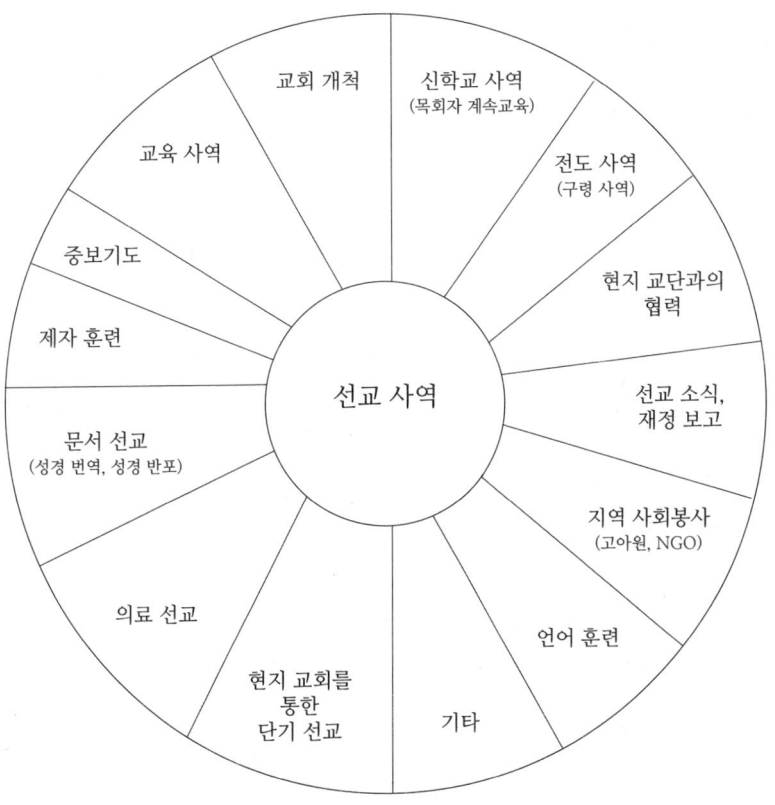

선교 사역의 다양한 원칙

여기서는 먼저 사역에 대한 한 가지 원칙을 말하고자 하는데, 그것은 바로 사역을 하면서 다른 사람의 사역과 절대로 비교하지 말라는 것이다. 성경은 다른 사람과 비교하지 말 것을 강조하고 있다.

"각각 자기의 일을 살피라 그리하면 자랑할 것이 자기에게는 있어도 남에게는 있지 아니하리니"(갈 6:4).

사역의 결과를 놓고 다른 사람과 비교해서는 안 되는 두 가지 이유가 있다. 첫째는 우리가 판단하기에 우리보다 일을 잘하는 것처럼 보이는 사람을 언제든지 만날 수 있는데, 그때 낙심할 수 있기 때문이다. 둘째는 우리보다 일을 잘하지 못한다고 생각되는 사람을 만날 때 그의 앞에서 자신을 내세우고 우쭐해지고 교만해질 수 있기 때문이다. 그러므로 이 두 가지 마음자세 모두 우리로 하여금 올바른 사역을 감당하지 못하게 하는 방해꾼임을 기억하자.[19]

김영동 교수는 한국 선교사의 사역에 있어서 약점 및 건강한 선교를 위협하는 요소를 12가지로 구분해서 언급했다.[20]

- 열정은 있으나 선교에 대한 신학적 이해가 부족하다.
- 선교 현지를 폭넓게 이해하려는 노력이 부족하다. 선교 현장을 상식적 차원을 넘어서 전문적이며 학문적으로 연구하는 노력이 약하다.
- 한국적인 경험과 교회 형태 이식 : 선교사가 속해 있는 한국 사회와 문화, 교회적 배경을 의식적, 무의식적으로 선교 현장에 반영한다.

---

19 릭 워렌, 《목적이 이끄는 삶》(서울: 도서출판 디모데, 2002), 331.
20 2012년 12월 PCK 현장 선교사 리더십 컨퍼런스에서 김영동 교수가 발표한 특강 자료집에서 발췌했다.

- 현지 문화 이해 부족 : 단일 문화로 토론이 곤란하며, 팀 의사 결정에 어려움이 된다. 적응은 잘하나 자기중심적으로 현지를 이해한다. 계급적인 하위문화 조성으로 팀워크를 약화시킨다.
- 자존감 부족 : 열등의식과 비교 의식이 강하고 경쟁적 선교를 한다.
- 스트레스 해소법이 약하다.
- 언어 부족 : 초기에 언어 공부에 집중하기보다 일찍 사역을 시작하기 때문에 언어를 충분히 배울 시기를 놓친다. 문화 차이와 언어 부족으로 사역과 의사소통에 장애를 겪고, 서구 선교 역사와 지혜로부터 배우기를 기피한다.
- 사역을 문서로 정리해 남기지 않기 때문에 후임 선교사들이 백지에서 출발하게 되고, 전임자들의 실수를 반복하게 된다.
- 체계적인 선교 전략의 부재다.
- 리더십 스타일 : 계층적이고, 다른 나라 선교사와 충돌하기 쉬우며, '한국적인 방식이 최선이다'라는 자만심이 있다. 특히 목사 선교사의 우월의식이 강하고, 팀워크가 깨어지기 쉬우며, 동료 선교사와의 불화가 잦다. 서로의 특징과 은사들을 인정해 주지 않기 때문이다.
- 협력보다는 개인 중심의 활동을 한다.
- 국제적인 매너가 부족하다.

이 요소들을 한국 선교사가 깊이 있게 고민하면 과거 한국 선교 초창기 때 타 문화권 선교사 선배들이 겪었던 시행착오를 줄일 수 있으며, 후배 선교사에게 본이 되어 하나님의 선교를 긍정적으로 잘 감당하게 될 것이다.

선교 사역은 사역지에 따라 원칙과 방향이 정해지는 경우가 많다. 그러면 이제부터 현장에서 효율적인 선교 사역을 펼치기 위해 고려해야 할 사항이 무엇인지 살펴보도록 하자.

목적 없는 프로젝트나 건축 사역을 벌이지 않는다

이 유혹은 선교지에 도착한 후에 언어 습득이 안 되고, 사역의 방향이 정확하지 않아서 갈피를 못 잡는 선교사가 주로 빠지는 함정이다. 사역지에 도착한 지 제법 되었는데도 마땅한 사역이 없으면 불안한 마음에 교회, 학교, 기관 등의 건물을 짓는 데 많은 시간을 투자할 수 있다. 또한 같은 선교회의 선임 선교사나 다른 선교 단체에서 파송되어 선교지에 먼저 도착한 한국 선교사가 실패한 사역, 혹은 재정적인 부담으로 철수해야 되는 사역을 자의 반 타의 반으로 신임 선교사가 떠안는 경우도 종종 있다. 그러나 분명한 목적에서 이탈된 프로젝트는 배제되어야 한다.

또한 선교사가 사역지의 현실을 정확히 직시하지 못하는 경우에도 이 유혹에 빠지게 된다. 예를 들면 다음과 같다.

> 지난 7년 동안 직접 농사를 짓던 정글 137만 평(456ha) 중 30만 평(100ha)에는 팜오일나무를 심었고, 100만 평(333ha)에는 기독교종합대학교를 세워 10만 명의 재학생, 18개 단과대학, 56개 연구소

를 세우고, 3천 명의 교수님들을 모시고, 3만 명 수용 가능한 남녀 기숙사, 교수 사택 1천 동을 세우는 일에 차질을 가져오게 된 것은 그동안 우리를 괴롭혀 온 경찰 간부와 동네 청년들이 합작으로 제가 병원에 입원한 동안 우리 땅에 자기들 나무를 심어 버렸기 때문입니다. 이들을 쫓아내려면 많은 돈을 주고 내보내야 하니 대학 설립에 대한 생각을 포기해야 하지 않겠나 생각합니다.

선교지에서 이루어지는 사역은 현지의 상황과 필요에 근거해 진행하는 것이 타당하다. 또한 프로젝트가 정해지면 자신이 속한 교단 선교부나 선교회에 청원을 하고, 그 프로젝트에 대해 현지 선교회, 동료 선교사, 그리고 선교부나 선교회로부터 객관적인 평가를 받고 인준을 받은 다음 시작하는 것이 바람직하다. 프로젝트가 선교의 중심이 되어 끌려가는 선교사가 아니라 하나님의 뜻이 중심이 되어 성령의 인도를 받는 선교사가 되도록 하자.

전도에 집중한다

'목적이 이끌어 가는 선교'를 생각하며 사역에 임해야 한다. 사도행전 5장 40절부터 6장 4절까지의 말씀에서 그 목적의 의미를 찾을 수 있다.

> "그들이 옳게 여겨 사도들을 불러들여 채찍질하며 예수의 이름으로 말하는 것을 금하고 놓으니 사도들은 그 이름을 위하여 능욕 받는 일에 합당한 자로 여기심을 기뻐하면서 공회 앞을 떠나

니라 그들이 날마다 성전에 있든지 집에 있든지 예수는 그리스도라고 가르치기와 전도하기를 그치지 아니하니라 그때에 제자가 더 많아졌는데 헬라파 유대인들이 자기의 과부들이 매일의 구제에 빠지므로 히브리파 사람을 원망하니 열두 사도가 모든 제자를 불러 이르되 우리가 하나님의 말씀을 제쳐 놓고 접대를 일삼는 것이 마땅하지 아니하니 형제들아 너희 가운데서 성령과 지혜가 충만하여 칭찬 받는 사람 일곱을 택하라 우리가 이 일을 그들에게 맡기고 우리는 오로지 기도하는 일과 말씀 사역에 힘쓰리라 하니"(행 5:40-6:4).

여기서 사도들의 "오로지 기도하는 일과 말씀 사역에 힘쓰리라"라는 고백이 바로 이 시대에 사명을 감당하는 우리의 목적이 되어야 한다. 복음을 전하는 것은 우리가 선교 현장에 있어야 할 이유가 되는 동시에 이 땅에 있는 이유가 된다. 선교지로 출발하기 전에 품었던 선교에 대한 열정과 소명은 온데간데없고 그저 사는 데 급급하며, 자녀 교육, 한국인과의 교류, 그리고 주어진 삶에 안주하고 있다면 다시금 하나님을 향한 첫사랑과 첫 믿음을 회복해 복음을 전하고자 하는 뜨거운 열정으로 새롭게 일어나야 한다.

랄프 윈터(Ralph D. Winter) 박사는 스위스 로잔회의를 통해 '선교'라는 단어를 '전도'로 변경하고, 전도의 장애 4단계를 설정해 선교적인 측면에서의 복음 전도(Evangelism)를 구분했다.

- E-0 : 명목상의 그리스도인을 갱신시켜 헌신적인 그리스도

인으로 인도하는 것
- E-1 : 언어와 관습이 유사한 비그리스도인에 대한 전도
- E-2 : 인종, 언어, 문화의 간격이 그렇게 크지 않은 사람들에 대한 전도
- E-3 : 인종, 언어, 문화의 간격이 매우 큰 사람들에 대한 전도

또한 교회 성장의 단계와 범위 측면에서의 복음 전도는 다음과 같이 구분할 수 있다.

- E-1 : 내적 전도-교육(Education)
- E-2 : 외적 전도-전도(Evangelism)
- E-3 : 개척 전도-개척(Expansion)
- E-4 : 타 문화권 선교-선교(Extension)

전도 후속 프로그램으로 제자 훈련을 실시한다

선교사가 사역하는 목적은 현지인들의 생활수준을 높이고, 교육의 질을 향상시키며, 각종 질병으로부터 보호하고, 일자리를 창출하는 것 등이 아니다. 선교사가 해야 하는 일은 그리스도의 대위임령을 따르는 것, 즉 제자 삼는 것이다. 마태복음 28장 18-20절을 헬라어 성경으로 보면 분명히 알 수 있다.

"예수께서 나아와 말씀하여 이르시되 하늘과 땅의 모든 권세를 내게 주셨으니 그러므로 너희는 가서 모든 민족을 제자로 삼아

아버지와 아들과 성령의 이름으로 세례를 베풀고 내가 너희에게 분부한 모든 것을 가르쳐 지키게 하라 볼지어다 내가 세상 끝 날까지 너희와 항상 함께 있으리라 하시니라"(마 28:18-20).

이 말씀에는 다섯 개의 동사가 나온다. '가다(go)', '제자를 삼다(make disciples)', '세례를 베풀다(baptizing)', '가르치다(teaching)', '지키다(to obey or to observe)' 등이다. 여기서 주동사는 '제자를 삼다(μαθητεύσατε)'다. '가서, 세례를 베풀고, 가르치고, 지키게 하라'라는 말은 모두 분사형(participle)으로, '제자를 삼다'를 수식한다. 우리는 이를 통해 선교의 목표가 주님의 대위임령임을 분명히 알 수 있다.

제자 훈련 후 현지 사역자를 양성해 동역한다

지역사회와 민족을 섬기고, 하나님 나라의 실현을 위해 쓰임 받을 현지인 지도자를 양성하는 제자 훈련은 반드시 필요하다. 대학생 제자 양육의 경우 우선 현지 대학을 방문해 어떻게 사역을 시작할 것인지 조사해 본다. 어린이 사역은 미래를 향한 비전을 가지고 감당하면 큰 열매를 기대할 수 있다. 그들은 장차 아동기, 청소년기, 청년기, 그리고 성인기를 거치면서 신체적인 성장과 함께 영적인 성장을 통해 삶 속에서 주님을 고백하는 주님의 사람이 될 것이다.

제자 훈련을 통해 평신도 리더를 키우고, 더 나아가 그들 중 목회자의 자질이 있는 사람에게 신학 교육을 받게 해 현지에서 리더가 되게 한다. 잘 양육된 현지 사역자가 교회를 돌보게 될 경우 선교사는 교회가 자립할 때까지 도울 수 있는데, 그때는 선교의 '삼자 원칙'

을 적용해야 한다. 삼자 원칙이란 '자치(self-governing)', '자립(self-supporting)', '자립 전도(self-propagating)'[21]를 가리키는데, 이것은 선교 토착화의 목표이기도 하다. 현대 선교 운동에서 교회의 선교는 토착화(indigenization)에 주력해 왔다. 교회성장학자 맥가브란은 '제자 삼음(Discipling)'을 다음과 같이 3단계로 구분했다.

- D-1 : 비신자나 비기독교 사회가 처음으로 그리스도께로 돌아서는 것을 의미하지만 대중운동과 관련된 집단적 개념이다(집단 개종).
- D-2 : 어떤 개인이 불신앙에서 예수를 믿고 교회에 가입하는 것을 의미한다(개인 구원).
- D-3 : 기존 신자들에게 복음의 진리를 가르치는 것을 의미한다(양육).

제국주의 선교의 우(愚)를 범하지 않도록 주의한다

제국주의 선교의 한 예로 '타불라 라사(Tabula Rasa)' 정책을 들 수 있다.[22] 선교사 마테오 리치는 중국 선교를 함에 있어서 이 정책을 전적으로 무시했다. 그러나 당시 많은 선교사들은 이 관점에서 선교를 했다. 전 케냐 대통령이었던 조모 케냐타(Jomo Kenyatta)의 말은 제국

---

21 삼자 원칙은 네비우스 선교 정책의 기초가 되었다.
22 타불라 라사 정책은 다음과 같다. "비신자가 가지고 있는 철학, 도덕, 종교적인 심성들은 전적으로 기독교 신앙에 해로운 것이므로 철저하게 뿌리 뽑아 버려야 기독교 복음을 효과적으로 심어 줄 수 있다."

주의 선교의 예를 단적으로 보여 준다.

> 선교사들이 들어올 때 그들은 손에 성경을 들고 있었고, 우리는 우리의 땅을 가지고 있었다. 그들은 우리에게 눈을 감고 기도하는 것을 가르쳐 주었다. 우리가 눈을 떴을 때 우리의 손에 성경이 있었고, 그들은 우리의 땅을 가져갔다.

제국주의 선교는 20세기까지 이루어졌던 많은 서구 교회의 세계 선교 사례 가운데 가장 좋지 않은 선교의 모델이었으며 시행착오였음이 밝혀졌다. 그럼에도 불구하고 한국 선교사들이 그 전철을 밟고 있는 것은 아닌지 돌아봐야 한다. 한국 선교사들이 사역의 주도권을 가지고 헌신적으로 희생하지만 이것을 현지 교인들이 그리 달가워하지 않을 수 있다는 현실을 빨리 인식해야 한다. 서구 선교사들이 복음을 전했을 때 한국 초기 교회의 리더들도 싫어했다는 것을 우리는 기억해야 한다. 한국 교회 초대 7대 목사인 한석진 목사는 선교사들에게 "고향으로 가든지 본향으로 가기를 바란다"고 강력하게 외치기도 했다.

다수가 모이는 곳을 집중 공략한다

현대 선교의 한 주제인 '도시 선교'가 여기에 해당된다. 대도시든 시골이든 사람이 많이 모이는 곳이 있다. 선교사는 과거의 것을 답습하기보다는 그 시대와 상황에 맞춰 선교 전략을 세워야 한다. 또 항상 복음 전도의 극대화를 꾀하려고 노력해야 한다.

도시 선교의 특징을 살펴보면, 도시는 다민족이 모여 살고, 인구의 집중으로 많은 이들에게 복음을 전달하기가 쉽다. 그리고 도시는 행정, 상업, 교통, 통신의 중심지이기 때문에 선교가 용이하다. 도시 선교는 사도 바울의 선교 특징 중 하나이기도 하다. 그는 4개 지역의 대도시인 갈라디아, 소아시아, 마게도냐, 아가야 지방을 중심으로 선교했다.

학교 사역-학교 운영에 관한 기본 지식과 자격을 갖춘다

학교 사역을 하려고 할 경우에는 교육학을 전공하거나 그에 준하는 자격증이 있는 것이 바람직하다. 선교지에 도착했을 때 많은 문맹자들과 교육을 받지 못한 현지인을 대하며 순간적인 동정심으로 학교 사역을 하려고 결심했다면 다시금 신중하게 고려할 필요가 있다.

학교 사역을 하기 위해서는 유창하게 현지어를 구사해서 학생들뿐 아니라 교사와 학부모에게도 막힘없이 자신의 생각을 피력하고 그들의 생각을 들어 줄 수 있어야 한다. 또한 현지 교육의 흐름을 잘 파악하고 민감하게 대처할 수 있어야 한다. 학교 사역을 하는 선교사들 가운데는 교사들과의 관계에 있어서 어려움을 호소하는 이들이 의외로 많다. 따라서 그들을 잘 이끌어 가는 리더십을 발휘할 수 있어야 한다.

사역을 시작하기 전에 충분히 현지 학교에 대한 기본 지식을 습득해 사역의 어려움을 최소화해야 할 것이다. 학교 사역을 할 경우에는 학교 운영에만 관심을 기울이지 말고, 학교 사역을 시작하게 된 동기를 늘 되새기면서 일반 현지 학교와 달리 교사와 학생들이 진정한 그리스도인으로 양육될 수 있도록 영적인 교육을 병행해야 한다.

하나님의 영광을 위한 교회가 되게 한다

오늘날 비신자 전도를 통해서 크게 성장한 교회가 전 세계적으로 여러 곳 있다. 그 가운데 몇몇 교회들은 개척 당시 구도자 예배[23]를 통해서 성장했다. 처음에는 독립된 교회 건물이 없어서 학교, 체육관, 공공시설 등을 빌려서 몇 년 동안 사용하다가 교회가 성장한 후에 예배당을 건축했다. 이처럼 서둘러 교회를 짓기보다는 우선 적당한 장소에서 복음을 듣고 회심한 자들을 양육하는 사역을 진행시키다가 그 사역지가 교회를 짓기에 적당한지를 객관적으로 살펴본 뒤 신중하게 예배당을 짓는 것이 바람직하다. 또 교회를 지을 때는 선교지의 상황을 잘 파악하고, 장기적인 전략과 전술에 도움이 될 만한 곳을

---

[23] 구도자 예배란 비신자 전도를 위한 예배의 형태로 그 기원은 미국의 '프론티어 예배'에서 찾을 수 있다. 프론티어 예배의 목적은 믿지 않는 사람들에게 믿음을 심어 주는 것이다. 개척지에는 신자들보다 비신자들이 더 많았고, 성직자도 절대적으로 부족했다. 이 개척지의 특수한 상황에 따라 이전의 예배 전통을 중요시하기보다는 신앙 부흥회 형식의 예배를 통해 어떻게 하면 보다 많은 사람들을 믿게 만드느냐 하는 것에 목적을 두고, 효율적이고 실용적인 방법, 사람들의 마음을 녹여서 결신할 수 있도록 하는 최선의 방법만을 사용해 예배하는 것이 바로 프론티어 예배였다. 이 예배의 정신을 이어받아 1950년대 말, 로버트 슐러(Robert Schüller) 목사는 비신자들을 위한 교회 사역 방법을 제시했는데, 이 또한 구도자 예배의 기본 원칙이 되었다고 볼 수 있다. 이 내용은 첫째, 비신자들이 필요로 하는 교회의 프로그램을 결정한다. 둘째, 비신자들이 교회에 나오지 않는 이유를 교회의 전략으로 결정한다. 셋째, 비신자들의 문화는 교회 사역의 형태를 결정한다. 넷째, 비신자들의 인구는 교회의 양적 성장의 목표를 결정한다.
구도자 예배란 영어로 'Seeker Service', 또는 'Seeker-sensitive Service', 'Seeker driven Service'라는 용어를 사용한다. 이것은 예배가 기존 신자보다는 비신자들을 포함하는 모임과 집회라는 의미를 강조하기 위함이다. 어떻게 보면 '구도자 중심 예배'라고 부르는 것이 맞을 것이다. 구도자 예배란 믿지 않는 사람들이 누구든지 간에 좀 더 쉽게 예배의 자리에 나아올 수 있도록 배려하는 형식과 접근 방법을 택한 예배 스타일을 말한다. 또한 하나님에 관한 지식이나 체험이 없는 비신자들에게 복음을 전하거나 세속적인 사람들에게 복음을 솔직하고 쉽게 전달하기 위해 고안된 현대적인 예배다. 구도자 예배는 비신자들이 교회 문화에 대해 거부감이나 종교적인 부담을 느끼지 않으면서 복음을 간단하게 접할 수 있도록 비교적 젊은 세대들을 위해 시작된 전도 집회의 한 형태라고 할 수 있다. 신학적으로는 '상황화', 또는 '문맥화'의 원리를 활용한 형태다. 성경 안에서도 제사의 형태와 스타일이 점차 변화된 것처럼 예배도 시대 변화에 따라 현대적 변형 적용이 필요하다고 본다.

택해야 한다.

평신도 사역자, 특별히 자비량 선교사들이 유의해야 할 것 중에 하나가 교회 건축이다. 교회 건축은 목회적인 관점에서, 선교 전략적인 측면에서 이해되고 이루어져야 할 부분이다. 교회를 짓되 교회가 개인 소유, 즉 선교사나 현지 목회자의 교회가 되지 않게 해야 하고, 현지 교단의 법인체에 가입해서 선교사가 선교지를 떠나도 전혀 문제되지 않도록 교회 체계를 이루어야 한다.

한국 교회는 기념 교회를 짓는 것을 선호한다. 그러나 교회는 주님의 몸 된 전이지 개인, 혹은 한국 교회를 기념하고 빛내기 위해 짓는 건축물이 아니다. 또한 평신도가 개인의 재산으로 선교지에 교회를 지을 때는 전적으로 하나님께 헌납하는 것이 중요하다.

그리고 예배당을 지을 때는 현지 교회의 모습으로 짓도록 한다. 그들의 건축 문화, 지형의 특성 등을 고려해 지역의 조화를 깨뜨리지 않도록 주의하면서 너무 호화롭게 짓지 않는 것이 좋다. 교회를 아름답게 건축해서 하나님께 드리는 것이 무엇이 나쁘냐고 생각할 수도 있다. 그러나 한국에서 한국 문화에 맞추어 교회를 건축하듯이, 선교지의 교회는 현지에 맞게 건축하는 것이 가장 좋다. 지나치게 많은 비용을 들여서 지은 화려한 교회는 선교사의 권위만 나타낼 뿐 하나님의 영광을 가릴 가능성이 높다.

교회가 건축되면 외형적인 모습에만 만족하지 말고 질적으로 풍성한 교회가 되게 해야 한다. 개혁교회의 예전을 가르쳐 주고, 예전과 말씀이 살아 있는 모습을 보여 주어 현지인들로 하여금 그들의 환경에 맞게 접목시키도록 이끌어 주는 것이 필요하다. 도미니카공화국은 로마 가톨릭 문화권이기 때문에 많은 개신교회들이 로마 가톨릭 교회와는 다른 모습을 보여 주기 위해 노력한다. 예를 들어, 로마 가톨릭교회의 상징인 십자가를 대부분의 개신교회에서는 사용하지 않는다. 또 예전의 색깔, 예배의 중요한 요소들을 로마 가톨릭교회가 먼저 점령했다는 이유로 사용하지 않는다. 여기에서 가장 중요한 점은 하나님의 교회[24]는 성경적이어야 하며 복음적이어야 한다는 것이다.

사역의 방향에 맞춰 핵심 사역에 집중한다

어느덧 한국 선교는 성숙의 단계에 접어들었다. 그런데 한국 선교사들의 50%의 사역 기간이 8년 미만이며, 70% 이상이 목회자 신분의 선교사다. 한국 선교에 있어서 평신도 사역자, 혹은 전문인 사역자가 차지하는 비율은 매우 적다. 왜냐하면 전문인 사역자로 헌신했다가도 목회자 선교사가 되는 경우가 많기 때문이다.

이것은 한국 교회의 특성이기도 하다. 즉 한국 교회 안에 내재되어

---

24 교회는 네 가지 속성을 가지고 있다. 유일성, 거룩성, 보편성, 사도성이다. 즉 교회는 하나이며, 거룩하고, 보편적이고, 사도적(선교적)이다. 네 번째 속성인 사도적(apostolic) 속성은 AD 381년 제1차 콘스탄티노플 공의회에서 추가되었다.
첫째, 유일성, 즉 교회의 화목과 화평을 가르쳐야 한다. 분열을 없애고 하나를 이루어 나간다. 둘째, 거룩성, 즉 교회는 거룩해야 한다. 죄악을 없애고 거룩성을 회복하게 해야 한다. 윤리 도덕적으로도 깨끗하게 살도록 가르쳐야 한다. 교인들이 파렴치범으로 감옥에 왔다 갔다 해서는 안 된다. 셋째, 보편성, 즉 교회는 클럽이 아니다. 끼리끼리 모이는 곳이 아니다. 빈부귀천, 피부색을 떠나서 모여야 한다. 죄인들은 죄인끼리 모이는 것을 좋아한다. 호남 사람, 영남 사람, 부한 사람, 가난한 사람, 젊은 사람, 노인들끼리 모인다. 그러나 교회는 절대로 파당을 만들지 말아야 한다. 선교지에 가면 계층과 계급이 복잡하게 얽혀 있다. 그러나 교회는 보편적이어야 한다. 또한 다른 교회와 연합하고 함께해야 한다. 다른 교회에 속해 있어도 우리는 다 같은 그리스도인임을 알려야 선교가 잘된다. 넷째, 사도성, 즉 선교적이다. 예배를 드리든 지 건축을 하든지 그것이 항상 선교적인지 판단할 때에 교회의 사명을 잘 감당할 수 있다(찰스 밴 엥겐,《모이는 교회 흩어지는 교회》참조).

있는 유교적 직제 현상 때문이다. 목회자 우선, 우위 개념으로 인해 선교지에서 평신도 선교사들이 받는 심리적 갈등이 신학을 공부하게 하는 동인이 되고, 그로 인해 선교 단체에 속해 있던 평신도 선교 자원이 교단 선교부의 선교 구조 안으로 이동하는 현상이 나타났다. 그 결과 목회자 선교사 중심의 한국 선교가 추구해 가는 선교 방향이 교회 개척, 제자 훈련 중심이 되었고, 더 나아가 교육 사업과 신학 교육에 중점을 두게 되었다.

한국 선교사들의 사역 유형은 대체로 교회 개척[25], 제자 훈련, 교육 사업, 신학 교육, 순회 전도, 사회사업, 지역 개발, 의료 사역, 비즈니스 선교, 성경 번역, 에큐메니칼 협력 선교 등으로 구분할 수 있다.

사역의 방향을 잡으면 그 사역의 핵심을 파악해서 중점적으로 진행될 수 있도록 한다. 직장 선교, 노인 선교, 어린이 선교, 청소년 선교, 제자 훈련, 대학생 선교, 고아원 선교, 양로원 선교, 학원 선교 등 다양한 사역 가운데 선교사가 적당하다고 판단해 결정한 사역이 현지 조사와 여건을 고려해 잘 이루어질 수 있도록 집중적으로 힘을 쏟아야 할 것이다. 한마디로 말하면, '선택과 집중'의 선교를 하자는 것이다. 21세기 선교는 구멍가게 선교가 아니라 전문화된 선교를 요구한다. 한 가지에 집중하면 사역의 깊이가 더해진다.

---

25 교회 개척의 논리적인 진행 과정은 먼저, 사람들에게 복음을 전해서 양육 및 제자 훈련을 시켜 성도가 되게 한 뒤 그들을 중심으로 교회를 조직하는 것이다. 교회 개척에 달란트를 가진 개척 선교사들은 그들이 전도하려고 하는 종족 그룹에서 교회를 개척하려고 할 때 선교사 자신으로부터 오는 많은 도전을 직면하게 된다. 특별히 일어서고 있는 현지 지도자들에게 사역을 넘겨주기보다는 오히려 자기 자신이 스스로 하려는 유혹이 선교사들에게 항상 존재한다. 현지 교회는 개척과 함께 이양의 단계 과정을 시작해야 한다.

세례 베풀 시기를 신중히 고려한다

오랜 기간 동안 말씀을 전했으나 회심자가 생기지 않다가 어느 순간 말씀을 전해들은 한 형제가 그 자리에서 주님을 영접했다고 가정하자. 선교사는 주님을 영접한 형제를 보고 너무나 감격해서 그 자리에서 세례를 주고 싶은 충동을 느낄 수 있다. 그러나 이 유혹을 잘 이겨 내야 한다. 현지인이 주님을 영접한 이유는 여러 가지가 있을 수 있기 때문이다. 진정으로 회심했을 수도 있지만 선교사를 이용해서 자신의 삶의 질을 향상시키고자 하는 경우도 있을 수 있다. 그러므로 세례는 믿음이 확실하다고 판단될 때 주어야 한다. 믿음 없이 세례를 받은 사람은 선교사의 사역에 장애가 될 확률이 상당히 높다.

미국 인디언 선교의 기치를 높여서 '인디언의 사도'라고 불렸던 존 엘리어트(John Eliot)[26]는 개종한 인디언들에게 바로 세례를 주지 않고 성경을 가르치고, 제자 훈련을 시키고, 5년 후에 세례를 주었다. 17세기 아프리카 선교를 주도했던 포르투갈의 카푸친회(Capuchin) 수도사들은 콩고, 앙골라 등 주변 국가 사람들이 단지 교회가 믿는 모든 것을 믿겠다는 신앙고백만으로 세례 받기를 원했을 때 교황청으로 공문을 보내 문의했다. 물론 답변은 "세례를 베풀어도 무방하다"였지만 말이다.

한국에 온 서구 선교사들도 세례에 있어서만은 엄격했다. 세례 받기를 원하는 사람들 중에서 다음의 9가지[27]를 철저하게 따진 후에 한

---

26 청교도 신학의 기초를 놓은 존 엘리어트는 1604년에 태어나 1690년에 소천했다.
27 차종순 교수의 "한국 교회의 선교 역사" 강의에서 발췌했다.

가지라도 적합하지 않으면 세례를 주지 않았다.

- 개종의 동기의 순수성
- 공예배 참석 여부
- 집에서 가정 예배를 드릴 것
- 헌금을 잘할 것
- 술, 담배, 마약을 안 할 것
- 제사를 지내지 않을 것
- 첫 번째 부인(조강지처)과 살 것
- 세례를 베푸는 날 동네 사람들에게 세례 받는 사람이 변화된 삶을 확인시켜 줄 것
- 다른 사람들에게 구제 활동을 할 것

이로 인해 한국 초기 교회 당시 세례 문답 합격률이 4-5% 정도에 불과했지만 그들이 바로 3·1 운동의 주역이 되었다. 또한 당시 예수를 믿은 남자들이 결정한 4가지 결의는 주목할 만하다.

첫째, 우리 조선 남자들은 부인을 때리지 않기로 약속한다.
둘째, 밥 먹을 때 부인과 남편이 한 상에서 밥을 먹기로 한다.
셋째, 존댓말을 하기로 한다.
넷째, 세상 사람들이 비웃을지라도 지속적으로 실천한다.

상류 지도층에게도 담대히 복음을 전한다

제3세계일수록 사회계층이 소수의 상류층과 대다수의 하류층 두 부류로 나뉜다. 선교사가 사역지에서 복음을 전하고 만나면서 사역의 대상으로 삼는 사람들은 주로 하류층이다. 문맹자가 많고, 경제적으로 자립할 능력이 없으며, 사회에 묻혀 힘없이 살아가는 계층이다. 그들은 비교적 마음을 쉽게 열기 때문에 그들에게 다가가는 것이 상류층에게 다가가는 것보다 훨씬 쉽고 전도하기가 용이하다.

그러나 상류층에게도 복음을 전할 수 있는 여건을 마련해야 한다. 그들은 사회의 지도층이며 지식인들이다. 그들에게 복음을 전하면 매우 큰 힘을 발휘할 수 있다. 예를 들어, 인도는 카스트 제도가 아주 엄격해 대부분의 선교사들이 불가촉천민들에게 복음을 전한다. 그러나 상위 카스트에 속한 사람들에게도 복음을 전해야 한다.

일반적으로 아시아 지역이 아닌 곳에서는 동양인을 무시하며 인종 차별을 심하게 하는 경향이 있다. 자신들보다 경제적, 지적으로 못한 이들을 무시하며 지배하려고 한다. 상류층은 복음을 전하러 온 선교사들이 언어를 제대로 구사하지 못하고, 물질적으로도 자신들보다 못하기 때문에 거들떠보지도 않는다. 그들은 현실적으로 부족한 것이 없어서 복음에 목말라하지도 않으며, 자신이 가진 권력과 부를 마음대로 누리기 때문에 하나님을 찾으려고 하지 않는다. 그러나 이러한 경계를 반드시 넘어가야 한다. 그러기 위해 두 계층을 향한 분명한 선교 전략을 구비할 필요가 있다.

나 역시 상류층, 특히 지식인층을 만나는 자리가 부담되고 긴장된다. 그들은 자기 분야의 전문 용어를 많이 구사하고 뛰어난 어휘력을 발휘한다. 사회의 리더들을 만나는 자리에서 그들은 늘 한국의 분단 상황, 한반도와 국제 정세에 대해 대화하기를 좋아한다. 그들에게 복음을 제시하면 그들은 자신의 사고를 체계적으로 정리해서 하나님이 필요하지 않은 이유를 조목조목 대곤 한다.

한 예로 서울에서 도미니카공화국 대사를 만났다. 신앙에 대해서 이야기하자 자신은 내면적 통제가 뛰어나기에 교회에 가지 않아도 된다고 했다. 이러한 부류의 사람들을 영적으로 이끌어 가기란 그리 쉬운 일이 아니다. 그렇지만 이런 현실 가운데서도 끊임없이 복음을 전했더니 마침내 복음을 받아들이고 주일 예배와 성경 공부에 빠짐없이 참석하는 이들이 하나둘 생겨나게 되었다. 그들은 지역 봉사에도 열심이다. 참 감사한 일이다.

부족한 우리가 상류층 앞에서도 담대할 수 있는 이유는 그들을 변화시키고 이끄실 전능하신 하나님을 전적으로 의지하기 때문이다. 언어의 미숙함을 인정하고 이웃의 상류층에게 다가가서 담대히 복음을 전하자. 우리는 그저 씨를 뿌리고 물을 주면 된다. 그러면 주님이 자라게 하신다.

복음의 본질은 붙잡되 유연하게 대처한다

복음에 대해 매우 엄격했던 바울도 복음을 전하는 방법에 있어서는 유연성을 가지고 있었다. 이러한 태도는 고린도전서 9장 19-22절에 잘 나타나 있다.

"내가 모든 사람에게서 자유로우나 스스로 모든 사람에게 종이 된 것은 더 많은 사람을 얻고자 함이라 유대인들에게 내가 유대인과 같이 된 것은 유대인들을 얻고자 함이요 율법 아래에 있는 자들에게는 내가 율법 아래에 있지 아니하나 율법 아래에 있는 자같이 된 것은 율법 아래에 있는 자들을 얻고자 함이요 율법 없는 자에게는 내가 하나님께는 율법 없는 자가 아니요 도리어 그리스도의 율법 아래에 있는 자이나 율법 없는 자와 같이 된 것은 율법 없는 자들을 얻고자 함이라 약한 자들에게 내가 약한 자와 같이 된 것은 약한 자들을 얻고자 함이요 내가 여러 사람에게 여러 모습이 된 것은 아무쪼록 몇 사람이라도 구원하고자 함이니"(고전 9:19-22).

〈이코노미스트〉 702호에 실린 "외국 기업의 성공"에 관한 기사를 선교에 접목시켜 보자.

- 현지화가 키워드다.
- 토종 CEO를 잡아라.
- 기술과 사람에게 투자하라.
- 시장의 기회를 읽어라.
- 모두에게 열린 경영을 하라.

단기 선교 팀과 협력한다[28]

단기 선교 팀이 사역지에 방문하게 될 경우에는 방문하기 이전부터 그들을 위해 집중적으로 기도해야 한다. 선교사가 기도 가운데 단기 선교 팀을 맞이하는 경우와 단지 연례행사 정도로 생각하고 맞이하는 경우는 현저한 차이가 있다.

단기 선교 팀원들 가운데에는 낙후된 선교지 교회의 문화를 제대로 이해하지 못하고 한국 교회와 문화에 대한 우월감을 갖거나 현지인들에 대한 지나친 동정심으로 물질 공세를 펼치는 바람에 떠난 후 상당한 후유증을 남기는 사람들이 있다. 그러므로 단기 선교 팀을 맞이하는 선교사와 현지인들, 그리고 사역지를 방문하는 이들 모두에게 은혜가 되고, 선교에 긍정적인 효과를 거둘 수 있도록 해야 할 것이다. 비록 짧은 시간이지만 단기 선교 팀원들이 선교지의 현실을 보고 도전을 받아 정식 선교사로 헌신할 수 있음을 명심해야 한다.

선후배 선교사와 상호 존중 관계를 유지한다

선교사마다 가치관과 선교관이 다르다. 같은 사역지에서 사역하는 선교사 간에도 현지인을 보는 관점과 선교관이 다를 수 있다. 이럴 때 서로 간에 비판적인 시각을 갖고 평가하다 보면 비판할 것들만 눈에 보이게 된다. 특히 후배 선교사는 선배 선교사를 이해하고 존중하는 자세가 필요하다. 가까이에서 선배 선교사를 대하다 보니 사역한 지 오래되었는데도 간단한 현지어만 구사하고, 사역에 정열을 쏟기보

---

28 단기 선교와 관련된 사항은 제4부 7장 "단기 선교"를 참조하라.

다는 목적 없이 현지에서 살아가는 것처럼 느껴질 수 있다. 그러나 평가는 하나님이 하실 일이다. 후배 선교사는 선배 선교사를 존중하고, 선배 선교사는 후배 선교사를 이끌어 주는 아름다운 문화를 가꾸어 나갈 수 있기를 바란다.

다른 선교 단체나 선교 본부의 사역자들에게도 마음을 연다

초교파를 선언하면서 만든 단체가 결국에는 또 하나의 교단이나 교파가 되어 폐쇄적인 모습으로 굳어지는 모습을 종종 보게 된다. 그러나 정보를 교환하고 협력하는 것이 세계 선교를 앞당길 수 있음을 명심해야 한다.

선교는 지역 교회(로컬 처치, Modality)[29]와 선교 단체(파라 처치, Sodality)[30]라고 불리는 교회 밖의 교회를 통해서 이루어진다. 흔히 선교 단체를 통한 선교를 주장하지만, 선교 단체가 지역 교회의 도움 없이 선교하기란 매우 어려운 일이다. 선교 역사를 보면 지역 교회가 약할 때는 선교 단체가, 반대로 선교 단체가 약할 때는 지역 교회가 선교를 감당한 것을 볼 수 있다. 따라서 선교 단체와 지역 교회가 서로 조화를 이루면서 연합해 선교하는 것이 이상적이다.

---

29 공식적이고 형식적인 조직, 성과 연령의 차별 없이 누구나 구성원이 될 수 있는 하나의 조직된 공동체다.
30 어떤 활동을 위한 동료 조직, 성인으로서 지역 교회 조직의 구성원을 넘어 제2의 결단을 경험한 사람들로 조직되며 나이, 성, 결혼 유무에 따라 제한을 받는 조직된 공동체다.

개인주의를 극복하고 협력한다

　협동심은 선교사가 사역 현장에서 반드시 가져야 할 덕목이다. 대부분의 선교사가 협력 선교를 위해 노력하며 열심히 일하지만, 개중에는 독단적이고 고집스러운 태도를 보여서 많은 선교사들에게 상처를 안겨 주는 이들도 있다. 어떤 이는 선교사들을 가리켜 천성적으로 독특하고 별나다고 얘기하기도 한다. 선교사가 유별나서 특별한 길을 택한 것인지, 아니면 해외에서 버티기 위해 애쓰다가 그런 성격의 소유자로 전락하게 된 것인지는 모르지만 이런 이야기를 들으면 씁쓸해진다.

　협력은 선교 현장에서 가장 필요한 요소이지만 한국 선교사들이 제대로 실천하지 못하는 덕목이기도 하다. 협력은 선교사 자신뿐 아니라 후원 교회도 함께 노력해야만 가능하다. 일부 후원 교회 가운데는 선교 사역의 성과를 교회의 업적과 연결 짓곤 한다. 그러다 보니 하나님 나라가 이 땅에 실현되는 것에 관심을 기울이기보다는 교회가 이룩한 성과를 자랑하고 만족해하면서 결국 후원하는 선교사를 개인주의자로 만들어 버리고 만다. 개인주의는 선교의 중복 투자, 선교사 간의 갈등, 선교사의 철수, 현지인과의 갈등 등 뼈아픈 문제를 야기한다.

영성과 사역의 균형을 유지한다

　도미니칸 수도회와 프란시스칸 수도회는 사회 속에서 하나님과의 깊은 합일의 체험을 가지고 형제 사랑과 이웃 사랑으로 사랑의 신비주의를 승화시켜 나갔다. 그들은 사회를 떠나서가 아니라 그 안에서 회개와 사랑에 대한 대중 설교를 중요시 여기며 그리스도와 같은 삶을 살기 위해 개인 재산을 포기했다. 그리고 단순한 고행과 육체적 노동만을 추구하는 것을 수도원의 최대의 역할에 두지 않고, 중세기의 예배 의식을 대폭 개혁해 설교와 교육에 중점을 두었다. 때로는 수도사들이 학교에 들어가 민생들을 계몽하며 가르치는 교육적 선교 사업에까지 확대시켰다. 이들의 선교 사역은 하나님의 선교에 초점을 두고 영성과 사역의 균형 속에서 이루어졌다. 이러한 정신이 오늘날의 선교사들에게도 필요하다.

선교의 접촉점을 위한 플랫폼을 만든다

사전적으로 '플랫폼(platform)'은 무언가를 하기 위한 매개물이면서 필수불가결한 기본이라는 의미가 있다. 오늘날 현대 선교에 있어서 플랫폼은 중간 거점, 혹은 선교의 매개체라는 의미로 사용된다.

창의적 접근 지역뿐만 아니라 열린 지역, 추수 지역 등 모든 선교지에서 하나님의 선교를 이루어 가기 위한 선교 플랫폼을 형성해야 한다. 특별히 창의적 접근 지역에서는 효율적인 플랫폼을 기획해 복음의 접촉점을 마련하는 것이 매우 중요하다. 플랫폼이 필요한 이유는 복음을 전하는 이의 입국과 체류를 정당화할 수 있으며(접근성-정당성), 자신의 정체성을 분명히 함과 동시에 자신의 의견을 주장할 수 있고(정체성), 플랫폼의 기반을 통해 현지인과의 관계성을 형성(전략적 방법)할 수 있으며, 더 나아가 제자화할 수 있는 기회(성실성)를 창출할 수 있기 때문이다.

선교 사역에 대한 평가와 디브리핑(보고에 대한 재평가)을 지속적으로 실시한다

선교사가 선교지에서 하나님의 일만 한다고 착각하는 경우가 종종 있다. 그러나 한 발짝 뒤에서 자신의 모습을 성찰해 보면 하나님의 선교가 아닌 자신의 일을 더 열심히 하고 있는 모습을 발견하게 된다. 그것은 선교사 자신만이 알 수 있다. 하나님의 선교를 한다고 하면서 자기 마음대로 결정하고 사역을 진행하는 것은 선교의 주체이신 하나님의 뜻을 무시하는 무례한 행동이다. 선교사가 선교 사역을 지속적으로 건강하게 잘 감당해 나가려면 적어도 6개월이나 매년마다 자신의 사역을 평가해야 한다. 그리고 평가에 따라 궤도를 수정하고, 부족한 부분은 언제든 보충, 보완하는 것이 좋다. 이것은 보다 높은 차원의 선교를 가능하게 해 준다.

선교사에게 있어서 평가는 한 차원 높은 선교로 나아감과 동시에 하나의 디딤돌이 되어 긍정적인 것은 발전적으로 나아가게 하고, 부정적인 것은 되풀이하지 않게 하는 효과를 가져다준다. 평가는 평가의 주체(누가), 평가의 대상(누구를), 평가의 시기(언제), 평가의 방법(어떻게), 평가의 여건(어디서) 등을 고려해서 해야 한다. 평가의 기본 원칙을 각 항목별로 살펴보면 다음과 같다.[31]

- 평가 주체 : '누가 누구를 평가할 것인가'라는 부정적인 이해

---

[31] 한국세계선교협의회(KWMA) 선교정보전략위원회 연구 팀,《선교종합평가 시스템의 개발》(서울: KWMA, 2003), 82.

가 우려되므로 평가 지표와 지침을 작성해 단체와 개인이 자체 평가할 수 있도록 제공한다. 평가는 자가 진단으로, 평가 위원의 주관적인 관점과 평가 응답자의 미흡한 응답을 사전에 방지함으로써 보다 정확하게 객관적인 등급을 측정할 수 있다. 외부 평가가 아닌 자체적인 평가에 있어서 자가 진단만으로는 객관성이 결여되므로 평가 대상 본인의 평가를 포함하고, 평가 위원을 조직하거나 동료의 평가를 반영하는 등 다면 평가 방식을 취하면 좋다. 물론 동료 평가자의 자격은 최소 4개월 이상 함께 사역한 자여야 한다.

- 평가 대상 : 무엇을 평가할 것인가? 단체(교단 선교부, 선교 단체, 단체 내 소집단), 개인(선교사 및 선교 사역자), 선교 프로젝트를 다 평가해야 한다.

- 평가 시기 : 평가하고자 하는 주체가 판단해 분기별, 혹은 2-3년 단위로 정기 평가, 혹은 수시 평가 하면 된다. 통상적으로는 1년마다 평가한다. 프로젝트 기간 평가도 있을 수 있다. 누적 평가의 경우 공동 평가 지표는 변동 없이 목표에 따라 도입기, 성장기, 성숙기, 쇠퇴기로 나누어 평가 비중을 조정할 수 있다.

- 평가 방법 : 데이터를 코드화하고 보관, 활용할 수 있는 전산 시스템이 있다면 누적 평가가 효과적일 것이다. 그러면 목표 타당성, 실행, 반영 등을 평가하고 타 단체와 비교 평가할 수 있다. 정상적인 평가 방법을 사용한다.

- 평가 여건 : 평가를 적용하기 위한 여건은 전략적 조건, 조직

적 조건, 인적 조건, 관리(제도)적 조건 등이 있다.

이 모든 과정이 주관적으로 흐르지 않도록 주의하며 공정한 평가가 되도록 한다.

사회봉사와 선교

하나님의 선교에 있어서 복음 전도와 사회봉사, 두 영역에 대한 균형은 매우 중요하다. 복음 진영을 대표하는 로잔 운동은 이 두 가지 영역 중에서 복음 전도의 우선성을 강조한다. 그럼에도 불구하고 현대 선교 신학에서 우선순위를 따지는 것은 별 의미가 없다. 왜냐하면 복음주의에 속한 선교사들이 주력하는 사역 가운데 대부분이 사회봉사를 통한 복음 전도의 성격이 강하기 때문이다. 오스왈드 챔버스는 봉사에 대해 이렇게 말했다.

봉사(Service)는 헌신된 마음이 흘러넘치는 것이다. 엄밀히 말한다면, 봉사는 부르심이 아니라 하나님의 속성에 내가 일치됨으로 인해 그 일치됨이 현실 속에서 드러나는 것이다. 봉사는 나의 삶의 자연적인 부분(the natural part)에 해당한다. 하나님이 나로 하여금 주님과 관계를 맺게 하시면 나는 주님의 부르심을 이해하게 된다. 그러면 그분을 향한 순전한 사랑 가운데 내게 있는 것으로 주를 위해 뭔가를 하는 것이다. 그러므로 하나님을 섬긴다는 것은 주님의 부르심을 들은 어떤 속성이 마음을 다해 사랑의 표현을 하는 것이다. 봉사는 내 속성에 맞는 것이 표현된 것인 반면 하나님의 부르심은 그분의 속성이 표현된 것이다.[32]

사회봉사는 선교의 문화적 위임에 해당한다. 창세기 1장 28절 "하나님이 그들에게 복을 주시며 하나님이 그들에게 이르시되 생육하고 번성하여 땅에 충만하라, 땅을 정복하라, 바다의 물고기와 하늘의 새와 땅에 움직이는 모든 생물을 다스리라 하시니라"라는 말씀에 근거해 유대인들은 동족을 가족처럼 위한다.

그들의 마음을 잘 엿볼 수 있는 것 중 하나는 '체다카(Tzedaka)'[33]다. 체다카는 '구제, 자선'을 의미하는 히브리어로, 유대인들의 기부 문화를 가리킨다. 종교적 전통에서 비롯된 유대인들의 기부 문화는 척박한 조건에서 그들을 성공으로 이끈 힘이 되었을 만큼 유별나고 놀랍다. 속설에 따르면, 20세기 초 미국에 먼저 자리를 잡은 유대인들이 무일푼으로 들어온 새로운 동족에게 세 번까지 도움을 주었고, 대부분 한 번의 도움으로 자립에 성공했다고 한다. 지금도 유대인들의 기부 문화는 세계적으로 정평이 나 있고, 미국의 경우 전체 기부금 가운데 유대인들의 기부금이 높은 비율을 차지하고 있다고 한다.

유대인들은 축적된 부를 사회에 환원하는 데도 게을리하지 않았다. 자선사업과 사회단체에 돈을 기부하는 것을 일종의 장기 투자로, 사회 곳곳에 유대인의 영향력을 행사할 수 있는 유용한 수단으로 여

---

32 오스왈드 챔버스,《주님은 나의 최고봉》(토기장이, 2010), 1월 17일.
33 "시온은 정의[justice, 미쉬파트]로 구속함을 받고 그 돌아온 자들은 공의[righteousness, 체다카]로 구속함을 받으리라"(사 1:27).

졌다. 히브리어에는 '남에게 베풀다'라는 의미에서 '자선'이라는 뜻을 지닌 단어가 없다. 그중 체다카가 가장 유사하지만, 이것은 '해야 할 당연한 행위'라는 뜻을 담고 있다. 즉 자선이 선택이 아니라 의무인 것이다. 유대인들의 성공을 한층 굳건히 해 준 것은 공동 운명체 의식이다. 이는 "모든 유대인은 서로를 책임진다"라는 《탈무드》의 구절만 봐도 금방 알 수 있다.

선교지에서 사회봉사를 통한 사역은 기독교를 떠나서도 많이 이루어지고 있다. 그러나 사회봉사를 통한 많은 사역들이 자신들의 종교와 단체를 홍보하는 차원에 머무는 경우가 종종 있다. 다음 사례에서 이 사실을 확인할 수 있다.

> ○○회사는 2006년부터 글로벌 사회 공헌 활동인 '캄보디아 우물 파기'를 매년 진행하며 심각한 식수난으로 전염병 등에 노출돼 있는 캄보디아 주민들을 위해 식수로 사용 가능한 우물을 파 줌으로써 캄보디아의 식수난 해결과 수질 개선에 앞장서 왔다. 현재까지 739공(2012년 11월 기준)의 우물을 완공한 데 이어 2015년까지 캄보디아 곳곳에 1천 개의 우물을 파 주는 것을 목표로 매년 봉사 활동을 실시하고 있다.[34]

한 회사가 캄보디아에 1천 개의 우물을 파고 있다. 불교 계통의 한

---

34 http://www.ajunews.com/common/redirect.jsp?newsId=20121119000475.(《인터넷 아주경제》 2012년 11월 19일자 기사).

단체에서는 이미 1천 개 이상을 팠다(우물을 하나 파는 데는 약 50만 원이 든다). 그러나 여기엔 사기성도 배제할 수 없다. 왜냐하면 그 정도 깊이의 우물은 깊지 않아서 비소가 들어 있어 마시기에 부적합하기 때문이다. 게다가 얼마 지나면 막힐 수 있다. 뻘이 있는 땅이라서 파자마자 폐쇄되기도 한다. 홍보를 위해서 가시적 실적이 우선시되는 모습을 짐작할 수 있다. 복음을 전하려는 목적으로 사회봉사를 하는 현장에서도 이와 비슷한 일이 자주 발생한다. 즉 어쩔 수 없이 보여 주어야 하기 때문에 필요 없는 일을 하지 않도록 주의해야 한다.

공적개발원조(Official Development Assistance, ODA, 무상 원조+무상 차관)[35] 프로그램이 있다. 한국 정부는 무상 차관 공적개발원조로 캄보디아대학을 지었고, 건설사와 소프트웨어를 한국 사람이 관리할 수 있도록 했다. 그래서 그 학교에 최신식 자동 시스템이 들어갔다. 그런데 그 프로젝트를 준비하는 데 관여한 한국 사람이 공금을 횡령했다. 그런데 캄보디아인은 자동 시스템을 사용하는 방법을 몰랐기에 한국에서 운영자를 계속 보내야 하는 상황이 되었다.

이처럼 안 좋은 사례가 발생하자 원조국과 수혜국이 함께 모여서 회의를 했다. 그때 개발국 대표들이 이렇게 말했다. "언제 우리에게 책임지고 운영하도록 해 준 적 있습니까?" 이것을 계기로 만들어진 것이 세계개발원조총회(High Level Forum, HLF)다. 그 당시에는 정부 간

---

[35] 공공개발원조, 또는 정부개발원조라고도 하며 증여, 차관, 배상, 기술 원조 등의 형태를 갖는다. 개발도상국에 대한 공적 자금 중 첫째, 정부나 정부의 원조 기관에 의해 공여된다. 둘째, 개발도상국의 경제 발전과 복지 향상에 기여한다. 셋째, 자금 공여 조건이 개발도상국에게 부담되지 않도록 무상 부분을 일정 비율 이상으로 한다는 조건을 갖춘 것을 말한다.

이 아닌 시민 단체까지 참여하는 모임이 되었다. 몇 년 전에 부산에서 이 포럼이 개최되었다. 이 포럼에서 원조 공여국이 개발의 모든 것을 좌지우지하는 것이 아니고, 수혜국이 책임지고 평가하는 형태로 바꾸기로 결의했다. 부산 선언을 기록하면 다음과 같다. "이제는 그 나라가 잘살고 개발이 되려면 그 사람들이 책임지고, 그 사람들이 필요로 하는 것을, 그 사람들이 의욕을 갖고 하도록 하자!"

세계개발원조총회는 새천년개발목표(Millenium Development Goals, MDG)[36]를 이루기 위해서 만들어진 것이다. 이것은 선교와도 매우 연관성이 깊다. 사회봉사를 통한 선교를 할 때는 새천년개발목표 8개에 준해서 사역하면 효율적이다.

〈표 5〉[37] 새천년 개발목표 8개 항목

MDG	목표(Goals)	세부 목표(Target)
1	절대 빈곤 및 기아 퇴치	• 1일 소득 1불 미만 인구 비율 반감 • 기아 인구 비율 반감
2	보편적 초등교육 달성	• 전 세계 모든 아동의 초등교육 수혜 달성
3	양성평등 및 여성 능력 고양	• 모든 교육 수준에서 성별 간 차이 제거
4	아동 사망률 감소	• 5세 미만 사망률 3분의 2 감소
5	모성 보건 증진	• 산모 사망률 4분의 3 감소

---

36 이것을 기획할 때 가장 중요한 역할을 했던 사람은 코피 아난(Kofi Annan) 유엔 사무총장이었다. 그리고 이 선언의 자문을 했던 교수가 바로 제프리 삭스(Jeffrey Sachs)다.
37 http://www.unmillenniumproject.org/goals/index.htm.

6	에이즈, 말라리아 및 기타 각종 질병 퇴치	• 에이즈 확산 저지 및 감소 • 말라리아, 기타 주요 질병 발생 저지 및 감소
7	지속 가능한 환경 확보	• 지속 가능 개발 원칙의 국가 정책 통합 • 안전한 식수에의 지속적 접근이 불가능한 인구 비율 반감 • 최소 1억 명의 슬럼 거주자 생활 여건 개선
8	개발을 위한 범지구적 파트너십 구축	• 평등한 개방 무역과 금융 시스템 구축 • 최빈국의 부채 경감 등 공식적 지원 • 저개발국의 지원 • 개발도상국 외채의 포괄적 해결 • 청년층을 위한 생산적 일자리 창출 전략 개발 • 민간 제약 회사와 협력, 필수 의약품 제공 • 정보 통신 등 신기술 혜택 확산

2000년 9월 유엔 밀레니엄 정상회담에 참여한 191개국 대표는 새천년개발목표를 실천하는 것에 동의하고 밀레니엄 선언(Millennium Declaration)을 채택했다. 2015년까지 전 세계의 빈곤층을 반으로 줄이자는 목표였다. 그 당시 60억 정도의 인구 중 절대 빈곤 10억 인구를 5억으로 줄이자는 뜻이다. '절대 빈곤'이란 하루 1불 정도를 버는 것을 기준으로 해서 그 밑으로 버는 사람을 말한다. 현재 77억 인구(2019년 기준) 중 10억 정도의 빈곤층은 여전히 존재하는 것 같다. 새천년개발목표 8개는 모두 빈곤과 연관되어 있다.

선교사들이 사회복지를 통해 복음 전도를 하기 원한다면 자신이 사역하는 나라의 보건복지 분야를 찾아가 봐야 한다. 그러면 그 나라가 새천년개발목표를 얼마나 달성했는지 볼 수 있다.

선교 비전 및 사역 계획 준비

비전이 분명한 선교사라 할지라도 사역지에서 사역하다 보면 비전이 흔들릴 때가 있고, 그 비전이 하나님의 선교 비전이 아닌 선교사 자신의 비전이 될 수도 있다.

흔히 세상의 정치, 경제, 사회, 환경 운동, 시민운동, 사회봉사, 교회 정치 등에 뛰어든 많은 사람들이 '깨끗한', '투명한', '국민을 대표하는', '서민을 위한 동반자', 혹은 '섬기는 자' 등의 슬로건을 내걸고 시작하지만 시간이 지나면 목적은 온데간데없이 사라지고 결국 자신을 위한 투쟁, 싸움, 노력, 변명, 주장에 대한 변호만 남는 모습을 보게 된다. 이러한 현상은 하나님의 선교 현장에서도 동일하게 나타난다. 하나님이 주신 소명을 붙잡고 선교에 헌신했지만 어느 순간 목적을 상실하고 선교지에서 단지 살아가는 데 급급한, 혹은 자녀 양육에 몰두하거나 프로젝트, 현지 부동산의 노예가 되어 이리저리 뛰어다니는 선교사들을 어렵지 않게 만날 수 있다.

우리는 주객전도 현상이 보편화되어 있는 선교 현장에서 경계심을 늦추지 말고 끝까지 사명을 잘 감당해야 할 것이다. 이러한 기초 위에서 선교사, 선교 헌신자들이 평생 기도하며 사역할 자신의 선교 현장에 대해서 구체적으로 연구하지 않는다면 복음의 접촉점을 발견하기가 그리 쉽지 않을 것이다.

앞에서 이미 신임 선교사 훈련 시 선교 현장에 대한 연구를 강조했다. 지피지기면 백전백승이기 때문이다. 그 이유를 구체적으로 언급하면 이렇다. 첫째, 선교사들이 먼저 사역할 현장에 대해서 잘 알아야 할 필요가 있기 때문이다. 둘째, 기도 후원자나 선교 본부에 보고할 때 적어도 이러한 기준에 맞추어 보고하면 선교 현장을 구체적으로 이해하는 데 도움을 줄 수 있기 때문이다. 셋째, 사역지의 특성에 맞추어 준비하면 효율적인 선교 사역, 건강한 선교, 그리고 선교 동원에 조금이나마 도움이 되기 때문이다.

선교 현장에 대한 연구를 바탕으로 선교 사역 계획을 프레젠테이션 할 때 참고가 될 만한 조사 항목을 정리해서 소개하면 다음과 같다.

미얀마 선교 사역 계획

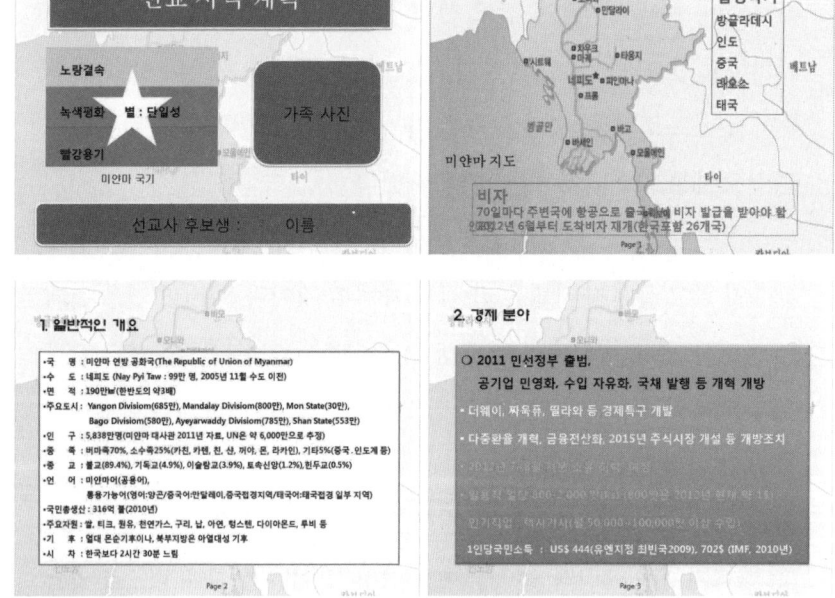

3-1. 생활 조건 분야

1) 식생활 : 밥, 야채, 생선 등, 주로 볶거나 튀겨서 먹는다.
   아직까지 손으로 식사하는 경우가 많다.
2) 의생활 : 벗지 못하고 있는 3가지 옷이 있다.
   - 군복(군부)
   - 승복(불교)
   - 통치(식민 지배에 대한 서양
     문명에 대한 원한과 배타심)

3-2. 생활 조건 분야

3) 주거지 : 시내는 현대식 가옥
   외곽 현지인 집은 목재 집

4) 생활양식 : 따나카(나무를 갈아 만듦)
   피부보호, 벌레물림방지 등

5) 새해(띤잔 페스티벌 - 물 축제)
   'change over' 더러운 것을 씻고
   새로워짐의 의미로 물을 뿌림

4-1. 사회 구조

1) 가족 제도 : 남자가 처가에서 사는
   대가족 제도가 일반.
   이혼, 사별 등으로 고아도 많음.
2) 소수종족 : 130여개 소수종족
   종족분포표 →
   ↓ 아래 그림은 카렌족 여성

4-2. 사회 구조

3) 행정구역
   7개 구역(Division)과 7개 주(State)
   구역은 주로 버마족, 주는 소수족의 고향
   사가잉 구(Sagaing Division)
   타닌타리 구(Taninthayi Division)
   바고 구(Bago Division)
   마궤이 구(Magway Division)
   만달레이 구(Mandalay Division) 수도 네피도
   양곤 구(Yangon Division)
   예야와디 구(Ayeyawady Division)
   카친 주(Kachin State)
   카야 주(Kayah State)   개 큰 길 건 양곤은
   카인 주(Kayin State)   인구 약 600만
   친 주(Chin State)   1989년 미얀마로
   몬 주(Mon State)   바뀌면서 양곤으로
   라카인 주(Rakhine State)   변경됨
   샨 주(Shan State)

5. 청소년과 여성

1) 교육 및 학교 제도 : 4-4-2-3년제 시스템
   초등학교 5,000팟, 중학교 7,000팟, 고등학교 8,000팟,
   대학교는 평균 학기당(3개월) 10,000팟 정도
   (택시 기본비용이 2,000~3,000팟)
2) 여성의 인권이 제대로 보장되지 않는 경우가 많다. 강탈과 억압,
   폭행이 정당화되는 면도 많다.
3) 소수종족의 여성인권단체가
   활동하지만 조심스러운 상황이다.

참고(국제학교 3개)
학기당 학비(2007년기준, 모두 양곤에 있음)
ISY(10,000$) 미국무성운영 유치원~고등학교
YIEC(2,000$) 외국인교사 일반국제학교
Diplomatic School(1,000$) 개도국외교관자녀 중심
주입식 교육
세명의 자녀는 YIEC에 보낼 계획임

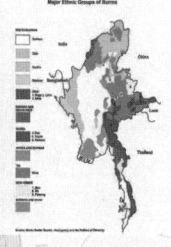

6. 종교 분야

불교 : 89.4%
1962년 네윈(Ne Win)이 집권하면서 불교의 국교화를 폐지
1980년 불교 정화법을 제정, 각 지방 승려들 조직인 위원회를 결성하고
승려들을 등록하게 하여 효과적인 통제
기독교 : 4.9%
미얀마족에게 외국인이 전도하는 것이 금지
친족이나 카렌, 카친 등의 기독교 지도자들 복음전도 어려움
  이유 : 미얀마족이 소수종족을 무시하려는 경향이 있음
이슬람교 : 3.9%
최근 서부 라킨주에서 불교도 라킨족과 이슬람교 로힝야족이 폭동, 방화
80여명 이상사망. 점점 이슬람도 세력을 확장하고 있음.

7-1. 기독교 상황

- 소수 종족 중 친족이 주축이 되어 기독교 성장
- 120여 개의 크고 작은 신학교가 있다.
- 공식화된 개신교 신학교 27개에 4000여명 재학중 50% 이상 여성들
- 한인교회 3개(미얀마한인교회, 양곤한인교회 외 1개, 모두 양곤소재)
- 교단은 침례교가 강세를 이루며, 여러 교단이 분포
- PCM이 PCK와 같은 WCC 소속(정보제공: OOO선교사)
- 양곤 시내에는 경찰, 군인이 많이 활발한 사역 어려움
- 한국선교사들 사역 - 주로 양곤 외곽지역에서 진행

7-2. 기독교 상황

미얀마 기독교 교단 현황

개신교 4.9%.

교단	교회	성인교인	최대치교인
침례교총회	3,417	477,723	1,500,000
하나님의 성회	750	82,319	123,000
그리스도교회	1,000	51,889	104,000
미얀마감리교회	215	43,004	71,700
미얀마 지역교회(성공회)	611	22,995	44,290
미얀마 장로교회	200	25,000	50,000
리수기독교회	233	14,000	35,000

7-3. 기독교 상황

미얀마 기독교 교단 현황

교단			
제칠일안식교회	139	12,798	32,000
자활카렌침례회	105	10,500	21,000
미얀마복음자유교회	352	8,000	20,500
마라기독교회	50	10,000	20,000
기독교형제회	41	4,085	10,200
기독개혁교회	65	3,420	5,700
미얀마연합감리교회	25	3,104	5,540
기타(22)	657	59,322	115,746
계(36)	7,860	828,159	2,158,676
복음주의자, 인구의 3.6%		580,000	1,483,000
오순절/카리스마틱 0.27%		66,000	113,000

8. 선교를 위한 접근 방법

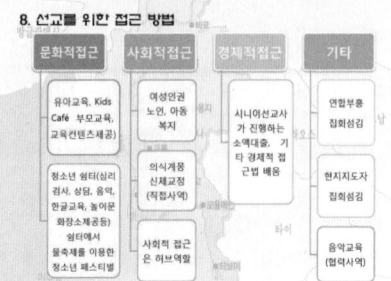

9. 한국인 선교사 현황

미얀마 한국 선교사 현황

파송단체	부부선교사	독신선교사	비고
PCK	4	1	000, 000, 000, 000, 000
GMP		1	000
GMS	20		000, 000, 000, 000, 000, 000, 000, 외 12가정
GP	1		
바울선교회	2		000, 000
GBT	1		000
예수전도단		1	000

10. 현지선교회 현황

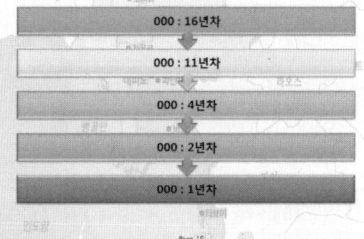

11. 선임(현지선교회) 선교사의 사역 이해

- 시니어 선교사 2명(000, 000)

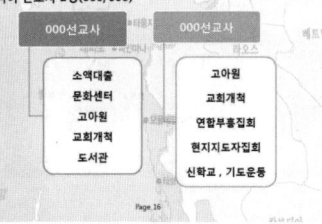

000선교사
- 소액대출
- 문화센터
- 고아원
- 교회개척
- 도서관

000선교사
- 고아원
- 교회개척
- 연합부흥집회
- 현지지도자집회
- 신학교, 기도운동

12. 나의 선교사역의 목적과 내용

목적: 협력, 연합, 일치를 이루어가는 세상에 파송된 선교공동체를 세우며, 이 공동체를 통해 흘러가는 복음으로 인해 화해와 새 창조가 이루어지도록 헌신된 제자들을 양육하여 파송하는 것

내용: 철저한 현장조사와 영적도해를 하며, 문화적, 사회적, 경제적, 기타 여러 접근법을 현장조사를 통해 다양한 사역을 진행한다.

결과: 목적이 결과로 산출

13. 10년 사역 계획

1-2년 수습,정착
- 언어학교 훈련 - 양곤 외국어대학교 미얀마어과 2년 과정, 방과후 현지인에게 배움
- 아내는 현지인 가정교사를 통해 배움, 행복한 MK로 자녀양육
- 현지문화적응훈련 및 리서치 - 현지인 가정 합숙, 산지측 전도여행 (자녀에게 기회제공)

3-5년 신임,사역
- 시니어 선교사에게 배우며 교회개척 준비
- PCM 교단 협력이 가능한지 여부 현장 조사(어려움 많음)
- 문화,경제,사회,기타 행복계발(시니어선교사님에게 아내와 함께 배움)
- 양곤 Ph.D 과정 확인, 정보공유

6-10년 선임,발전
- 다양한 계층의 미얀마 중층측 지도자들과 관계형성 (여성은 아내 중심으로 준비)
- 현지인 지도자 양성하여 현지 교회 개척
- 장기 사역을 위한 준비단계

14-1. 중요기도제목

미얀마를 위해
- 비자문제가 해결되어, 선교비의 낭비가 줄도록
- 미얀마의 영적 부흥과 대각성이 일어나도록
- 한국-미얀마간의 직항이 생기나도록
- 민주화가 이뤄지며 불교문화가 깨지도록

가정을 위해
- 한국에 있는 가족들을 주의 사랑으로 채우시도록
- 자녀가 행복한 MK로 자라도록
- 부부의 성격차이를 극복하고 아름다운 협력을 이루도록
- 주거지의 과정문제가 해결되도록

사역을 위해
- 언어의 지혜와 문화적응이 빠르게 진행되도록
- 성령님의 기도보다 앞서지 않도록
- 하나님의 기뻐하시는 사역을 이뤄가도록
- 하나님의 선한 도우심이 만남과 관계에 함께하도록

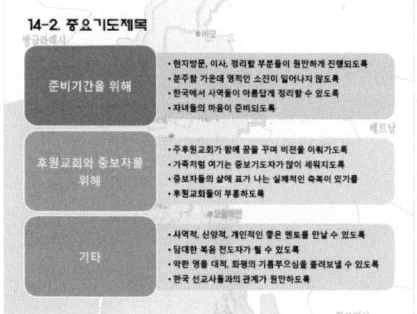

 선교사의 사역이 체계적인 기초 위에서 준비되고 시작되면 마치 반석 위에 세운 집과 같아서 주님 오시는 그날까지 계속해서 아름다운 열매를 맺게 된다.

2장
언어 훈련

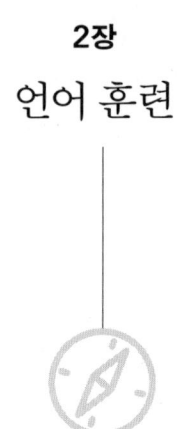

선교의 개념에 대해서는 여러 가지 정의가 있는데, 찰스 밴 엥겐 (Charles Van Engen)[38] 교수는 "선교는 경계를 넘어가는 것이다"라고 말했다. 여기서 그가 말하는 첫 번째 경계는 국경의 장벽이고, 두 번째 경계는 언어, 문화의 장벽이다. 그리고 세 번째 장벽은 종교적 심성의 장벽이다. 여기에 선교 사역을 해 오는 동안 발견한 네 번째 경계, 영적 고갈의 장벽을 포함하면 〈도표 8〉과 같다.

---

38 찰스 밴 엥겐은 풀러신학교 세계선교대학원의 성경선교학 교수로, 멕시코에서 12년 동안 선교사로 사역했다.

〈도표 8〉 선교의 경계

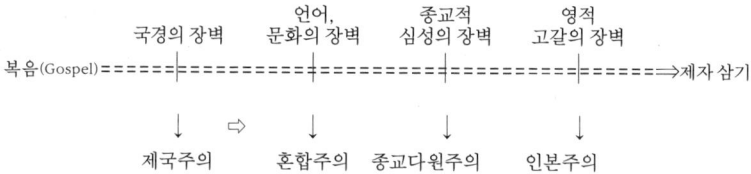

복음이 이들 장벽을 넘어가지 못하면 복음을 상실하게 되고, 결국 제국주의, 혼합주의, 종교다원주의, 그리고 인본주의에 빠지게 된다. 이 장벽의 경계는 오직 살아 있는 영성과 성령 충만으로만 온전히 넘어갈 수 있음을 알 수 있다.

윌리엄 캐리도 이런 경계를 넘어감에 있어서 다섯 가지 걱정이 있었다고 한다. 첫째는 그 먼 거리를 어떻게 갈 수 있을까, 둘째는 이교도들의 비문명화된 불편한 생활 방식을 어떻게 받아들일까, 셋째는 이교도들에게 죽임을 당할 수도 있지 않을까(대부분의 경우는 먼저 죽이지 않는다. 그들은 위협을 느낄 때 사람을 죽인다. 위협을 느끼지 않도록 접근하는 방법을 마련해야 한다), 넷째는 생활필수품을 어떻게 얻을까(선교사이기에 못 먹는 것도 있겠지만 선교사이기에 먹을 수 있는 특권도 있다), 다섯째는 통역사도 없이 어떻게 언어를 극복할까(언어의 창조자이신 하나님을 의지하고 현지인에게 나아가야 한다) 등이었다.

이 장에서는 언어의 장벽을 넘어가는 언어 훈련에 대해 다루려고 한다. 윌리엄 캐리가 언어의 장벽에 대해서 걱정했듯이 여기에서 제2의 경계인 언어의 장벽을 넘어가지 못하면 복음을 제대로 제시할 수가 없다. 현지 언어 습득은 선교에 있어서 필수 학점이다.[39] 유창하게 현지어를 사용하는 한편 선교지에서 물의를 일으키는 선교사가 종종 있듯이 언어를 잘한다고 해서 반드시 선교를 잘하는 것은 아니다. 그러나 현지어를 제대로 사용하지 못하면 결단코 선교를 효과적으로 감당할 수 없다. 현지어는 현장에 도착해서 2년 안에 정복해야 하며, 적어도 첫 임기가 끝날 때까지는 자유롭게 언어를 구사할 수 있어야 한다. 서정운 교수도 신임 선교사가 정착할 때 가장 중요하게 여겨야 할 사항으로[40] "선교 초기에 언어를 배워야 한다"고 말했다.

언어 습득은 사회적 활동이기에 말은 아이들처럼 배워야 한다. 먼저 들어야 한다. 수없이 듣고, 흉내 내고, 읽고, 써야 한다. 현지인의 문화와 함께 배워야 한다. 언어는 문화적 산물이기 때문이다. 그리고 현지 신문을 매일 읽어야 한다. 그래야 세상이 어떻게 돌아가는지 이해하기 쉽다. 선교사 하이드의 경험은 우리에게 큰 위로와 힘이 된다.

하이드는 펀자브에 있을 때 함께 지낸 내 옛 친구였습니다. 당시 그는 귀가 들리지 않았기 때문에 언어 공부를 하는 데 절망감을 느끼고 선교회에 사임 의사를 밝히는 편지를 보냈던 것으로 기억

---

39 윌리엄 캐머론 타운센드(William Cameron Townsend) 선교사는 현재 선교 사역에 크게 쓰임받고 있는 선교 기관 중 하나인 위클리프성경번역선교회(WBT)를 설립했다. 빌리 그레이엄(Billy Graham)은 그를 가리켜 '우리 시대 최고의 선교사'라고 극찬했다. 과테말라 선교사로 사역하던 초기에 캐머론은 인디언 부족들이 복음에 반감을 갖고 있는 것을 느꼈다. 그때 한 인디언이 그에게 물었다. "만일 당신의 하나님이 그렇게 명철하시다면 왜 우리의 언어로는 말씀하시지 않습니까?" 이 한마디의 말이 위클리프성경번역선교회를 탄생시켰다. 선교사가 복음을 전하려면 그들이 이해하는 언어로 말해야 한다.
40 제95-2차 총회 파송 선교사 훈련 업무 교육 강의 시 언급한 내용이다.

합니다. 하지만 하이드의 사직서와 함께 그의 선교 구역에 있던 마을 사람들이 그의 사임을 받아들이지 말 것을 간청하는 편지가 선교회에 전달되었습니다. 그 내용은 이랬습니다. "하이드 선교사님은 입으로 하는 우리 언어는 잘 못하시지만, 우리가 마음으로 하는 언어는 누구보다도 더 잘 이해하실 수 있는 분이십니다." 그래서 그가 계속 머물러 있게 된 거죠. 또한 그는 결국 선교회 전체에서 현지 언어를 가장 잘하는 선교사가 되었습니다.[41]

현지 언어 습득은 마치 대학 입시를 준비하는 수험생처럼 최선을 다해 임해야 한다. 그리고 현지 언어를 습득함에 있어서 시간과 물질 투자를 아끼지 말아야 한다. 왜냐하면 선교 사역의 열매가 언어 구사 수준에 따라 좌우되기 때문이다. 그러므로 선교 사역을 하는 동안 끊임없이 언어 습득에 시간을 투자해야 한다. 사역지에서 보내는 시간의 10분의 1 정도는 투자해야 한다. 또한 부인 선교사에게도 언어를 습득할 수 있는 시간을 최대한 많이 가지도록 배려해야 한다. 이것은 선교지에서 적응력을 높일 뿐 아니라 언어 소통이 안 되어 생기는 우울증을 극복하는 길이 된다.

한국인 선교사와 다양한 교제를 나눈 경험이 있는 한 미국인 선교사가 이런 질문을 했다. "왜 한국 선교사들은 언어 공부를 하지 않고 선교지에 오면 일부터 합니까? 말이 통하지 않는데 무슨 일을 할 수 있습니까? 시간이 걸리더라도 언어를 익히고 일을 시작하면 훨씬 더

---

[41] 캡틴 카레 편저, 조계광 역, 《기도하는 하이드》(서울: 생명의말씀사, 2001), 181.

효과가 있을 텐데요."

현지에서 자유롭게 언어를 구사할 수 없으면 설교와 전도, 제자 양육을 할 수 없을 뿐 아니라 생활하는 데도 수많은 어려움을 겪게 된다. 어떤 선교사가 어느 날 집주인으로부터 한 통의 편지를 받았다.

"저희가 이사를 하니 월세를 이사한 주소로 보내 주세요."

그런데 현지어에 능숙하지 못한 선교사가 편지를 대충 훑어 읽고는 '이사'라는 단어 하나로 집주인이 이사를 가라고 하는 내용이라 짐작해 서둘러서 이사했고, 급하게 집을 구하느라 많은 고생을 했다.

그러므로 선교 사역을 잘 감당하고자 하는 예비 선교사는 언어 훈련[42]을 통해 현지어를 정복하겠다는 각오로 선교지로 출발하기를 바란다. 이 책에서 언어 훈련을 선교사의 생활 부분이 아닌 사역에서 다루는 이유는 언어 훈련이 사역을 위한 준비가 아니라 사역 그 자체이기 때문이다. 그러므로 사역을 마치는 날까지 언어 습득을 위한 노력을 계속해야 한다.

---

[42] 언어 훈련의 중요성에 대해 《LAMP-Language Acquisition Made Practical》의 저자인 브루스터 부부는 다음과 같이 말했다.
첫째, 선교사가 선교지의 언어를 배우는 것은 효과적으로 그들과 의사소통하기 위함이다. 그렇기 때문에 언어 훈련은 그 자체가 사역이다. 선교사들은 사역지에 도착해서 '자기 사역 시간의 일부를 떼어 언어 훈련을 한다'는 생각을 버리고 오히려 언어 훈련 과정이 사역이라는 생각을 가지고 언어를 배워야 한다. 선교사를 파송한 단체나 후원 교회도 그런 선교적인 관점을 가져야 할 것이다.
둘째, 언어 훈련은 복음 전달을 위해서 필수적인 과정이다. 선교사의 효율성은 그 문화에 알맞은 방법으로, 현지어로 의사소통을 잘 할 수 있느냐에 따라 크게 좌우된다. 이해가 깊어져야만 사역의 깊이도 깊어지고, 폭도 넓어진다.
셋째, 언어 훈련은 선교사에게 사역에 대한 자신감을 가져다준다. 언어 구사 능력에 따라서 선교 사역의 활동 범위도 달라진다. 사역 초기에 언어 훈련의 기회를 놓치면 선교지의 여러 가지 일로 언어 훈련에 제한을 받게 되어 언어 습득을 하지 못하게 된다.
넷째, 언어 훈련은 그 문화에 대한 이해의 폭을 넓혀 준다. 언어는 문화를 표현하는 한 방편이기에 언어 훈련을 통해서 문화를 배우고 복음을 전할 수 있는 것이다.

언어란 무엇인가? 7가지로 정의해 볼 수 있다. 첫째, 언어는 부호, 소리이며 어떤 것의 의미를 다른 것으로 표현하는 것이다. 둘째, 언어는 아이디어, 사고, 개념, 사물과 사건의 경험 이미지, 느낌을 표상한다. 셋째, 언어는 일정한 체계, 창의적 활동 체계다. 넷째, 언어는 공통된 동의, 문화, 인습이며 그 표현이다. 다섯째, 언어는 서로 간의 의사소통, 감정 전달의 수단이다. 여섯째, 언어는 말, 소리, 글 등으로 복음을 전하는 매우 중요한 매체다. 일곱째, 선교사에게는 언어가 사역의 준비가 아니라 이미 중요한 사역 중 하나다.

언어 훈련 영역별 주의 사항을 살펴보면 다음과 같다.

- 말하기 : 틀릴 줄 알지만 용감하게 말하라. 너무 부끄러워하지 말라.
- 듣기 : 정확한 발음을 기억하라. 문자로 기억하지 않으면 불분명해진다.
- 읽기 : mp3, 스마트폰 등을 이용해 성경 읽기, 원어민 따라 읽기 등을 반복한다.
- 쓰기 : 쓰고, 고치고, 찾고, 교정 받고, 다시 쓰라. 틀리는 것을 두려워하지 말라.
- 이해 : 이해하려고 집중해서 노력하라. 모르는 것은 반드시 질문하라.
- 컴퓨터 파일 작업 : 어려워도 영문, 현지어, 한글 자판은 외운다. 기록문, 문서 작성에 있어서 필수다.
- 문서 작성 : 양식을 잘 보관하고, 바른 양식으로 연습을 반복

한다.
- 보완 훈련 : 이미 기초, 중급 단계를 마쳤다 할지라도 정기적인 교정, 학습이 필요하다.

언어 학교 입학

가능하면 언어 학교에 입학해 정규 과정을 2-3년 정도 이수하는 것이 좋다. 정규 과정을 마쳐도 개인적으로 꾸준히 언어 공부를 계속하도록 한다. 현지 사정이 여의치 않더라도 적어도 6개월은 배워야 한다. 언어 훈련은 학문적인 이론과 삶을 통한 학습을 병행할 때가 가장 바람직하다. 언어 학교에서 많은 것을 배우더라도 삶의 현장에서 실습이 이루어지지 않으면 아무 소용이 없다.

설교와 성경 읽기

언어 습득 방법에는 여러 가지가 있지만 특별히 설교 준비와 말씀 묵상을 통해서도 언어를 훈련할 수 있다. 초기에는 설교 원고를 스스로 작성하기가 힘들다. 이럴 때 현지어 설교를 반복해서 읽고 암기하다 보면 기독교 용어(예배 용어, 성경 용어, 신학적인 용어 등)를 많이 알게 된다. 성경을 묵상할 때도 현지어로 된 성경 읽기를 실천하면 처음에는 힘들지만 선교 사역에 큰 도움을 받을 수 있다. 특별히 복음을 전함에 있어서 필수적인 성경 구절들이 있다. 이들 구절을 통째로 암송하는 것도 언어 훈련의 좋은 방법이다.

현지인과의 교제

선교사가 의사소통 법칙을 알고 있으면 사역이 훨씬 수월해진다. 현지어를 능숙하게 구사할 수 있는 가장 좋은 방법은 현지인을 통해서 언어를 배우는 것이다. 현지인들로부터 배우는 언어야말로 살아 있는 언어다.

더 나아가 현지 교회에서 사용하는 언어를 충실하게 배우는 것도 사역에 큰 도움이 된다. 선교사들 가운데는 자신이 하고 있는 사역에만 매달리는 사람들이 많다. 자신이 계획한 사역과 그 계획에 따라 실행하는 사역에만 초점을 맞추다 보니 선교지에 있으면서도 현지 교회와는 동떨어진 사역을 하게 되는 것이다. 현지 목회자들과 교제 시간을 되도록 자주 가져야 현지 교회의 상황과 현지 목회자들의 현실 등을 정확하게 파악할 수 있고, 그에 맞추어 사역을 펼칠 수 있다. 그리고 현지 국가의 방송, 라디오, 인터넷 현지 방송, 방송국 홈페이지를 계속 활용하는 것이 좋다.

현지어와 함께 영어 익히기

영어를 모국어로 하지 않는 지역에서 사역할 경우에도 영어 공부를 계속하는 것이 좋다. 국제 언어인 영어는 국제회의나 모임에 참석하는 경우에 반드시 필요하기 때문이다. 그러므로 사역의 현장에서 꼭 필요한 현지어와 영어를 병행해서 꾸준히 공부하는 습관을 갖도록 한다.

장폴 네리에르(Jean-Paul Nerriere)는 영어를 보다 쉽게 사용할 수 있도록 '글로비쉬'를 고안했다. 글로비쉬는 '글로벌(Global)'과 '잉글리

쉬(English)'를 합성한 말로 1,500개의 기본 단어와 24개의 간단한 문장으로 문법에 얽매이지 않고 쉽게 영어로 소통할 수 있도록 한 것이다.

예를 들어, 글로비쉬에서는 'siblings(형제, 자매)'라는 어려운 단어 대신 'brothers and sisters'를, 'nephew(남자 조카)'나 'niece(여자 조카)'라는 까다로운 단어 대신 'children of my brother'라는 쉬운 단어를 조합해서 사용한다.[43] 글로비쉬로 말할 때는 쉬운 단어를 사용하는 것은 물론 천천히 말하고 짧은 문장만 사용한다. 또 비유적 표현이나 숙어 사용을 자제하고, 유머나 부정형의 질문 및 약자 사용을 피하며, 의사소통에 도움이 되는 제스처 등을 적극 활용한다.[44] 한국 선교사들에게 있어서 글로비쉬는 21세기 국제 사회에서 세계인들과 의사소통하는 데 좋은 도구다.

성령의 능력 덧입기

아무리 열심히 언어 공부를 하더라도 단기간의 성과를 기대하기란 어렵다. 또 장기적으로 꾸준히 공부해도 언어 습득의 효과를 보지 못할 때는 큰 실망과 좌절을 느끼게 된다. 그러나 결코 실망해서는 안 된다.

언어 훈련을 하면서 결론적으로 배운 것이 있다. 사역을 시작한 지 10년쯤 되자 현지어를 구사할 때 불편함이 별로 느껴지지 않았다. 또한 설교, 강의, 전도를 하거나 성경 공부를 인도할 때마다 언어로 인

43　http://terms.naver.com/entry.nhn?docId=1381914&mobile&categoryId=200.
44　글로비쉬를 활용할 수 있는 사이트는 http://learningenglish.voanews.com이다.

해 고민하지 않아도 될 정도로 현지인들과의 의사소통에 별 어려움이 없었다. 그런데 작문이나 번역, 강의안, 설교 원고는 아내의 도움 없이는 완성되지 않았다. 아내는 실망하는 내게 하나님이 주신 달란트가 각각 다르다며 위로해 주었다.

선교사가 현지어를 습득하는 이유는 하나님의 선교를 위한 것이다. 우리의 부족함을 아시는 주님은 유창한 언어 실력을 가진 교만한 선교사보다 어눌한 언어 실력일지라도 성령의 능력을 덧입고 현지어를 배우려는 겸손한 선교사를 도우신다.

설교하기를 원하는가? 전도하기를 원하는가? 제자 훈련 하기를 원하는가? 그러면 기도로 준비하면서 성령의 충만함을 덧입어야 할 것이다. 선교란 내 힘으로, 내 의지로, 내 노력으로, 내 계산으로는 절대로 되지 않는다. 불길 같은 성령의 능력을 덧입을 때 그 모든 것이 가능하다. 인간적인 생각으로 뛰어든 선교 사역에 얼마나 많은 수고가 따르며, 그 수고의 열매가 얼마나 가치 없는 것인지 깨닫게 된다. 성령 안에서 솟아오르는 뜨거운 열정으로 한 걸음씩 나갈 때 선교사 자신이 소유하고 있는 언어가 크게 쓰임 받게 될 것이다.

앨런 힐리(Alan Healey)의 언어 훈련[45] 참고

첫째, 반복적인 연습으로 습관이 되게 한다. 습관이란 우리가 어떤 필요한 상황에서 생각하지 않고 즉각적으로 반응하는 것이다. 그러

---

[45] 앨런 힐리는 언어 습득에 관련된 43권의 책을 집필했는데 그중에 대표적인 저서는 《Language learner's field guide》다. 앨런은 SIL(Summer Institute of Linguistics) 소속이다. 권성찬, "언어습득론", 《선교사 훈련 교재 89-1》, 13-15.

기 위해서는 반복된 연습이 필요하다. 아이들이 얼마나 오랫동안 연습하는지 생각해 보라. 그러나 어른은 이미 굳어진 습관으로 인해 연습이 어렵다. 자동적으로 과거의 습관으로 가려는 경향을 극복하는 일과 새로운 방식을 방해하지 못하도록 노력하는 일이 필요하다. 새로운 언어를 머리로 이해하는 것으로는 되지 않고, 오직 지독한 연습을 통해서만이 자동적인 언어 습관을 만들 수 있다. 단순히 문법을 알고, 단어를 암기하고, 발음할 줄 아는 것으로 다른 언어를 할 수 있다고 생각하는 것은 오해다. 우리는 단순히 기계적으로 반복하는 것을 무시하는 경향이 있다. 우리는 보통 모든 음운론과 문법을 따지며 대화한다고 생각하지만 원어민은 단순히 의미를 생각하며 대화한다. 그렇다면 새로운 언어를 배우는 사람은 이렇게 되기까지 얼마나 더 연습해야 되겠는가?

둘째, 듣는다. 우리의 1차 목적은 새로운 언어의 듣기와 말하기를 배우는 것이다. 사역의 성패가 사람들과의 대화 능력에 달려 있기 때문이다. 문자가 음계적(phonemic)이지 않은 언어의 경우에는 읽기와 쓰기에 많은 노력을 요하지만, 이 역시 듣기와 말하기를 잘할 수 있게 된 다음에 다루어야 한다. 또 단지 듣는 것은 효과가 적고, 사람들과 만나 실제적으로 무슨 말을 하는지 상황을 접하며 듣는 것이 좋다.

셋째, 따라 하기(mimicking)와 추적하기(tracking)를 사용한다. 따라 하는 것은 매우 중요하며, 부분적으로 하기보다 전체 문장을 자연스럽게 익히는 것이 좋다.

넷째, 말한다. 처음부터 여러 사회적인 상황들을 대화로 만들어 자꾸 이야기하면서 고쳐 나가야 한다. 사람들을 만나 사귀고 계속 말할 수 있는 기회를 가지는 동시에, 자연스러운 환경에서 생각을 나눌 기회를 가지면 언어 습득에 훨씬 효과적이다.

다섯째, 관습과 태도를 이해한다. 사회적인 관습과 태도를 이해하면 그 공동체에 잘 적응할 수 있게 되고, 알게 된 단어와 문장의 의미를 점점 깊이 있게 이해하게 된다.

여섯째, 책이나 교사가 없는 경우 많은 사람들을 통해서 배워 나간다. 이 경우에는 스스로 분석해서 자신의 학습 교재를 만들어 나간다.

일곱째, 기존의 언어 훈련 방식인 읽기, 쓰기 중심에서 벗어나 암기 위주로 훈련한다. 필기 중심의 공부나 책상에 앉아 책으로만 공부하는 것은 초창기에 제한적으로 사용해야 한다. 효과적인 언어 습득을 위해서는 무조건 외우는 것이 좋다.

여덟째, 성공적인 학습의 조건은 동기가 강해야 한다는 것이다. 프로젝트가 시작되면 배우기 어려워지므로 그전에 언어를 충분히 습득해야 한다. 새로운 상황에 처하는 것을 두려워하지 않으면 여러 가지 새로운 표현들을 배울 수 있다. 사람들을 만나 함께 공부하는 시간이 혼자 공부하는 시간보다 훨씬 중요하다. 따라서 사람들을 자주 만나고, 대화를 나누는 상황에 많이 노출되어야 한다. 또 이중 언어(영어 등) 사용자보다는 단일 언어 사용자들을 많이 만나야 한다.

선교에 있어서 현지 언어 습득은 더할 나위 없이 중요하다. 이 책을 읽는 선교 헌신자, 특별히 타 문화권에서 살면서 사역하기를 원하는 선교사가 3년이 지나도 현지어로 설교를 하지 못한다면 철수를 고려해 봄이 바람직하다. 링컨(Abraham Lincoln)은 이렇게 말했다. "누가 도끼를 주면서 8시간 동안 나무를 해 오라고 한다면 나는 6시간 동안 도끼날을 갈겠다." 선교 사역을 위해 언어 습득은 철저히 해야 한다. 언어를 잘한다고 사역을 잘하는 것은 아니지만 언어를 하지 못하면 사역을 할 수 없다. 언어 습득은 곧 효과적인 선교로 이어진다.

3장
현지 이해와 협력

앤드류 월스(Andrew Walls)는 선교의 역사를 문화적인 측면에서 정리했다. 그는 복음이 처음에는 유대인의 옷을, 그 후에는 그리스와 헬레니즘[46]의 옷을, 이어지는 시대에는 바바리안(Barbarians)의 옷을 입었고, 종교개혁 이후에는 서유럽의 옷을, 그 후에는 유럽의 확장에 맞추어 계몽주의와 모더니즘의 옷을 입었다고 보았다. 그러므로 그는 오늘날에는 포스트모더니즘(postmodernism)[47]의 사상에 맞추어

---

46 헬레니즘 세계란 알렉산더 제국에 의해서 형성된 국가들이 BC 323년부터 BC 1, 2세기까지 로마가 동지중해를 정복하는 동안 가졌던 제도와 문명을 말한다. '헬레니즘'이라는 말은 그리스를 뜻하는 '헬라스'에서 나온 것으로 '그리스적'이라는 의미를 갖는다. 제3기는 BC 400년 이후의 시기로, 정치적으로 쇠퇴하는 시기였다. 그러나 이 기간에 문화적인 쇠퇴가 이루어진 것은 아니다. 플라톤(Platon)과 알렉산더(Alexander)의 스승이었던 아리스토텔레스(Aristoteles)가 이 시기의 초기에 활동했다.

47 선교 현장도 포스트모더니즘의 영향권 아래에 있다. 포스트모더니즘의 정의에 대해 학자들 간에 의견 일치가 이루어지지는 않았지만 적어도 이 사실에는 합일점을 가지고 있다. 여기에 대해서 스탠리 그랜츠(Stanley J. Grenz)는 젠크스(Charles Jencks)의 주장을 받아들여 다음과 같

선교지 문화의 옷을 입어야 한다고 말했다.[48]

이 선교관은 현지인과 현지 목회자, 현지 교회와의 관계를 원만하게 유지하게 해 주고, 협력적이며 복음적인 동역 관계 형성을 가능하게 해 준다. 선교지에 간 선교사가 현지인들이 입고 있는 문화의 옷을 입지 않으면 이방인으로 남을 수밖에 없다. 따라서 선교에 있어서 복음은 늘 상황화되어야 한다. 여기에서 잠시 상황화를 선교적인 관점에서 살펴보고자 한다.

"모든 신학은 상황화 신학이다"라는 명제는 이미 복음주의 신학에서 정당성을 인정받고 있다. 상황화 가운데서도 '온전한 상황화'만이 복음을 제대로 전할 수 있다. 그러면 온전한 상황화란 무엇인가? 이것은 일방적으로 주는 자와 받는 자의 관계를 탈피해 전달자가 수용자의 상황에 들어가서 그들의 상황과 문화에 맞는 메시지를 전달하고, 그들이 이해할 수 있는 전달 방법을 찾는 것이다. 여기서 주의해야 할 사항은 상황화가 1차적으로는 선교사의 주도에 의해서 이루어지지만 복음의 진정한 상황화는 현지 그리스도인의 주도에 의한 상황화라는 점이다. 물론 상황화의 기준은 '진리'다. 진리는 사물의 가치를 판단할 수 있는 절대적 기준이 된다. 빌립보서 2장 6-8절 말씀은 온전한 상황화의 가장 좋은 모델이다.

이 주장했다. "이 현상은 단일의 보편적인 세계관이 종말을 고하고 있다는 사실을 드러내고 있다는 점이다. 포스트모던 사조는 단일화된, 모든 것을 아우르는, 그리고 보편적으로 설득력을 가지는 어떤 설명에 대해서 저항한다. 이것은 보편적으로 받아들여지는 실재를 다름과 지역적이고 특정한 것을 존중하는 자세로 대체한다." Charles Jencks, "The Post-Modern Agenda," in *The Postmodern Reader*, ed. Charles Jencks(New York: St. Martin's Press, 1992), 11 (Stanley J. Grenz, *Primer postmodernism*, 김운용 역,《포스트모더니즘의 이해》, 서울: WPA, 2010, 44에서 재인용).

48 Andrew F. Walls, *The Missionary movement in Christian history*(New York: Orbis Books, 1997).

"그는 근본 하나님의 본체시나 하나님과 동등됨을 취할 것으로 여기지 아니하시고 오히려 자기를 비워 종의 형체를 가지사 사람들과 같이 되셨고 사람의 모양으로 나타나사 자기를 낮추시고 죽기까지 복종하셨으니 곧 십자가에 죽으심이라"(빌 2:6-8).

하나님이 먼저 이 세상을 사랑하셨고(요 3:16), 지금도 살아 계셔서 우주 만물을 다스리시며 우리와 지속적인 관계를 맺고 계신다. 말씀으로서 육신이 되어 우리 가운데 거하사 인간의 상황에서 모든 것을 이해하시는 예수 그리스도(요 1:14)께서 바로 온전한 상황화의 근본적인 모델이 되신다. 이처럼 전달자는 전하고자 하는 메시지를 수용자의 입장에서 수용자가 이해할 수 있는 방법으로 전해 주어야 한다.

온전한 상황화를 위해서 주의해야 할 사항은 다음과 같다. 첫째, 신학적인 상황화 시도로 인해 상황(context)을 강조하다가 텍스트(text-성경을 의미한다)를 희생시켜서는 안 된다. 즉 상황이 텍스트를 지배해서는 안 된다. 텍스트, 즉 성경은 여전히 선지자적인 입장에서 문화를 심판할 수 있어야 한다. 둘째, 상황화 시도가 상대주의(relativism)나 혼합주의(syncretism)에 빠져서는 안 된다. 셋째, 상황화 신학은 늘 열린 신학이 되어야 한다. 넷째, 상황화는 연습과 이론, 그리고 포에시스(Poesis, 상상적 창의력, 환기시켜 주는 대표적인 이미지)가 조화를 이루어야 한다.

현지인에 대한 바른 이해

"적을 알고 나를 알면 백전백승"이라는 말이 있다. 이처럼 선교 현지를 정확히 이해해야만 복음의 접촉점을 찾을 수 있고, 복음을 효율적으로 전할 수 있다. 선교 현지에 대해서 객관적인 자료를 가지고 분석해 현장을 이해하는 훈련을 하도록 돕는 과목이 선교현지조사방법론이다. 선교 사역의 성패가 여기에 달려 있다고 해도 과언이 아니다.

세상의 기업들도 성공을 위해서 현지 조사를 성실히 하는 것을 볼 수 있다. 복음을 전하려고 헌신하는 우리에게 큰 도전이 되는 사례[49]와 함께 선교 현지 이해를 돕는 조사 항목을 소개하면 다음과 같다.

현지화 전략도 한몫 톡톡히 하고 있다

지난 6월 러시아 수입차 시장에서는 약 4년 6개월 만에 월간 기준 사상 최대 판매량 기록이 경신됐다. 그 주인공은 1만 434대가 팔린 H사의 '쏠라리스'다. H사는 겨울이 길고 영하 30도 밑으로 기온이 내려가는 날이 많은 러시아 기후를 반영해 기존 액센트를 개조해 쏠라리스를 개발했다. 추운 날씨에도 시동이 잘 걸릴 수 있도록 다른 지역에 판매되는 차량의 배터리 용량(45AAH)을 33% 늘린 60AAH급의 배터리를 장착했고 눈이 많이 오는 점을 감안해 4L의 대용량 워셔액 탱크도 탑재했다. 이 같은 현지화 전략이 한국 자동차 수출의 밑거름이 되고 있다.

---

[49] http://biz.chosun.com/site/data/html_dir/2011/07/24/2011072400970.html. 〈인터넷 조선비즈〉 2011년 7월 25일 기사.

자동차를 현지인 시각에 맞춰라

쏠라리스는 러시아의 추운 날씨를 고려해 성능을 바꾼 차이지만 H사가 2008년 중국에서 아반떼를 변형한 '위에둥(悅動)'을 출시할 때는 중국인의 디자인 취향을 공략했다. H사는 현지 전문가를 중심으로 태스크포스(TF) 팀을 꾸렸고 이후 13개월간 650억 원을 투자해 위에둥을 탄생시켰다. 라디에이터 그릴과 전면 램프를 기존 아반떼보다 크고 날카롭게 바꿨고 실내 각종 스위치나 장식에 반짝거리는 크롬 소재를 넣었다. 위에둥은 출시 이후 지난달까지 중국에서 65만 9천여 대가 팔리는 성공을 거두고 있다.

1998년 아토스를 개조해 인도에 출시한 소형차 쌍트로 역시 현지에 맞게 세세한 부분까지 수정된 차다. 당시에는 생산 차량을 그대로 수출하는 경우가 많았지만 쌍트로는 인도의 도로 대부분이 울퉁불퉁한 비포장도로라 차량 바닥에 손상이 생길 수 있다는 점 때문에 차체 높이를 16.5cm로 아토스보다 1cm 더 높였다. 또 하수 시설이 부족해 차가 물에 잠기는 경우도 많은 점을 고려해 엔진 아래쪽에 있던 전자 제어장치를 엔진 위로 옮기기도 했다.

선교 현지 이해를 돕기 위한 8가지 조사 항목[50]

1. 일반적인 개요 사항들을 알기 위한 기초적인 질문들
   - 최근의 정치적 상황이나 정책은 무엇인가?

---

50 AAP, 〈선교 정탐 훈련 표준 강의안〉(서울: AAP, 1996)에서 발췌.

- 역사를 통해 볼 때 이 선교지, 국가, 민족이 겪은 아픔이나 어려움은 무엇인가?
- 주변국들과의 역학 관계는 어떠한가? 지리적 위치가 국가, 국민에게 미치는 영향은 어떠한가?
- 자연재해가 있는가? 있다면 어떤 종류이며, 주 발생 기간은 언제인가?
- 국가, 종족명에 특별한 뜻이 담겨 있는가?
- 도시화나 산업화로 인한 인구의 이주 현상이 있는가?

2. 경제 분야를 알기 위한 기초적인 질문들
- 사람들이 어떤 직업에 가장 많이 종사하는가?
- 젊은이들에게 인기 있는 직업은 무엇인가?
- 경제적으로 부유한 사람들은 어떤 직종에 종사하고 있는가?
- 어떤 종류의 부업이 있으며, 대개 어떤 사람들이 부업을 갖고 있는가? 부업을 가져야만 하는 이유가 있는가?
- 주 소득원은 무엇이며 월 소득 또는 연 소득은 어느 정도인가?
- 판매를 위해 또는 가정에서 사용하기 위해 만드는 물건은 무엇인가?
- 이 지역에서 나는 천연자원에는 어떤 것들이 있는가?
- 자체적으로 생산해 교역하는 물건들이 있는가?
- 외부에서 주로 무엇을 사들이는가?(공산품, 농산물, 수산물, 임산물 등)?
- 교역이 어떤 방법으로 어디에서 이루어지는가?

- 현재 진행 중인 공공사업이 있는가? 누구에 의해 진행되고 있는가?
- 공공사업이 지역 주민의 삶에 어떤 도움을 줄 것이라고 기대하는가?
- 국가 전체적으로 볼 때 이 지역의 발전 현황은 어떤가?
- 국가의 경제 정책이 이 지역, 종족들에게 어떤 영향을 미치고 있는가?
- 경제를 위해 국가에서 수립한 정책은 무엇이며, 그 정책이 실효성을 거두고 있는가?
- 가장 부유한 혹은 빈곤한 지역은 어디인가?
- 빈부의 차가 종족(지역) 간의 갈등과 분열의 원인이 되고 있는가?
- 사회 계층이 형성되는 데 있어 경제가 미치는 영향은 어느 정도인가?

3. 생활 조건을 알기 위한 기초적인 질문들
- 하루에 몇 끼의 식사를 하며 주식과 부식은 무엇인가?
- 절기에 먹는 특별한 음식이 있는가?
- 음식을 먹을 때 꼭 지켜야 하는 예절이나 주의할 사항이 있는가?
- 가옥의 구조에 어떤 특별한 의미가 있는가?
- 가옥의 구조상 특이한 점은 무엇인가?
- 전통 의상의 색깔이나 문양의 의미는 무엇인가?

- 병이 났을 때 누구를 먼저 찾아가는가?
- 가장 가까운 의료 시설은 어느 정도의 거리에 있으며, 이용하기에 불편한 점은 없는가?
- 의료 부분에서 당면한 실제적인 문제는 무엇이라고 생각하는가?
- 식수나 생활용수로 쓰는 물은 1년 내내 부족함이 없는가?
- 물이 부족한 시기에는 어떻게 하는가?
- 상하수도 시설은 잘되어 있는가?
- 난방용, 취사용 연료는 무엇이며 어디에서 그것을 얻는가?

4. 사회구조를 알기 위한 기초적인 질문들
- 가족 구성원 각각의 역할과 각자에 대해 가족이 기대하는 바는 무엇인가?
- 가족 내에서의 의사 결정과 그 과정에 많은 영향을 미치는 사람은 누구인가?
- 가장의 책임과 권한에 대해 설명해 보라.
- 가정에서 누구에게 경제권이 있는가?
- 누구를 친족이라고 생각하는가? 친족 간의 유대감은 어느 정도인가?
- 친척들은 주로 언제 모이며 얼마나 자주 모이는가?
- 다른 민족(종족)과의 관계는 어떤가? 혹시 갈등과 긴장 관계에 있는 민족(종족)이 있는가?
- 지도자는 누가 될 수 있으며 어떤 과정에 의해 선출되는가?

- 지도자는 공동체의 삶에 어느 정도의 영향력을 미치는가?
- 이 민족(종족)만의 규칙성(성문화된 규율, 불문율의 종족 내규 사항)이 있는가?
- 결혼, 출생, 사망 등 일생의 주기와 그것들에 관련된 의식은 어떠한가?
- 공동체에는 어떤 모임들이 있으며 얼마나 자주 모이는가?
- 이 민족(종족)은 변화에 재빠르게 반응하는가?
- 문화적 변화에도 불구하고 반드시 보존해야 하는 전통은 무엇인가?
- 전통을 어떻게 보존하는가?
- 사람들은 주로 언제, 무슨 일이 있을 때 위기감을 느끼는가?
- 언제 세대 차이를 느끼는가?
- 어려움에 처했을 때 주로 누구를 찾아가는가?
- 어떤 종류의 미디어를 선호하는가(TV, 라디오, 서적, 신문, 인터넷 등)?

5. 청소년 및 여성을 알기 위한 기초적인 질문들
- 이 지역(마을)에는 공식적인 교육기관이 모두 구비되어 있는가?
- 이 지역(마을)에서의 초, 중, 고등학교의 진학률은 어느 정도인가?
- 자녀들의 학비는 어느 정도이며 생활비에서 학비가 차지하는 비율은 어느 정도인가?

- 공식적인 교육 외에 어떤 종류의 과외를 시키고 있으며 왜 그런 교육을 시키는가?
- 아이들에게 학교교육을 시키는 데 있어서 어려움이나 문제는 무엇인가?
- 아들과 딸에게 공평한 교육의 기회를 제공하는가? 만약 그렇지 못하다면 이유는 무엇인가?
- 학교에 다니는 아들, 딸에게 어느 정도의 노동력을 기대하는가?
- 농번기 때에도 아이들이 공부하는 데 지장이 없는가?
- 가정에서 아이들의 훈육은 누구에 의해 이루어지는가?
- 아이들에게 성교육은 어떻게 시키는가?
- 가정에서 여성에게 가지는 어머니로서, 아내로서, 그리고 며느리로서의 기대감은 어느 정도인가?
- 가정과 사회에서의 여성의 지위와 역할은 어떠한가?
- 최근 여성의 역할과 지위에 있어서 변화된 것이 있는가?
- 여성의 교육 수준은 어떠한가? 여성들의 취업 현황은 어떠한가?
- 여성들이 가정에서 겪는 일반적인 어려움은 무엇인가?

6. 종교 분야를 알기 위한 기초적인 질문들
- 사람들이 가장 많이 믿는 종교는 무엇인가?
- 젊은 사람들도 나이 든 사람들과 같은 종교적 신앙을 가지고 있는가?

- 사람들이 얼마나 자주 종교 장소를 찾아가는가?
- 종교 지도자가 되기 위해 갖추어야 할 자격은 무엇인가?
- 종교 지도자가 되기 위해 어떤 교육을, 어느 기관에서 받는가?
- 종교 지도자들은 어떻게 생계를 유지하는가?
- 종교와 관련된 의식에는 어떤 것들이 있는가? 그 각각을 설명해 보라.
- 종교가 삶에 어떤 면에서 영향을 미치는가?
- 언제 종교 사원이나 종교 지도자들을 찾아가는가?
- 기적이나 치유 등의 초자연적인 역사를 믿는가? 또는 경험해 본 적이 있는가? 그때 어떤 감정이 들었는가?
- 죄를 무엇이라고 정의하는가?
- 죄를 지었을 때 누구에게 용서를 구하는가?
- 혹시 용서 받지 못할 죄가 있다고 생각하는가?
- 사람이 죽으면 어떻게 된다고 생각하는가?
- 사후 세계에 대해 들어 본 적이 있는가? 그것을 믿는가?

7. 기독교 상황을 알기 위한 기초적인 질문들
- 국가(종족) 내에서 그리스도인의 수, 비율은 어느 정도인가?
- 교회에 출석하는 신자들의 연령과 직업은 어떠한가?
- 국가(종족) 내에서 교회가 성장하고 있는가?
- 어느 지역에서 교회가 성장하고 있는가?
- 교회가 성장하고 있는 지역의 특징이나 특별한 이유가 있는가?

- 이 지역의 교회의 형태는 어떠한가(국가 교회, 가정 교회, 지하 교회 등)?
- 교회는 성도들을 위해 어떤 프로그램을 가지고 있는가?
- 복음에 대한 수용성은 어느 정도인가?
- 복음에 수용적인, 또는 수용적이지 않은 이유가 무엇이라고 생각하는가?
- 성경이 국가(종족)어로 다 번역되어 있는가? 또는 성경 번역이 누구에 의해 어느 정도 진행되고 있는가?
- 국가(종족)를 위해 어떤 단체가 사역하고 있는가? 사역자 수와 사역자의 지역 분포는 어떠한가?
- 이들을 위해 진행하고 있는 선교 사역은 무엇인가?
- 현재 진행하고 있는 사역이나 선교 전략, 또는 정책상의 문제는 무엇인가?

8. 선교를 위한 접근 방법을 알기 위한 기초적인 질문들
- 이 민족(종족)의 육체적 필요, 즉 경제, 교육, 의료 등의 필요는 무엇인가?
- 이 민족(종족)의 정신적, 심리적 필요는 무엇인가?
- 이 민족(종족)을 위해 어떤 사역과 어떤 사역 팀이 필요한가?
- 외부인과 동역할 수 있는 현지 교회의 인적, 물적 자원은 무엇인가?
- 이곳에서 어떤 단체 또는 개인과 연합할 수 있는가?
- 앞으로 가능한 사역과 사역 도구는 어떤 것인가?

- 이 민족(종족)에게 문화적으로 가장 적합한 복음 전달 방식은 무엇인가?
- 가장 효과적인 복음 전달 매체는 무엇인가?
- 문화적으로 수용될 수 있는 교회 형태는 어떤 것이라고 생각하는가?
- 사역할 선교사들에게 요구되는 인격적 덕목은 무엇인가?
- 어떠한 전문 분야의 사역자가 요구되는가?

현지인의 습관과 사고방식 이해하기

선교사는 주님을 영접한 이들을 단기간에 변화시키려 하지 말고 인내심을 갖고 꾸준히 대해야 한다. 이것은 결코 쉬운 일이 아니다. 선교지에 도착한 지 얼마 되지 않은 한 선교사는 현지 교회의 예배 형태가 잘못되었다며 한국 교회처럼 바꾸려고 했다가 현지 교인들의 반대로 뜻을 이루지 못했다. 선교지에 한국 문화를 심으려는 태도는 경계해야 한다.

몽골 유목민으로부터 '이동하는 교회의 문화'를 배우고, 이슬람 문화권에서 매일 다섯 번의 기도 시간을 갖는 이유를 이해해 이를 선교에 접목하는 자세를 가져야 할 것이다. 우리가 잘 아는 《화해의 아이》는 이러한 이해를 돕는 책이다. 이 책은 이리안자야의 사위(Sawi) 부족 가운데서 사역했던 리처드슨 부부(Don & Carl Richardson)의 이야기다.

돈 리처드슨은 1950년대의 옛날 복장을 하고 생활했다. 선교 대상인 사위족은 식인종이었으며, 완전히 고립된 부족이어서 선교사들과 한 번도 접촉한 적이 없었다. 리처드슨 부부는 긴 카누를 타고 노를 저어 가면서 부족 사람들과 사귀고 언어를 배우려고 애썼고, 그 후 복음의 이야기를 설명해 줄 수 있는 단계에 이르렀다. 그리하여 부족의 지도자들에게 복음을 들려 줄 기회를 얻었다. 놀랍게도 유다에 관한 부분에 이르자 예수를 배신한 것 때문에 가룟 유다가 사위족에게는 영웅처럼 여겨지는 것을 발견했다. 왜냐하면 배신이 그들의 문화에서는 높은 가치를 지니고 있었기 때문이다. 리처드슨은 예수의 부활에 관한 이야기를 해 주려고 애썼지만 사위족은 모두 유다가 예수를 팔았다는 것 때문에 웃음을 터뜨렸다.

이후 리처드슨은 복음을 전하려는 씨름을 계속해 나갔다. 그러던 어느 날, 마침 인근 부족과의 수개월에 걸친 혈전이 끝난 후 적대적인 양 부족 간에 화해가 이루어지는 장면을 목격했다. 화해를 위해 한 부족의 추장이 자기 아이를 상대편 부족에게 보내서 그곳에서 자라게 했다. 이로써 양 부족의 전쟁에 종지부를 찍었다. 돈 리처드슨은 이 '화해의 아이' 비유를 하나님이 인간과 화해하시기 위해 무엇을 하셨는지를 설명하는 데 사용했다. 하나님은 자기의 아들 예수 그리스도를 '화해의 아이'로 보내셨다. 때로는 잘못된 선교관으로 접근한 선교사로 인해 그 지역이 수백 년 동안 예수님을 받아들이지 않을 수도 있다는 사실을 기억하자.

부모가 아이를 잘 양육하려면 우선 아이들을 정확하게 이해하는 것이 중요하다. 무엇을 생각하며 원하는지, 그리고 무엇을 고민하고 있는지를 그들의 발달단계에 맞추어 같은 눈높이로 생각하고 세상을 바라봐야 한다. 성장 과정에 알맞게 돌봐 줄 때 자녀들은 정서적인 안정감 가운데 건강하게 자랄 수 있다. 우리는 이것을 '눈높이 교육'이라고 부른다.

이것은 선교지에서도 그대로 적용된다. 선교사가 현지인의 눈으로 바라보고, 고민을 함께 나누며, 생각을 공유할 때 복음을 효율적으로 전할 수 있다. 그들의 눈을 바라보고, 그들의 말에 귀를 기울이며, 그들의 상황을 직시하고 이해할 때 그들은 마음의 문을 연다. 사역 초기에는 기대하기 어렵지만, 시간이 지남에 따라 점차 가능해진다. 그들을 정확하게 이해하고, 그들이 무엇을 생각하고 있는지를 알기 위해서는 성령님의 도우심을 간구해야 한다. 현지인들을 위한 중보 기도는 그들의 상황에 맞게 선교사의 눈높이를 조절해 준다.

나는 성경 공부 시간에 현지인들과 많은 이야기를 나눈다. 서로의 고민을 들어 주고 기도하는 시간을 통해 참으로 많은 것을 배우고 있다. 현지의 가족 관계, 결혼 풍습, 자녀 양육, 부부간의 갈등, 세대 간의 갈등, 그리고 제3세계에서 태어나고 자란 청소년들의 고민 등을 듣노라면 열대 지역 특유의 느긋함과 여유로움만을 보이던 그들에게 또 다른 깊은 고민이 있음을 발견하게 된다.

교육을 받은 젊은 세대는 자기 나라가 현재 낙후된 것은 권력과 부패로 물든 정부와 대통령의 독재로 인한 것이라면서 정부를 비난하고, 전기와 물 사정이 나쁜 이유를 조목조목 설명하면서 자신의 생각을 펼치기도 한다. 사실 도미니카공화국은 6·25 전쟁 당시 우리나라를 도와준 나라들 가운데 하나다. 그런 나라가 부패한 정부와 대통령으로 말미암아 정치, 경제, 사회 전반에 걸쳐 기반이 흔들리고 퇴보하게 된 것이다.

선교사는 인생 경험이 풍부한 노인들과의 대화 속에서, 평범한 부녀자들을 통해서, 지식인, 상인, 노동자, 교사, 학생들과의 대화를 통해서 그들이 무엇을 생각하는지 알 수 있게 된다. 또한 일주일 동안 생계를 유지하기 위해 일하고, 주일에는 교회에서 사역하는 현지 목회자들과의 대화 속에서 그들의 현실을 알게 된다. 이것은 결코 버릴 수 없는 귀중한 산 공부다.

현지인에게 복음 전하기

이 부분에서 독자들이 의아해할지 모르겠다. 선교사가 당연히 복음을 전하러 선교지에 가는 것이지 무엇을 전하려고 간단 말인가? 그러나 현실적으로 선교사들이 선교지에서 전해 주어야 할 복음은 외면한 채 물질만을 전해 주는 어처구니없는 일들을 벌이기도 한다. 선교사는 현지인들의 어려움을 오직 물질로 해결해 주고자 하는 유혹에서 자유로워져야 하며, 영적인 면과 물질적인 면을 조화롭게 사용해 사역에 적용시켜야 한다. 그러나 현장에 있는 많은 선교사들이 이것을 제대로 실천하지 못하고 있다.

마태복음 4장에는 사역을 시작하시기 전에 예수님이 광야에서 사탄에게 시험을 받으신 내용이 나온다. 사탄은 예수님을 시험하기를, "네가 만일 하나님의 아들이어든 명하여 이 돌들로 떡덩이가 되게 하라"(마 4:3)고 말했다. 사탄은 예수님이 40일간 금식해서 주리신 것과 당시 많은 유대인들의 굶주린 모습을 염두에 두고 이렇게 유혹했을 것이다. 그때 주님은 배고픈 사람들을 먹이고 모든 병자를 낫게 하실 수 있었지만 그렇게 하지 않으셨다. 주님은 "사람이 떡으로만 살 것이 아니요 하나님의 입으로부터 나오는 모든 말씀으로 살 것이라"(마 4:4)고 말씀하셨다.

선교 사역에 있어서 복음 전도와 사회봉사 중 우선순위를 어디에 두어야 하는지를 구체적으로 보여 주는 부분이다. 맥가브란은 복음보다 사회봉사가 결코 앞설 수 없다고 강조했다.

> 20세기 서양과 비교해 본다면 아프리카-아메리카-아시아에서의 사람들의 건강 상태, 문맹도, 영양 상태, 위락 시설, 생산물, 청결함, 계몽 상태, 전체적인 도움 등은 개선되어야 할 여지를 많이 남겨 놓고 있었다. 선교사들은 학교, 병원, 농업 시범 단지 등에 대한 요구들로 괴롭힘을 당할 정도였다. … 많은 선교사들이 많은 병원 시설들을 만들어 낼 수 있었고, 많은 학교 졸업장을 만들 수는 있었다. 그의 뜻과는 달리, 그리고 그의 진정한 과제는 민족들을 제자로 삼는 것이라는 그의 신실한 주장에 거슬러서, 그는 모든 종류의 박애 활동에 끌려들 수밖에 없었다. 이러한 활동들은 '복음을 위한 준비 작업'으로, '복음을 선포하기 위한 보다 효과적인 방식'으로 때로는 복음만큼이나 의로운 일로 옹호되었다.[51]

물질로 사역을 펼치는 것은 마치 모래 위에 집을 짓는 것과 같다. 현

---

[51] Donald A. McGavran, *Understanding Church Growth*, 전재옥 · 이요한 · 김종일 역, 《교회 성장 이해》(서울: 대한예수교장로회총회출판국, 1987), 64.

지인과 물질로 맺어진 관계는 선교사의 지원이 끊어질 때 깨지고 만다. 자신이 소유한 믿음을 가지고 끝까지 예수님을 따르겠다고 입술로 고백하던 이들이 하루아침에 세상으로 돌아서는 모습을 보게 되는 것이다. 사실 예수님의 제자들도 예수님 곁에 있으면 적어도 한자리를 차지할 것이라는 기대 속에서 하루하루를 지냈다. 그러나 주께서 십자가에 달리시던 날, 그들은 예수님을 버리고 옛 삶으로 되돌아가고 말았다.

너무나 비참하게 살아가는 현지인들을 보면 자연스럽게 동정심이 생겨나고 가슴이 아파지기 마련이다. 한 선교사가 신발이 없어서 맨발로 다니는 청년에게 복음을 전했다. 그동안 신발이 없어서 교회에 나올 수 없었던 청년은 새 신발을 신고 기쁨으로 교회에 나왔다. 그런데 얼마 후에 신발이 닳았고 다시금 청년은 맨발이 되었다. 청년은 맨발로 교회에 나와 선교사에게 신발을 사 달라고 요청했다. 선교사는 고민했다. 다시 신발을 사 주어야 할 것인가, 아니면 그대로 보고만 있을 것인가? 선교사는 신발을 사 주지 않고 사역에 전념했다. 그러나 얼마 후 신발을 신지 않은 청년의 모습이 애처로워서 다시 사 주고 말았다.

이런 경우는 많은 선교사가 공감할 수 있는 부분이다. 그들을 계속 도울 것인가, 아니면 이 기회에 잘못된 습관을 고쳐 주기 위해 눈 딱 감고 그들의 요구를 모르는 척할 것인가? 대부분의 현지인들은 물질적 도움을 받다가 도움의 손길이 끊어지면 그동안 자신이 얼마나 희생을 감수하면서 선교사를 도왔는데 이제 와서 자신을 홀대한다며 야속해한다. 그 순간 두 사람 사이에 내면적인 긴장 관계가 형성되고,

현지인은 선교사와 교회로부터 멀어지게 된다.

선교사가 현지 목회자나 현지인을 도울 경우에는 개인적으로 도움의 손길을 펼치기보다는 현지 교단을 통해서 돕는 것이 바람직하다. 이 경우에는 현지인과 선교사 모두 공적인 관계로 도움을 주고받기 때문에 사적 감정에 매이지 않을 수 있다. 한국에 온 서구 선교사들은 "현지인(한국인)들에게 절대 돈을 주지 말라"라는 원칙을 꼭 지켰다고 한다. 그런 교육과정을 초기 한국 교회 리더들이 배웠기에 자립적인 한국 교회로 성장할 수 있었던 것이다. 선교사는 온전하고 통전적인 선교(Wholistic Mission)[52]를 감당하기 위해 잃어버린 영혼을 주께로 인도하는 사역자로서 물질과 에너지를 효율적으로 사용하기 위해 노력해야 할 것이다.

좋은 이웃 되기

현지인들과 좋은 관계를 유지하기 위해서는 먼저 자신을 열어 보이는 자세가 필요하다. 한 나라 안에서도 이사를 하면 지역 토박이들이 경계하고 주시하는데, 하물며 이국땅에 정착하는 것이 쉬운 일이겠

---

[52] 오늘날 선교학에서는 '통전적 선교'라는 말을 많이 사용한다. 에큐메니칼 진영에서는 1974년 나이로비에서 개최되었던 WCC 제5차 회의에서 통전적 선교를 다음과 같이 정의했다. "온 교회(The Whole Church)가 온 복음(The Whole Gospel)을 온 세상(The Whole World)의 전인격(The Whole Person)에게 전해야 한다." 복음주의 진영에서는 1989년 제2차 로잔 대회라 불리는 마닐라 대회에서 이렇게 정의를 내렸다. "온전한 복음(The Whole Gospel)을 전 교회(The Whole Church)가 온 세상(The Whole World)에 전파하라." 이광순 교수는 마태복음 4장 23절을 인용해서 통전적 선교를 이렇게 설명했다. "'예수께서 온 갈릴리에 두루 다니사 그들의 회당에서 가르치시며 천국 복음을 전파하시며 백성 중의 모든 병과 모든 약한 것을 고치시니.' 이것은 예수님의 통전적 선교의 분명한 예를 보여 준다. 첫째는 가르치셨고, 둘째는 천국 복음을 전파하셨으며, 마지막으로 병을 고치셨다. 주님은 통전적 선교의 우선순위를 우리에게 보여 주고 계신다"(이광순,《한국 교회의 성장과 저성장》, 미션아카데미, 2005, 280).

는가. 선교사가 새로운 문화에 정착하면서 긴장감을 갖는 것처럼 현지인들도 선교사를 처음 대할 때 호기심과 궁금증을 갖게 되기 마련이다. 더구나 외국인이 한 번도 들어온 적이 없는 지역에 정착할 경우에는 마을 전체의 큰 뉴스거리가 되고 만다.

이웃 사람들을 대할 때 목을 곧게 세우거나, 현지인들을 업신여기거나 무시해서는 안 된다. 거리에서 사람들을 만나면 먼저 인사를 건네야 한다. 그리고 그들의 집을 방문하거나 초대해서 현지의 정치, 경제, 문화에 대해 함께 대화를 나누면서 정을 쌓는 시간을 마련하는 것이 좋다. 이웃 사람들과 긴장 관계가 형성되면 이방인인 선교사는 결국 그곳을 떠나야만 한다.

현지인들과 정을 나누면 사역이 훨씬 안정적으로 진행될 수 있다. 그들과 친해지면 자연스럽게 사역을 소개하고 전도하는 기회를 갖도록 한다. 내가 사역하는 지역의 사람들은 우리 가정을 현지인처럼 대한다. 그들을 통해 특별한 현지 음식도 많이 먹어 보았고 요리하는 법도 배웠다. "전기를 달라!" 하고 외치는 시위가 있을 때는 조심하라고 먼저 알려 주는 이웃도 있다. 그들과 편안하게 만나 일상생활을 나누기도 하는데, 그러는 동안 어느새 긴장감이 사라지고 만다.

바른 신앙 교육과 현지 교회의 전통 존중하기

기존의 현지 교회를 방문하면 전통적인 민간 신앙과 혼용된 예배 의식을 접하게 되는 때가 많다. 교회 예배인지, 토속적인 의식을 교회에서 행하는 것인지 혼동을 느낄 정도로 괴상한 예배 형식도 있다. 또한 현지 목회자들 가운데는 신학 교육을 제대로 받지 못하고 자칭 목회자가 되어 자신이 생각하는 교리를 고집하는 사람들도 있다. 그들로부터 잘못된 교육을 받은 현지인들은 아무렇게나 말씀을 전하고 잘못 배운 교리를 전한다.

이런 경우 선교사는 어떻게 해야 하는가? 잘못된 신앙관을 바로잡아 주는 것이 바람직한데, 이때 한국 교회의 예배 형식을 강요하거나 자신의 신앙관을 전수해서는 결코 안 된다. 현지의 문화에 맞게 전수되어 온 현지 교회의 풍습이나 예배 형식은 그대로 인정하고 살리되, 본질적이고도 가장 중요한 복음의 진리와 핵심이 왜곡된 부분은 바로잡아 주어야 한다. 선교학에서는 복음의 진리가 왜곡된 상황을 '혼합주의'[53]라고 표현한다. 사도 바울이 펼친 선교 사역을 볼 때 그는 복음의 진리가 변질되는 것만은 결코 양보하지 않았음을 알 수 있다.

현지 교회 지도자들의 조언에 귀 기울이기

한국 선교가 현재 직면하고 있는 문제들을 극복하기 위해서는 한국 선교사의 자질과 사역 등에 대한 현지 교회 지도자들의 이해와 평가를 잘 경청해야 한다. 그래야만 성숙한 세계 선교를 이루어 갈 수 있다. 한 예로 태국의 마놋 쨍묵(Manoch Jangmook) 박사[54]가 한국 선교사에 대해 평가한 내용을 살펴보면 잘 알 수 있다. 나는 여기서 마놋 쨍묵 박사의 의견에 대해 해석을 추구하지 않고 표현된 내용을 그대로 언급하고자 한다.

---

53 혼합주의란 잘못된 형태와 결합하거나 그 의미가 부여됨으로써 복음의 내용이 왜곡된 것을 말한다.
54 마놋 쨍묵 박사는 전 태국복음주의연맹 회장이었고, 방콕성경신학원 원장이었다(2011년 당시).

한국식의 방법과 생각들, 현지 문화와 언어에 대한 이해 부족, 협력 사역보다 독단적 사역 추구, 교단별 선교 사역 경쟁, 선교 현지 리더십과의 동역 부족, 현지인을 진정한 친구가 아닌 고용인처럼 부림, 빨리 열매를 거두려는 것, 이단들의 잘못된 가르침으로 인한 문제, 단기 선교 사역자들의 책임감 결여

선교사는 자신이 사역하는 곳의 현지인과 현지 교회에 대해 분명하게 이해해야 한다. 고린도전서 9장 2절에서 바울은 이렇게 말했다.

"다른 사람들에게는 내가 사도가 아닐지라도 너희에게는 사도이니 나의 사도 됨을 주 안에서 인 친 것이 너희라"(고전 9:2).

바울은 현지인인 고린도교회 성도들로부터 사역자로서 인정받았음을 분명히 기록하고 있다. 이처럼 선교사는 자신이 사역하는 곳의 현지인들과 성도들로부터 인정을 받아야 한다. 그들이 인정하지 않는 선교사는 현장과 괴리된 선교사다.

현지 교단, 선교 단체, 외국인 선교사와의 관계

상담학자 하워드 존 클라인벨(Howard J. Clinebell)은 그의 저서 《웰빙》(Well Being)에서 사람들은 네 가지 힘[55]을 의지하며 살아간다고 했

---

55 이성희, e목사님의 편지 "힘의 시대"(《연동교회 주보 칼럼》, 2011년 3월 18일).

다. 첫째는 지배력(Power Over)으로, 다른 것 위에 군림하려는 힘이다. 돈, 권력, 지위, 경제력을 가지고 다른 사람을 지배하며, 대물림이 되는 힘이다. 둘째는 공격력(Power Against)으로, 다른 사람을 공격하는 힘이다. 싸움을 잘하거나 교묘한 말, 욕설, 교활함 같은 힘을 가진 사람은 무서워 피한다. 셋째는 베푸는 능력(Power For)으로, 다른 사람을 도와주는 힘을 말한다. 내 것을 나눠 주고 양보하면 손해가 아니라 더 많은 것으로 되돌아온다. 넷째는 협력하는 능력(Power With)으로, 다른 사람과 어울리는 힘이다.

그렇다면 선교사가 사역할 때 어떤 종류의 힘을 갖는 것이 바람직할 것인가? 그 답은 선교사의 정의에서 찾아볼 수 있을 것이다. 선교사란 누구인가? 이방 민족과 족속을 주님께 인도하기 위해서 그들을 주의 이름으로 섬기는 자들이다. 그러나 현실적으로 어떤 선교사들은 섬기는 자, 돕는 자, 협력자, 동역자의 모습을 보이기보다는 군림하는 자, 다스리는 자, 지배자, 권력을 휘두르는 자의 모습으로 그려지기도 한다.

1492년 12월 5일, 콜럼버스(Christopher Columbus)가 한 섬을 발견하고는 이름을 붙였는데, 그 섬의 이름은 히스파니올라(Hispaniola)다. 도미니카공화국은 이 섬에 위치해 있다. 콜럼버스는 이 신대륙을 발견함과 동시에 평화롭게 살아가던 인디오들을 향해 잔인한 살육을 감행하기 시작했고, 그 후 아메리카대륙에서 4천만 명 이상의 인디오들이 살해되었다. 여기에 당시의 역사 기록 중 한 가지를 소개하겠다. 이 기록은 선교사가 어떻게 사역을 해야 하는지 그 방향과 통찰력을 제공해 준다.

히스파니올라 섬의 한 인디오 부족 족장 하투에이(Hatuey)[56]가 스페인 정복군에 맞서 저항하다 죽어 간 슬픈 역사는 우리에게 많은 교훈을 준다. 하투에이가 정복군에 잡혔을 때 종군 신부는 사형을 집행하기에 앞서 세례를 받고 개종하라고 권고했다. 종군 신부의 말을 들은 그는 이렇게 물었다. "세례를 받게 되면 나에게 어떤 유익이 있는가?" 종군 신부가 대답했다. "세례를 받으면 거룩한 로마 가톨릭교회의 교인이 되고, 죽어서 천국에 들어가게 될 것이다. 그리고 형이 감해질 것이다." 그 말을 들은 하투에이는 물었다. "형이 어떻게 감해지는가?" 종군 신부가 대답했다. "산 채로 화형 당하지 않고 죽은 다음에 화형을 당하게 될 것이다."

생각에 잠긴 하투에이는 잠시 후 종군 신부에게 다시 물었다. "나를 죽이려고 지금 내 앞에 서 있는 저 군인들도 로마 가톨릭교회 교인들인가? 저들도 모두 천국에 들어가는가?" 이에 종군 신부가 답했다. "물론이다. 저들은 세례를 받은 거룩한 로마 가톨릭교회 교인들이기 때문에 천국에 들어간다." 이 말을 들은 하투에이는 종군 신부에게 잘라 말했다. "저들은 나의 아내와 가족, 형제, 부족을 살해하고 강간했다. 우리의 모든 것을 강제로 빼앗아 가고, 우리의 평화로운 마을을 몰살시킨 저 군인들이 로마 가톨릭교회의 교인이 되었다는 이유로 천국에 들어간다면 나는 결코 저들과 함께 그런 곳에는 가지 않을 것이다." 이 말을 마치고 그는 묵묵히 산 채로 화형을 당했다.

당시 종군 신부들이 로마 교황청에 보낸 선교 보고는 제국주의 선

---

56 하투에이는 히스파니올라 섬의 따이노족 추장으로, 1512년 2월 2일 사망했다.

교의 한 면을 직접적으로 보여 준다.

인디오들을 향해 터지는 저 포탄의 소리는 하나님을 향한 찬양의 소리이며, 인디오들을 향해 쏘는 저 포탄의 화약 냄새는 주님의 제단 위에 드려지는 향기로운 냄새다.

1910년 에든버러에서 세계선교대회가 열렸다. 그때 인도 교회를 대표해서 온 아자리아(V. S. Azariah)[57]는 "인도에서는 선교사와 현지 인도 사역자들의 관계가 주인과 종의 관계와 같다"고 말했다. 그리고 이어서 참석한 이들에게 진정한 사랑을 요청했고 친구들을 달라고 호소했다.[58]

지금도 선교지에 있는 현지 교회 지도자들의 생각은 이와 동일하다. 그들은 지배자를 원하는 것이 아니라 그리스도 안에서 형제를, 그리고 그리스도의 사랑을 원한다. 더욱이 21세기 선교 현장에서는 현지 선교 기관, 선교 단체, 그리고 교단과의 협력이 필수적이다. 이제는 서구 선교사나 한국 선교사들이 선교 사역 초기의 시행착오를 딛고 현지 교단과 협력하면서 그들을 돕는 사역으로 방향을 전환하고 있다. 그러나 아직도 선교사들 가운데 몇몇은 자신의 영역 안에서 자기

---

57 도르나칼의 주교 아자리아는 처음 그 교구에 취임했을 때 공공연한 간음을 이유로 6백 명 이상의 교인을 제명했다. 성공회 교회들은 이 일로 성장을 멈추기는커녕 수천 명을 받아들이고 있었기 때문에 그의 징계 행위는 자극이 되었다. 제명된 많은 사람들은 회개를 하고 복직되었다. Donald A. McGavran, 전재옥 · 이요한 · 김종일 역,《교회성장이해》(Understanding Church Growth, 서울: 대한예수교장로회총회출판국, 1987), 165.

58 Ninan Koshy, *A history of the ecumenical movement in Asia* (Hong Kong: World Student Christian Federation, 2004), 51.

만의 사역을 펼치는 오류를 범하고 있다.

윌리엄 캐리의 선교 사역 4단계를 살펴보자.

- 제1단계 : 개척(Pioneer)-선교사들이 주도권을 가짐
- 제2단계 : 양육, 돌봄(Parent)-선교사에게 아직까지 주도권이 있음
- 제3단계 : 동역자(Partner)-동역 단계로서 서로 동등한 주도권을 가짐
- 제4단계 : 참여자(Participant)-선교사는 돕는 자이며 현지 교회가 주도권을 가짐

제1단계인 개척 단계는 선교사 중심의 단계다. 선교사가 복음을 전하는 데 있어서 중심이 된다는 뜻이다. 제2단계인 양육 단계는 복음을 전해서 예수를 그리스도로 영접해 개종하는 자들이 나타났을 때 그들을 양육하고 돌보는 단계를 말한다. 여기까지는 선교사가 중심이 된다. 제3단계인 동역자 단계는 양육된 자들이 선교사의 협력자로서 복음을 전하는 단계를 말하는데, 이때 복음을 전하는 중심이 선교사로부터 현지인으로 옮겨 간다. 마지막으로 제4단계인 참여자 단계는 선교의 중심이 현지인이다. 여기서 선교사는 철저히 돕는 자, 참여자로 서게 된다.

이러한 4단계 선교 원칙을 토대로 선교 사역을 펼쳤던 윌리엄 캐리는 개신교 선교의 선구자가 되었다. 이에 반해 온정주의(Paternalism),

또는 친권주의[59]로 선교 사역을 펼치는 선교사는 결국 마마 처치 (Mama Church, 자립되지 못한 현지 교회가 선교사나 선교사 파송 교회를 지나치게 의존하는 것을 말한다)를 만들고 만다. 그렇기 때문에 선교사는 늘 제4단계를 목표로 하고 사역에 임해야 한다. 여기에 선교의 성패 여부가 달려 있다.

현지 교단[60]과의 유대 관계

로마 가톨릭 문화권 속에서 도미니카공화국 개신교는 로마 가톨릭과 다르다고 강조하는 작업을 끊임없이 추구해 왔기 때문에 교회의 전통이나 올바른 신학 교육, 예전 등이 거의 사라졌다. 장로교, 감리교, 모라비안교 등의 선교사들이 먼저 도착했지만 오늘날 개신교회는 오순절교회와 하나님의성회가 가장 크게 성장하고 있다. 이처럼 타 선교지 각각은 저마다의 특성 가운데 독특한 교회 문화를 형성하고 있다.

이러한 현실 속에서 고군분투하고 있는 전통적인 개신교회들과 급성장하고 있는 개신교회들에게 다가가 동역함으로써 힘을 실어 주는 것은 현지 교회에 큰 힘이 된다. 현지 교단 실무자를 만나서 교단과 협력할 수 있는 사역이 무엇인지 구체적으로 의논해 보는 것이 좋다. 그

---

59 온정주의, 또는 친권주의는 선교사가 지나치게 1, 2단계에 머무르려고 하는 것이며, 친권 유지를 위해 3, 4단계로 나가는 것을 일부러 지연시킴으로써 선교사가 계속 주도권을 잡고자 하는 것이다. 이 주도권을 가진 선교사는 자신의 영향력을 위해서 의도적으로 제자리에 머무른다. 물론 선교사가 온정으로 이렇게 할 수도 있다. 그러나 결국은 마마 처치를 만들게 된다.
60 나와 동역하는 현지 교단은 도미니카공화국복음교단이다. 이 교단은 미국장로교회, 미국감리교회, 모라비안교회 선교사들이 연합해 1922년에 세워졌다.

들과의 만남을 통해 계획적이고 효과적인 동역과 협력 선교 사역을 구상하고 전개해 나갈 수 있을 것이다.

교단에 소속된 교회가 없는 지역을 중심으로 전도와 제자 양육으로 교회를 개척하고, 동역 교단에 속한 교회로 자리 잡아 가도록 그 교회를 돕는 것은 매우 중요한 사역이다. 그 교회가 성장할 때까지 교단에 소속된 현지인 목회자와 함께 돌보다가 일정한 수준으로 성장하면 현지인 목회자에게 전적으로 교회를 맡아서 돌보게 하고 선교사는 다음 사역지로 옮기는 것이 바람직하다. 또한 현지 교단과 의논해 교회가 없는 복음의 불모지에서 말씀을 전하면서 그 지역의 특성에 맞는 교회를 개척해 갈 수 있도록 힘을 기울일 수도 있다.

현지 교단을 돕는 사역은 교회 개척 외에 신학교 사역, 교단 교회 순회 집회, 계속교육, 그리고 현지 교단의 상황에 맞추어 교단에서 요청하는 사역으로 동역하고 협력할 수 있다.

한국보다 먼저 미국인 선교사들에 의해 복음이 전해지고 세워진 도미니카공화국복음교단은 선교사들이 철수한 이후 열악한 상황 가운데서 지금까지 그 맥을 이어 오고 있다. 복음이 전해진 후 160여 년 동안 현지 교단의 교회들은 찬송가 없이 독자적으로 예배를 드려 왔다. 그래서 2002년에 도미니카공화국복음교단 총회 스페인어 찬송가를 만들기 위해 총회에서 선출한 목회자들과 찬송가 편집위원회를 조직해 자료 수집과 분류 작업, 그리고 교단 교회에 필요한 곡들을 선정하는 작업에 심혈을 기울였다.

그 결과 2004년에는 글로 된 찬송가를, 그 이듬해인 2005년에는 악보 찬송가를 완성하게 되었다. 이 찬송가에는 평생 동안 혼자 공부해서 50여 곡이 넘는 찬양을 작사, 작곡한 현지 목회자의 찬양 20곡도 실렸다. 도미니카공화국 전국 교회가 이 찬송가를 사용하면서 찬송가 증보 개정판의 필요성이 요구되어 다시 제2기 찬송가 편집위원회가 구성되었고, 2013년에 약 300여 곡이 수록된 스페인어 찬송가 증보판(El Himnario Ecumenico)이 한국장로교출판사를 통해 출판되어 전국 교회에 배포되었다. 이 찬송가 사역은 현지 교단 총회의 요청에 의해서 진행되었고, 찬송가 제작위원장을 맡은 아내 장은경 선교사와 현지 교단 목회자들의 헌신과 수고를 통해서 아름다운 열매로 나타났다. 이는 앞으로 100년을 내다보면서 이루어 가는 사역이기에 도미니카공화국복음교단 총회의 역사에 길이 기록될 것이다.

현지 교단과 한국 교회의 매개 역할

현지 동역 교단과 자신을 파송한 선교 단체, 교단이 동역 관계를 맺을 수 있도록 중간 매개체 역할을 해야 한다. 이미 동역 관계가 형성되어 있다면 그 관계를 더욱 잘 유지할 수 있도록 힘써야 한다. 예장 통합총회는 복음주의적이면서 에큐메니칼한 선교를 지향하기 때문에 선교지의 현지 교단과 동역하는 것을 원칙으로 하고 있다. 총회의 선교 신학과 정책에서도 이것을 분명히 언급하고 있다. 랄프 윈터[61]는

---

61 미국 세계선교센터(US Center for World Mission) 정원에는 세계 선교를 위해 열정적으로 헌신했던 랄프 윈터를 기념하는 비석이 있다. 비석에는 여호수아 24장 26-27절 말씀이 새겨져 있다.
"Reconsecrated themselves to the vision of the Gospel of the Kingdom being proclaimed by word and deed among all peoples to bring about the obedience of faith within all peoples"(Josh 24:26-27).

소천하기 전에 사랑하는 후배들에게 이렇게 말했다. "선교지 사람들이 잘할 수 있는 것을 하지 말고, 그들이 할 수 없는 것으로 도와야 한다." 그러므로 선교사 스스로 현지인들이 잘하는 것(집 짓기, 건물 짓기, 교회 짓기 등)에 집중하고 있는 것은 아닌지 돌아봐야 한다.

현지 교단과 협력 관계를 맺으면 교단의 실무자들과 의논해 그들이 요청하는 것과 선교사 자신이 하고 싶었던 것을 절충해 사역을 펼칠 수 있어 바람직하다. 함께 의견을 교환하는 동안 그들로부터 미처 생각하지 못했던 사역에 대한 정보를 얻을 수 있을 것이다. 또 교단에서 무리한 요구를 할 경우에는 현실적으로 타당한 방향으로 이끌어 가는 역할을 해야 한다.

다음은 선교사 후보생 교육 시간에 조별로 발표한 '예비 선교사들이 생각하는 하나님 나라와 동역자 관계'에 대한 내용이다.

- 1조 : 좌우를 돌아보고 서로를 향해 헌신할 수 있는 것, 혼자 하는 것이 아니라 동역과 협력을 아우르는 것이다.
- 2조 : 공통분모(하나님의 나라)를 함께 품고, 그곳에 함께 연합하는 것이다.
- 3조 : 바나바가 마가 요한을 이끌어 준 것처럼, '친척처럼' 동역자를 잘 이끌어 주어야 한다.
- 4조 : 서로 다름을 수용하되 자신의 고유성, 가치관, 개성을 유지하면서 하나님 나라 안에서 동일한 비전을 가지는 것, 상호 배움이 일어나고 동반 성장, 섬김, 신뢰의 관계로 이어지는 것이다.

- 5조 : 차려 놓은 밥상에 숟가락을 얹는 것이다. 선교의 주체는 하나님이시므로 우리는 모두 그분의 일꾼이다. 하나님이 식탁을 차려 놓으셨고, 그 식탁이 풍성하다면 많은 사람이 함께 먹어야 한다. 나 혼자 먹으려고 하는 것은 하나님 나라의 동역자가 아니다.

- 6조 : 세상 나라의 동역자 관계가 목표를 달성하면 신뢰하고 더 많은 것을 주어서 더 깊은 관계로 이어지는 것과 달리 하나님 나라의 동역자 관계는 성삼위일체의 동역처럼 서로 인격적으로 존중하며 높고 낮음이 없는 관계로 이어지는 것이다. 이것이야말로 동등한 동역자 관계다. 그러나 질서는 있어야 한다.

- 7조 : 서로의 은사를 가지고 하나의 목표, 즉 복음 전파를 위해 유기적으로 연합하는 관계, 평등한 위치에서 조화롭고 아름답게 사역하는 관계다.

현지 교단 신학교 사역

신학교 사역을 할 경우에는 신학교를 무조건 세우기보다는 현지에 있는 기존의 신학교를 돕는 것이 바람직하다.[62] 자신이 동역하는 교

---

62 신학교 설립이 절실히 요구되는 곳에서 사역하는 선교사인 경우에는 심사숙고해서 다음 사항을 지켜야 한다.
첫째, 신학교 설립을 위한 필수적인 요소는 신학 교육의 궁극적인 목적과 목표, 신학 교육의 성격, 목적과 목표를 성취하기 위한 방법론, 신학 교육을 통해서 배출된 인물들이 그리스도의 제자 공동체 교회를 세우고 사회를 변화시켜 나갈 수 있도록 준비된 교육과정이다.
둘째, 신학 교육의 토착화를 위해서 시작부터 교수급의 신학도를 엄선해 별도로 투자 계획을 세워야 한다. 알맞은 시기에 리더십의 토착화(현지 교수 60% 이상)가 이루어지도록 해야 한다.

단에 소속된 신학교가 있는 경우 그 신학교에서 가르치는 것은 매우 의미 있는 일이다. 현지 교단의 신학교는 대부분 열악한 환경과 재정 부족, 현지인들의 목회자에 대한 편견 등으로 어렵게 운영되고 있다. 또한 올바른 신학 교육의 부재, 연구를 위해 필요한 서적의 부족 등으로 전문 목회자를 양성하는 데 많은 어려움을 가지고 있다. 일반적으로 현지에서 목회자가 되면 재정적으로 곤란을 겪기 때문에 그들은 목회자가 되기를 원하지 않는다.

신학교에서 강의를 할 경우에는 반드시 실력을 갖추도록 노력해야 한다. 여기서 말하는 실력은 언어의 능력뿐만 아니라 목회자로서의 자질과 선교사로서의 열정, 영적인 능력, 그리고 학문적인 실력 등 전반적인 사항을 모두 말한다. 실력이 있으면 현지 교단에서 초청을 할 것이다. 학생들로부터 "선교사의 강의가 참으로 명강의다"라는 소리를 듣도록 하라. 그러기 위해서는 철저하게 준비해야 한다. 설교 준비를 위해서 시간의 공을 들이듯이 강의 준비도 그렇게 해야 한다. 현지어로 강의하는 것은 대단히 어려우며 모험이다. 그러나 첫 학기만 극복하면 다음부터는 쉬워진다.

처음으로 단에 설 때는 두렵고 떨려 준비했던 강의 내용을 제대로 전달하지 못하고 횡설수설하다가 끝내기가 쉽다. 한국에서 강의를 맡아도 쉽지 않은데, 현지 학생들에게 현지어로 3-4시간의 강의를 진행하려면 진이 빠지고 만다. 긴장이 되어 말을 더듬기도 하고, 단어

셋째, 신학교 졸업생들의 사역 현장을 매년 점검해 교육방법론에 평가, 반영해야 한다.
넷째, 교육방법론에 있어서 공식 교육(Formal Education), 비공식 교육(Nonformal Education), 비형식 교육(Informal Education)을 모두 사용해 교육의 효율성을 강화해야 한다.

를 잊어버리기도 하며, 이래서 다음 시간을 어떻게 감당할 수 있을까 겁이 나기도 한다. 게다가 그들의 질문을 알아듣기란 그리 쉽지 않다. 이런 경우 그들의 언어가 선교사에게는 외국어에 해당한다는 것을 알리는 재치가 있으면 좋다.

강의 횟수가 거듭되다 보면 차차 노련미와 세련미가 생긴다. 현지 신학생들에게 분명한 목적을 가지고 체계적으로 가르친다면 그들의 질적, 영적 수준을 향상시킬 수 있다. 이것은 현지 교단 사역을 돕는 일일 뿐 아니라 선교 사역에도 큰 보탬이 될 것이다. 잘 양육된 현지 목회자 한 사람이 있을 때 기존보다 훨씬 더 많은 일을 감당할 수 있음을 기억하자. 그들과 많은 대화를 나누고, 집에 초대해서 교제의 시간을 가지며, 그들의 고민과 갈등을 들어 주는 것도 좋다.

내가 처음 신학교에서 강의를 맡게 되었을 때 아내가 신학교를 방문한 적이 있었다. 아내는 신학교에 비치된 몇 안 되는 책들이 여기저기 아무렇게나 널려 있고, 그 책들마저 쥐가 갉아먹고 습기와 곰팡이로 군데군데 썩은 것을 보고는 당장 도서관부터 정리해야겠다고 말했다. 당시 동역 교단 총무에게 이런 상황을 얘기했더니 매우 기뻐하며 아내에게 신학교 도서관장을 맡겼다. 아내는 지금까지 그 일을 맡아 책을 정리, 분류하고 새로운 책들을 구입해 도서관을 관리하고 있다.

교단 신학교에서 가르친 지 어언 18년이 지났다. 내가 가르친 신학생들 가운데는 졸업 후 현지 교단을 대표하는 교단 총회장, 노회장이 되어 일하는 목회자도 있다. 그들은 교단에 소속된 교회를 맡아 차세대 주자로서 열심히 사역을 감당하고 있다.

외국인 선교사와의 동역

외국인 선교사들과 우호적인 관계를 갖게 되면 하나님의 복음을 전하는 데 큰 힘을 발휘할 수 있다. 신실한 외국인 선교사들과 동역관계를 맺고 사역에 대해 서로 의견을 주고받으며 정보를 공유하고, 중보 기도와 격려를 하는 것은 매우 유익하다. 내가 사역하는 곳에서도 복음 교단에 속한 선교 동역자 여덟 가정이 교제를 나누고 있다. 이들은 미국연합감리교회 소속 선교사, 미국장로교회 소속 선교사들인데, 매년 추수감사절이나 독립기념일이 되면 우리 가정을 초대하곤 한다.

동역자 찾기

조선 땅에 복음을 들고 첫발을 디딘 선교사는 칼 귀츨라프(Karl Gutzlaff)다. 그는 1832년 7월 17일 바실만 북쪽의 장산이라는 섬(현재의 고대도)에 닻을 내렸다.[63] 귀츨라프 일행은 중국에 오랫동안 거주하면서 조선 사정에 밝아 조선의 쇄국정책과 로마 가톨릭에 대한 박해를 잘 알고 있었다. 그는 이러한 위험을 무릅쓰고 해변에 올라와 한 노인에게 책 몇 권과 단추(lion buttons)를 주었다.[64] 그런데 이 위대한 선교사 칼 귀츨라프도 잘못 만난 현지인에게 속아서 사역에 어려움을 겪었다는 기록이 남아 있다.

---

63 Karl Gützlaff, "Chang-shan, an island north of Basil's Bay," 1834, 320.
64 린제이(H. H. Lindsay)의 《항해기》에는 7월 17일 정박한 곳이 대청군도 북쪽 'Chang-shan Pungsang'이라고 기록되어 있다. 이 두 곳의 지명은 동일한 것으로 판단된다. H. H. Lindsay, Report of Proceedings on a Voyage to the Northern Ports of China in the Ship Lord Amherst (London : B. Fellowes, Ludgate Street, 1833), 215-268.

그들(현지인 사역자)은 성경이 가득 찬 가방과 여비를 가지고 떠났지만, 여행 일지를 허위로 작성하고 세례도 받지 않은 회심자들의 명단을 거짓으로 작성해서 돌아오곤 했다. 일꾼들 가운데는 자기들이 가진 성경을 인쇄업자들에게 파는 사람들도 있었다. 그러면 인쇄업자들은 성경을 귀츨라프에게 되팔곤 했다.

귀츨라프는 중국인과 같이 되기 위해 그들처럼 옷을 입고, 음식을 먹고, 그들의 언어 역시 완벽하게 구사했다. 그럼에도 불구하고 현지 사역자들에게 배신과 사기를 당한 것이다. 이것은 선교지에서 좋은 동역자를 만나는 것이 얼마나 중요한지를 단적으로 보여 주는 예다. 여기서 좋은 동역자란 현지인 사역자만 말하는 것이 아니라 한국인 선교사, 그리고 선교지 이외의 국가에서 온 선교사들을 통틀어 일컫는다.

이 책을 읽는 선교사 후보생과 선교사 모두 좋은 동역자가 되기를, 좋은 동역자를 만나기를 기도한다. 이것은 내가 늘 집중적으로 기도하는 내용이기도 하다. 감사하게도 사역지에 도착한 날부터 지금까지 만나 온 믿음의 동역자들과 계속해서 하나님의 사랑을 나누고 있다.

다음은 선교사 후보생들과 나누었던 '당신의 동역자가 가지기 원하는 인격은?'이라는 질문에 대한 답변이다.

- 1조 : 인내와 참을성이 충분히 훈련된 사람, 말을 함부로 하지 않는 인격
- 2조 : 배려와 이해의 관계, 맞지 않는 의견이라도 신뢰해 줄

수 있는 인격

- 3조 : 오래 참아야 한다. 넓은 마음을 소유한 인격, 동료 사역자의 잘하는 것에 시기하거나 질투하지 않는 인격
- 4조 : 존중, 수용하는 것, 모범을 보이는 것, 상호 보완적인 관계, 전문성을 가진 인격
- 5조 : 자기 비움의 인격(자기를 비우지 않으면 내려놓을 수도 없고, 인내, 겸손, 사랑도 할 수 없다), 자기 비움이 동역을 가능하게 한다.
- 6조 : 나에게 없는 인격을 요구한다. 섬세, 존중, 배려, 이해를 잘해 주는 인격
- 7조 : 배려, 포용력, 상대방의 전문성을 인정해 주는 인격, 서로의 강점과 약점 등의 성향을 이해하고 인정해 주는 인격

　동역자가 가졌으면 하는 이상적인 인격을 선교사 스스로 갖추기 위해 노력한다면 현지인과도 좋은 선교의 동역 관계를 맺을 수 있을 것이다.

디아스포라 사역

　선교 사역을 시작할 때부터 타 문화권 사역에 주력해 온 선교사인 나는 한인 디아스포라 목회를 하는 선교사들의 고충과 아픔을 구체적으로 이해한다고 말하기 어렵다. 그렇기 때문에 실제로 이 사역을

해 온 경험자의 "디아스포라 사역 현장에 관한 강의"[65]를 토대로 디아스포라 사역을 살펴보고자 한다.

한인 디아스포라는 2017년 기준 194개국에 740여만 명이 흩어져 살고 있다. 한인 디아스포라를 중심으로 세워진 디아스포라 교회가 선교의 현장이 되는 이유는 첫째, 선교지의 중추로서 전진기지의 역할을 하기 때문이다. 둘째, 오랜 기간 다져 온 현지인들과의 관계를 통해서 민족주의, 인종주의를 극복할 수 있는 대안이 되기 때문이다. 셋째, 풍부한 선교적 자원들을 소유하고 있기 때문이다.

이와 같은 이유로 타 문화권 사역자는 한인 디아스포라 교회와 사역자들에게 관심을 가지고 기도로 협력해야 한다. 특별히 한인 디아스포라 교회의 목회를 위해, 한인 디아스포라 교회의 목회자들에 대한 이해를 위해, 그리고 한인 디아스포라 교회와의 협력을 위해 기도해야 한다.

한인 디아스포라 교회의 특징과 장단점

첫째, 한인 디아스포라 교회는 신앙의 형태가 비교적 보수적이며, 의외로 세계화에 둔감하고 순수한 면이 있다. 고난 극복에 있어서 강한 능력을 소유하고 있다. 전통이나 현지 문화 등 비본질적인 것을 중시하며, 개개인의 성품이 비교적 강하다. 사역자에 대해 보수적인 모습을 기대하고, 교회에 대한 명확한 주인 개념을 가시고 있다. 또한 교단적 배경이 다양해 교회 내 영적 일치가 어렵다. 그럼에도 불구하고

---

[65] 오대식 목사가 총회 신임 선교사 훈련 때 강의한 내용에서 일부 발췌, 수정했다.

선교에 대한 선한 부담감을 가지고 있다.

둘째, 교회 정치적 특징으로, 교회의 내부적 갈등 구조가 복잡하다. 정착 연대별, 직업별, 개 교회의 설립 배경에 따라 구성원 간의 이질감이 크다.

셋째, 한인 디아스포라 교회가 가진 장점으로는 인적자원이 우수하고, 선교를 위한 예산 지원이 가능하며, 선교지의 전진기지 역할을 한다는 것이다. 단점으로는 선교적 필요는 알고 있으나 현실적으로 감당할 수 있는 시간적 여건이 부족하고, 불필요한 요인들이 선교 활동을 방해하기도 한다. 그리고 현지 한인들의 친목 단체로 변질될 가능성을 내포하고 있다. 그로 인해 교인 계층 간 화합의 문제, 교역자 및 사역자 수급의 문제, 한인 2세의 교육 문제(언어, 교육 목표의 이중화) 등이 풀리지 않는 과제로 남아 있다.

한인 디아스포라 교회의 목회자들이 겪는 어려움

첫째, 지나친 의욕, 혹은 깊은 매너리즘에 빠질 수 있다. 선교지에 파송 받은 연대, 선교 후원 상황에 따라 다르게 나타나는 경우가 많다.

둘째, 열정적인 연합 활동, 혹은 외로운 개교회주의에 빠질 수 있다. 기본적으로는 선교사 개인의 성향에 따라 크게 좌우되지만 소속 교단, 파송 교회, 파송 선교 단체에 따라 독특한 성향이 나타난다.

셋째, 느긋하거나 매우 쫓기는 모습을 보인다. 목회적 목표를 상실해 매우 느긋한 현지 생활을 하거나 좁은 한인 사회라는 독특한 상황에서 일어날 수 있는 경쟁에 쫓기는 생활을 하기 쉽다.

넷째, 경제적 어려움과 목회적 위축을 당할 수 있다. 목회자의 생활은 교회로부터 보장 받지 못하는 경우가 대부분이다. 경제적 어려움으로 인해 선교 사역을 계획하기 어려우며, 교인들의 성향이 독특해 목회적으로도 위축되는 경향이 있다.

다섯째, 인적, 경제적 자원의 부족으로 인해 본국 교회에 지나치게 의존하거나 본국 교회에 의해 수동적 역할에 머물기도 한다.

한인 디아스포라 교회의 목회 지원을 위해 선행되어야 할 것

첫째, 교인 구성원에 대해 이해한다. 교회 성도들의 정착 연대, 정착 형태, 정착 이유, 정착 과정 등을 폭넓게 이해해야 한다.

둘째, 현지 언어와 역사, 문화를 이해해야 한다. 이것은 현지인 선교를 위해, 2, 3세 교육을 위해, 교회 운영 및 교회 정치를 위해 꼭 필요하다.

셋째, 현지 선교 역사 및 한인 선교사들이 일구어 놓은 선교 역사에 대해 이해해야 한다.

넷째, 한인 선교사 및 한인 디아스포라 교회의 목회자들에 대해 이해해야 한다.

4장

팀 선교

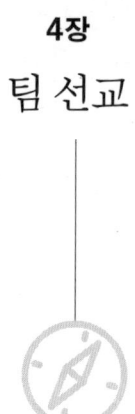

 일반적으로 팀은 두세 사람 이상이 공동의 목표를 달성하기 위해 만든 유연한 조직이라고 말할 수 있다. 이러한 조직을 통해 개개인보다 더 큰 상승효과를 기대할 수 있다. 공동의 목표를 가진 구성원들은 목표를 달성하기 위해 서로 간의 격려 및 책임 의식이 있어야 한다.
 팀은 다수의 사람보다는 소수의 사람들로 구성해야 하며, 보완적인 은사와 기능, 능력을 가진 사람들, 더 나아가 공동의 목표에 함께할 수 있는 사람들로 구성해야 한다. 팀원은 팀의 분명한 목표와 가치를 이해해야 하고, 서로를 신뢰하고 도와야 하며, 의사소통의 장이 늘 개방적이어야 한다. 그리고 팀원들이 의사결정에 적극적으로 참여하게 해야 한다. 그럴 경우 목표에 대한 책임과 역할을 분명히 인지하게 할 수 있다.
 미국 메이저리그 소속 팀 중 뉴욕 양키즈(New York Yankees) 팀의 공동체 정신을 살펴보자. 첫째는 단정함이다. 두발 단정, 양복 착용 등이 이에 속한다. 둘째는 정크푸드를 먹지 않는 것이다. 셋째는 벤치 클리어링(Bench Clearing)[66]이다. 넷째는 팀 유니폼에 개인 이름이 아닌 등 번호만 새기는 것이다. 이러한 원칙을 따르지 않으려면 다른 팀에 가야 한다.

프로야구에서 중요한 용어 중 하나는 바로 팀이다. 벤치 클리어링이라는 용어도 동료를 보호하고, 팀의 단합을 공고히 하는 행위라는 뜻이기도 하다. 하나님의 선교에 있어서 함께 가는 이들은 적어도 프로야구 선수 못지않은 벤치 클리어링의 열정이 있어야 한다. 팀이 잘 구성되면 개인을 구하고, 목표를 구현하고, 가야 할 목적지까지 잘 갈 수 있다. 그리고 무엇보다 팀은 개인보다 훨씬 강한 힘을 발휘한다.

지진 피해를 수습하기 위해 아이티에 파견된 유엔군도 영내를 벗어날 때면 절대로 개인적으로 움직이지 않고 팀으로 움직였다고 한다. 개인이 아무리 중무장을 해도 갑작스런 위기가 닥치면 그 어려움을 이겨 내지 못할 수 있기 때문이다.

윌리엄 캐리는 인도의 세람포를 중심으로 선교할 때 두 명[67]의 동역자와 함께 팀 선교를 했다. 그들은 '세람포의 3인(Serampo Trio)'이라고 불릴 정도로 팀 선교를 잘했다. 그 후 그 선교 기지에서는 10명의 선교사가 함께 사역을 했는데 마치 가정집과 같은 분위기였다. 그들은

---

66 선수들 사이에 몸싸움이 벌어질 경우 소속 팀 동료들이 자기 팀 선수가 심각한 부상을 입지 않도록 보호하고 기 싸움에서 밀리지 않기 위해 함께 그라운드로 달려 나가 몸으로 맞서 팀의 위세와 단합을 과시하는 행동을 하는 것을 말한다.
67 두 동역자는 조수아 마쉬맨(Joshua Marshman), 윌리엄 워드(William Word)다.

사도행전에 나온 초대교회처럼 모든 것을 공유했다. 토요일 저녁에는 함께 모여 기도하고, 고충을 나누며, 서로 사랑할 수 있기를 간구했다. 또 능력에 따라 일을 분담했기 때문에 선교 사역이 원만하게 진행되었다.[68] 이처럼 팀 선교는 잘 진행될 경우 대단히 효과적이다. "백지장도 맞들면 낫다"는 속담처럼 혼자 사역을 감당하는 것보다 함께 감당하면 그 효과는 상상을 초월할 수 있다.

그렇다면 팀 선교가 어려운 이유는 무엇인가? 그리고 팀 선교는 어떻게 가능한가?

효과적인 팀 선교를 위해서는 원만한 인간관계를 유지해야 한다

팀 선교를 하면서 받는 상처는 혼자 사역할 때 겪는 외로움보다 더 클 수 있다. 선교 사역도 비슷한 것 같다. 팀을 구성할 때 어떤 사람들과 함께하느냐에 따라 달라진다. 서구 선교사들과 팀을 이루는 경우, 한국 선교사들과 팀을 이루는 경우, 현지 사역자들과 팀을 이루는 경우, 그리고 한국 선교사들과 팀을 이루더라도 같은 교단 선교사들과 팀을 이루는 경우와 교파를 초월해 팀을 이루는 경우 등 다양하다.

팀 선교는 무엇보다 원만한 인간관계가 유지될 때 가능하다. 선교사들이 겪는 아픔의 원인은 주로 선교사들 상호 간의 관계나 현지인과의 관계에서 빚어지는 갈등이다. 이 갈등이 해소되지 않는 한 팀 사역은 결코 기대할 수 없다. 그렇다면 선교지에서 인간관계가 원만하지 못한 이유는 무엇일까?

---

68 Ruth A. Tucker, 박해근 역,《선교사 열전》(서울: 크리스챤다이제스트, 1990), 147.

첫째, 사역에 대한 욕심 때문이다. 선교 사역에 대한 지나친 열정이 갈등의 요소를 제공하는 것이다. 보다 많은 열매를 맺기 위해 지나친 욕구를 앞세울 때 다른 사람의 사역을 비난하거나 자신의 업적을 과시하게 된다. 자신의 사역을 극대화하기 위해 다른 사역자들의 일을 축소시키거나 부정적으로 말하기도 한다.

둘째, 자기중심적인 사고방식 때문이다. 이것은 공동체를 형성하는 데 가장 큰 장애 요인이다.

셋째, 신앙과 교리적 확신의 차이가 많은 긴장을 초래하기 때문이다. 한 가지 사안을 처리하는 데 있어서 엇갈린 교리와 신앙관으로 말미암아 갈등이 생기고, 적절한 해결점을 찾지 못하게 된다. 사실 신앙과 교리적인 문제로 선교사회가 나눠지기도 하고 해체되기도 한다. 자칭 선교사라는 사람들 가운데는 올바른 신앙 교육을 받지 않고 스스로 선교사가 되어 자기 주관대로 성경을 해석하고 현지인을 가르치는 이들이 많다.

넷째, 선후배 사이에 갖추어야 할 예의를 무시할 때 갈등이 야기된다. 선교사들의 선후배 관계는 선교지에 도착한 순서에 따라서, 그리고 한국인 고유의 특성상 나이에 따라서 정해진다. 그런데 일단 서열이 정해지면 수직 관계가 형성되는 것이다.

다섯째, 사고방식의 차이 때문이다. 예를 들어, 일을 우선시하는 사람과 인간관계를 우선시하는 사람, 절약 정신이 몸에 밴 사람과 낭비하는 사람, 모든 것을 준비하고 계획한 후에야 일을 진행하는 사람과 무슨 일이든 일단 벌여 놓고 보는 사람이 만날 경우 예상되는 충돌이 있다.

여섯째, 소명감 결여도 한몫한다. 선교사로 헌신하게 된 동기가 선교지를 유학의 발판으로 삼은 것이거나 도피일 경우에는 문제를 일으킬 소지를 안고 있다고 해도 과언이 아니다.

일곱째, 지역 간의 감정 때문이다. 한국인들 안에 은연중에 내재되어 있는 지역감정이 선교지에서 그대로 이어져 팀 안에서 지역 간의 갈등을 일으키기도 한다.

여덟째, 우월 의식, 지배 의식 때문이다. 서구 선교사들과 팀 선교를 할 때는 우선 언어의 장벽을 분명히 넘어가야 한다. 일반적으로 서구 선교사들과 팀을 이루는 경우에는 합리적, 과학적 사고 속에서 교육받고 자란 그들과 동양적인 문화 속에서 자란 한국 선교사 간의 사고방식의 차이로 말미암아 보다 더 깊은 이해가 요구된다.

지배적, 모험적인 성향을 가진 서구 선교사들이 팀의 리더가 되고 한국 선교사들은 그들을 돕는 위치에 서게 되는 경우가 많아서 엄밀한 의미에서 동역 관계라고 보기는 어렵다. 국제 선교 단체에서 사역했던, 혹은 사역하고 있는 한국 선교사들의 고백을 들어 보면, 아무리 오랜 세월 동안 서구 선교 단체에서 사역을 해도 가장 중심적인 자리를 동양 사람들이 차지하기란 쉽지 않다고 한다. 현지인 사역자와 한국인 선교사가 팀을 이룰 경우에는 반대로 한국인 선교사가 그들을 지배하려는 욕구가 강하게 나타나고, 지시하고 통제하려는 자세를 보이기 쉽다. 두 가지 모습 모두 배제되어야 한다.

팀 선교 사역이 안 될 때 생기는 부정적인 결과를 경계한다

팀원 사이에 원만한 인간관계가 유지되지 않으면 여러 가지 부정적인 결과를 낳게 된다. 첫째, 의욕 상실을 가져온다. 새로운 사역을 펼칠 의욕이 없어지고, 의례적이고도 관습적이 되며, 직업적인 경향을 나타낸다. 둘째, 사역을 위해 쏟아야 할 열정을 인간관계 해결을 위해 쏟아붓게 된다. 사역이 잘 진행될 수 있도록 힘을 기울이기보다는 틀어진 사람들과의 문제 해결을 위해 고민하고 괴로워한다. 셋째, 고통스러운 사역을 하게 된다. 사역이 진행되어도 자아정체성을 찾지 못하고 괴로워하며 사역에 임하게 된다. 넷째, 사역 포기의 결과를 가져온다. 갈등의 정도가 심해지고 해결의 실마리를 찾지 못해서 더 이상 임원과 함께할 수 없을 때는 결국 사역을 포기할 수밖에 없다.

바울의 팀 선교

바울의 팀 선교 원리는 몇 가지 특징을 가지고 있다. 첫째, 바울은 동역자들과 깊은 유대감을 가졌다. 둘째, 혈족을 그리스도의 신앙으로 이끌고자 힘썼다. 셋째, 능동적인 선교를 위해 팀을 구성하고 긴밀한 관계를 유지했다. 넷째, 동역자들을 가장 적합한 곳에 활용했다. 다섯째, 개종한 사람들이 공동체에 참여해 공동체 생활을 배우도록 했다. 여섯째, 바울의 선교 여행을 위해 헌신된 자들은 그의 사역을 통해 훈련을 받았으며, 이로써 교회가 봉사하고 증거하는 공동체임을 나타냈다.

동반자 의식 속에서 협력 선교를 추구한다

세계 선교는 한국의 전유물이 아니다. 한 국가가 이를 전적으로 감당할 수 있는 것이 아니다. 선교를 극대화하기 위해서는 각국의 선교사들이 협력해야 한다. 그런 의미에서 한국 선교사들에게는 동반자 의식을 심어 주는 팀 선교가 반드시 필요하다. 서정운 교수는 협력의 필요성 6가지를 이렇게 말했다.

- 쓸데없는 중복과 경쟁을 피하기 위해서
- 사역의 다양성을 위해서(번역, 건축, 조사, 방송, 선교사 자녀 사역 등)
- 재정적인 부담을 줄이기 위해서
- 세계 선교 상황이 변하고 있기 때문에
- 복음이 하나이기 때문에
- 교회의 사명이 같기 때문에

세계 선교의 출발점인 안디옥에서 바울은 바나바와 한 팀이 되었다. 제1차 선교 여행에서 바나바, 마가, 실라는 환상의 팀이 되었다. 바울 서신에는 에바브라, 데마, 에바브로, 디도, 아굴라, 브리스길라, 디모데, 두기고, 유오디아, 순두게 등이 등장한다. 로마서 16장에는 무려 27명의 동역자들이 나타난다. 그 외에도 바울은 자신의 선교 사역을 도왔던 사람들을 몇 군데에서 더 열거하고 있다. 빌립보서 4장 3절에서 바울은 그들을 가리켜 '나와 함께 힘쓰던 자들', '멍에를 같이한 자들'이라고 표현하고 있다. 바울의 동역자들 가운데는 신실한 여성도들도 있었다. 겐그레아교회의 일꾼 뵈뵈(롬 16:1-2)가 있었고, 바울을 아들처럼 대해 준 루포의 어머니도 있었다(롬 16:13). 바울은 그들을 통해 복음을 진심으로 받아들이는 많은 믿음의 공동체를 얻게 되었고, 그들을 통해 사역이 확산되었다.

사도 바울은 동반자적인 선교를 그의 사역에 철저히 적용했다. 안디옥교회의 파송 때는 바나바와 요한, 마가와 동역했고, 그 후에는 실라, 디모데, 누가 등과 함께 사역을 감당했다. 비록 2차 선교 여행에 앞서 마가의 문제로 바나바와 심하게 다투고 갈라져 선교 사역을 감당했지만 바울의 마음속에는 항상 팀 선교적인 사고의 흐름이 있었다는 것을 알 수 있다.

과거의 선교는 가부장적인 형식을 띠었다. 그러나 이제 그런 형식을 고집하는 시대는 지났다. 현지인을 미숙한 아이 다루듯 처음부터 끝까지 확인하고, 그들을 믿지 못해 선교사가 모든 것을 관리하며, 그들 위에서 명령하는 자세는 버려야 한다. 이제는 실제적으로 어깨를 나란히 하는 협력(partnership) 선교가 절실히 요구되는 때다. 현지인들에게 지도력을 분담하는 시도가 빠른 시일 내에 정착될 수 있도록 노력해야 한다. 현지인을 지도하는 관리자가 되고 싶어하는 유혹에서 하루빨리 벗어나고, 현지인들 스스로 그들의 교회를 운영할 수 있도록 돕는 자세를 가져야 한다.

동반자 의식의 3가지를 살펴보면 다음과 같다. 첫째, 선교사와 현지 교회 지도자 사이에 갖는 동반자 의식이다. 둘째, 선교사와 선교사들 사이에 갖는 동반자 의식이다. 셋째, 파송 교회나 단체와 선교지의 교회가 갖는 동반자 의식이다. 이러한 동반자 의식을 잊지 말고 변화하는 시대의 흐름 속에 적용시킴으로써 온전한 선교를 감당하는 선교사가 되어야 할 것이다.

결론적으로 말해, 팀 선교는 선교 현장에서 선교사들이 가진 서로 다른 은사들을 존중하고, 팀을 위해 헌신함으로써 시너지 효과를 나타낸다. 선교 사역에 있어서 팀 선교가 갖는 긍정적인 요소들을 구체적으로 살펴보면 다음과 같다.

- 사역의 다양성을 추구할 수 있다.
- 사역의 열매를 빨리 거둘 수 있다.
- 사역에 관련된 다양한 아이디어를 얻을 수 있다.
- 보다 성숙된 열매를 기대할 수 있다.
- 선교 사역의 완성도를 높일 수 있다.
- 지속적인 성장을 이룰 수 있다.
- 팀원들을 서로 보호할 수 있다.
- 빠르게 변화하는 시대 상황에 맞추어 신속하게 사역의 변화를 꾀할 수 있다.
- 평신도, 전문인 사역자들의 긍정적 역할을 기대할 수 있다.
- 팀 속에서 신앙 공동체의 영성을 체험할 수 있다.
- 개인의 영적 고갈의 위험을 피할 수 있다.
- 팀 선교는 총체적 선교다.

팀 사역자들이 기억해야 할 사항은 타인의 필요에 민감해야 하고, 서로 간의 성숙을 도모하며, 대화의 통로를 열어 두는 융통성을 가져야 한다는 것이다. 그리고 모든 팀원을 동등하게 대하고, 잘 경청하며, 서로를 섬기고, 팀원에 대한 일체감을 가지되 서로에 대해 긍정적인 관점에서 평가해야 한다는 것이다.

5장
사역·재정 보고와 이양·은퇴

선교 소식

　선교지에 처음 도착했을 때 선교사는 모든 것이 새롭고 신기하게만 느껴진다. 자신의 눈에 비치는 현지인들의 생활 모습, 거리의 풍경, 상점, 대중교통, 재래시장, 음식 등 그 어느 것 하나 신기하지 않은 것이 없다. 새롭게 시작하는 삶 속에서의 경험도 그냥 넘길 수 없다. 신기한 곳에 와서 경험하는 것들을 혼자서 간직하기에는 너무 아까워 보인다. 선교 소식을 보낼 소재들이 넘쳐 난다. 처음 1년 동안은 너무나 신기한 많은 사건들이 매일매일 눈앞에 펼쳐지기 때문에 홈페이지에 하루가 멀다 하고 글을 올린다. 이메일이나 서신도 자주 보낸다.
　그러나 시간이 지날수록 그 새로웠던 문화 충격의 사건들에 익숙해져 어느새 흥미를 잃게 되고, 뜨거운 선교 열정이 차츰 식으면서 신기하게 느껴졌던 것들이 오히려 생활을 불편하게 하는 요소가 되고 넘어가야 할 험난한 장벽이 된 현실 앞에 주눅이 들게 된다. 소식을 보낼 때가 다가오면 긴장이 된다. 1년 내내 똑같은 삶이 되풀이될 뿐 한국과 같은 빠른 속도의 변화가 없다. 더구나 임신, 출산, 양육의 시기를 맞이한 선교사 가정의 경우에는 임신한 아내와 출생한 자녀를 돌보느라 정신이 없다. 자주 보내던 선교 소식을 작성하기 위해 책상에 앉을 여유도 없다.

따라서 이 장에서는 선교사들에게 때로는 부담이 되기도 하는 선교 소식을 보내는 진정한 의미가 무엇이며, 어떻게 작성하는 것이 바람직한지에 대해 알아보도록 하자.

바울 서신

사도 바울이 쓴 선교 서신이야말로 선교사가 선교 소식을 작성하기 위한 기본 양식으로 삼을 수 있는 가장 좋은 본보기다. 시대가 바뀌고 각자의 사역 현장이 달라도 바울 서신은 우리에게 많은 교훈을 준다. 바울은 서신을 통해 자신과 자신의 사역을 결코 자랑하지 않았고, 오직 예수 그리스도만을 전파하려고 했다. 선교지에서 바울 서신을 묵상하면 선교지로 출발하기 전에 읽었을 때보다 그 시대의 상황과 모습, 바울이 사람들에게 복음을 전할 때 받았던 고난 등을 훨씬 더 깊이 이해할 수 있게 된다. 바울이 어떤 자세로 사역에 임했는지, 사역을 하는 동안 어떤 위험에 빠졌는지, 복음을 전하는 길이 얼마나 험난했는지를 자신의 삶에 비추어 볼 수 있기 때문에 더 생동감 있고, 더 큰 은혜가 된다.

바울이 가졌던 주님을 향한 열정과 그 발자취를 그려 가면서 이 시대를 살아가는 우리가 말씀을 통해 은혜를 받듯이, 당시 서신을 받은 사람들 역시 바울을 위해 기도하는 것은 물론, 사역에 동참하지 않고는 견딜 수 없도록 성령께서 역사해 주셨다. 바울이 보낸 서신에서 오직 예수 그리스도만을 전파하려는 그의 자세를 보게 된다.

"내가 너희 중에서 예수 그리스도와 그가 십자가에 못 박히신 것 외에는 아무것도 알지 아니하기로 작정하였음이라"(고전 2:2).
"그러나 내게는 우리 주 예수 그리스도의 십자가 외에 결코 자랑할 것이 없으니"(갈 6:14).
"어떤 이들은 투기와 분쟁으로, 어떤 이들은 착한 뜻으로 그리스도를 전파하나니 이들은 내가 복음을 변증하기 위하여 세우심을 받은 줄 알고 사랑으로 하나 그들은 나의 매임에 괴로움을 더하게 할 줄로 생각하여 순수하지 못하게 다툼으로 그리스도를 전파하느니라 그러면 무엇이냐 겉치레로 하나 참으로 하나 무슨 방도로 하든지 전파되는 것은 그리스도니 이로써 나는 기뻐하고 또한 기뻐하리라"(빌 1:15-18).

선교 소식을 쓸 때 주의할 점

선교 소식을 쓸 때는 읽는 이들이 선교에 기도로 동역할 수 있도록 해야 한다. 그런 의미에서 다음과 같은 형식의 글들은 피하는 것이 좋다.

예시 1

여러분들이 기도해 주셔서 어린이 사역이 잘 진행되고 있습니다. 지난번 기도 부탁 소식을 보낸 후 1만 불의 헌금을 보내 주셨지만 그 돈으로는 아직도 턱없이 부족합니다. 계속 기도 부탁드립니다.

예시 2

정착할 집을 찾던 중에 마땅한 집을 구하게 되었습니다. 집이 너무 넓어서 관리비가 많이 들 것 같습니다. 아이가 어느 방에 있는지 알 수 없을 정도로 방도 많습니다. 마당도 너무 넓어서 앞으로 청소를 하는 것이 걱정이 됩니다. 넓은 마당을 활용해서 배추와 무를 심을 예정입니다.

예시 3

지금 아이들은 외국인 학교에 잘 다니고 있습니다. 경제가 어려워져서 한국 아이들 가운데는 학비가 없어서 학교에 다니기 힘든 아이들도 많은데 저희는 하나님의 은혜로 잘 지내고 있습니다.

예시 4

오늘은 동역하는 ○○○ 선교사 댁에서 예배를 드리고 맛있게 뷔페식으로 식사를 했습니다.

선교 소식에 관한 예시들을 읽으면서 많은 문제점을 발견했을 것이다. '예시 1'은 기도 부탁을 하고 있는 것인지, 아니면 후원 요청을 하고 있는 것인지 구분하기 어렵다. 물론 기도 제목이라고 말할 수도 있 겠지만 이 글을 읽는 성도들은 거부감을 느낄 수 있다. 또 이미 채워 진 헌금에 고마워하는 것 같지가 않다. 선교 소식을 통해 기도를 가 장한 구차한 구걸을 해서는 안 된다.

'예시 2'는 적은 선교비로 어렵게 사역을 이어 가며 고생하는 많은 선교사들에게나 소식을 접하는 성도들에게 상처를 주는 글이다. 이 글을 쓴 선교사가 사역지에서 과연 어떤 선교관을 가지고 살아가고 있는지 의심이 들 정도다. 특히 '예시 3'에서는 '하나님의 은혜'라는 말을 적절하게 사용하지 못했음을 발견하게 된다.

'예시 4'는 읽는 성도들이 잘 이해할 수 있도록 단어를 선택해서 사 용해야 한다는 점을 가르쳐 준다. '뷔페식 식사'는 한국적인 사고에서 거창한 식사의 모습을 연상케 한다. 그러나 선교지에서의 뷔페식은 과자와 음료만 먹을 수도 있다. 한국 교회 성도들은 선교지의 문화를 경험해 보지 못했기 때문에 한국적인 사고 체계에서 글을 읽고 판단 한다.

선교 소식은 기도의 끈을 맺기 위한 중요한 통로다

선교 소식은 말 그대로 선교지에서 겪는 일들을 서신을 통해 사역지 에 있지 않은 성도들과 함께 나누어 선교의 열매를 맺을 수 있도록 각 자의 위치에서 사역에 동참하게 하는 선교의 매개체다. 그런 의미에서 선교 소식은 가족에게 안부를 전하는 일반 서신과는 차이가 있다.

이러한 기능을 하는 선교 소식은 첫째, 꾸밈없이 써야 한다. 거짓된 글, 과장된 글, 의도적으로 쓴 글은 읽는 사람이 금방 알아볼 수 있다.

그러므로 선교지의 상황을 객관적으로 담백하게 기술하며, 그 상황을 극복해 가는 선교사의 느낌 및 신앙적 고백을 솔직하게 표현해야 한다. 예를 들면 다음과 같다.[69]

선교지 사회 정황 뉴스

지진 피해를 입은 아이티(Haiti) 포르토 프랭스(Port-Au-Prince)의 이번 한 주간은 그 어느 때보다도 뿌연 먼지가 길을 덮고 있었고, 그 가운데 수많은 사람들이 쓰레기와 하수도 물이 고여 있는 웅덩이에서, 아직도 무너진 잔해로 인해 뿜어져 나오는 악취 속에서 생명을 유지하기 위해 이곳에서 저곳으로 분주히 걸어 다니고 있습니다. 오후 5시가 되면 사람들은 서둘러 집으로 갈 준비를 합니다. 어둠이 드리우기 시작하면 거리는 노점상을 하는 이들과 하루의 일과를 마친 사람들로 가득합니다. 탑탑(Toptop)이라는 대중교통, 또는 트럭 등에 많은 사람들이 매달려 자기가 가서 자야 할 텐트촌으로 갑니다. 저녁 8시가 되면 시내는 짙은 암흑과 인적이 없는 거리, 폐허의 잔해만 남아 있는 공포의 시내로 변합니다.

54세 정도가 평균 기대 수명인 이곳은 거리뿐 아니라 주거 지역, 텐트촌에서도 우리가 생각하는 노인들을 보는 것이 흔치 않습니다. 지진으로 부모를 잃은 아이들은 거리를 방황하고 있으며, 정신을 놓은 사람들이 거리에 방치되어 있습니다. 텐트촌에서의 위생 시설은 지극히 열악합니다. 절대 다수가 임시 천막 속에서 생

---

[69] 〈도미니카공화국 선교 소식 2010년 2/4분기〉에서 발췌한 내용이다.

존을 위한 삶을 유지하고 있는데 이들의 삶을 보면 가슴이 답답하고 무너지는 것 같습니다.

둘째, 정규적으로 보내야 한다. 불규칙적으로, 생각날 때마다 소식을 보내지 않도록 한다.

셋째, 정성을 다해 보내야 한다. 각 교회에 보내는 바울의 서신에는 그의 간절함이 그대로 표현되어 있다.

넷째, 선교 소식을 읽는 사람이 선교에 동참할 수 있도록 다양한 아이디어를 동원 해야 한다. 바쁘게 돌아가는 현대 사회 가운데 쌓여가는 우편물 중 하나가 되지 않도록 가끔은 기발한 발상을 동원해 선교 소식을 꾸며 본다. 늘 기도해 주는 성도들의 경우에는 딱딱한 문장으로 된 보고 형식의 선교 소식일지라도 새벽마다 기도해 주겠지만, 특별하게 고안해서 다양한 아이디어가 동원된 선교 소식은 선교에 무관심했던 이들을 선교에 동참시키는 효과를 가져다줄 수 있다.

다섯째, 선교 소식은 선교지의 문화, 사회적인 정황, 종교적인 정서, 그리고 선교지 사람들의 생활양식을 보여 줄 수 있어야 한다. 예를 들면 다음과 같다.

선교 소식[70] - 보약(補藥)

○○○ 사람을 부교역자로 두고 일하는 것은 그리 어려운 일은 아니다. 그러나 지금 나와 함께 일하고 있는 ○○○ 전도사는 함

70　브라질 목만수 선교사의 선교 소식에서 발췌한 내용이다.

께 일하기 아주 어려운 사람이다. 어른에 대해 무례한 행동을 자주 하기 때문이다. 그는 이런 문제 때문에 그동안 함께 일했던 담임목사들이 모두 목사 안수를 거부했기 때문에 신학교를 졸업한 지 4년이 되었는데도 아직 안수를 받지 못했다. 이번에도 나와 함께 그의 목사 안수를 허락해야 하는 ○○○ 목사님도 반대했지만 잘 설득해서 안수를 주기로 결정했다.

그 전도사가 버릇이 없는 것은 사실이다. 본인도 그와 부교역자로 함께 일하면서 어려울 때도 있지만, 그러나 그는 길에 누워 있는 거지, 마약 환자, 가출한 청소년 등을 집으로 데려가 목욕시켜 주고, 숙식을 제공해 준 후 차비까지 주어서 보내는 선한 사마리아인이다.

소외된 사람들에게 무조건적인 사랑을 베푸는 이런 성품 하나만 가지고도 자네가 목사 안수 받을 자격이 충분히 있다고 격려하자 눈시울이 뜨거워졌다. 이때까지 봉사했던 교회의 모든 목회자가 단 한 번도 잘한다고 칭찬해 준 일은 없고 늘 버릇이 없는 전도사라고 꾸짖기만 했다고 한다. 그의 마음속에 주님의 사랑이 가득한 것을 보지 못한 것 같다. 요사이 그가 점점 젠틀맨으로 변하고 있다. 칭찬은 사람을 살게 하는 좋은 보약이다.

선교 소식 - 죄가 깊은 곳에

○○○는 몇 년간 창녀 생활을 하다가 청산하고 지금 남편을 만나 교회에 출석하기 시작했다. "목사님, 창녀 생활을 한 것 때문에 제 자녀가 그 죗값을 치러야 되나요?"라고 물었다. "아버지는 그

자식들로 말미암아 죽임을 당하지 않을 것이요 자식들은 그 아버지로 말미암아 죽임을 당하지 않을 것이니 각 사람은 자기 죄로 말미암아 죽임을 당할 것이니라"(신 24:16)라고 답해 주고 안수 기도를 해 주었더니 눈물을 흘린다.

교회를 건축할 부지에 잡초가 가득해 아침부터 남편은 남자 성도들과 땀을 흘리며 작업을 하고, ○○○는 여성도들과 식사 준비를 했다. 교회 청소, 특히 화장실은 그 부부가 주일 예배 시작 전에 한 번도 거르지 않고 깨끗하게 청소하고 있다.

여섯째, 선교 소식을 보내는 것이 귀찮아지거나 사무적, 형식적으로 보내고 싶은 충동이 들 때는 바울 서신을 묵상하는 시간을 갖는다. 바울은 늘 자신을 구원하신 그리스도의 사랑과 그 은혜에 감사해 사역에 임했으며, 선교 소식을 보내면서 그분의 은혜와 사랑을 서신을 받는 이들에게 전하는 기회로 삼았다. 선교 소식을 통해 선교 동역자들에게 선교에 대한 열정과 비전을 보여 주어야 한다.

일곱째, 선교 소식을 쓰면서 사역을 점검하는 기회를 갖는다.

여덟째, 선교 소식을 선교사 자신의 '선교 단상'이나 '칼럼', '선교에 대한 이해' 등을 나누는 공간으로 활용한다. 예를 들면 다음과 같다.

선교 현장 바로 보기[71]

선교지를 방문할 때 방문자들은 현지를 정확하게 보기 어렵습니

---

71 〈도미니카공화국 선교 소식 2012년 4/4분기〉에서 발췌한 내용이다.

다. 그래서 선교사에 의해서 제공되는 정보를 의지하게 되는데, 만일 선교사가 현장의 편협한 정보, 주관적인 해석에 의한 정보를 제공해 주면 방문자는 선교지를 그 정보 수준에 의해서 판단하게 됩니다.

흔히 선교사를 후원하는 교회는 선교지의 특별한 지역, 현지인도 가지 않는 어려운 지역을 가기를 원합니다. 어떤 경우는 선교사에 의해서 그런 지역을 방문하게 됩니다. 그러다 보니 그런 지역이나 오지를 방문하고 온 선교 팀은 선교지를 그 수준에서 이해하고, 이해한 내용을 교회에 보고하게 됩니다. 쉽게 설명하면, 한국에서 사역하던 서구 선교사가 과거 난지도와 같은, 혹은 달동네의 어려운 지역의 사진을 찍어서 자신의 교회에 보여 주면서 "한국은 어려운 나라니까 우리가 도와줘야 합니다"라고 말하면 한국인의 입장에서 정말 자존심이 상합니다. "아니 우리나라에도 잘사는 지역이 많이 있는데, 아름답고 좋은 지역도 많은데" 하면서 말입니다. 선교지 사람들도 마찬가지입니다. 그들도 자신들의 나라의 좋은 점을 보여 주고 싶어합니다. 그리고 자신들의 나라에 대한 긍지도 가지고 있습니다.

선교지는 선교사가 살면서 복음을 전하는 곳입니다. 시골에 살든지 도시에 살든지, 부한 지역이든지 가난한 지역이든지 상관이 없습니다. 선교사 자신이 사는 곳이 선교지입니다. 선교지를 방문하는 이들에게 선교사 자신이 사는 곳의 사람들의 삶을 보여 주고 복음으로 인해, 선교사로 인해 그들의 삶이 바뀌는 모습을 볼 수 있다면 그 장소가 바로 은혜의 장소가 될 것입니다.

아홉째, 선교 소식을 받는 이들을 위해 기도하며 서신을 보낸다. 선교 소식 말미에 꼭 기도 제목을 덧붙여 중보 기도를 부탁한다.

한국 교회에서의 선교 보고

한국 교회에 방문해서 선교 보고를 할 경우가 있다. 이때는 방문하는 교회의 요청에 맞추어 원고를 준비하고, 준비된 원고는 반드시 주어진 시간 안에 마칠 수 있도록 신경을 쓴다. 선교지에서 현지화가 된 선교사들은 오히려 한국 문화, 특히 한국 교회의 문화가 낯설게 느껴질 수 있다. 선교지에서 3-4시간 동안 느슨하게 드리던 예배에 익숙해 있다가 한국 교회를 방문하면 정확하게 1시간 안에 모든 프로그램이 막힘없이 진행되어야 하기 때문에 긴장하게 된다.

또한 후원 교회나 후원자들, 선교 책임자들을 만나는 자리에서 중언부언하는 경우도 많이 생긴다. 대화하는 자리의 중심에 있으면서도 주체가 되지 못하고 방관자가 되는 경험을 해 보았을 것이다. 특별히 더운 지방에서 사역하던 선교사들은 자신도 모르게 행동과 말이 느려져 만나는 사람들이 이미 현지화된 선교사를 인내하며 대하기도 한다. 사적인 자리에서는 여러 가지 에피소드를 남겨도 대충 웃고 지나갈 수 있지만, 공적인 자리에서는 그럴 수 없다. 후원 교회나 후원회의 이해만을 바라고 그들에게 선교사 자신의 변화에 적응해 줄 것을 요청할 수만은 없는 일이다. 특히 목회자의 경우에는 한국 교회의 감각을 빨리 되찾는 것이 중요하다. 그렇지 않으면 커다란 문제를 일으킬 수 있다. 이것은 선교 보고 시간에 가장 빈번하게 일어난다.

어떤 목사님께 들은 이야기다. 저녁 예배 시간에 선교사를 초청해 선교 보고를 듣기로 했다. 예배 전에 선교사에게 최대한 30분 안에 설교를 마쳐 달라고 미리 양해를 구했다. 그러나 단에 선 선교사는 설교만 1시간을 넘겼다. 같은 내용을 반복해서 전했던 것이다. 선교사가 방문한 교회는 선교적인 비전이 없는 교회였고, 초청한 목사님은 이번 기회에 성도들이 선교에 동참할 수 있기를 바라는 마음으로 자리를 마련한 것이었다. 예배를 마치고 당회에서는 앞으로 절대로 선교사들에게 설교를 맡기지 않기로 결정했다고 한다.

선교 보고 겸 설교를 할 때에는 반드시 말하고자 하는 내용을 주어진 시간 안에 모두 전달할 수 있도록 원고를 준비해야 한다. 선교 보고 시간은 성도들에게 선교의 비전을 갖게 하고, 동참을 유도하는 중요한 자리다. 이것은 선교사만이 감당할 수 있는 특권의 자리이며, 사역의 자리다. 그러므로 성령의 인도하심 가운데 이 사역을 잘 감당할 수 있도록 해야 할 것이다. 선교 보고는 자신의 사역에 대해서 나누는 시간이기도 하지만 초청한 교회를 선교적 교회로 변화시킬 수 있는 좋은 기회가 된다.

한국 선교사가 2만 명이 넘어선 지도 여러 해가 지났다. 선교사들이 한국 교회를 방문해 선교 보고를 하는 횟수도 많아졌다. 어떤 교회의 목회자는 너무나 많은 선교사들이 설교와 선교 보고 시간을 요청해 오는데 모두에게 기회를 주지 못해 안타까워했다.

그런데 이처럼 많은 선교사들이 선교 보고를 하는데 왜 한국 교회는 선교적인 교회가 되지 못하는가? 한국 교회의 선교적인 열기가 왜 점점 식어 가는가? 이는 선교한국대회에 참여하는 학생들의 숫자를 봐도 알 수 있고, 선교사 파송 증가율을 봐도 알 수 있다. 그렇게 된 이유 가운데 하나는 선교사들이 선교 보고의 중요성을 제대로 인식하지 못했기 때문이다.

재정 관리

재정 관리는 매우 민감한 사항이다. 성경은 우리에게 이렇게 말한다.

> "너희가 두어 움큼 보리와 두어 조각 떡을 위하여 나를 내 백성 가운데에서 욕되게 하여 거짓말을 곧이듣는 내 백성에게 너희가 거짓말을 지어내어 죽지 아니할 영혼을 죽이고 살지 못할 영혼을 살리는도다"(겔 13:19).
>
> "우리는 많은 사람들과는 달리, 돈을 벌기 위해 하나님의 말씀을 팔고 다니는 사람들이 아닙니다. 우리는 하나님의 보냄을 받은 사람답게 하나님 앞에서 그리고 그리스도 안에서 진실하게 말합니다"(고후 2:17, 쉬운성경).

21세기 한국 사회는 돈 때문에 울고 웃는 세상이 되었다. 부를 축복의 표시요, 가난을 저주의 표시라고 여기는 것은 기복 신앙에 근거한 것이다. 성경에서 말하는 진정한 축복은 영적 충만이요, 하나님과 사랑을 나누는 것이다. 선교사는 공인임에도 불구하고 영적, 물질적, 성적, 사회적 문제 등으로 그 정체성과 신뢰성, 책임성이 흔들리고 있다. 이는 오늘날 선교 현실의 어두운 면들이다. 선교비는 과부가 주님께 드린 귀한 헌금이라고 늘 생각하고 선교비 관리를 잘해야 한다.

선교 재정은 투명하게 관리해야 한다

〈월간 목회〉 1998년 8월호에는 재정 관리에 실패한 태국의 모 선교사에 관한 내용이 실려 있다.

> S교회를 비롯해 160여 교회는 지난 13년 동안 약 13억 원 이상의 선교 헌금을 태국 선교를 위해 보내 왔다. 특히 주 후원 교회인 S교회는 여러 국가에 여러 선교사를 파송하면 교회의 이미지가 화려하게 보일 수는 있어도 집중적으로 선교할 수 없다는 판단하에 오직 한 국가, 한 선교사에게만 집중적으로 투자하기로 결정하고 불교의 나라 태국에 모 선교사를 파송하고 매년 1억 원 이상을 지원해 왔다.
>
> 후원 교회는 태국 선교 사역의 범위가 넓어지고 선교 헌금의 액수가 많아지면서 체계적인 관리가 필요함을 느끼게 되어 법인체를 구성하기로 하고 선교 현장을 방문하기로 했다. 그러나 현지 선교사의 여러 가지 사정과 이유 때문에 본국 교회의 방문 일정이 자꾸만 연기되었다. 마침내 본국 교회의 관계자들은 후원 선교사의 의견과는 무관하게 태국 현장을 방문했다.
>
> 그러나 교회 건축을 했다는 몇몇 지역을 찾아가 보았으나 건축 공사의 기공식 흔적도 보이지 않고 잡초만 무성하게 우거져 있음을 확인했다. 또한 선교회 법인체 명의의 건물 16개를 확인한 결과 장부상으로는 현금 지불이 완료되었으나 실제로는 구입 가격의

> 70% 이상이 은행 담보로 잡혀 있는 경우도 있었다.
> …
> ○○○ 선교사는 ○○○ 세계선교회가 지원해 온 13억 원이 넘는 선교 헌금을 유용했을 뿐 아니라 지난 13년 동안 예배 때마다 수많은 성도들이 마음을 모아 보내 준 눈물 어린 기도와 사랑을 배신했다는 것을 기억해 주시기 바랍니다.[72]

이 기사는 사역 현장에서 눈물과 땀을 흘리는 수많은 선교사들이나 열심히 후원하는 교회와 성도들에게 큰 아픔을 준다. 선교사는 하나님이 맡기신 물질을 지혜로운 선한 청지기처럼 잘 관리하고 사용해야 할 것이다.

세 달 치의 생활비는 항상 비축해 둔다

선교지는 정치, 경제, 사회 전반이 불안한 곳이다. 따라서 현금으로, 혹은 은행에 세 달 치의 생활비는 항상 비축해 두는 것이 좋다. 또한 후원 교회나 자신이 소속한 후원회, 교단 선교부, 선교 단체에서 부득이한 사정으로 선교비가 일시적으로 송금되지 못할 경우, 천재지변 등의 위기 상황에 직면할 경우를 대비해서도 미리 준비하는 것이 좋다. 현실적으로 쉽지 않겠지만 사역하는 동안 예기치 못한 위기가 닥칠 때를 미리 대비해야 한다. 신임 선교사인 경우에는 이 부분에 더욱 신경을 써야 할 것이다.

---

[72] 강신억, "선교 현장의 종합적인 감사가 시급하다", 〈월간 목회〉 제264호(1998.8), 85-86.

선지출을 하고 나중에 지불하는 스타일은 믿음 선교를 무시하는 것이다. 우리는 과거 IMF로 인해 한국의 경제가 어려워졌을 때 후원 교회들이 선교비를 보내지 못해 선교사들이 발을 동동 구른 경험에 대해 잘 알고 있다. 세 달 치의 비상금은 이처럼 갑작스런 상황을 만났을 때 긴장감을 덜어 준다. 한 시니어 선교사가 세운 재정 원칙을 인용하면 다음과 같다.

첫째는 물건 값 안 깎기. 선교사가 물건을 살 때 얼마인가를 물어보고 그 가격이 비싸면 안 사고, 꼭 필요하면 사는 등 가격을 흥정하는 것은 보기에 안 좋다. 그래서 나는 가격 흥정을 안 하기로 결심해 선교사로 나온 이후 이 규칙을 지켜 나갔다. … 둘째는 돈 안 꾸기다. 하나님 앞에는 돈을 꾸어도 사람에게는 돈을 꾸지 않겠다는 것이다. 사실 선교지에서 돈을 안 꾸면 굶어 죽는 경우도 생기는데 어떻게 할까? … 셋째는 장래를 위한 저금 안 하기다. 선교사 가족 입에 풀칠하고 꼭 필요한 것을 쓰고는 항상 전액을 선교를 위해 썼다.

선교사마다 하나님 앞에서 정직하게 사역하기 위해 나름대로 원칙을 세운다. 이 원칙이 합리적이고 정직하고 투명하면 많은 선교 후원자들로부터도 인정받게 될 것이다. 그리고 무엇보다 하나님으로부터 인정받는 선교사가 될 것이다.

안식년

안식년은 선교사에게 쉼을 주는 성경적인 휴식 시간이다. 안식년을 효과적으로 잘 보내면 선교가 극대화될 수 있다. 안식년은 선교사에게 여러 가지 유익을 가져다준다.

첫째, 안식년은 선교지 사역에 대해 정리할 수 있는 시기다.

둘째, 안식년은 영적으로 재충전할 수 있는 시기다. 선교사가 안식년을 맞이해 고국에 돌아올 때는 거의 탈진 상태가 된다. 따라서 이 시기에는 반드시 재충전을 해야 한다. 선교지에서 하나님의 임재와 은혜를 가까이 느끼는 것도 좋지만 고국에 돌아와 고국 교회에서 한국말로 찬양하고 예배를 드릴 때 느끼는 감격은 이루 표현할 수 없을 정도로 귀하다. 선교지에 있는 동안 급속하게 발전한 한국의 경제, 문화, 정보, 기술 등에 새롭게 적응하고 익히면서 자신을 발전시키는 기회로 삼으면 좋다. 또한 그동안 눈에 아른거렸던 김치, 냉면, 짜장면, 떡볶이 등을 마음껏 먹을 수도 있다.

셋째, 안식년 동안 선교 본부의 일을 도우면서 깊은 유대 관계를 형성해 갈 수 있다. 선교회 소속 선교사들은 이 기간 동안 선교 현장에서의 경험을 살려 본부 사역을 도울 수 있는데, 이것은 매우 바람직한 일이다. 선교사들은 안식년 기간 동안 기회가 주어지면 본부 사역을 도움으로써 선교 본부에 관한 충분한 이해를 갖는 것이 좋다.

자신이 하던 사역은 현지 교단이나 선교 동역자에게 맡긴다

안식년 기간 동안 사역을 감당하지 못하는 경우에는 현지 교단이나 선교 동역자에게 사역을 맡기도록 한다. 그러기 위해서는 안식년을 맞이하기 전에 미리 사역을 맡아서 감당해 줄 동역자를 물색하고, 자연스럽게 사역이 이어질 수 있도록 그들에게 충분하게 사역을 이해시켜야 한다. 신실하고 정직하며 책임감 있는 사람에게 사역을 맡겨야만 그가 하고 있는 사역과 안식년을 맞이한 선교사의 사역을 병행해서 돌볼 수 있다.

안식년 계획서를 작성해서 보고한다

교단 선교부, 선교 단체, 후원회, 후원 단체, 후원 교회에 안식년 계획서를 제출해 보고해야 한다. 안식년 기간은 쉼의 시간이지만, 다음 사역을 위해 선교사 자신의 부족한 부분을 다듬고 보충하는 시간이기도 하다. 따라서 선교사는 미리 안식년 기간 동안 하고자 하는 일들을 계획서에 작성해 제출한다.

동료들과의 차이를 인정하고 이를 극복한다

우리는 신학의 흐름, 용어의 변화, 언어의 생성과 소멸 등이 빠르게 이루어지는 시대를 살고 있다. 안식년을 맞이해 고국에 돌아오면 정체된 문화 속에서 살았던 자신과 발전해 가는 동료와의 차이를 금방 느끼게 된다. 이것은 선교지에 오래 머물렀던 선교사라면 더욱 크게 느껴질 수 있다.

선교지에 있을 때는 느끼지 못했다가 한국에 와서 동창의 집들을 방문해 생활 기반을 닦고 집을 마련하는 등 경제적으로 안정되게 살아가는 모습을 보면서 부러움을 느끼게 된다. 그제야 나이가 들어서

까지 한곳에 안주하지 못하고 사역을 위해 떠돌이 삶을 살아가는 자신을 보면서 갈등하게 된다.

이런 갈등이 생길 때는 자신이 선교사임을 재인식할 필요가 있다. 문화의 재충격, 그것을 감지한 선교사가 그로부터 벗어나기 위해 노력할수록 빨리 자유로워질 수 있다. 선교사로 부름 받은 소명감을 재확인하고, 전문인이 되기 위해 부족한 부분들을 채우는 등 전문화의 차원에서 동료와의 차이를 없애는 긍정적인 자세가 필요하며, 동시에 자기 혁신을 위한 노력이 요구된다.

현지어를 계속 공부한다

언어는 사용하지 않으면 금방 잊어버린다. 특별히 다시 선교 현장으로 돌아갈 목표가 확실한 이상 언어 공부를 열심히 해야 한다. 그래야만 선교지를 떠나기 전의 언어 실력을 계속 유지할 수 있다. 한국은 인터넷이 워낙 발달해 있어서 부족어가 아닌 이상 인터넷을 통해 현지 신문을 읽을 수 있고, 현지 사정을 접할 수 있는 기회가 많이 주어져 있다. 안식년 기간 동안 공부해야겠다고 마음만 먹으면 얼마든지 가능하다.

다음 사역을 위해 기도의 용사를 모집한다

안식년은 다음 사역을 위해서 기도 부대를 동원하는 시간이기도 하다. 재충전을 받고, 후원 교회를 방문해 선교의 비전을 나누는 것과 동시에 기도의 용사를 모으는 것은 매우 중요한 일이다. 사역 현장에서 기도가 얼마나 중요한지를 경험한 이상 안식년 기간 동안 선교에 동참할 수 있는 기도 후원자를 모으는 일을 빠뜨려서는 안 된다.

문화 충격과 긴장을 푸는 시간으로 활용한다

안식년을 맞이한 한 선교사 부부와 대화를 나누었는데, 한 부인 선교사가 "한국에 오니까 가장 좋은 것이 긴장을 풀 수 있다는 것입니다. 한국에 있다는 것만으로도 저는 쉬는 것 같습니다"라고 말했다. 이 말속에서 그녀가 그동안 선교지에서 얼마나 긴장하고 힘들어했는지를 알 수 있었다. 낯선 문화권에서 적응하며 주어진 사역을 감당해 가다 보면 부인 선교사들은 탈진에 가까울 정도로 지치게 된다. 두 자녀의 어머니이기도 한 어느 부인 선교사는 "외로운 선교지에서 두 아이가 서로 의지하며 도움을 줄 줄 알았는데, 오히려 큰아이는 큰아이대로 화풀이를 저에게 하고, 작은아이는 작은아이대로 한국에 돌아가자고 떼를 쓰는 바람에 두 아이에게 지쳐서 아무것도 할 수 없었습니다"라고 말했다. 그녀는 결국 우울증 진단을 받았다. 또 한국에 오는 것만으로 아프던 것이 거짓말처럼 다 나았다는 어느 향수병에 걸린 선교사의 말을 들은 적도 있었다.

이렇듯 극도의 긴장감, 외로움, 과로, 언어 소통이 원활하지 못해 느끼는 두려움 등으로 정신적인 질병에 시달리는 선교사들에게 안식년은 긴장을 풀고, 자신을 회복하는 시간이 되어야 한다. 또한 이 기간에 말씀 훈련을 받거나 찬양 집회, 세미나 등에 참석해 영적으로 회복하는 시간을 갖도록 한다.

안식년을 맞이한 선교사를 위해 안식관 마련이 시급하다

안식년이 다가오면 선교사의 마음은 들뜬다. 한국을 방문해서 할 일들을 생각하면 마음이 설레어 잠이 오지 않는다. 고향에 돌아가서 가족, 친지, 친구들을 만나기를 고대한다. 예배를 드리면서 마음껏 한국어로 찬양하고 기도하는 시간이 기다려진다. 그러나 이러한 기대감은 한국에 도착해 얼마 지나지 않으면 금세 허물어지고 만다.

공항에 도착했을 때 반갑게 맞이해 주는 가족과 친지들에 둘러싸여 그동안의 소식과 기쁨을 나누고 나면 가족들은 일상적인 삶의 현장인 각자의 일터로 돌아가게 된다. 선교사 가정은 그때부터 거처할 마땅한 곳이 없어서 여기저기 떠돌아다니는 신세가 된다. 지난번 어느 선교사가 한국을 방문했을 때 있을 곳이 없어서 찜질방에 머물렀다가 다시 선교지로 돌아갔다는 가슴 아픈 소식을 들었다. 어느 부인 선교사의 경우에는 6개월의 안식년 동안 머물 곳을 구하지 못해서 결국 선교지에 나가는 것을 반대한 시부모님 댁에 온 가족이 머물렀다고 한다. 그런데 그 기간 동안 부모를 버리고 외국에 나간 자식이라고 홀대하시는 시부모님 때문에 선교지에서 겪은 것 못지않은 정신적 긴장감에 시달리다 결국 안식년을 마치고 선교지로 들어갔다고 한다.

안식년을 맞이하면 선교사 가족 전체가 고국에 들어오게 되는데, 그 기간 동안 온 가족의 짐을 둘 거처가 있어야 한다. 친지나 가족들의 집에서 함께 지내다 보면 양쪽 모두에게 많은 희생이 요구될 수 있다. 더구나 선교사 자녀들이 한국어를 잘 못하는 경우에는 가족들과 대화가 통하지 않기 때문에 선교사 자녀들로부터 실망감을 느끼게 되고, 아이들도 한국에서의 삶이 지루하고 낯설게 느껴져서 빨리 선교지로 돌아가고 싶어하게 된다. 선교사 부부에게는 고향처럼 느껴지는 한국이 자녀들에게는 아무 의미가 없는 곳으로 받아들여지는 것이다. 또한 선교사 자녀들이 한국의 식사 예절, 웃어른 섬기기, 대화의 기술 등이 미흡해 만나는 이들에게 버릇없는 아이로 비치기도 한다. 이런 경우를 미연에 방지하기 위해서는 부모가 안식년을 대비해 가족, 교회 성도들과의 만남을 고려해 자녀들에게 한국 문화와 예절 등을 가르쳐 주고 보여 주는 학습 시간을 갖는 것이 바람직하다.

    선교사가 긴장을 풀고, 다음 사역을 준비할 수 있는 안식년의 효과를 최대한으로 살리기 위해서 선교 본부, 선교 단체, 후원 교회, 후원회에서는 적극적으로 안식관을 마련해야 할 것이다.

자신이 소속한 단체의 선교 목표를 재확인한다

    안식년 때 교단 선교부, 노회 선교부, 선교 단체, 후원 교회와 관계되는 자료, 선교 방향, 목표 등을 정리하는 것이 좋다. 특별히 교단 선교부, 선교 단체가 지향하는, 또는 지양하는 선교 정책을 분명하게 파악하고, 지금까지 진행해 온 선교 사역이 목표와 부합한지를 점검해 봐야 할 것이다. 사실 선교지에 있으면 객관적인 선교관을 상실하기가 쉽다. 그래서 교단 선교부나 선교 단체를 방문해 선교 방향 등을 함께 나누는 시간을 가짐으로써 자신과 사역 현장을 객관적, 포괄적으로 점검하는 것이 바람직하다.

자아정체성을 회복한다

선교지에서는 늘 분주하고 정돈되지 않은 삶의 환경, 안정적이지 못하고 어수선한 삶의 방식에 그대로 노출되어 살아가게 된다. 끊임없이 찾아오는 현지인들, 그들과 나누는 삶, 비위생적인 환경 등으로 말미암아 선교사 가정이 머무는 곳은 조용할 날이 없다. 이런 환경에 계속적으로 노출되다 보면 기도 시간에도 많은 방해를 받게 된다. 따라서 안식년에는 영적인 회복의 시간을 갖기 위해서 프로그램을 짜고 적극적으로 참여해야 할 것이다. 그럼으로써 자아정체성을 회복하는 시간을 꼭 갖도록 한다.

자녀들이 신앙 교육을 받도록 돕는다

안식년은 선교사 부부만을 위한 시간이 아니다. 자녀들에게도 후원 교회를 방문하고, 그들의 사랑을 받으며, 신앙적으로 자랄 수 있는 기회가 되도록 적극적으로 배려해야 한다. 또한 부족한 한국어를 배우고, 한국 문화를 접하거나 한국의 친지 등을 방문함으로써 한국인의 정체성을 심어 주는 계기가 되도록 한다.

문화의 재충격을 잘 감당할 수 있도록 준비한다

안식년을 맞아 고국에 돌아왔을 때 받는 문화의 재충격은 선교지에 처음 나갔을 때 맞이한 문화 충격 못지않게 크다. 특히 제3세계에서 사역하던 선교사는 고국에 돌아왔을 때 커다란 문화 충격을 받게 된다. 선교지에서 늘 어려운 사람들을 만나고 삶을 나누다가 고국에 돌아와 백화점과 대형 슈퍼마켓에 진열된 상품들에 놀라고, 현지 아이들이 굶어서 죽어 가고 있는 상황에 고국에 사는 사람들이 비싼 물건을 쉽게 구입해서 잠시 사용하다가 싫증이 난다고 새것으로 다시 구입하는 낭비와 사치를 보고 또 놀란다. 그래서 낭비하는 사람들을 비판하고, 그들의 잘못을 꼬집거나, 그들의 사고방식을 바꾸려고 한다. 선교사 자신이 고국을 떠나기 전에 어떻게 그들처럼 살았을까 하고 자신을 나무라기도 한다.

그러나 선교사가 사역지에서 보고 배운 것, 느낀 것들을 토대로 해 고국의 문화에 살고 있는 사람들에게 강요하거나 그들을 비판해서는 안 된다. 고국의 사람들에게는 선교지의 사람들이 단지 세계 어느 나라에 살고 있는 사람들일 뿐이다. 그들이 현지인들의 삶의 방식에 호기심을 갖고, 그들을 위해 기도에 동참해 주는 것만으로도 너무나 감사한 일이다.

선교사는 안식년 기간 동안 사역지와는 다른 고국의 삶에 재적응할 수 있도록 노력해야 한다. 또한 고국에서 받은 문화 재충격을 수용하고, 이것을 적극적으로 극복할 수 있도록 노력해야 한다.

선교 사역의 이양 및 은퇴

최근 한국 선교계에서 유행하는 단어는 '입구 전략'과 '출구 전략'이다. '이양 및 은퇴'라는 단어는 선교의 출구 전략에 해당되는 영역이다. 출구 전략은 선교의 다음 세대를 이어 가는 데 있어서 중요한 과정에 속한다.

교단 선교부, 선교 단체, 후원 교회 등은 선교사의 입구 전략에 깊은 관심을 갖고 있다. 그러나 출구 전략은 그렇지 못한 것이 현실이다. 그래서 출구 전략에 실패해 어려움을 겪는 시니어 선교사들을 어렵지 않게 만나게 된다. 나는 30년 이상 사역을 한 후 은퇴를 앞둔 시니어 선교사가 그 가정과 사역을 위해서 평생 기도해 온 후원 교회와 갈등을 겪는 모습을 보면서 한국 교회가 앞으로 이 영역에 대해 더 깊은 관심을 갖고 방안을 모색해야 한다는 것을 실감했다. 제1기 사역을 마치고 철수해야 하는 경우부터 은퇴하는 시기까지 모든 선교사에게는 맞춤 출구 전략이 필요하다.

이양 및 은퇴 준비는 출발 때부터 시작한다

"시작이 반이다"라는 속담이 있다. '반'이라는 말은 반환점을 돌았다는 뜻이기도 하다. 즉 사역 초기부터 은퇴를 준비해야 한다는 의미가 담겨 있다. 현명한 자는 떠날 시기를 잘 아는 자다. 잘 떠나기 위해서는 리더십 이양을 준비해야 한다. 세월은 유수와 같다. 은퇴 시기가 많이 남았으리라고 생각하지만 실상은 화살처럼 빨리 날아온다.

은퇴 시기에는 공적인 모든 일에서 물러나야 하며, 재산을 이양해야 한다. 선교지로 떠날 때는 선교지에 뼈를 묻겠다는 각오를 하지만 선교 사역을 하는 동안에는 언제든지 사역과 재산을 모두 이양할 준비를 해야 한다. 그래서 적절할 때 후배 선교사, 현지 교단, 혹은 현지 동역자들이 스스로 사역할 수 있도록 이양해야 한다.

노후 대책

은퇴를 앞둔 선교사는 은퇴 후의 노후를 준비해야 한다. 대부분의 선교사는 은퇴 후의 계획을 세우지 못하고 사역하다가 막상 사역의 이양과 은퇴 시기에 직면할 때 많은 어려움을 겪는다. 막연한 기대감만으로 미래를 준비해서는 안 된다. 은퇴 후 주택과 생활비 문제를 해결하기 위해 연금을 들거나 생활비와 사역비를 구분해 생활비의 일부(10% 정도)를 은퇴 후를 위해 저축해야 한다.

이양 및 은퇴 매뉴얼

은퇴 1년 전에 선교 본부와 후원 교회에 은퇴 시기를 보고하고, 사역 정리 및 인수인계에 대한 계획을 함께 의논한다. 그리고 남은 기간 동안 자신의 사역 평가서를 준비해 선교 본부와 후원 교회에 제출한다. 선교사 자신이 평생 해 온 사역과 현재 진행되는 일에 대해서 매뉴얼 작업을 실시한다.

은퇴 후 사역 준비

국내 목회자가 은퇴 후의 진로를 준비해야 하는 것처럼 선교사도 마찬가지다. 은퇴했다는 의미는 세계 선교의 최전선에서 후방으로 옮겼다는 의미가 된다. 은퇴 후에도 계속해서 자신이 사역하던 사역지뿐만 아니라 세계 선교를 위해서 선교 동원과 훈련 사역, 선교사들을 위한 상담 및 사역 컨설팅, 선교 행정 사역, 선교사 돌봄 사역, 후원 교회와 후원자들을 위한 기도 사역 등 선교 사역에 참여하는 것이 좋다. 그러기 위해서는 은퇴 전에 자기 계발을 통해 전문성을 갖추는 등 다양한 준비가 필요할 것이다.

선교 회고록

선교 현장에서 열심히 사역했다고 할지라도 문서나 기록물이 없으면 역사는 침묵할 수밖에 없다. 자신의 사역에 대한 선교 사역 일지 등을 근거로 해서 선교 회고록을 집필하는 것은 한국 교회의 세계 선교 역사에 기여하는 중요한 업적이 될 수 있다.

은퇴 후 거주지 결정

예장통합총회 세계선교부가 선교사의 은퇴 후 거주지에 대해 조사한 결과, 대부분 선교사들이 한국에 거주하기를 원하는 것으로 드러났다.

〈표 6〉 은퇴 후 거주지와 이유

이유＼거주지	선교지	한국	제3국	잘 모르겠음
건강	0%	23.8%	3.2%	0%
생활비	1.6%	19%	0%	4.8%
취미 활동	1.6%	3.2%	0%	0%
계속 사역	22.2%	14.3%	3.2%	3.2%

한국 선교사들이 노후 대책 준비에 있어서 가장 우선순위를 두는 것은 주택 문제다. 특별히 은퇴 후 거주지를 선교지로 결정하는 경우는 계속적인 사역이 하나의 이유가 될 수 있다. 하지만 거주지가 한국에 없어서 부득이하게 선교지에 남는 것일 수도 있다. 한국 교회가 은퇴하는 선교사를 위해 무엇을 해야 할 것인가에 대해서는 함께 고민해 볼 문제다.

사회 적응 훈련 프로그램

  한국은 군, 경찰 등의 직업군에 속한 사람이 은퇴할 때 그들에게 사회 적응 프로그램을 제공하고 있다. 같은 문화권 안에서도 이와 같은 배려가 이루어지고 있는데, 하물며 타 문화권에서 수십 년간 사역하고 은퇴한 선교사들을 위해서는 어떻게 하는 것이 좋겠는가? 그들이 은퇴 후 교회에 적응하는 프로그램뿐만 아니라 교계, 기독교 기업 등에서 경제 활동을 할 수 있는 장(場)을 개발, 제공해 주어야 할 것이다.

  이제 곧 평균 기대 수명 100세 시대를 맞이하게 된다. 이런 추세를 감안한다면 선교사들도 은퇴 이후의 노후에 대해 준비하는 것이 당연하리라 본다.

  다음에 소개하는 글에는 한국 교회의 해외 선교 중 타 문화권 사역을 시작한 초기 선교사의 마음가짐이 드러나 있다. 30년 이상 선교 사역을 하다가 지금은 은퇴한 시니어 선교사가 기록한 것이다. 지금 선교지로 나가는, 또는 10년, 20년 동안 사역을 하고 있는 선교사들과는 약간의 관점의 차이가 있지만 은퇴 준비에 대해 생각해 보게 하는 글이다.

  선교사로 생활하면서 여유 자금을 모은 사람이 있을까? 그렇지 않다. 선교사 중에 딴 주머니를 차고, 선교비를 받아 거기에 넣는 사람은 없다. 이것을 후원 교회가 믿어야 할 터인데, 믿지 못하는 것은 과거에 한두 명이 그런 일을 했었기 때문인지도 모른다. … 돈이 있으면 먹고 없으면 안 먹고, 돈 받아서 그 달에 다 쓰고, 그리고 총회에서 보내는 것을 기다리는 것이 선교사들의 삶이다. …

20년을 선교사로 지내다가 은퇴하면 고국 교회로 돌아갈 것이다. 은퇴해서 얼마의 연금을 받는다면 그것은 방 한 칸을 구하는 데 다 쓸 것이다. 그러고는 먹을 게 없을 것이다.[73]

선교사가 은퇴한 이후는 어떻게 될 것인가? 사실 염려가 되지는 않으나 그래도 한국 교회가 현재 9천 명의 선교사들의 은퇴 후 장래의 일부나마 책임을 져 주는 것이 옳지 않겠나 생각한다.

---

73 장로회신학대학교, 《선교연합강좌》, "선교사와 선교 인식 변화"(서울: 장로회신학대학교, 2001), 150.

6장
사역지에서의 위기관리

우리는 내일 어떤 일이 일어날지 모른다. 하나님은 내일, 혹은 그 이후에 어떤 일을 행하실지 우리에게 미리 말씀해 주지 않으신다. 하나님은 우리로 하여금 우리의 행동 결과에 대해 미리 알 수 없는 불확실성 속에 살고 행동하도록 하신다.

이와 같이 사역지에서 살아가는 선교사도 보통 사람과 같이 모든 위험에 노출되어 있다. 선교사라고 예외는 아니다. 주님은 제자들을 전도자로 파송하시면서 "너희는 뱀같이 지혜롭고 비둘기같이 순결하라"(마 10:16)고 말씀하셨다. 이것은 위기 상황 속에서도 냉철하게 판단하고 행동하라는 말씀으로도 이해할 수 있다. 선교사는 위기 상황에 노출될 수 있는 모든 상황들을 점검함으로써 위기를 예방해야 한다.

상황적인 위기(Situational Crisis)

상황적인 위기란 예외적이고 예측 불가하며 통상적이 아닌 상황으로부터 일어나는 격변과 동란 같은 것을 말한다. 상황적인 위기를 9가지로 분류해서 살펴보면 다음과 같다.[74]

각종 범죄

무장 강도, 살인(상해) 등의 피해를 입는 경우다. 예를 들어, 강도를 만났을 때는 침착하게 대응한다. 특별히 집에서 이러한 상황을 만났을 때는 범죄 행위자를 정면으로 바라보지 말고 원하는 것을 즉시 준다. 자동차를 타고 가다 강도를 만났을 때는 문을 열지 말고 최대한 도주한다. 피치 못해 차에서 내리게 될 경우 요구 조건을 다 들어준다. 이런 상황에서는 생명이 가장 중요하다.

안전사고

교통사고, 물놀이 등이다. 교통사고는 선교지의 열악한 교통 환경 및 교통 무질서(중앙선 침범 및 과속), 노후된 차량으로 인해 자주 발생한다. 선교사 자녀들의 안전사고가 자주 일어난다. 선교사 자녀가 교통사고로 사망하는 경우 외에도 물놀이 중에 익사하거나 현지 폭력배들에게 폭행을 당해 사망하기도 한다. 물론 운동 중 심장마비로 사망하거나 중고등학생 때 부모를 따라 선교지로 간 경우에는 학업이나

---

74 PCK MTEC 훈련 교재 중 "선교사의 위기관리"에서 발췌, 수정했다.

입시 문제, 사춘기 갈등 등으로 힘들어하다 자살을 기도하기도 한다. 미성년자나 청소년기 자녀들이 안전사고나 관리 소홀 등으로 사망할 경우 선교사들은 심한 상실감과 죄책감으로 인해 상당 기간 후유증에서 헤어나지 못하고, 심적인 고통으로 인해 건강을 해치곤 한다.

위험 지역(전쟁, 내란, 폭동, 소요, 테러 발생 지역)**에서 만나는 위기**

2011년 1월 튀니지, 이집트 등에서 반정부 소요 사태가 발생했다. 내란, 소요 사태가 발생하는 이유는 대체로 정치적, 종교적, 종족 분쟁이다. 내전이나 쿠데타, 심각한 소요 사태의 발생은 치안 부재와 무정부 상태를 야기하고 외국인(선교사 포함)은 반군이나 폭도, 혹은 일반인에 의한 공격이나 약탈의 표적이 되기 쉽다. 따라서 가장 적절한 시기에 안전한 대피나 철수가 이루어지도록 조치를 취하는 것이 위기관리의 핵심이다.

이와 같은 위기를 만났을 때는 외출을 자제하고, 대사관의 지시에 따라 재빨리 행동한다. 내전이나 정변과 같은 일이 벌어지면 외국인들이 도움을 받을 수 있는 통로는 해당 지역에서 국제적인 정치, 군사적 영향력을 가장 강력하게 발휘하는 국가의 대사관과 현지 주둔군이다. 그리고 심각한 소요나 내전이 발생하면 상황을 봐서 인접국에 잠시 피신하는 것도 한 방편이다. 이를 위해서 비상금(체재비 및 교통비)을 비축해 두는 것이 좋다.

신변의 위협(테러, 납치, 인질, 억류 등)

이와 같은 사례는 선교지에서 자주 발생한다. 2002년 필리핀 이슬람 반군 단체 아부사야프(Abusayapu)에 의한 미국 선교사 억류 및 살해, 1993년 콜롬비아 혁명군 게릴라들이 부족선교회(New Tribes Mission, NTM)[75] 소속 미국 선교사 3명을 납치, 3년 후 살해하는 사건, 2007년 7월 한국 단기 봉사 팀이 아프간에서 납치되고 그중 두 명이 사망하는 사건 등이 발생했다. 이러한 사건들은 해외 선교를 되돌아보는 계기가 되기도 하지만 적절한 안전 조치를 취하지 않았거나, 위기 상황에 대한 대비 훈련이 부족했기 때문이라고도 볼 수 있다.

선교사들에게는 납치와 폭행, 살해 위협 등 위기가 늘 존재한다. 이슬람 J국에서 사역하던 선교사는 이슬람과 토속 종교의 저항에도 불구하고 선교 사역을 잘했지만 어느 날 저녁 5명의 청년에 의해 납치되어 폭행을 당하고 쓰러졌다. 그는 기절한 척하고 누워 있다가 그들이 의논하는 때를 노려서 탈출에 성공했다.

질병 및 급성전염병

위기 상황에 해당하는 질병은 뇌출혈, 심장 질환, 리슈마니아증 등에 관한 것이고, 풍토병은 말라리아, 뎅기열, 황열병, 에볼라열 등이다. 아프리카에서 사역하던 선교사 자녀가 풍토병에 의해 뇌세포가 감염되었는데 초기 대응을 잘하지 못해 청년기임에도 불구하고 정신 연령이 2-3세인 것을 보았다. 전염병은 신종 플루, 페스트, 장티푸스, 파라티푸스, 세균성 이질, 콜레라 등이다. 나 역시 신종 플루, 콜레라가 창궐하는 사역지의 상황 속에서 사역할 때 많은 위기감을 느꼈다.

---

[75] 관련 홈페이지 http://usa.ntm.org를 참조하라.

자연재해와 천재지변(홍수, 지진, 화산 폭발, 환경 사고 등)

2011년 3월 11일 일본에서는 강도 9.0의 지진 해일로 사망 및 실종자가 1만여 명 발생했고, 그 여파로 후쿠오카 원전 사고까지 겹쳤다. 2010년 1월 12일 아이티에서는 지진(강도 7.0)이 일어나 20여만 명이 사망했고, 피해자가 3백만 명이 넘었으며, 건물, 도로 등 90% 이상이 붕괴되는 지상 최대의 피해를 입었다. 2008년 5월 2일 미얀마에서는 태풍으로 13만 명이 사망했고, 250만여 명의 이재민이 발생했다. 2008년 5월 12일에는 중국 사천성에서 지진(강도 8.0)이 발생해 8만 5천 명이 사망 및 실종되기도 했다. 이와 같이 지구촌 곳곳에서 각종 자연재해와 천재지변이 일어나고 있다.

사법적인 박해와 변덕스러운 비자 문제

선교 사역이 어려운 지역에서 일어날 수 있는 사례로, 여권 회수 등이 해당된다. 선교사들이 여권을 찾으러 관공서를 여러 번 방문해도 소용이 없고, 결국 벌금을 내고도 추방을 당하고, 5년 동안 입국 금지령을 받는 경우가 제법 있다. 이러한 위기를 극복하기 위해서는 선교지에 도착해서 우선 그곳의 언어와 함께 그곳의 법을 배우는 것이 좋다. 법을 알고 있으면 나름대로의 방어를 할 수 있을 것이다.

그런 상황을 당했을 때는 첫째, 벌금을 내고 강제 출국과 5년 동안 재입국을 거부 당할 정도로 잘못을 하지 않았다고 말하고, 둘째, 그 나라는 종교 활동의 자유가 있다는 것과, 셋째, 여권을 오랫동안 돌려주지 않아 입은 피해가 많다는 점(은행에서 돈을 인출할 수 없었고 자동차와 집을 매매할 수 없었다)과 벌금에 관한 문건과 영수증을 받지 못했다는 점을 들면 좋다. 현재까지 비자 문제로 재입국을 제한하는 선교 억압 국가는 이슬람을 국교로 하는 국가들과 공산국가들이다.

후원비(생활비, 사역비) 중단으로 인한 경제적 위기

선교지의 현실상 모든 재정 구조가 선교사에 의해 집행되는 경우가 허다하다. 그러므로 후원비 중단은 선교를 계속해야 하느냐, 아니면 철수를 해야 하느냐의 문제로 직결된다. 지금 한국 선교사들은 한국 교회의 저성장, 선교 헌금의 감소로 인해 위기의식을 느끼고 있다.

추방 및 긴급 철수 요구

갑작스런 자연재해, 내란, 민중 소요와 폭동, 테러나 납치의 위험, 협박이나 추방 경고, 폭행, 가족들의 큰 질병, 죽음, 심각한 정신장애와 질병 등 경우에 따라 긴급 철수가 이루어질 수 있다. 긴급 철수는 추방과 비교해 비교적 가볍게 여겨졌으나 최근 곳곳에서 자연재해와 소요 사태가 많았고, 또 그 정도에 따라서 국내 체류의 장기화가 결정되었기 때문에 선교사들에게는 추방 못지않게 스트레스를 주고 있다.

긴급 철수 예방과 대책으로는 첫째로 선교사가 취할 대책으로, 사역을 이어 갈 책임자를 지정하고 피하는 것이다. 둘째는 파송 교회가 취할 대책으로, 임시 처소를 마련하는 것이다. 셋째는 선교사 파송 단체가 취할 대책으로, 후원 교회와 연락해서 임시 처소를 제공하는 것이다. 넷째는 연합 기구(한국세계선교협의회 등)가 취할 대책으로, 외부 통제나 긴급 상황을 정리해서 언론에 발표하는 것이다.

선교사 추방 패턴에는 크게 두 가지가 있는데, 먼저 비자 연장 거부가 있다. 이는 가장 보편적인 추방 형태다. 또한 입국 거부가 있다. 이는 남편, 혹은 아내의 입국을 거부하는 것이다. 추방 전 전조 현상으로 비자 발급을 중지(1-2개월 전)하거나 재신청을 거부한다. 추방 요인에는 모두 5가지가 있다.

- 종교법적인 요인 : 종교의 자유가 없는 국가에서 일어남(이슬람 국가), 장기 사역자들 감시 철저
- 비자법적인 요인 : 이슬람 국가 및 선교 제한 국가에서 일어남, 비자 연장 거부는 추방의 다른 모습
- 정치적인 요인 : 국가 정권 교체 시기, 정권 퇴진과 연관됨
- 사회 문화적인 요인(우즈베키스탄의 사례) : 국민계몽운동, 2005년 유혈 폭동 사태, NGO 등을 추방하기 시작함, 선교사로 인식하기 시작함
- 단기 선교 팀 사역으로 인한 피해 요인 : 종교적, 정치적으로 예민한 곳을 단기 선교 팀들이 방문해 현지인의 종교나 문화에 충격을 주는 행동들을 함으로써 경찰서에 붙잡혀 관련된 선교사들의 정보가 누출되고, 이로 인해 추방으로 이어짐

위기 상황 발생 시 모든 상황은 현지 당사자의 판단 아래 행동하고, 사후에 현지 선교 본부나 한국 선교 본부에 보고한다. 가급적 현장을 지키지만, 위기의 상황이면 피난 및 현장 철수를 고려한다. 추방은 결코 부끄러운 일이 아니다. 실패한 것도 아니다. 절망할 일도 아니다.

두려워할 필요도 없다.

확장된 위기(Developmental Crisis)

 일상적인 가정생활 속에서 일어나는 부부 관계, 자녀 양육 문제 등 개인적인 차원의 문제들이 선교지에서는 광범위하게 부정적인 영향을 미칠 수 있다. 따라서 내부적이며 발전적인 위기도 사역자와 사역팀에게 심각한 영향과 후유증을 남길 수 있다.

개인과 가정 문제
- 무기력 : 부르심에 대한 순종과 열정으로 시작한 선교 사역이지만 자신도 모르게 무기력에 빠질 수 있다. 시간이 지나면서 마음대로 되지 않는 현실에 지치고, 동역자들과 더불어 사역하기보다는 혼자서 하다가 점점 육체적으로나 정신적으로 스스로를 감당하지 못하게 되는 것이다. 그러다 보면 육체는 점점 쇠약해지고 사역은 고사하고 일상생활조차 유지하기 힘들어진다. 그 누구와도 상의하는 것이 쉽지 않다. 소위 자존심이 허락하지 않는 것이다.

  무기력 증상은 안식년이 필요한 이유 중 하나다. 잠시 사역지를 떠나서 심리 치료를 받고 영적인 재충전이 필요하다. 선교는 홀로 하는 것이 아니라 더불어 하는 것임을 알아야 한다. 그것이 동료 선교사이건 현지 동역자이건 말이다.

- 자살 : "선교사가 자살을 하는가?"라는 의문을 가질 수 있다. 답은 "그렇다"다. 수년 전 큰 선교 단체의 국제 본부에서 사역하던 선교사가 자살을 했고, 최근에는 미션스쿨 기숙사 부모 선교사가 자살한 비극적인 일이 있었다. 선교사의 자살은 개인의 문제일 뿐만 아니라 선교 단체 전체에 악영향을 미친다. 최근에는 그리스도인의 자살 문제를 단순히 신학적인 측면에서만 보지 않고 의학적이고 정신병리학적인 면에서 보게 되면서 이해의 폭이 다소 넓어졌지만 여전히 선교 현장에서는 극복하기 힘든 역기능을 제공한다. 따라서 정신적으로 어려움을 겪는 사역자에 대한 관심과 배려가 필요하다.

조직 내 갈등

- 현지 동역자와 갈등 : 선교 억제국에서 사역하던 선교사가 현지 동역자와 갈등이 생겨 현지인이 선교사를 종교 경찰에 고발하고, 체포된 선교사가 심문 중에 자신과 동료 선교사들의 신분을 자백함으로써 현지 선교회가 어려움을 겪게 된 경우다. 이런 경우 선교사들은 줄줄이 추방을 당하게 된다.
- 한국인 동역자와 갈등 : 이슬람 지역에서 학원 사역을 하던 한국인 선교사가 세운 학교가 그 지역의 일류 학교로 발돋움하려던 찰나, 함께 사역하던 한국인이 고발함으로써 선교사가 추방 당한 경우다. 이 한국인은 선교사가 추방을 당하면 자신이 교장이 될 것이라는 생각에 그 일을 저질렀다고 했다.

도덕적 해이

- 성범죄 : 성폭행은 선교사 가정과 공동체에서 드물지만 일어나는 문제다. 이 범죄는 문화적으로 매우 민감한 사안이기 때문에 상황 파악이나 대책이 대단히 어렵다. 성폭행의 실태에 대해서는 미국을 제외하고 제대로 파악이 되지 않고 있다. 성폭행을 당하는 연령은 2.5세에서 69세에 이르기까지 다양해서 실제로는 모든 여성이 피해자가 될 수 있다. 특히 18세 이하가 61%인 점으로 미루어 보아 미성년자들이 가장 큰 피해자라고 할 수 있다. 미국처럼 개방된 나라에서도 16%만이 법에 호소하는 실정인데, 그 이유는 남에게 알리기가 수치스럽고, 또 사람들이 책임의 일부분을 자신에게 돌리는 것이 두렵기 때문이라고 한다. 또한 대부분의 성폭력 가해자가 아는 사람이고, 불과 27%만이 전혀 모르는 사람이었다는 점은 고려해 볼 만한 일이다. 필리핀 김 모 선교사(2010년 5월 16일 MBC 〈PD수첩〉 보도)가 16세 소년을 성폭행한 사건, 인도 선교사 도가니 사건(2013년 SBS 〈현장 추적〉 보도) 등 현지인, 특별히 현지 미성년자 성추행, 불륜, 성 문제 등으로 인한 위기다.

- 가정 관리 : 교회의 후원금을 모두 사역비로 지출한 경우다. 자녀들을 학교에 보내지 않고, 생활비도 지출하지 않으며, 가정을 전혀 돌보지 않음으로 더 이상 정상적인 가정생활을 할 수 없게 된 경우다. 가정을 돌보지 않는 지나친 사역 중심의 사고는 문제를 일으킨다.

- 도박 중독 : 이슬람 지역에서 사역하던 한 선교사는 7-8년 차에

들어가자 후원 교회가 눈에 보이는 업적을 바란다는 눈치를 느끼고, 함께 동역하던 선교사들이 말썽을 일으키며 현지인 동역자의 수익금을 횡령하는 사건 등을 목격하면서 정신적인 스트레스를 겪다가 외국인 친구의 소개로 도박에 빠지게 되었다. 처음에는 작은 돈으로 시작했으나 차츰 밤늦게까지 도박에 열중하게 되었고, 한 달 치 생활비를 하룻밤 사이에 모두 잃어버렸다. 그는 이를 만회하고자 계속해서 도박에 중독되었고, 결국 1년 사이에 6만 불의 선교비를 횡령하고 말았다.

7장
단기 선교

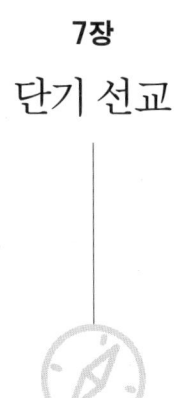

　단기 선교의 성경적 근거는 예수님에게서 찾는 것이 바람직하다. 단기 선교는 예수님이 지상에 계실 때 사용하신 방법 중 하나다. 마태복음 10장, 누가복음 10장에서 예수님이 열두 사도와 칠십 인의 제자들을 파송하는 기록에서 그 근거를 찾아볼 수 있다. 예수님이 이때 제자들을 파송하신 것은 장기 사역자로서가 아니라 단지 얼마 동안의 사역을 위해서였다.

단기 선교란 무엇인가

　제2차 세계대전 이후 국가주의가 싹트고 공산권, 회교권 등 기타 국가에서는 선교사의 입국이 불가능해 전통적인 방법으로는 선교할 수가 없게 되었다. 그래서 새로운 전략이 필요했는데, 그것이 바로 단기 선교다. 단기 선교는 6개월에서 3년 미만의 선교를 일컫는다. 과거에는 선교사라고 하면 평생 헌신하는 선교사만을 생각했다. 그러나 현대에 와서는 단기로 헌신하고자 하는 사람들이 많이 생겨났다. 여기서 언급하는 단기 선교는 비전 트립(Vision Trip)을 포함한 단기간의 선교를 말한다.

단기 선교의 동기와 중요성

선교의 동기는 네 가지로 요약할 수 있다. 첫째, 인간을 향한 하나님의 사랑, 둘째, 주님의 대위임령, 셋째, 종말론적 사상, 넷째, 복음의 빚진 자로서의 삶이다. 우리는 이 네 가지 동기를 가지고 세계 선교를 향해 나아가야 한다.

선교는 기간에 따라 장기 선교, 단기 선교로 분류할 수 있는데, 단기 선교는 주로 교역자가 이끄는 평신도 그룹으로 이루어진다. 복음을 땅 끝까지 증거하기 위해 평신도들을 선교에 효율적으로 참여시키는 것은 하나님 나라 확장에 중요한 발판이 될 수 있다. 과거에는 평신도들이 기도와 물질로만 선교에 참여했다. 그러나 정보화 시대인 오늘날 그들은 좀 더 다양하고 적극적인 방법으로 선교에 참여할 수 있다. 평신도들이 선교에 동참하는 것은 긍정적인 면과 부정적인 면이 공존한다. 따라서 그들이 적극적으로 선교 훈련을 받고 잘 준비해 선교 사역에 참여하도록 하여 부정적인 면을 최소화하고, 긍정적인 면을 극대화해 선교 현장에서 새로운 패러다임을 형성해 나가야 할 것이다.

현대 선교에 있어서 평신도들이 직접 선교에 참여할 수 있는 부분으로는 단기 선교가 있다. IMF 당시에는 경제적, 사회적인 영향으로 단기 선교가 잠시 주춤하는 듯했으나 1999년 이후로 다시 활기를 띠고 있다. 교회 성도들과 교회 안의 소그룹 등 많은 부류의 사람들이 선교지를 방문해 단기적으로 선교에 동참하고 있다. 한국 교회 단기 선교 초기에는 대부분의 성도들이 기초 교육도 받지 않은 채 무분별한 계획과 선교의 열정만 가지고 선교 현장으로 나갔다. 그 결과 많은 시행착오와 문제점을 야기했다.

이제 한국 교회의 단기 선교가 성숙해질 시기에 와 있다. 이런 시점에서 우리는 단기 선교를 어떻게 봐야 할 것인가? 어떻게 효과적으로 준비해야 할 것인가? 그리고 단기 선교의 개념과 단기 선교와 평신도의 상관관계, 단기 선교의 장단점 등은 무엇인가?

단기 선교의 장점

전통적으로 선교사가 갈 수 없는 창의적 접근 지역(Creative Access Nations, CAN)[76]에서는 단기 선교가 보다 효과적이다. 창의적 접근 지

---

[76] 창의적 접근 지역을 '접근 제한 지역(Restricted Access Nations, RAN)'이라고 부르기도 하는데, 이 것은 선교사의 신분으로 공개적으로 사역할 수 없는 선교 현장을 말한다. 이들 지역은 제2차 세계대전 이전만 해도 복음에 대해 열려 있었다. 그러나 제2차 세계대전 이후 민족주의, 고유 종교가 발흥하고 공산주의가 확장되면서 기독교에 대한 배척이 일어나기 시작했다. 현재 이 지역들에서 그리스도인의 증가 비율보다 인구수의 증가 비율이 훨씬 높은 것을 보게 된다. 구체적으로 창의적 접근 지역에 해당하는 곳은 중국과 인도차이나반도를 포함한 공산권, 중동과 북아프리카를 포함한 이슬람권, 일부 불교권, 힌두교권 국가와 유대교 국가 등이다. 이들 국가는 대부분 랄프 윈터가 주장한 '10/40창' 지역(북위 10도에서 40도 사이에 해당하는 아시아, 아프리카 지역)에 위치해 있다.

역은 비자를 받기도 까다롭다. 그러나 단기 방문은 그렇게 신경을 많이 쓰지 않아도 된다. 또 단기간 머물면서 복음을 전하는 것이므로 방학이나 휴가를 이용해 많은 교인들이 단기 선교사로 헌신하는 기회를 가질 수 있다.

단기 선교는 단기간에 많은 효과를 거두기도 한다. 대부분의 단기 선교는 많은 인력이 동원되므로 현지 선교사와 단기 선교 팀 간의 협력이 잘 이루어지면 큰 효과를 거둘 수 있다. 또한 현지 선교사가 감당하기 어려운 일들을 단기 선교 팀이 단숨에 해 낼 수도 있다. 단기 선교 팀의 활동은 새로운 사역지를 개발하는 데 도움을 주기도 한다. 새로운 복음의 접촉점을 단기 선교 팀원들을 통해 얻을 수도 있다. 이것이 바로 하나님의 다리다. 다리는 두 곳을 연결해 준다. 단기 선교 팀은 하나님과 비신자를 연결해 주는 다리 역할을 한다. 또한 그동안 선교 소식을 통해 알아 왔던 사역지를 실제적으로 돌아봄으로써 구체적으로 도울 일들을 알게 되고 기도 제목을 나눌 수 있다.

지치고 피곤한 현지 선교사에게 큰 위로가 되기도 한다. 현지 선교사들은 단기 선교 팀 방문으로 인해 힘을 얻고 예배 도구, 약품 등의 지원을 받아 선교 활동에 활력을 얻곤 한다.

창의적 접근 지역에서는 복음에 대해 열린 지역처럼 교회 개척이나 제자 훈련 등을 할 기회가 많지 않다. 그래서 다양한 차원의 사역을 시도해야 한다. 예를 들어, 사회봉사, 구제, 의료, 교육, 문서와 방송, 스포츠 등을 통한 다양한 접근 방법과 전략이 요구된다. 창의적 접근 지역에서의 기본적인 선교 전략은 다음과 같다. 첫째, 비거주 선교 전략이다. 둘째, 비공개 선교 활동이다. 셋째, 전문인 사역(목회자, 평신도 포함) 개발이다. 넷째, BAM 사역이다.

단기 선교사와 파송 교회에 미치는 영향

　단기 선교로 인해 많은 젊은이들이 도전을 받고, 실제로 평생을 선교사로 헌신하는 모습을 보게 된다. 다시 말하면 단기 선교는 장기 선교의 발판, 모판이라고 할 수 있다. 한 개인이 주님으로부터 선교사로서 부르심을 받았는지에 대한 확인 작업이 될 수 있으며, 현지를 직접 보고 체험함으로써 자신을 살펴보고 고국에 돌아가 장기 선교를 준비할 수 있는 좋은 기회가 되기도 한다. 단기 선교를 다녀온 사람들 중 약 10%가 장기 선교사로 헌신한다는 보고가 있다.

　단기간에 많은 이들에게 복음을 전할 수 있는 기회가 주어지기도 하고, 개인적인 신앙 훈련을 통해 신앙이 성숙하는 기회가 되기도 한다. 팀원 간에 끈끈한 정을 나누고, 그리스도의 사랑으로 함께 섬기는 기쁨을 누리며, 출발 전에 받았던 전도 훈련을 실제로 시행해 보는 시간을 가질 수 있다. 단기 선교를 통해서 하나님의 선교에 동참하는 방법을 배우게 된다.

　신앙의 성장은 출발하기 이전, 즉 단기 선교를 준비할 때부터 이루어진다. 1년에 한 번뿐인 황금 같은 휴가 기간을 주님께 드리는 마음, 자비로 항공료를 지불하고 기도하면서 준비하는 과정을 통해 하나님의 은혜를 체험해 가는 것이다.

　파송 교회와 주변 사람들에게 선교에 대한 자극을 줄 수 있고, 세계를 보는 시야를 바꿔 주는 동시에 선교의 시급성을 보게 한다. 단기 선교 보고를 통해 교회 안에 선교 부흥을 일으키고 교회 성장에도 커다란 영향을 끼치는 등 선교의 파급적 효과를 기대할 수 있다. 하나님의 선교에 있어서 선교지 교회는 수혜자 교회(Receiving church), 혹은 신생 교회(Younger Church)가 아니라 함께 가는 형제자매 교회라는 것을 깨닫게 된다.

현지인들에게 미치는 영향

현지인들이 단기 선교에 나선 성도를 통해 신앙의 열정을 배우게 된다. 짧은 기간이지만 복음에 대한 순수한 열정과 헌신을 통해 현지인들이 신앙의 도전을 받게 되는 것이다. 비록 언어는 안 통하더라도 온몸과 마음으로 그리스도의 사랑을 전할 때, 그리고 뜨겁게 기도하는 모습 속에서 그들은 그리스도인의 참다운 모습을 보게 된다. 현지인들이 생각했던 관념적인 성도의 생활이 열정적인 단기 선교 팀을 통해 바뀌고, 신앙의 도전을 받는 기회가 된다. 선교지의 교회와 성도들은 단기 선교 팀을 통해 어떻게 선교적 교회와 선교적 그리스도인이 되는지를 배우게 된다.

단기 선교 팀의 지역 개발 및 봉사활동은 현지인들의 선교사에 대한 인식 변화의 계기가 되기도 한다(미용 봉사, 노력 봉사, 의료 봉사 등).

단점을 장점으로 선용하기

다음에 제시하는 것들은 단기 선교의 단점들이다. 하지만 이것을 역으로 활용하고 보완한다면 단기 선교의 장점으로 승화시킬 수 있다.

의미에 충실한 사전 교육

한국 경제가 성장하면서 해외여행이나 국제 무대에서 활동하는 것이 자연스러운 일이 되었다. 이에 따라 단기 선교가 하나의 붐을 타고 활성화되었다. 필리핀, 인도네시아를 중심으로, 러시아를 포함한 독립국가연합(CIS), 중국, 그리고 일부 인도차이나 지역에서 단기 선교가 활발히 진행되고 있다. 한국에서 지리적으로 가까운 몽골 같은 경우에는 여름철이 되면 거의 모든 항공편이 단기 선교 팀 예약으로 매진되어서 사업차 몽골을 방문하는 이들이 항공 티켓을 구하기가 어렵다고 할 정도다. 최근 몇 년 동안은 캄보디아에 단기 선교가 집중되고 있는 것을 보게 된다. 대부분의 사람들은 단기 선교를 위해 기도로 준비하지만, 소수의 사람들은 이를 단지 하나의 여름 행사로만 생각하기도 한다. 그러므로 단기 선교의 의미를 바로 알고 참여하는 자세가 절실하게 요청된다.

　무분별한 낭비는 단기 선교의 의미를 왜곡시킨다. 해외에 나가면 꼭 쇼핑을 해야 직성이 풀리는 사람이 있다. 반드시 명품을 사려 하고, 방문한 나라의 기념품을 사서 돌아가야만 해외에 나갔다 온 흔적이 남는다고 생각한다. 그래서 빡빡한 선교 일정으로 인해 쇼핑의 기회가 주어지지 않으면 선교 일정을 무시하고 선교사에게 부탁해 따로 쇼핑을 다녀오기도 한다. 어떤 성도는 기념품의 수준을 넘어 초호화 명품을 현지 백화점에서 구입하기도 한다. 선교지를 방문한 것인지, 해외에 명품을 사러 나선 것인지 분간이 되지 않을 정도다. 선교사는 여행 가이드가 아니다. 따라서 단기 선교의 목적을 잊지 말고 주어진 짧은 기간 동안 최대한으로 선교의 목적을 달성하는 데 주력해야 할 것이다.

　충분한 사전 교육이 미비할 때에도 현지에서 문제가 발생한다. 선교 현장으로 가기 전에 충분히 현장의 문화를 이해하고, 팀원 간의 인간관계 훈련과 기도 등으로 준비를 해야 한다. 사전 준비가 미비할수록 현지에서 팀원 간에 생기는 갈등 때문에 어려움을 겪을 수 있다. 따라서 사탄이 틈타지 못하도록 철저히 기도로 준비해야 한다.

단기 선교 기간이 6개월, 혹은 1년 정도일 경우에는 문제가 없지만, 한 주나 두 주밖에 안 되는 경우에는 적지 않은 예산이 소요된다. 막대한 예산과 인력을 낭비하지 않도록 각별한 주의와 점검이 필요하다. 특히 아프리카나 라틴아메리카 지역은 기본적인 항공료만 해도 수백만 원에 달하기에 이 부분에 있어서 더욱 민감하다. 그리고 한 주미만 동안 선교지를 방문하는 것은 사역을 하러 간다는 의미보다는 '선교지 방문'이라는 표현에 더 적합할 수 있다. 그러나 이렇게 많은 예산과 인력이 소모되는 것을 감수하고 단기 선교를 감행하는 이유는 이 수고가 선교를 위해서 여러모로 유익한 점을 충분히 인식하고 있기 때문이다.

그러므로 단기 선교에 참여하는 사람은 외국 땅이나 밟아 보자는 식으로 생각해서는 안 된다. 단기 선교 프로그램에 참여하면 대부분 현지 문화 속에서 지내야 한다. 식사가 입맛에 맞을 리 없고, 잠자리가 편할 리 없다. 모든 것이 지저분하고, 냄새가 나며, 역겨울 수 있다. 빨리 한국으로 돌아가고 싶은 생각이 굴뚝같을 수도 있다. 따라서 이러한 환경적인 어려움과 여러 가지 여건을 잘 이겨 내고 주어진 시간 동안 효율적으로 사역에 임할 수 있도록 기도와 말씀으로 철저히 준비해서 좋은 결실을 맺어야 할 것이다.

장기적 안목

　단기 선교 사역이 일시적이고 단편적인 안목으로 진행된다면 오히려 현지인과 장기 선교사에게 피해를 줄 수 있다. 또한 선교사의 정상적인 사역에 차질을 빚게 할 수도 있다. 단기 선교에 앞서서 충분한 기도와 오리엔테이션이 이루어지지 않으면 사역하는 선교사를 돕기보다는 선교 팀이 떠난 후 오히려 후유증을 수습하기 위해 더 큰 어려움을 감내하게 할 수도 있다는 사실을 기억해야 한다.

　한 예로, 사역하고 있는 선교사의 의사는 묻지도 않고 현지인들에게 선물을 마구 주는 경우가 있다. 선물을 주는데 싫어하는 사람이 어디 있겠는가? 문제는 단기 선교 팀이 돌아가고 난 뒤다. 선교사는 단기 선교 팀처럼 계속해서 선물을 줄 수 없기 때문이다. 또한 현지인들에게 무조건적으로 약속을 남발하는 경우가 있는데 이것도 문제가 된다. 한국인들은 서구 사람들보다 더 동정적이고 감성적이다. 그래서 현지인들을 보면 마음이 움직여서 한국에 돌아가면 초대하겠다는 등 여러 가지 실행 불가능한 약속을 하곤 한다. 이것은 그들로 하여금 한국인에게뿐만 아니라 그리스도인에 대해서도 회의를 가질 수 있게 만드는 요소다.

　그러므로 계획에 없는 즉흥적인 프로그램은 자제해서 실행해야 하며, 장기적으로 선교 사역에 임하는 선교사와 현지인에게 아픔을 주는 일이 없도록 주의해야 한다.

　단기 선교를 일회적인 행사로 생각해 한 번의 경험으로 그치는 경우가 많다. 그래서 한 번 방문한 곳은 다시 방문하지 않고, 단기 선교 때마다 새롭게 팀을 구성해 새로운 지역으로 단기 선교를 떠나기도 한다. 그것이 문제가 되는 것은 아니다. 그러나 '이미 방문한 지역은 절대로 가지 않는다'는 철칙을 고집하는 것은 바람직하지 않다. 같은 곳을 여러 번 방문해도 느끼는 감정은 모두 다를 수 있다. 단기 선교 팀이 방문해서 헌신한 사역의 열매를 다음 기회에 방문해 확인하는 것도 귀한 일이다.

미국의 한 단기 선교 팀은 은퇴한 노인들로 구성되어 있는데, 그들은 젊은 시절에 목수, 컴퓨터 엔지니어, 건축가, 의사 등 다양한 직업에 종사했던 분들이다. 그들은 매년 같은 선교지를 방문해 자원봉사 하면서 현지 교회를 짓거나 보수공사를 하고, 현지인들을 진료해 준다. 그리고 선교지를 방문할 때마다 부족한 부분을 보충하고 개선하면서 미국인 선교사를 돕고 있다. 현지인들도 그들을 잘 알고 있고, 그들의 방문을 무척 기다린다.

문화 우월주의 경계

문화 우월주의 의식은 선교에 장애를 준다. 세계에서 제일 큰 교회가 있는 한국 교회에서 현지를 돕기 위해 왔다고 자랑하는 것은 현지인들로 하여금 강한 거부감을 일으킨다. 언젠가 동남아시아에 있는 신학교를 방문한 적이 있다. 그 신학교 교장은 한국 선교사들이 실력은 갖추지도 않고 자기 나라를 업신여긴다며 신랄하게 비판했다. 그는 적어도 박사 학위는 가지고 있으면서 그런 고자세를 취해야 하는 것 아니냐는 말도 덧붙였다. 그 말을 들으면서 참으로 부끄러웠다. 한국 교회 성도들이 한국 교회에 대해 자부심을 갖고, 교회가 성장한 것을 감사하는 것은 좋은 일이다. 그러나 이것을 하나님의 은혜로 여기지 않고, 자신들의 노력으로 이만큼 성장한 줄로 착각하고 현지인들을 업신여기거나 낮춰 보는 일은 없어야 한다.

현지인들 중에는 한국을 6·25 전쟁을 겪은 나라, 북한과 갈라져 정치적으로 위험한 상황에 놓여 있는 나라로만 생각하는 사람들이 의외로 많다. 어떤 사람들은 자신들이 한국을 도와주어야 한다고 말하기도 한다. 필리핀의 경우만 하더라도 한국전쟁 당시 유엔군으로 참여해서 한국을 도와주었다는 생각을 지금도 하고 있다. 도미니카공화국도 마찬가지다. 한국전쟁 당시 현지 교회들이 한국을 위해 기도했고, 도미니카공화국복음교단 총회 여전도회 회원들이 헌금하여 유엔을 통해 후원하기도 했다.

선교는 섬김의 모습에서 나와야 한다. 선교는 우월 의식이 아니라 희생이다.

선교사와 사역자에 대한 섣부른 판단은 금물

단기 선교 팀원 중에 일부는 짧은 기간 동안의 경험을 통해 얻은 지식을 일반화해서 다른 이에게 전달하거나 현지 선교사와 사역자를 성급하게 비판하기도 한다. 단시일의 경험을 가지고 선교지를 바라보고 판단하는 오류를 범해서는 안 된다. 이를 위해서는 방문하는 나라에 대한 사전 지식을 충분히 가지고 단기 선교 사역에 임해야 할 것이다.

단기 선교 전략

단기 선교를 잘 감당하기 위해서는 성령의 인도하심을 받아야 한다. 성령 하나님이 주장하지 않으시면 출발 전부터 많은 문제가 발생한다. 1년 전부터, 혹은 최소한 6개월 전부터 육하원칙에 의거해 치밀하게 계획하며 기도로 준비해야 한다. 선교지에 도착해서 단기 사역을 하는 것도 중요하지만 준비하는 과정 중에 많은 은혜를 받을 수 있다는 것을 잊지 말아야 한다.

효과적인 단기 선교를 위해서는 몇 가지 사전 준비 작업이 필요하다.

정보 수집

선교지의 일반적인 정보를 수집한다. 즉 지리적인 위치, 사회적, 경제적인 현황, 기후, 전염병, 출입국 사항, 한국과의 관계, 필수 예방접종 항목 등의 자료를 수집한다. 현지 선교사에게서 자료나 정보를 얻거나 안식년을 맞이한 선교사를 통해 현지에 대해 직접 듣는 것은 프로그램을 준비하는 데 많은 도움이 된다. 정탐 훈련[77]도 단기 선교의 한 부류에 포함될 수 있다.

---

77 정탐 훈련의 대상은 미전도 종족(unreached people)이며, 그 성경적 근거는 민수기 13-14장이다. 성경의 정탐 과정은 다음과 같다.
  ① 하나님의 명령(민 13:1-2)
  ② 정탐 팀의 선발(민 13:3-16)
  ③ 사전 준비 : 정탐 지역 및 방법(민 13:17), 정탐 항목(민 13:18-20)의 결정 및 숙지
  ④ 현지 정탐(민 13:21-24)
  ⑤ 자료 분석 및 정탐 보고(민 13:25-33)
  ⑥ 정탐 후의 결과(민 14장) : 정탐 보고에 대한 이스라엘 백성의 반응(민 14:1-3), 반응에 의한 결과(민 14:26-38)
  AAP, "선교 정탐 훈련 표준 강의안"(서울: 미전도종족입양운동본부, 2000), 28-31을 참조하라.

전략 수립과 사전 교육

　지역에 대한 정보를 바탕으로 전략을 수립한다. 특히 선교지의 종교적인 상황을 고려해서 전략을 수립해야 한다. 그 지역에서 이루어지는 단기 선교 프로그램이 있다면 그 프로그램에 합류하는 것도 바람직하다. 이것을 '단기 선교의 협력'이라고 말할 수 있다. 우리 교회만 선교해야 된다는 식의 편협한 사고는 버리는 것이 좋다. 현장에서 준비한 프로그램은 훨씬 생동감이 넘친다. 단기 선교의 전략은 아웃리치(out-reach)[78]라는 개념 속에서 수행하면 잘 감당할 수 있다. 선교적인 관점에서는 복음의 손길이 닿지 않는 곳에 현지조사방법론을 적용하는 것을 말한다. 흔히 해외 선교 봉사를 아웃리치라 부른다. 이때는 현지 사정을 고려해 의료, 이발, 미용, 찬양, 구제, 어린이 봉사, 개인 전도, 드라마 등을 적절하게 활용한 프로그램을 준비한다.

　공산권, 힌두교권, 이슬람권 등 창의적 접근 지역, 복음에 대해 닫힌 지역을 방문할 경우에는 선교 현장에서 큰 집회를 하는 것은 자제해야 한다. 복음을 전하기 위해 계속 사역하게 될 선교사와 현지 사역자들을 고려해야 한다. 한 예로 선교 집회 후 수백 명의 현지 그리스도인들이 정부에 연행되어 갔다는 보고가 있다.

　수립된 전략에 맞춰 실제적이고도 신중한 교육이 필요하다. 한 사람 한 사람이 가지고 있는 달란트를 정확하게 파악해서 선교지에서 충분히 활용할 수 있도록 준비해야 한다.

---

[78] 아웃리치의 사전적 의미는 '보다 멀리 미치다', '넘어가다', '손을 뻗다', '손을 내밀다' 등이다.

타 문화에 대한 열린 자세

단기 선교는 타 문화권에 가서 복음을 전하고 현지 문화를 체험하는 것이기 때문에 현지 문화를 이해하고 배울 수 있는 좋은 기회가 된다. 타 문화권에 도착하면 신선한 문화 충격과 흥밋거리들을 접하게 된다. 피부색, 기후, 언어, 관습 등의 차이로 인해 이질감을 느끼기도 한다. 반면에 우리 문화와 공통적인 것들을 발견하고 놀라기도 한다. 이러한 것들을 보고 두려워하기보다는 열린 마음과 눈으로 보고 배우는 자세가 필요하다.

대부분의 단기 선교 사역이 한국인 팀으로만 이루어져 있기 때문에 문화 적응 훈련이 큰 효과를 보지 못하고 있다. 또 전도와 사역이 일방적으로 이루어지기 때문에 단기 선교 팀의 요구와 필요, 계획에 의해서 진행될 때가 많다. 그래서 현지인들을 섬기는 역할로서의 선교사의 자세를 배우지 못하는 경우가 많으며, 현지인들을 훈련 과정의 한 대상으로 생각하기가 쉽다. 그러므로 그리스도 안에서 한 지체임을 반드시 기억하고 삶을 나누는 형제로서 인식하는 자세가 필요하다. 현지인과의 만남을 소중하게 간직하기 위해서는 우월주의를 없애고 하나님 안에서 한 형제자매임을 인식해 하나님의 도구답게 성실하게 하나님의 선교를 감당해야 한다.

단기 선교에 참여해서 문화 충격을 느낄 때는 다음의 방법을 이용해 보라. 첫째, 팀 리더에게 자신의 상황을 말하고, 팀 내에서 문제를 나눈다. 또한 내용을 일지에 기록해 둔다. 둘째, 쉬운 일은 아니지만 선교지 언어를 배워 보도록 노력한다. 언어를 익히는 것은 그 지역 문화를 이해하는 데 큰 도움이 된다. 사전에 간단한 인사말이라도 외워 가면 현지인들과 친해지는 데 도움이 될 것이다. 셋째, 현지에서 본 것들을 관찰하고 기록하며, 그것에 대해서 질문을 해 본다. 넷째, 자신이 이번 단기 선교에서 얻고자 하는 것이 무엇인가를 되새겨 보는 시간을 갖는다. 다섯째, 문화 충격이 자신의 영적 성장을 이룰 수 있는 기회가 되도록 해 본다.

협력

단기 선교를 효과적으로 감당하기 위해서는 교회, 교단 선교부, 선교 단체, 선교사, 선교 헌신자들 간에 공동 협력이 잘되어야 한다. 단기 선교를 구상하는 교회 소그룹의 경우 먼저 당회의 허락을 1년 전에 받고, 교단 선교부, 혹은 선교 단체의 협조를 구해 어느 선교지가 적당한지 정하는 것이 바람직하다. 그리고 현지 선교사와 긴밀한 협조가 있은 뒤에 준비를 진행하는 것이 좋다.

팀 내 협력도 중요하다. 단기 선교 팀 안에서 갈등이 생기면 바로 해결하기보다는 참고 속으로만 아파한다. 그러나 사역을 마치고 돌아오기 전에 갈등 요소를 현장에서 해결하는 것이 좋다. 단기 선교 팀원들 중에는 개인주의, 이기주의 성향을 가진 사람들도 섞여 있기 마련이다. 그들로 인해 팀워크가 깨지기도 한다.

단기 선교 준비물 목록

- 개인 준비물 : 성경, 찬송, 여권, 주민등록증, 항공권, 핸드북, 수첩, 필기도구, 세면도구(비누, 샴푸, 칫솔, 치약, 수건 등), 의류(청바지 종류의 긴 바지, 반바지, 얇은 긴팔, 반팔 상의, 수영복, 양말 등), 신발(운동화, 슬리퍼 등), 모자, 약품(개인 비상 약품, 모기약 등), 개인 물컵(각자 이름 표기) 등
- 선교 팀 준비물 : 응급약, 손전등, 물휴지, 손소독제, 일회용 장갑, 장갑(반 코팅, 가죽 작업), 단체 티셔츠, 간단한 선물 혹은 위문품 등
- 업무별 담당자 준비물 : VBS팀(인형극, 학용품, 공작 활동 재료, 선물 주머니 등), 의료 선교 팀(의약품, 의료 도구, 약품 목록 등), 교회 건축 팀(간단한 건축 도구들), 집회 혹은 전도 팀(찬양, 전도지 등), 사회봉사 팀, 안경 사역 팀, 기획 팀, 중보 기도 팀, 홍보 팀, 촬영 팀, 재정 팀, 기록 팀, 교통편 담당 팀 등 팀별로 준비한다.
- 사역자 위로회 준비물 : 기념품, 간단한 선물 등

단기 선교 사역 후 과제

사역을 마치고 돌아오면 피드백이 매우 중요하다. 사역 후에는 무사히 다녀올 수 있게 해 주신 하나님께 감사드리는 기도 시간을 갖는다. 그리고 후원해 주신 분들께 감사를 표하고, 아주 작은 선물이라도 준

비해서 마음을 전한다. 교회에 단기 선교 결과를 보고한다. 오후 예배 시간을 이용하거나 준비한 사진을 보여 주는 등 함께 나누는 시간을 마련하면 좋다. 차후에는 선교 팀을 중심으로 선교지를 위해 계속적으로 기도하고, 자료집을 만드는 것이 바람직하다. 계획에서부터 준비, 출발, 사역이 진행되는 과정, 귀국, 귀국 후의 모습 등을 상세하게 기록하고 평가함으로써 교회와 선교회에 귀한 자료가 될 수 있도록 한다. 이것은 다음 기회에 단기 선교를 떠나는 사람들에게도 귀한 자료로 쓰일 수 있다.

다음은 도미니카공화국 단기 선교를 마친 단기 선교사의 간증문이다. 다음과 같은 간증이 단기 선교를 통해 확장되어 가기를 소망해 본다.

> 가장 먼저 저를 도미니카공화국에 보내 주시고 매일매일 기적을 보여 주신 하나님께 감사드립니다. 제가 몸소 체험하고 느낀 주님의 역사하심을 저희를 위해 기도해 주신 모든 성도님들과 나누고자 합니다. 저는 감사하게도 남들보다 먼저 선교의 체험을 할 수 있었습니다.
>
> …
>
> 여러 성도님들의 축복 가운데 저희는 도미니카공화국 땅을 밟았습니다. ○○○ 목사님과 ○○○교회 담임목사님과 청년들이 저희를 환대해 주셨습니다. 첫날 교회에 도착해 그 교회 성도님들과 만남을 가졌는데 정말 그분들의 눈에는 선함과 하나님을 사랑하는 마음이 가득 차 보였습니다. 그리고 저는 하나님이 함께하심

을 느꼈습니다. 다음 날 전도지를 들고 교회 청년들과 함께 노방 전도를 하러 갔을 때 전도지를 나눠 주면서 교회 청년들이 열정적으로 말씀을 전하고 전도지 내용을 설명하는 것을 옆에서 보면서 저희 선교 팀은 그분들을 위해 축복 기도를 했습니다. 그곳에서도 항상 주님이 저희와 동행해 주심을 느낄 수 있었습니다.

또한 여름성경학교의 열기가 아직까지 생생하게 느껴집니다. 날씨가 좋지 않을 것으로 예상되어 기도했는데 그날 구름 한 점 없는 맑은 날씨로 하나님이 또 다른 기적을 보여 주셨습니다. 많은 아이들이 모였고 그 아이들의 순수함과 맑음이 저희의 마음을 더 벅차게 해 주었습니다. 아이들의 숫자는 계속 늘어났고, 마지막 날에는 교회에 다 들어오지 못할 만큼의 아이들이 와서 너무나 큰 기쁨을 나눌 수 있었습니다. 저는 바이블 스토리 팀에 있었는데 비록 말은 통하지 않았지만 아이들은 그런 저를 너무 반겨 주었고 저 또한 그 아이들에게 사랑을 아낌없이 줄 수 있었습니다. 마지막 사역이었던 예배당 의자 제작과 교회 페인트칠도 처음에는 끝이 보이질 않았지만 모두가 함께 힘을 모아 기쁜 마음으로 하니 예정대로 끝낼 수 있었습니다.

...

이번 평생 잊지 못할 선교, 그리고 하나님이 사랑하시는 귀한 도미니카공화국 사람들의 사랑을 통해 하나님의 살아 계심을 느낄 수 있었습니다.

저희 팀을 친 가족처럼 챙겨 주신 ○○○ 목사님과 담임목사님, 그리고 이 시간에도 저희를 위해 기도하고 계실 ○○○교회 모든 성도님들께 감사드립니다. 또한 저희를 위해 중보 기도 해 주신 모든 성도님들과 저희를 도미니카공화국에 보내 주신 하나님께 감사드립니다.

제5부

연합
선교 본부, 후원회와 함께 걷는 선교사

선교사는 자신을 파송한 기관에 자신이 하고 있는 사역을 투명하게 알리고, 기도와 후원을 통한 동역을 구해야 한다. 선교는 선교사가 독단적으로 감당하는 것이 아니라 선교사, 교단 선교부, 선교 단체, 후원 교회, 현지 선교사회, 현지 교단 등이 모두 협력해서 해야 하는 것이다. 다음 〈도표 9〉는 연계성을 한눈에 보여 준다.

〈도표 9〉 선교와 협력 구조

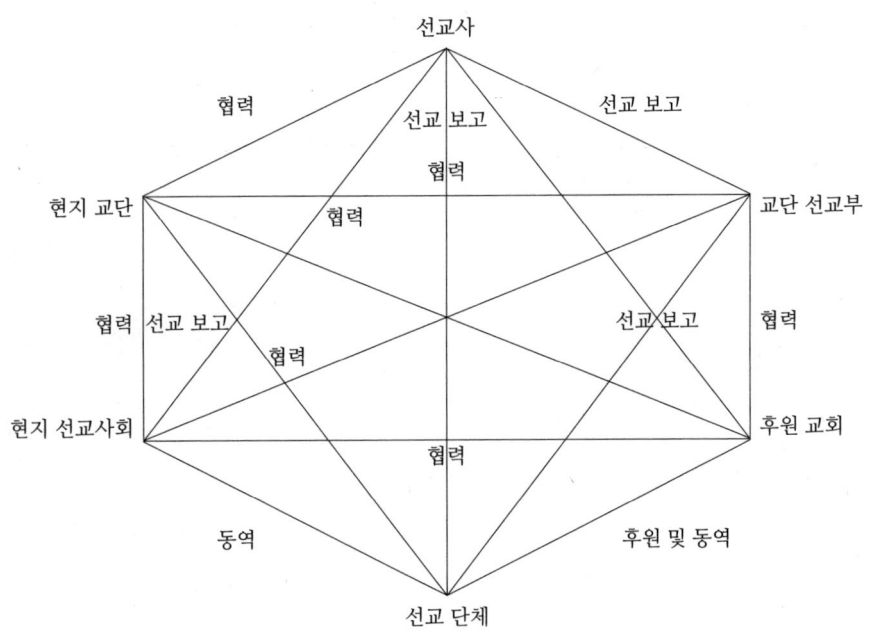

이 구조를 볼 때 서로 간에 긴밀한 관계를 맺고 있다는 것을 알 수 있다. 이러한 협력 구조 속에서 사역할 때 효율적으로 진행할 수 있다.

선교 본부, 선교 단체, 선교사회, 그리고 후원 교회와 후원자는 다음 〈도표 10〉 가운데 하나의 위치에 속해 있게 된다. 또한 교회의 구성원들 가운데 선교와 무관한 삶을 사는 이들도 있다. 그들은 그림의 가장 큰 원 테두리 밖에 존재하는 '선교와 무관한 이들(*)'과 같으며 선교 영역 밖에 있다고 볼 수 있다.

〈도표 10〉 선교 영역에 있어서 선교 관계자들의 위치

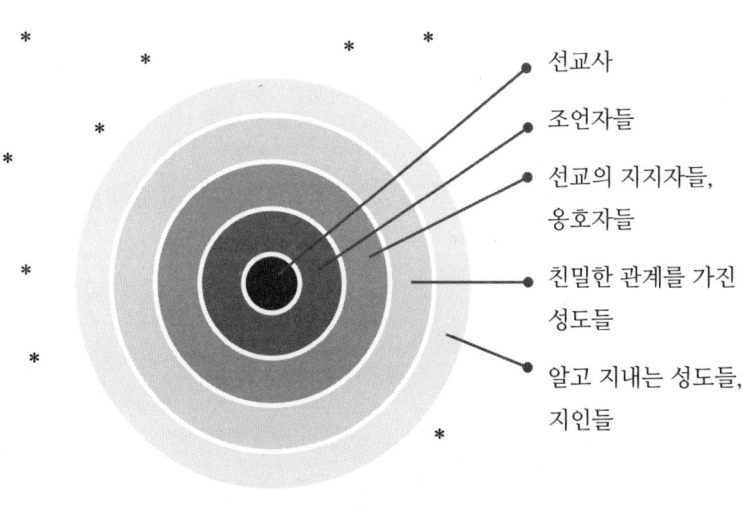

* 선교와 무관한 이들

선교사와 후원 단체, 선교 본부, 선교회, 후원 교회 등 파송 조직은 아주 밀접한 공존 관계를 가지고 있다. 본질적으로 건강한 교회, 선교회는 선교 영역에서 다음 〈도표 11〉과 같은 순환 체계를 갖추어야 한다. 즉 영적으로 서로 영향력을 발휘하면서 하나님의 선교를 이룰 때 건강한 선교를 할 수 있다. 선교 현장에서 발견한 비전과 힘으로 파송 조직에 영향을 미치고, 그 영향력에 의해서 정책을 만들어 선교사와 협력하게 되는 것이다.

〈도표 11〉 선교의 순환 체계

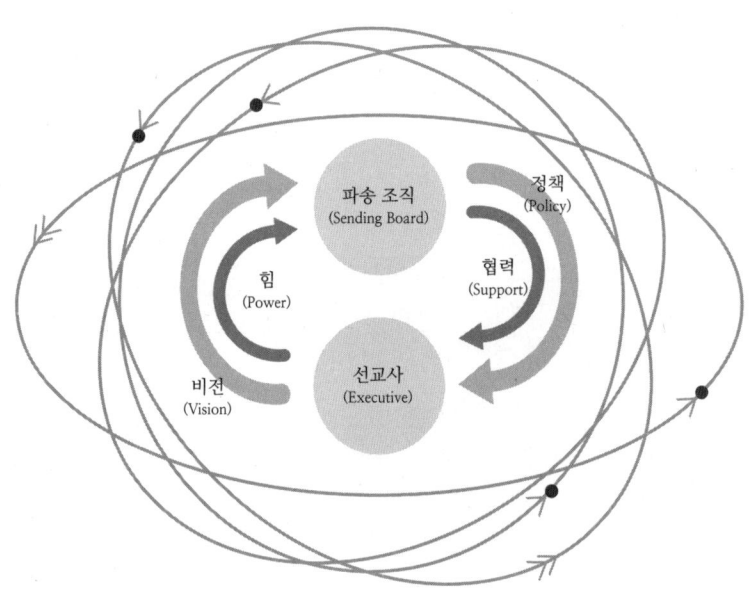

1장
선교사와 교단 선교부, 선교 단체

선교사는 '보냄을 받은 자'다. 그를 보내신 분은 근본적으로는 삼위일체 하나님이시며, 교단 선교부나 선교 단체를 통해서 보내진다. 따라서 선교사는 파송한 선교 단체나 교단 선교부에 대해 소속감과 긍지를 가지고 있어야 한다. 특별히 목회자 선교사들은 대부분 자신이 속한 교단의 파송을 받고 선교지에 나간다. 그러므로 총회와 노회의 일원으로서 교단을 대표하는 자라는 긍지를 가져야 할 것이다. 이것은 동시에 의무에 대한 책임을 수반해야 한다는 것을 의미한다. 선교사는 자신이 소속된 교단 선교부나 선교 단체의 정책을 신실하게 수행해야 한다.

선교 단체의 경우는 선교 단체가 추구하는 선교의 목적과 방향에 대해서 자신이 헌신하고자 동의했기 때문에 별다른 충돌이 없고, 또한 그 목적과 방향에 동의하지 않을 때는 선교 단체에서 나오면 된다.

그러나 교단 선교부 같은 경우는 다양한 스펙트럼을 가진 목회자, 선교 헌신자들이 자신의 교회가 속한 교단의 총회 파송 선교사가 되기에 많은 갈등의 소지를 안고 있고, 선교 원칙이나 정책의 차이로 인해 종종 어려움을 겪는다. 그럼에도 불구하고 자신이 속한 선교회의 원칙과 규칙을 따르기를 제안한다.

선교지에서 자신을 관리하는 것은 어렵지만 반드시 필요한 일이다. 적절한 훈련을 통해 자신을 관리하고, 소속 기관의 감독하에 사역을 하는 것이 바람직하다. 그러기 위해서 선교사는 교단 선교부와 선교 단체의 지도를 받아야 한다. 교단 선교부나 선교 단체의 선교사 복무 규정을 정기적으로 읽고 점검하는 것도 중요하다.

선교 본부와 밀접한 관계를 유지한다

21세기 정보화 시대에 사역하는 선교사답게 정기적으로 선교 본부와 이메일로 연락한다. 물론 여기서도 공산권, 창의적 접근 지역은 예외로 한다. 어떤 선교사는 선교 본부가 선교사의 사역을 잘 알지 못한다고 불평한다. 그러나 다른 관점에서 보면 선교사가 사역을 제대로 보고하지 않아서 본부와 대화가 단절된 것으로 볼 수도 있다.

철저한 선교 보고 및 재정 보고를 한다

교단 선교부, 선교 단체가 제시하는 선교사 규정에 따라 사역한다. 선교 보고와 재정 보고는 매 분기마다 하는 것이 좋다. 교단 선교부, 선교 단체의 정책이나 결정 사항이 사역 현장과 맞지 않더라도 소속 회원답게 수긍하고 따라야 한다. 그리고 세계에는 여러 초교파 선교

단체들이 있으므로 이들 단체에 소속된 선교사들과 조화롭게 협력해야 한다.

또한 재정을 효과적으로 관리해야 한다. 사역비는 귀한 헌금으로 이루어지기 때문에 투명한 재정 관리, 치밀한 집행, 정확한 결산을 원칙으로 해야 한다. 이는 선교사와 선교 사역의 질을 높여 주고 효율성을 끌어 올려 준다. 또한 쓸데없는 오해를 불식시키고 건강한 선교 사역을 이끌어 준다.

노회, 후원 교회, 후원회에도 선교 소식을 알린다

한국을 방문할 때 선교 컨퍼런스가 열리면 그 대회에 참석해서 선교 보고를 하고 선교의 긴급성과 필요성을 알리는 것이 좋다. 또한 선교 소식을 교단 선교부, 선교 단체뿐 아니라 노회, 교회, 후원회에도 보내도록 한다. 동료 목회자, 동문, 동기, 지인들에게도 보낸다.

프로젝트를 청원할 때 고려해야 할 사항을 숙지한다

다음의 내용은 선교사가 교단 선교부, 선교 단체, 후원 교회에 프로젝트를 청원할 때 먼저 생각해 볼 사항이다.[01]

- 이 프로젝트는 현지 교회를 발전, 부흥케 하는 목표에 부합하는가? 그리고 교회 성도들의 믿음 성장에 얼마나 공헌할 것인가?

---

[01] 강승삼 편, 《한국 세계 선교 행정과 정책 자료집》(서울: KWMA, 2004), 17.

- 이 프로젝트로 사역을 진행함에 있어 하나님의 인도하심이 역력히 보이는가?
- 이 프로젝트에 있어서 인사, 예산, 시간, 에너지 등 이외의 다른 우선순위가 있는가? (모든 상황을 면밀히 검토해야 한다.)
- 이 프로젝트의 필요성, 긴급함은 어느 정도인가?
- 이 프로젝트를 시작할 수 있는 자원은 있는가? 자원 공급의 지속성이 타당한가? 어느 정도의 자원이 마련되어야 하는가?
- 이 프로젝트가 지리적, 문화적, 정치적인 면에서 타당성이 있는가?
- 이 프로젝트를 성취시킬 수 있는 능력 있는 현지 교회가 있는가?
- 이 프로젝트의 필요를 대응할 수 있는 바른 기관이 있는가?
- 이 프로젝트는 통제할 수 있는 것인가?
- 이 프로젝트가 가장 효과적인 방법인가? 아니면 이에 상응할 만한 다른 방법도 있는가?
- 이 프로젝트를 진행한다면 예상되는 부정적이거나 긍정적인 부산물은 무엇인가?
- 이 프로젝트가 선교의 지상 명령이라는 특성에 일치하는가?

2장
선교사와 후원 교회, 후원회

선교사의 전적인 후원자는 하나님이시다. 하나님이 먹이시고, 입히시고, 채워 주신다. 이러한 믿음 위에서 출발한 선교사들이 세계 곳곳에서 이 시간에도 열심히 사역에 임하고 있다. 믿음의 선배 조지 뮬러는 선교사로 사역하는 동안 5만 번 이상의 크고 작은 기도의 응답을 받았다. 우리가 잘 아는 믿음 선교의 선구자 허드슨 테일러의 사역을 봐도 많은 위로가 된다. 허드슨 테일러는 하나님이 보시기에 얼마나 큰 기쁨이 되는 선교사였을까 하는 생각이 든다.

선교사의 관점에서 바라본 후원 교회와의 관계

후원 교회를 물질을 후원하는 곳으로만 인식하는 것은 바람직하지 않다. 후원 교회는 선교지를 위해 함께 기도하는 기도 동역자다. 그리고 기도야말로 가장 든든한 후원이다.

선교지에서 필요한 것은 가능하면 현지에서 조달한다

　간혹 선교지로 출발하기 전에 미처 한국에서 구입하지 못한 물품이 있으면 선교지에 도착한 뒤 후원 교회에 요청하는 경우가 있다. 후원 교회에 요청한 물품 목록이 현지에서도 얼마든지 개인적으로 준비할 수 있는 일상 용품이나 주방 용품 등 사소한 것이라면 이 요청은 잘못된 것이라고 볼 수 있다.

재난을 당했을 때 후원 교회의 조치에 대해 실망하지 않는다

　다음은 선교지에서 총상을 입은 한 선교사가 사고 후 고백한 내용이다.

> 　무장 강도를 만나면 무조건 피하라. 침착하게 대처하고, 가지고 있는 것을 다 주라. 사고가 나면 사람들(후원자, 후원 교회)의 마음이 변한다. 파송 교회는 언제 후원을 중단할 것인가를 생각한다.

　선교지에서는 지진, 해일, 전쟁, 폭동, 기타 재해 등 생명과 직결되는 긴급한 상황을 겪는 일이 많다. 이럴 때 후원 교회나 후원자들의 관심과 기도는 많은 힘이 된다. 그러나 재난을 당한 선교사가 느끼기에 섭섭할 정도로 후원 교회에서 보여 주는 관심이 적다고 할지라도 실망하지 않기를 바란다. 진정한 후원자이신 하나님이 곁에 계시기 때문이다.

후원 교회에 감사하는 마음을 갖는다

후원 교회는 보내는 선교사이며, 중보 기도의 동역자다. 따라서 하나님이 맺어 주신 후원 교회에 감사하는 마음을 가져야 한다. 또한 하나님의 선교를 잘 감당할 수 있도록 후원 교회의 영적 부흥을 위해서 늘 기도해야 한다.

후원 교회와 좋은 관계를 유지한다

후원 교회와 선교사 간의 갈등으로 인해 문제가 발생한다면 하나님의 선교에 있어서 바람직하지 않다. 후원 교회가 성령으로 충만해 세계 선교를 감당하는 기쁨을 누리고, 성도들이 전도에 열심을 낼 수 있도록 동기를 부여하는 것은 중요한 일이다. 특별히 안식년 기간 동안에 후원 교회의 성도들이 선교의 비전을 가질 수 있도록 돕는 사역은 매우 중요하다.

후원 교회의 선교 헌신자, 관계자들을 격려한다

선교사를 후원하는 일에 앞장서는 평신도 헌신자들이 있다. 이들이 선교지에서 단기간 사역자로 헌신할 경우 선교사에 대한 막연한 환상이 깨지고 실망하는 일들을 만날 수 있다. 따라서 선교사는 평신도 사역자들이 시험에 빠지지 않도록 조심해야 한다. 그리고 한국을 방문하게 되면 그들을 격려하고 축복해야 한다.

교회의 관점에서 본 후원 선교사와의 관계

찰스 밴 엥겐은 "선교하는 교회는 참된 교회로 성장하고, 교회다운 교회로 발전한다. 그리고 교회는 교회 이상이 될 수 없으며, 선교하는 교회 이상이 될 수 없다"고 말했다. 또한 그는 토마스 토랜스(Thomas Torrance)가 주장한 "선교는 교회의 본질에 속한다"와 요하네스 블라우(Johannes Blauw)가 언급한 "세상에 보냄을 받지 않는 교회는 교회가 아니고, 그리스도의 교회가 하는 선교가 아니면 선교가 아니다"라는 말을 언급하면서 교회와 선교를 구분하는 것은 바람직하지 않으며, 교회가 곧 선교임을 강조했다.[02]

교회가 선교해야 하는 것은 당연한 일이다. 그러나 아직까지 한국 교회가 선교에 참여하는 비율은 전체 교회의 20%도 채 되지 않는다. 이런 현실에서 선교 사역에 동참하는 교회들은 시대의 흐름에 맞추어 보다 체계적이고 조직적인 선교관으로 변화해야 한다. 이를 위해서는 첫째, 지교회가 구체적인 선교 목표와 방향을 설립해야 한다. 둘째, 세계 선교를 위해 적극적으로 중보 기도 해야 한다. 셋째, 선교에 필요한 예산을 확보해야 한다. 넷째, 지교회는 선교사 자원의 밭이므로 예비 선교사를 발굴하는 책임을 다해야 한다. 다섯째, 체계적으로 단기 선교를 실시해야 한다. 여섯째, 선교사의 복지와 선교사 자녀를 위한 방안을 세워야 한다.

---

[02] 찰스 밴 엥겐, 임윤택 역,《모이는 교회, 흩어지는 교회》(서울: 도서출판 두란노, 1994), 33-34, 55.

21세기에 후원 교회들이 온전히 하나님의 선교를 감당하기 위해서는 선교 활성화를 위한 새로운 패러다임이 한국 교회에 절실하게 필요하다.

선교사를 위해 기도하는 후원 교회가 되어야 한다

선교사를 파송한 지 얼마 지나지 않아서 거대한 사역의 열매를 요구하는 후원 교회가 있다. 일상생활 용어조차 제대로 구사하지 못하는 선교사가 단시일 내에 후원 교회의 바람을 만족시키기란 현실적으로 불가능하다. 이것은 선교사로 하여금 사역에 대한 중압감을 갖게 만드는 요인이 되고, 결국 위장된 사역의 열매를 후원 교회에 보여 주게 만든다. 따라서 후원 교회는 지나친 사역의 열매를 강조하기보다는 선교사가 정체성을 잃지 않고 하나님이 맡기신 사역을 잘 감당할 수 있도록 끊임없이 기도하는 것을 우선시해야 한다. 중보 기도와 함께 선교 사역에 관심을 갖고 동역자로서의 역할을 감당하는 것이 바람직하다. 이것은 선교사가 장기 사역을 감당할 수 있게 하는 힘이 된다.

뜨거운 선교의 열정을 마음에 품고 해외 선교를 위해 중보 기도를 하는 한 모임이 기억난다. 그 모임의 회원은 주로 권사님들이다. 매일 각자의 처소에서 세계 각지에 흩어져 있는 선교사들과 세계 선교를 위해 기도하다가 한 달에 한 번씩 함께 모여 기도한다. 그들의 기도를 통해서 많은 선교사들이 힘을 얻고 오늘도 열심히 사역에 힘을 기울이고 있다. 이런 중보 기도의 불길이 한국 전체로 번져 가기를 기도한다.

선교사의 부족한 부분을 인정한다

후원 교회가 만족하는 선교사는 없다. 19세기 중국 해안을 따라서 선교했던 귀츨라프는 잃어버린 영혼을 구하는 데 대단한 열정을 가진 선교사였다. 그러나 오랜 세월 동안 그를 속인 현지인들 때문에 많은 선교비를 낭비하고 말았다. 그는 선교 사역 후기에 한 선교 단체를 세웠는데, 그 단체를 통해서 이루어진 선교 사역도 효과를 거두지 못했다. 그 결과 귀츨라프의 사역에 대한 부정적인 평가들이 쏟아져 나왔다. 그러나 그가 주님 품에 간 이후 그 선교 단체를 통해 위대한 선교사 허드슨 테일러가 배출되었다.

선교사를 사역의 규모나 눈에 보이는 실적에 따라서 평가하는 실수를 범해서는 안 된다. 또한 선교사가 가지고 있는 능력, 외모, 인격 등에 따라 마음대로 판단해서도 안 된다. 그의 부족한 부분은 하나님이 채우신다. 부족한 선교사일수록 후원 교회가 더 많이 기도로 후원해야 한다는 것을 기억하자. 또한 선교사도 선교지를 위해서 기도하며 물질로 후원하는 한국 교회를 이해해야 한다.

다음은 세계 선교를 담당하고 있는 한 지역 교회 목회자가 쓴 칼럼 "유리 보트(Glass Bottom Boat)"[03]다. 선교지를 향한 목회자의 따뜻한 마음이 가슴에 와 닿는다.

인도네시아 롬복섬이라는 곳에 '유리 보트'라는 인기 관광 상품이 있다. 이 보트에는 작은 모터가 달려 있고 배 중앙 밑바닥이 두

---

03 정희성, 《연못골》, 2012년 10월, "유리 보트", 9.

꺼운 유리로 되어 있어 달리는 보트 안에서 바닷속을 들여다볼 수 있도록 디자인되어 있다.

유리 보트 바닥을 들여다보며 천 년 묵은 것 같은 거북이와 형형색색의 신비한 열대어, 한낮의 태양빛을 받아 크리스탈처럼 투명하게 반짝이는 물빛, 그리고 하나님의 예술적인 숨결을 느끼지 않을 수 없는 천혜의 산호섬이 어우러져 빚어내는 그분의 성스러운 걸작품을 접하게 된다.

또한 유리 보트 옆에는 이와는 전혀 다른 모습으로 바닷속의 풍경을 감상하는 사람들이 있다. 바로 사람 크기만 한 무거운 산소통을 메고, 산소마스크를 차고, 방수 물안경을 착용하고, 물갈퀴에 복잡한 장비를 한 후 위험 부담을 안고 물속으로 뛰는 다이버들의 모습이다.

아름다운 바닷속 풍경을 보는 것은 비슷하지만 유리 보트에 탄 사람들이 상상할 수도 없는 일들을 다이버들은 느끼고 겪게 된다. 겉보기에는 그저 잔잔해 보이는 바다 표면이지만, 실상 바닷속으로 들어가 보면 강한 조류의 흐름을 만나게 되고, 또한 민감하게 변하는 바닷물의 온도를 피부로 느낄 수 있다는 것이다. 그리고 돌과 돌 사이, 수초와 수초 사이에 살아 움직이는 생명들의 몸부림을 다이버들은 가까이에서 체험할 수 있다는 것이다. 이런 것들이 바로 유리 보트에 타고 있는 사람들과 다이버들 사이의 차이라고 할 수 있다.

선교가 이와 같다. 한국에서 보내는 선교사로 부름 받은 우리는 사실 유리 보트에서 편하게 바닷속을 들여다보고 있는 사람과 같다. 선교사들은 다이버들처럼 무거운 산소통과 장비를 메고, 생명을 담보로 새로운 생명을 찾아 나서는 사람들이다. 우리는 유리 보트에서 보이는 평온한 선교지를 바라보며 선교사들을 오해할 때가 많다. 사실 그 바닷속에는 지금 급격하게 변하는 온도와 밀어치는 조류로 인해 몸을 지탱하기도 어려운 상황인데도 불구하고 유리 보트에 타고 있는 우리의 눈에는 그저 잔잔한 바닷속 풍경이 보이기에 그들의 아픔을 이해하려고 하지 않는다는 것이다.

선교는 그 간격을 좁히는 것에서부터 시작되어야 한다. 결코 한국에 있는 교회가 선교를 감당할 수 없다. 또한 선교지의 선교사들 혼자서도 하나님의 선교를 온전하게 감당할 수 없는 것이다. '이심전심(以心傳心)'이라는 말이 있지 않은가? 눈에 보이는 현실에 따라서 선교와 선교사들을 이해하지 말고, 비록 우리는 유리 보트에 타고 있지만 마음으로 선교사들과 함께 생명을 찾아 심해로 들어간다면 하나님이 원하시는 선교의 열매를 맺을 수 있으리라 믿는다.

우리 교회가 선교사님들과 함께 한마음을 나누면서 우간다, 러시아, 도미니카공화국, 동북아(중국), 말레이시아, 인도네시아, 온두라스, 몽골, 케냐(소말리아)의 바닷속에서 하나님이 찾으시는 귀한 생명들을 찾아 살리는 일에 최선을 다하기를 소망한다.

독자적으로 선교사의 사역 프로젝트를 승인, 지원해서는 안 된다

파송 기관, 즉 교단 선교부나 국제, 또는 국내 선교 단체 등 승인 기관의 기준에 따라서 사역 프로젝트를 함께 검토한 후 그 필요성이 인정되어 승인이 되면 그때 최선을 다해 지원해야 한다.

후원 교회가 선교 주간을 정해 선교 사역에 동참할 수 있게 한다

선교 주간에는 특별히 선교사 가정과 세계 선교를 위해 집중적으로 기도하는 시간을 갖는다. 또한 선교사를 위한 목회적 돌봄과 복지를 계획한다.

선교사가 본국에 일시적으로 귀국하거나 안식년에 본국에 거할 때 숙소를 제공해 주고, 육체적으로 회복할 수 있도록 돌봐야 한다. 선교사의 복지에 관해서 후원 교회는 늘 관심을 가져야 한다. 또한 선교사 계속교육 지원을 통해 선교사의 사역을 점검하고 학문적으로 퇴보하지 않도록 돕는다. 이것은 한 명의 위대한 선교사를 세워 가는 비전이 있어야 가능하다.

선교 사역은 선교사와 함께 감당한다

후원 교회는 선교사가 분기별로 보내는 선교 소식을 교회 게시판에 붙이거나 매월 발행되는 교회 회지에 실어서 전 교인이 하나님의 선교에 동참하도록 독려해야 한다. 또한 선교사의 근황과 기도 제목을 수시로 알려 구체적인 기도와 헌금으로 사역에 동참하도록 해야 한다.

한 예로, 성탄절에 정성이 담긴 자그마한 소포를 보내 선교사 가정을 격려하며 성탄의 기쁨을 전하거나, 선교사 가정에서 그동안 사역에 동참해 준 후원 교회에 편지를 보내 감사하는 마음을 전하는 것은 동역에 큰 활력이 된다.

후원 교회가 피하고 싶은 5가지 유형의 선교사

1. 후원 교회는 '아부형 선교사'를 싫어한다. 그리고 모순 같지만 선교사가 고생하고 힘들어하는 모습을 보며 은혜를 받는다. 선교사가 평안하기를 늘 기도하면서 말이다. 선교사가 열심히 사역해서 많은 열매를 맺고, 역사에 기록될 만한 일을 했을 경우 동료 목회자들이 의외로 시기하는 경우가 있다.

2. 후원 교회는 '주정(酒酊)형 선교사'를 싫어한다. 기승전결이 분명하지 않은 채 똑같은 넋두리를 계속 반복하는 것을 싫어한다.

3. 후원 교회는 '갈대형 선교사'를 싫어한다. 똑같은 상황인데 어느 때는 좋았다고 하고, 어느 때는 좋지 않았다고 말하는 것이다. 자료 제공자가 같은 사건에 대해서 왔다 갔다 하는 것이다.

4. 후원 교회는 '사오정형 선교사'를 싫어한다. 후원 교회의 상황과 형편을 고려하지 않고 자기 형편만 말하고 끝내 버리는 유형이다.

5. 후원 교회는 '성령의 감동을 빙자하는 선교사'를 싫어한다. 객관적인 사실은 하나도 없고, 모든 것을 직접적인 계시를 통해서 받았다고 함으로써 후원 교회를 압박하는 유형이다.

개인 중보 기도자와의 관계

선교사에게 가장 큰 힘이 되는 것은 중보 기도다. 중보 기도는 영적으로 치열한 전투에서 넘어지지 않고 승리하게 해 준다. 선교사를 위한 중보 기도자들은 후원 교회에 소속된 성도들뿐 아니라 친지, 친구, 또는 교파를 초월해 세계 선교를 위해 끊임없이 눈물로 기도하는 성도들이다. 그들의 기도로 말미암아 세계 각지에 흩어져 있는 선교사들이 힘을 얻고 사역의 열매를 맺으며 선교의 지경을 넓혀 가고 있는 것이다.

한편 선교사에게도 이러한 중보 기도자들을 위해 늘 기도해야 하는 사명이 있다. 그들이 주님 안에 굳건하게 서서 땅 끝까지 복음이 전파되기까지 선교를 위한 기도의 사역을 잘 감당해 나갈 수 있도록 중보 기도를 잊지 말아야 한다.

노윤식 교수가 언급한 중보 기도 사역에 대한 몇 가지 제안을 소개한다.[04]

- 현장에서 기도하라. 현장에서 일어나는 구체적인 상황과 의미를 파악할 수 있으며, 상황을 기억하고 기도할 수 있기 때문이다.
- 상황에 따라 기도의 중심을 달리해야 한다. 정확한 상태를 파악하고 영적 필요를 이해했다면 그 상황에 맞게 중보 기도를

---

04 노윤식 교수의 글 "선교지의 영적 전쟁 이해"에서 발췌, 수정했다.

할 수 있다.

- 적절한 은사를 사용해서 기도하라. 개인적인 은사를 사용하는 것을 넘어 단체나 교회들의 독특한 특징을 함께 엮어서 사역하는 것도 필요하다.
- 진행 상황을 확인하며 기도하라. 중보 기도 사역을 할 때는 현지 상황의 변화를 예의 주시하고, 그 변화를 적절하게 표시하며 진행 사항을 확인하는 것이 필요하다.
- 기도 사역의 목적과 결과는 지상명령의 완수다. 중보 기도 사역이 은사 사역이나 예언 사역, 치유 사역 등 특정 사역에 머물러 버리는 예가 종종 있다. 중보 사역의 목적과 결과는 예수님의 지상명령의 완성에 있다.
- 훈련이 필요하다. 훈련된 용사가 성숙한 사역을 잘 감당할 수 있다.
- 기도의 자리에 서게 하라. 하나님은 기도하는 자리 속에서 인도해 가신다. 하나님은 우리가 알고 있는 경험이나 이론, 계획을 통해서 일하시기보다 실제 기도의 자리에서 구체적인 사역의 길로 인도하시고 우리를 넓혀 주신다. 그러기에 실제 기도하는 시간이 중요하다.
- 연합으로 기도하라. 중보 기도 사역에 관심을 가지고 있는 교회의 목회자들, 성도들, 헌신자들끼리 정기적으로 모여 연합하며 기도하라.

선교에 있어서 중보 기도의 중요성은 아무리 강조해도 지나치지 않다. 개인 중보 기도자와 선교사가 지속적인 중보 기도로 한마음이 되어 동역의 기쁨을 맛보고, 하나님의 선교 현장에서 일어나는 기적을 목격하는 증인이 되는 기쁨을 누리기 바란다.

닫는 글

선교사의 생활과 사역은 최전방에서 싸우는 병사의 모습에 비유할 수 있다. 전쟁의 상처는 모두에게 남기 마련이지만, 전투 현장에서 목숨을 잃거나 부상을 입은 병사들과 그 가족들은 일평생 말할 수 없는 고통을 안고 살아간다. 마찬가지로 선교 현장에서 생명을 담보로 복음을 전하는 선교사들의 아픔과 고통은 선교에 대한 학문적 이론이나 단기간의 관찰만으로는 결코 정확히 이해할 수 없는 영역이다.

선교는 '그리스도의 사랑을 전하는 것'이다. 그리스도의 사랑이 선교의 동기를 제공해 준다고 해도 과언이 아니다. 주님은 부활 후 디베랴 바닷가에서 만난 베드로에게 "네가 나를 사랑하느냐"(요 21:17)[01] 하

---

[01] 여기서 주님이 확인하신 사랑은 아가페 사랑이었다. 이러한 내용은 헬라어 성경을 보면 분명히 알 수 있다. 주님은 처음 베드로에게 질문하실 때 아가페의 사랑으로 물으셨다(ἀγαπᾷς με). 그러나 베드로는 필로스의 사랑으로 대답했다(φιλῶ σε). 두 번째 상황도 동일했다. 주님은 물으시기를 "아가파스 메(ἀγαπᾷς με)"라고 하셨고, 이에 베드로가 대답하기를 "필로 세(φιλῶ σε)"라고 했다. 세 번째 질문에서 주님은 단어를 바꿔 "필레이스 메(φιλεῖς με)"라고 물으셨고, 베드

고 물으셨다. 이것은 하나님의 사랑을 가진 자만이 복음을 전할 수 있기 때문에 그 사랑을 확인하신 것이다.

그 사랑을 안고 조선 땅에 온 수많은 선교사들은 자신의 생명을 주님께 기꺼이 드렸다. 그 가운데 조선 땅에 열일곱 번째로 들어온 사무엘 무어(Samuel Moor) 선교사가 있다. 그는 1892년 미국북장로교회 시카고 노회의 파송을 받아 조선 땅에 도착했다. 제물포항에 도착해 부두에 내리자마자 무릎을 꿇고 "하나님, 이곳에서 뼈를 묻을 정도로 조선인들을 사랑할 수 있게 해 주시옵소서"라고 기도했다.

사무엘 무어는 한국에서 두 번째로 세워진 곤담골교회[02]를 개척했는데, 첫해 16명으로 시작한 교회가 3년째 되는 해에는 3배에 가까운 43명이 모이는 교회로 성장했다. 그의 전도 열정과 전도법은 다른 선교사들과 달랐다. 또 그는 계층[03]을 가리지 않고 전도했다.

그러던 어느 날, 1895년에 세례를 받아 곤담골교회의 정식 교인이 된 백정[04] 박성춘의 신분이 노출되자 교회를 다니던 곤담골 양반들이 동요하기 시작했다. 양반들은 사무엘 무어 선교사에게 "짐승만도

로는 여전히 필로스적인 사랑($\phi\iota\lambda\tilde{\omega}\ \sigma\epsilon$)으로 고백했다. 주님은 부활 후 승천하시기 전에 베드로를 만나 꼭 확인하시고 싶은 것이 있었다. 그것은 바로 베드로가 아가페의 사랑으로 주님을 사랑하는가 하는 것이었다. 주님은 이 질문 속에서 베드로가 주님을 아가페의 사랑으로 사랑하겠다고 다짐하는 것을 확인하신 후 "나를 따르라"고 명하셨다.

02 '고운 담으로 연결된 집들이 있는 동네'라는 뜻이며, 지금의 인사동을 말한다. 이 교회는 현재 인사동에 있는 승동교회의 전신이다.
03 당시 조선 땅에는 양반, 중인, 상인, 천민, 백정 등 5개 계급이 존재했다.
04 당시 백정들이 지켜야 하는 사회적 제약은 너무나 많았다. 삿과 망건을 쓸 수 없었고, 돈을 벌어도 비단옷과 가락지를 착용하면 안 되었으며, 맨발로 다녀야 했다. 보통 사람들이 길을 갈 때에는 한 발 옆으로 비켜서서 그들이 지나간 다음에 가야만 했고, 걸음걸이도 보통 사람들과 같으면 안 되서서 걸을 때는 고개를 숙이고 폴짝폴짝 뛰어가야만 했다. 또한 아이들과 남의 집 종에게까지 높임말을 써야 했고, 백정 아들이 장가갈 때는 말 대신 소를, 딸이 시집갈 때는 가마 대신 널빤지를 타고 가야 했다.

못한 것들과는 예배를 드릴 수 없습니다. 어떻게 감히 백정들이 하나님 나라에 들어갈 수 있습니까?" 하면서 백정들이 교회에 들어오는 것을 보자 교회 밖으로 나가 버렸다. 무어 선교사는 당시에 한 사람을 전도하는 것이 얼마나 힘든지 잘 알고 있었지만 양반들이 교회 밖으로 나가는 것을 그대로 두었다. 그리고 남아 있던 백정들을 부둥켜안고 "날 사랑하심 날 사랑하심 날 사랑하심 성경에 쓰였네"(새찬송가 563장) 하고 찬송을 불렀다.

눈물을 흘리며 찬송하고 기도했던 선교사가 품은 사랑이 백정들에게 그대로 전해져 오늘날의 한국 교회가 이룩된 것이다.[05] 그리스도의 사랑을 값없이 받은 우리는 그 빚을 갚을 의무가 있다.

지난 2010년 남아프리카공화국 케이프타운에서 열린 제3차 로잔 대회[06]에서도 하나님의 사랑으로 압축된 로잔 헌신문이 발표되었다. 그 내용은 다음과 같다.

    1. 하나님이 먼저 우리를 사랑하셨기에 우리가 하나님을 사랑한다.

    2. 우리는 살아 계신 하나님을 사랑한다.

    3. 우리는 아버지 하나님을 사랑한다.

    4. 우리는 하나님의 아들을 사랑한다.

    5. 우리는 성령님을 사랑한다.

    6. 우리는 하나님의 말씀을 사랑한다.

---

05 그는 마침내 자신에게 익숙했던 문화와는 거리가 먼 환경에서 사역하다가 폐결핵에 걸려 순교했다.

06 로잔 선언문(The Cape Town Commitment) 요약본 원본과 번역문을 부록 1에 첨부했다.

7. 우리는 하나님의 세상을 사랑한다.

8. 우리는 하나님의 복음을 사랑한다.

9. 우리는 하나님의 사람들을 사랑한다.

10. 우리는 하나님의 선교를 사랑한다.

선교는 하나님의 사랑을 나누는 것에서 한 걸음 더 나아가 '십자가의 도를 전하는 것'이다. 사도 바울은 고린도전서 1장 18절에서 "십자가의 도가 멸망하는 자들에게는 미련한 것이요 구원을 받는 우리에게는 하나님의 능력이라"고 말했다. 십자가의 도를 전하고 그 믿음을 지키기 위해 수많은 이들이 목숨을 잃었다. BC 4세기, 로마의 장군 바루스(Varus)는 유대인 2천 명을 십자가에 못 박아 죽였다. 또한 AD 69년경 로마의 장군 티투스(Titus)는 예루살렘을 공격할 때 그 도시에서 도망치는 사람들을 십자가에 못 박았는데 그 수가 너무 많아서 십자가를 세워 놓을 만한 공간도, 십자가를 만들 나무도 찾지 못했다고 한다.

이처럼 멸망하는 자들에게는 십자가가 환난과 핍박의 상징이지만, 구원을 얻은 우리에게 십자가는 부활하신 예수 그리스도를 통해 하나님의 능력을 덧입는 것을 의미한다. 선교사의 생활과 사역은 바로 십자가를 지고 가는 삶이며, 십자가를 전하는 것이라고 말할 수 있겠다. 그렇기 때문에 오늘도 세계 각지에서 수많은 선교사들이 고난과 역경 가운데서도 기쁨으로 사역을 감당하며 하나님의 영광을 위해 헌신하고 있는 것이다.

하나님의 선교에 있어서 선교사 가정은 매우 중요한 존재다. 또한 교단 선교부, 선교 단체, 후원 교회와 후원자 모두에게 있어서도 선교사 가정은 축복의 통로가 된다. 그렇기에 이 세상에서 가장 존귀한 존재인 인간을 창조하셨고, 구원하셨으며, 믿음의 반열에 세워 주신 하나님과 그분의 뜻을 위해 선교사로 부름 받은 것은 영광스러운 일이며, 자신을 던질 만한 충분한 가치가 있는 것이다.

21세기 선교 현장은 여전히 만만치 않다. 하나님의 존재를 깊이 인식하지 못한 채 시대의 요구에 따라 살아가는 이 세대의 사람들에게 영생의 길을 제시해 주는 것은 쉽지 않은 과제다. 이러한 시대에 선교 현장에서 고군분투하는 선교사뿐 아니라 선교 사역에 동참하고 있는 모든 이들은 스스로가 하나님 앞에서 가장 존귀한 자임을 인식하고, 그분과 동행하는 기쁨을 누리면서 우리가 가야 할 곳, 주님이 계신 곳까지 믿음의 길을 줄달음쳐 가야 할 것이다.

"내가 수고를 넘치도록 하고 옥에 갇히기도 더 많이 하고 매도 수없이 맞고 여러 번 죽을 뻔하였으니 유대인들에게 사십에서 하나 감한 매를 다섯 번 맞았으며 세 번 태장으로 맞고 한 번 돌로 맞고 세 번 파선하고 일주야를 깊은 바다에서 지냈으며 여러 번 여행하면서 강의 위험과 강도의 위험과 동족의 위험과 이방인의 위험과 시내의 위험과 광야의 위험과 바다의 위험과 거짓 형제 중의 위험을 당하고 또 수고하며 애쓰고 여러 번 자지 못하고 주리며 목마르고 여러 번 굶고 춥고 헐벗었노라"(고후 11:23-27).

이것은 바울의 선교적 삶을 구체적으로 보여 주는 말씀이다. 하나님의 선교사는 성령 안에서 늘 새로운(Always New) 소명을 가지고, 항상 단순한(Always Simple) 생활과 사역을 추구해 나갈 때 언제나 아름다울 수 있다(Always Beautiful).

부록 1 케이프타운 선언문 요약본

케이프타운 선언문(The Cape Town Commitment, CTC)은 방대하고 포괄적인 문서로서, 2010년 10월 남아프리카공화국 케이프타운에서 열린 제3회 로잔세계복음화대회의 공식 회의록을 정확히 반영하고 있다. 이것은 요약본으로 CTC 원본과 함께 읽어야 한다.

CTC는 '우리는 이 시대의 현실에 기독교 선교로 반응해야 한다'는 신념에 뿌리내리고 있다. 교회의 선교는 변하지 않는 하나님의 말씀뿐 아니라 변화하는 세상의 현실 또한 진지하게 고려해야 한다. CTC는 로잔의 전 교회가 온전한 복음을 전 세계에 전파해야 한다는 부르심을 반영한다. 또한 이는 사랑의 언어, 즉 온전한 복음, 전 교회, 그리고 전 세계를 향한 사랑이라는 틀에 속해 있다. 이 약속은 '신앙고백'과 '행함으로의 부르심'이라는 두 부분으로 구성된다.

1. 우리가 사랑하는 주님을 위해 : 신앙고백

서두에 기록된 "하나님의 선교는 하나님의 사랑에서 비롯하며, 하나님의 사람들의 선교는 하나님과 하나님이 사랑하시는 모든 것을 향한 사랑에서 비롯한다"라는 문장이 기초가 된다. 처음에 등장하는 다섯 개의 요점들은 하나님을 향한 사랑을 다루고 있다. 우리는 그 누구보다 살아 계신 하나님을 사랑하고, 그분의 영광을 향한 열정을 가지고 있으며, 성삼위일체 하나님, 즉 성부, 성자, 성령을 사랑한다.

이 고백(CTC)은 성부 하나님께 대한 인식을 새롭게 해 준다. 그리고 성자에 대해서는 우리의 신뢰, 순종, 그리스도를 선포해야 하는 의무를 강조한다. 또한 성령에 대해서는 "그러므로 성령의 임재와 이끄심, 능력 없이 선교하는 것은 무의미하며 성과가 없다. … 성령과 그분의 사역, 그리고 능력 없이 참되고 온전한 복음과 진정한 성경적 선교는 존재하지 않는다"고 말한다.

마지막 다섯 개의 요점은 하나님의 말씀, 세상, 복음, 사람, 그리고 선교를 향한 사랑을 다룬다. 그 내용은 다음과 같다.

첫째, 우리는 하나님의 마지막 계시인 성경에 대해 순종할 것을 다시금 확증하며, 성경이 계시하는 위격(位格)과 성경이 가르치는 진리, 성경이 요구하는 삶을 향한 사랑을 확증한다(성경이 가르치는 삶, 즉 대가를 치뤄야 하는 제자도의 삶은 원치 않으면서 말씀은 사랑한다고 고백한다는 것도 인정한다).

둘째, 우리는 하나님 나라와 그분이 창조하시고 사랑하시는 모든 것을 사랑한다. 여기에는 창조물을 돌보는 것, 모든 이들을 사랑하는 것, 인종의 다양성을 가치 있게 여기는 것, 모든 문화에 복음이 심기기를 열망하는 것, 가난하고 고통 받는 이들을 사랑하는 것, 이웃을 자신처럼 사랑하는 것이 포함된다. 이것은 세상을 사랑하거나 세속화하는 것을 의미하지 않는다.

셋째, 우리는 복음과 그 속에 내재된 말씀, 우리에게 주시는 확증을 통해 이루어지는 변화를 사랑한다.

넷째, 우리는 모든 그리스도인을 사랑하며 그 사랑이 연합, 정직, 결속을 요구한다는 것을 인정한다.

다섯째, 우리는 하나님의 선교를 사랑한다. "우리는 하나님, 성경, 교회, 인류 역사, 그리고 궁극적인 미래를 이해하는 데 있어서 핵심이 되는 세계 선교에 전념한다. … 교회는 영원토록 하나님을 경배하고 영광을 돌리며, 역사 가운데 변화시키는 하나님의 선교에 참여하기 위해 존재한다. 우리의 임무는 하나님의 선교에서 비롯하는데, 이것은 십자가를 통한 구원의 승리를 토대로 한다." 우리는 필수적인 선교, 즉 복음 선포와 증거를 위해 부르심을 받았다.

2. 우리가 섬기는 세상을 위해 : 행함으로의 부르심

행함으로의 부르심은 여섯 번에 걸친 에베소서 연구와 연관된 여섯 가지 회의 주제를 사용했다.

첫째, 다원적이고 국제화된 세상 속에서 그리스도의 진리의 증인이 된다. 본 회의는 확고한 진리, 특별히 예수 그리스도를 진리로 믿는 믿음을 확증했다. 그러므로 진리의 사람으로 부르심을 받은 그리스도인은 그 진리를 실행하고 선포해야 한다. 우리는 포스트모더니즘과 관련된 다원주의의 위협을 변증론을 통해 강력하게 대응해야 한다. 또한 업무 현장과 세계화된 매체들 속에서 진리를 지향해야 한다. 예술 분야를 선교에 활용해야 한다. 아울러 최근 부상하는 기술 분야의 경우에는 진정한 기독교적 대처가 요구된다. 마지막으로, 정부,

비즈니스, 교육 같은 공공 분야는 성경적 진리를 가지고 능동적인 자세로 임해야 한다.

둘째, 분열된 세상에 그리스도의 평화를 건설한다. 그리스도께서는 하나님과 그분을 믿는 자들을 화해시키셨다. 그리스도인들의 연합은 당연한 명령이다. 그러므로 교회는 화해를 실천하고, 그리스도의 이름 안에서 성경적 평화를 건설해 나갈 의무가 있다. 인종차별과 인종적 다양성, 노예제도와 인신매매, 가난, 그리고 장애인과 같은 사회의 소수집단을 돌보기 위해 그리스도의 진리와 평화를 가져오는 것은 우리의 선교적 사명이다. 여기에는 하나님의 창조물과 자원의 청지기로서의 책임도 포함된다.

셋째, 신앙인 가운데서 그리스도의 사랑을 실천한다. 우리 이웃에는 타 종교인들이 포함된다. 우리는 그들을 이웃으로 여기고, 그들의 이웃이 되는 법을 배워야 한다. 또한 민족적 전도를 통해 복음을 전하는 방법을 모색하고, 무가치한 개종을 거부해야 한다. 타 종교인들에게 접근할 때는 그 대가로 그리스도를 위한 핍박과 순교를 받아들여야 한다. 모든 문화에서 사랑을 전하고 은혜의 복음을 권할 사명이 있다. 제자도의 다양성을 존중하며, 문화에 대한 통찰력을 갖게 하는 훈련을 위해 서로를 격려해야 한다. 또한 흩어진 사람들은 그리스도의 복음을 받는 자이자 동시에 전하는 자가 될 수 있기에 세계적 디아스포라가 전도의 동력임을 인정해야 한다. 우리는 그리스도를 위해 우리의 주권을 기꺼이 헌신하기 원하며, 종교적 자유를 포함한 타인의 인권을 유지하고 옹호하기로 약속한다.

넷째, 세계 복음화를 향한 그리스도의 뜻을 분별한다. 다음의 여섯 가지 주요 영역들은 앞으로 10년간 전략적으로 매우 중요하게 다루어질 대상들이다.

- 소외된 사람들
- 구전 문화
- 그리스도를 중심으로 하는 리더들
- 도시들
- 어린이와 관련된 모든 것들
- 기도

그리스도인 리더들의 초점은 제자도를 우선시하고, 환원주의적인 복음 전파 세대에서 일어나는 문제들을 지적하는 것이다. 이를 위해 중요한 사항은 성경을 번역하는 일과 구전적인 성경 이야기를 준비하거나 다른 구전 방법론 사용하기, 그리고 교회 내의 성경 문맹 퇴치하기 등이다. 도시는 미래의 리더들, 소외된 이주자들, 토착민들, 그리고 극빈층 등 4개의 전략적 그룹이 존재하는 곳이다. 선교 현장과 선교적 영향력을 드러내는 어린이들은 모두 위험에 노출되어 있다.

다섯째, 그리스도의 교회가 겸손, 온전함, 단순함으로 회복되게 한다. 선교 과업의 완성은 우리의 온전함에 달려 있다. 본 회의는 그리스도의 제자들에게 겸손, 희생적 제자도, 단순한 생활과 도덕적 진실성을 다시 요구한다. 우리는 도덕적인 면에서 세상과 구별되어야 한다. 특히 문란한 성생활, 권력, 성공, 욕심 등 4가지의 우상 숭배는 그리스도의 제자로서 거부해야 한다.

여섯째, 선교에 있어서 일치를 위해 그리스도의 몸에 연합한다. 바울은 그리스도인의 연합은 하나님과 인간, 인간과 인간의 회복에 기초한 하나님의 창조라고 가르친다. 우리는 분열된 교회가 분열된 세상에 아무런 교훈도 줄 수 없기 때문에 교회와 교회적 기구의 분열을 애통해한다. 일치를 회복하지 못하는 것은 선교의 진정성과 효과에 큰 장애가 된다. 우리는 세계 선교에 있어서 동반자임을 약속한다. 그 어떤 민족, 국가, 또는 대륙도 대위임령에 대한 독점적 특권을 주장할 수 없다. 선교에 있어서 일치에 관한 두 가지 특별한 관점은 남성과 여성의 동반자 관계와 신학 교육의 선교적 본질을 인식하는 것이다.

The Cape Town Commitment

The Cape Town Commitment(CTC) is a masterful and comprehensive document, faithfully reflecting the proceedings of The Third Lausanne Congress on World Evangelization, which took place in Cape Town, South Africa (October 2010). It is impossible to capture the spirit of Lausanne III in a three-page summary, so this synopsis should be read in conjunction with the full CTC.

The CTC is rooted in the conviction that 'we must respond in Christian mission to the realities of our own generation.' The mission of the Church must take seriously both the unchanging nature of God's word and the changing realities of our world. The CTC reflects the Lausanne call for the whole Church to take the whole gospel to the whole world; it is framed in the language of love-love for the whole gospel, the whole Church, and the whole world. The Commitment has two parts: a confession of faith and a call to action.

PART I. For the Lord we love : The Cape Town Confession of Faith

The opening sentences set the framework, 'The mission of God flows from the love of God. The mission of God's people flows from our love for God and for all that God loves.'

The first five points deal with our love for God himself. We love the living God, above all rivals and with a passion for his glory. We love the triune God: Father, Son, and Holy Spirit. With respect to the Father, the CTC calls for a renewed appreciation of God's fatherhood. Concerning the Son, it highlights our duty to trust, obey, and proclaim Christ. Of the Spirit, it says, 'Our engagement in mission, then, is pointless and fruitless without the presence, guidance and power of the Holy Spirit. ⋯ There is no true or whole gospel, and no authentic biblical mission, without the Person, work and power of the Holy Spirit.'

The last five points cover our love for God's Word, world, gospel, people, and missions.

A. We reaffirm our submission to the Bible as God's final

revelation, and affirm our love for the Person it reveals, the story it tells, the truth it teaches, and the life it requires (while admitting we often confess to love the Bible without loving the life it teaches, a life of costly practical discipleship).

B. We love God's world, all that he has made and loves. This includes caring for creation, loving all peoples and valuing ethnic diversity, longing to see the gospel embedded in all cultures, loving the world's poor and suffering people, and loving our neighbours as we love ourselves. It does not mean loving or being like 'the world'(i.e. worldliness).

C. We love the gospel-the story it tells, the assurance it gives, and the transformation it produces.

D. We love all God's people, recognising that such love calls for unity, honesty, and solidarity.

E. We love the mission of God. 'We are committed to world mission, because it is central to our understanding of God, the Bible, the Church, human history and the ultimate future. ⋯ The Church exists to worship and glorify God for all eternity and to participate in the transforming mission of God within history. Our mission is wholly derived from God's mission, addresses the whole of God's creation, and is grounded at its centre in the redeeming victory of the cross.' We are called to integral mission, which is the proclamation and demonstration of the gospel.

PART II. For the world we serve : The Cape Town Call to Action
　The call to action uses the six Congress themes, which are linked to the six expositions of Ephesians.

　A. Bearing witness to the truth of Christ in a pluralistic, globalized world. The Congress affirmed belief in absolute truth, and particularly in Jesus Christ as the Truth. Christians, therefore, are called to be people of truth, to live and proclaim the truth. We must face the threat of postmodern relativistic pluralism with robust apologetics. We must promote truth in the workplace and the global media. We must harness the arts for mission, promote authentically-Christian responses to emerging technologies, and actively engage the public arenas of government, business, and academia with biblical truth.

　B. Building the peace of Christ in our divided and broken world. Christ has reconciled believers to God and to one another; the unity of God's people is both a fact and a mandate. The Church, therefore, has a responsibility to live out its reconciliation and to engage in biblical peace-making in the name of Christ. This includes bringing Christ's truth and peace to bear on racism and ethnic diversity, slavery and human trafficking, poverty, and minority groups such as people with disabilities. It also means our missional calling includes responsible stewardship of God's creation and its resources.

C. Living the love of Christ among people of other faiths. Our 'neighbours' include people of other faiths. We must learn to see them as neighbours and be neighbours to them. We seek to share the good news in ethical evangelism, and we reject unworthy proselytizing. We accept that our commission includes a willingness to suffer and die for Christ in reaching out to people of other faiths. We are called to embody and commend the gospel of grace in loving action, in all cultures. We need to respect 'diversity in discipleship', and encourage one another to exercise cultural discernment. We recognize global diaspora as strategic for evangelization: scattered peoples can be both recipients and agents of Christ's mission. While being willing to sacrifice our own rights for the sake of Christ, we commit to uphold and defend the human rights of others, including the right to religious freedom.

D. Discerning the will of Christ for world evangelization. Six key areas are identified as strategically important for the next decade:

a) unreached and unengaged people groups
b) oral cultures
c) Christ-centred leaders
d) cities
e) children; all with
f) prayer

The focus on Christian leaders is to prioritize discipleship and address the problems that arise from 'generations of reductionist evangelism.' Within this, key priorities are Bible translation, the preparation of oral story Bibles and other oral methodologies, as well as eradicating biblical illiteracy in the Church. Cities are home to four strategic groups: future leaders, migrant unreached peoples, culture shapers, and the poorest of the poor. All children are at risk; children represent both a mission field and a mission force.

E. Calling the Church of Christ back to humility, integrity and simplicity. The integrity of our mission in the world depends on our own integrity. The Congress called Christ-followers back to humble, sacrificial discipleship, simple living, and moral integrity. We need to be separate and distinct from the world (morally). Four 'idolatries' were singled out: disordered sexuality, power, success, and greed. Disciples of Christ must reject these. (The prosperity gospel is rejected under the banner of 'greed.')

F. Partnering in the body of Christ for unity in mission. Paul teaches us that Christian unity is a creation of God, based on our reconciliation with God and with one another. We lament the divisiveness of our churches and organizations, because a divided Church has no message for a divided world. Our failure to live in reconciled unity is a major obstacle to authenticity and effectiveness in mission. We commit to partnership in global mission. No one ethnic group, nation or continent can claim the exclusive privilege of being the ones to complete the Great Commission. Two specific aspects of unity in mission are the partnership of women and men and the recognition of the missional nature of theological education.

부록 2 위기관리 예방법과 자기 진단 체크리스트

위기관리 예방법과 자기 진단 체크리스트는 해외 특파원, 주재원, 해외 사업가, 해외 이민자 등에게 해당되는 내용이라고 볼 수 있으나 선교 사역을 이루어 가는 선교사도 이러한 내용을 숙지함으로써 신변을 안전하게 지킬 수 있을 뿐 아니라 선교 사역이 이루어지는 곳의 시설물, 선교 센터 등도 보호할 수 있으므로 잘 적용하는 것이 좋다.

1. 위기관리 예방법

1) 상시 대책
- 유사시 탈출(피난처) 확인→가족과 안전 대책에 대해 토론
- 개인 활동 경로, 출퇴근(통학) 시간의 다양화
- 귀가 시간, 현재 위치 등의 통보 습관(가족회의 시 사전 교육)
- 방문(면담)자의 신원 확인 절차, 공개된 장소 이용
- 경찰서 등 공공기관의 위치 및 전화번호 파악(휴대전화에 내장-단축 번호 이용)

- 자동차 연료를 가득 채우는 습관 유지→비상시 차량 이용 탈출
- 정부의 대테러 정보 유의
- 대중과의 논쟁 및 정치적 발언 삼가
- 고액 노출 및 화려한 복장 자제
- 기본적인 현지 언어 습득

2) 가정 안전 대책
- 외부 접근자에 대한 시야 확보
- 자물쇠 교체(주택 구입, 임대 시), 자물쇠 관리 철저
- 방범 조명, CCTV, 기계 경비 시스템 구축
- 외출 시 집 안에 아무도 없다는 인식 주지 않기(조명, 음향기기 이용)
- 방문자의 신원 확인 후 출입문 개방(비디오폰 설치 시)
- 자동차 주차 공간 확보(노변 주차 자제)
- 집 안에 대피실 마련(가능할 경우)
- 주택 현관문 문패 등 신분 노출 자제
- 거주지로 외진 곳, 일방통행로, 막다른 골목, 범죄 다발 지역 회피
- 경찰, 소방 등 유사시 신속한 지원을 가능하게 하기
- 도심지 회피(농촌에 비해 테러 다발, 오히려 상대적으로 치안이 안전할 수도 있음)
- 불법 주정차 다발 지역 회피
- 다국적 기업, 외교 시설, 다중 이용 시설 주변 회피

- 본국 대사관(영사관) 조언 및 자문 요청(공관이 있을 시)
- 경찰 순찰 빈번 지역 선호 필요
- 야간 커튼 관리(외부에서 내부 관찰 막음)
- 방범견 보유 필요
- 예정되지 않은 사람의 방문, 물품 배달 조심
- 예정되지 않은 우편물, 소포(우편 폭탄) 조심→발송자 확인 불가 경우, 소인이 없는 경우, 내용물이 금속, 전선 등으로 느껴지는 경우, 아몬드 냄새가 나거나 기름 자국이 있는 경우

2. 위기관리를 위한 자기 진단 체크리스트

1) 시설 보호 편

① 사업장
- 현지 치안 당국과 협조 체제를 구축하고 있는가?
- 현지 한국 공관과의 비상 연락 체계를 구축하고 있는가?
- 직원 간 비상 연락 체계를 구축하고 있는가?
- 폭파 협박 대비 발신자 확인 전화기를 비치하고 있는가?
- 폭파 협박 대비 체크리스트를 구비하고 있는가?
- 본사 하달 테러 대비 대응 지침(SOP)을 숙지하고 있는가?
- 직원 대상 테러 대비 교양 교육을 정기적으로 실시하고 있는가?
- 화재, 테러 등에 대비한 대피 훈련을 정기적으로 실시하고 있는가?

- 업무 종료 후 야간 시간대에 건물 출입문에 잠금장치를 했는가?
- 건물 출입문은 강화 재질(강화목재, 강철소재)을 강구하고 있는가?
- 대형 유리창 파편 비산 방지책(방범 필름 부착 등)을 강구하고 있는가?
- 모든 출입문을 잠글 수 있는 자물쇠 뭉치가 문에 내장되어 있는가?
- 빈 사무실이나 창고는 상시 잘 잠그고 있는가?
- 예비 열쇠는 따로 보관하고 있는가?
- 전기, 기계, 상수도, 연료(가스, 유류) 관리 시설을 잘 관리하고 있는가?
- 공조 설비 흡기구에 외부인의 접근 및 위험 물질 투척 방지 방안은 있는가?
- 비상계단, 비상구는 상시 이용이 가능한가?
- 직원 및 외부인(납품 업자, 거래처 직원) 출입 시 신분 확인을 하고 있는가?
- 외부인 방문 시 출입증(방문증) 패용은 제도화되어 있는가?
- 로비나 화장실 등에 대한 상시 점검(방치 물품 확인 등)을 하고 있는가?
- 옥상 통로 및 옥상 문 출입 통제 대책은 마련되어 있는가?
- 빌딩, 사무실 반입 물품(우편물, 짐)에 대한 확인이나 검색을 하고 있는가?
- 옥외, 옥내(지하) 주차장 정기 이용 차량에 대한 등록제를 시행하고 있는가?

- 차량 돌진 대비 방지 대책(바리케이드, 타이어킬러 등)은 마련되어 있는가?
- 빌딩 외부 도로변 불법 주차 방지 대책(바리케이드, 주차 통제 선)은 있는가?
- 전 직원 대상으로 수상한 물품 발견 시 처리 절차는 교육되어 있는가?

② 가정 및 숙소
- 현관문과 모든 창문에 잠금장치가 설치되어 있는가?
- 현관문에 방문객 확인 구멍(peep hole)이나 비디오폰 등이 설치되어 있는가?
- 현관문은 강화 재질로 되어 있는가?
- 새로 이사한 후 자물쇠 뭉치 및 열쇠를 교체했는가?
- 지하실 유리창은 강화유리나 방범 창살로 시공했는가?
- 커튼과 블라인드는 전체 유리창을 모두 가릴 수 있는 크기인가?
- 에어컨 실외기는 집 내부에 설치되어 있는가?
- 집 주위 수목은 창문턱 높이 이하로 절단, 관리하고 있는가?
- 2층이나 지붕으로 타고 올라갈 수 있는 수목이 있는가?
- 현관문 및 뒷문에 조명 시설이 설치되어 있는가?
- 현관문 등의 거주자 문패는 영문 이니셜만 사용하고 있는가?
- 엘리베이터 탑승 시 먼저 내부를 살핀 후 탑승하고 있는가?
- 신뢰성 있는 용역 경비 업체에 가입되어 있는가?
- 체재국 치안 환경이나 위험 요소 등에 대해 충분한 지식을 갖

고 있는가?
- 테러 위협에 대처하기 위한 주거 안전 대책 기준을 나름대로 강구했는가?
- 자택, 사무실 간 출퇴근 시 두 개 이상의 안전 경로를 확보할 수 있는가?
- 출퇴근 시 우범, 위험 지역을 통과하지 않아도 되는가?
- 출퇴근 경로는 양방향 통행 가능하며 안전한가?

2) 신변 안전 편

① 일상생활 시
- 주변에 의심스러운 사람이나 물품이 있는지 항상 관심을 가지는가?
- 집 근처의 의심스러운 차량 등에 대한 신고 요령을 알고 있는가?
- 비상시를 대비한 가족 간 연락 수단을 갖추고 있는가?
- 행동반경이나 이동 동선, 활동 시간 등을 자주 변경하는가?
- 현관문이나 창문, 차고 문 및 차량문 등은 항상 잠그고 있는가?
- 화려한 복장이나 고급 차를 이용하고 있지는 않은가?
- 현지인의 시선을 집중시킬 만한 특이한 행동을 하지 않는가?
- 외출 시나 낯선 사람과의 약속 시 가족에게 미리 알리고 있는가?
- 야간 외출을 자제하고 불가피한 외출 시 두 명 이상이 동행하는가?
- 외부인 방문 시 어른들만 문을 열도록 하고 있는가?

- 어른들이 문을 열 경우라도 인터폰 등으로 방문자를 확인하고 있는가?
- 어린 자녀들에게 가족 신상을 외부에 노출하지 않도록 교육했는가?
- 비상시 도움을 요청하거나 자발적으로 도와줄 수 있는 이웃이 있는가?
- 우리 대사, 영사관의 비상 연락 전화번호를 숙지하고 있는가?
- 전화기가 침실과 응접실 등 적어도 두 곳 이상에 설치되어 있는가?
- 유선전화, 휴대폰, 위성 전화 등 복수의 통신 회선이 확보되어 있는가?
- 경찰, 소방서, 응급 병원 전화번호 및 메모지는 비치되어 있는가?
- 비상시 필요한 최소한의 현지어를 구사할 수 있는가?
- 전화 임대 시 전화 회사에 개인 신상 정보 공개를 제한하고 있는가?
- 전화를 받을 때 먼저 이름을 대거나 전화번호 등을 알려 주지는 않는가?
- 협박 전화를 받으면 이를 접수하는 요령을 숙지하고 있는가?

② 여행 출장 시
- 목적지에 대한 치안, 지리, 교통 정보 등을 가지고 있는가?
- 방문 지역 현지 경찰이나 우리 공관 전화번호는 알고 준비했

는가?
- 비상시 공중전화에 사용할 동전이나 전화 카드는 준비했는가?
- 다른 사람과 구별되는 복장이나 화려한 치장을 하고 있지는 않은가?
- 비상금을 제외한 과다한 현금을 소지하고 있지는 않은가?
- 사전에 가족, 친지들에게 행선지 등을 남겨 두었는가?
- 온 가족 여행 시 커튼 등으로 외부에서 집의 실내가 보이지 않도록 했는가?
- 실내등이나 텔레비전, 라디오 등이 주기적으로 작동되게 조치했는가?
- 장기간 출타 시 우유나 신문 배달 등은 중단시켰는가?
- 출타 기간 동안 낯선 사람 방문, 침입 등에 관심을 가져 줄 이웃은 있는가?

3. 인질 납치 시 행동 요령이나 기법

- 놀라거나 자제력을 잃지 말고 침착해야 한다. 외부에서 모든 구출 수단을 강구하고 있다는 점을 기억하라(휴대폰을 켜 두면 위치 추적이 가능해 구출 활동에 도움이 됨).
- 주어지는 음식은 가능한 모두 먹고, 건강 유지에 힘쓰라.
- 살해될 위험이 있으므로 함부로 저항하지 말고, 감시가 엄격할 경우에는 절대로 도망하려 하지 말라.

- 눈이 가려지면 주변의 소리, 냄새, 범인의 억양이나 수, 이동 시 도로 상태 등의 특징을 기억하려고 하라(석방 시 다른 인질의 구출에 단서가 됨).
- 납치범을 자극하는 정치적, 종교적 민감한 언쟁은 삼가하고, 우호적인 관계 형성을 위해 인간화 작업을 시도하라(가족, 자녀, 건강, 취미, 날씨, 인생사 등의 주제들).
- 몸값을 위한 편지나 영상 녹화를 원할 경우 순응하라.
- 좁은 공간(자동차, 버스, 항공기)에서 인질이 된 경우 순순히 납치범의 지시에 순응하고, 눈을 가급적 맞추지 말며, 그들이 상황을 장악하고 있다는 느낌을 줄 수 있도록 침착하게 행동하라. 섣불리 대적하려 하다가는 자신뿐만 아니라 다른 인질들의 생명도 위태롭게 할 수 있다.
- 인질 납치 시 초기 3-5분을 잘 넘기라. 이때가 상호 가장 긴장되고 위험한 순간이다.
- 여성 인질의 경우 성적 관심의 대상에서 벗어나도록 비호감스런 모습과 태도를 취하며, 절대 혼자 있지 않는다.
- 처음부터 살해할 의도였다면 납치하지 않았을 것이다. 인질 납치의 경우 보통은 80%, 사전에 위기 교육을 받은 경우에는 90%의 생존 확률이 있다.
- 모든 일을 하나님이 보고 계신다는 사실을 믿고 주님의 주권을 인정하며 그분의 인도하심을 기도하라.
- 어떠한 상황에서도 혼자가 아님을 기억하라. 많은 동료들이 기도하고 있음을 인식하라.

- 공포 상태에 빠지지 말고 구출 및 석방에 대한 신념을 잃지 말라.
- 한국인으로서의 자긍심을 유지하라. 비굴한 모습을 보이지 말라.
- 구출 작전이 개시되면 몸을 바닥에 낮추라.

도표 및 표

⟨도표 1⟩ 하나님의 선교
⟨도표 2⟩ 선교사의 생활
⟨도표 3⟩ 선교사와 영성
⟨도표 4⟩ 문화적인 측면에서의 선교 영역
⟨도표 5⟩ P. S. & S. R.(Personal Salvation and Social Responsibility)
⟨도표 6⟩ 신학과 선교신학
⟨도표 7⟩ 선교 사역
⟨도표 8⟩ 선교의 경계
⟨도표 9⟩ 선교와 협력 구조
⟨도표 10⟩ 선교 영역에 있어서 선교 관계자들의 위치
⟨도표 11⟩ 선교의 순환 체계

⟨표 1⟩ 연도별 한국 교회 해외 선교사 파송 현황(1979-2013년)
⟨표 2⟩ 선교지 출발 전후 계획표
⟨표 3⟩ 평생 선교 계획표
⟨표 4⟩ 여선교사가 사역자가 되기 위한 실천 사항
⟨표 5⟩ 새천년개발목표(MDG, Millenium Development Goals) 8개 항목
⟨표 6⟩ 은퇴 후 거주지와 이유

⟨PPT⟩ 미얀마 선교 사역 계획